21世纪会计学专业系列教材

★ 甘肃省省级重点学科
★ 甘肃省省级精品课程

会计信息系统

李希富 主编

图书在版编目(CIP)数据

会计信息系统/李希富主编. —兰州:兰州大学出版社,2009.9

ISBN 978-7-311-03243-2

Ⅰ.会… Ⅱ.李… Ⅲ.会计—管理信息系统—高等学校—教材 Ⅳ.F232

中国版本图书馆 CIP 数据核字(2009)第 165048 号

策划编辑 张爱民
责任编辑 佟玉梅 张爱民
封面设计 管军伟

书　　名 会计信息系统
作　　者 李希富 主编
出版发行 兰州大学出版社 (地址:兰州市天水南路 222 号 730000)
电　　话 0931-8912613(总编办公室) 0931-8617156(营销中心)
　　　　 0931-8914298(读者服务部)
网　　址 http://www.onbook.com.cn
电子信箱 press@lzu.edu.cn
印　　刷 兰州德辉印刷有限责任公司
开　　本 787 mm×1092 mm 1/16
印　　张 19.25
字　　数 416 千
版　　次 2009 年 9 月第 1 版
印　　次 2014 年 1 月第 5 次印刷
书　　号 ISBN 978-7-311-03243-2
定　　价 33.00 元

前　言

当今，以计算机信息技术为核心的高新技术革命正在推动人类社会进入一个新的文明，信息技术正全面渗透到人类社会的各个方面。全球一体化和经济一体化的逐步形成、市场竞争的不断加剧以及客户需求的越来越苛刻都迫切需要各单位提升自我的管理水平和应变能力，及时调整自己的发展策略，重组自己的业务流程与组织机构，同时还需要利用现代信息技术手段实现企业管理信息化，以期不断提升企业在市场中的竞争力，并利用集成化企业管理信息系统提供及时、准确和完整的信息，以增强决策的有效性，提高管理效率和经济效益。

作为企业管理信息系统重要核心子系统的会计信息系统，随着时代的变革也发生了根本性的转变。它由过去单纯的记账、算账、报账，发展成为以管理为核心的面向企业生产经营全过程的企业级会计信息系统；由过去单纯的只对资金流进行管理，发展成为对资金流、物流、信息流的全面管理；由过去单纯的财务管理，发展成为财务与业务（购、销、存）一体化管理；由过去单一的财务部门级应用系统，发展成为跨越企业多个部门的企业级应用系统；由过去孤立的几个财务模块，发展成为具有总账、报表、应收、应付、工资、固定资产、采购计划、采购管理、库存管理、存货核算、销售管理、成本管理、财务分析、决策支持等多个模块集成化的会计信息系统。企业应用会计信息系统不仅仅是为了减轻财务人员的劳动强度、提高工作效率，更重要的是降低库存、加速资金周转、减少坏账，从而提高企业的综合竞争力。

计算机网络技术、数据库技术、多媒体技术等IT技术现在、将来都在不断改变会计这一职业的传统，在重新赋予会计新的内涵的同时，各种新的管理思想也在改变着会计管理的内容和会计人员的工作。在这种背景下，会计人员需要不断更新自我的会计理论知识和会计技能。无论是在中国还是在西方的会计教学体系中，“会计信息系统”都是会计专业的一门主干课程，而且其内容也是会计专业学生必备的基本知识。

本书紧密结合国内外会计信息系统研究的最新成果和电算会计教学实践的最新发展，大量引入一些新的概念、新的提法，如财务与业务一体化、企业级会计信息系统等，从而有力地推动了会计信息系统课程在理论与方法上的更新。本书的特点可以概括如下：

1. 以会计信息系统工作原理与应用方法为主体。摒弃了同类教材单纯注重系统开发或着重介绍某一会计软件具体使用方法的传统编写方法，从在校学生和会计人员的需要出发，既介绍会计信息系统工作原理与应用方法及会计信息系统的内部结构、业务流程和数据流程，又介绍软件开发的一般方法。

2. 全面系统地介绍会计信息系统的整体流程。国内以往的会计信息系统教科书，大都是以总账、报表、工资、固定资产为对象来编写的，内容有很大的局限性，远远不能满足当前企业对财务管理的需要。本书以财务与业务为主线，全面系统地介绍会计信息系统的整体工作流程，内容包括系统管理、总账、报表、应收、应付、工资、固定资产、采购计划、采购管理、库存管理、存货核算、销售管理等。

3. 面向财经与工商管理类专业。以往的会计信息系统因为只讲授总账、报表、工资、固定资产，只适用于会计专业学习。而今的会计信息系统包括企业的财务、购、销、存业务，各部分既相对独立，又彼此联系，企业的每一位财经管理人员，都有必要了解会计信息系统在本部门、本岗位的工作流程和工作原理，熟练掌握其使用方法，同时，还需了解在计算机环境下本岗位的工作对其他岗位的影响。因此，面向21世纪的财经与工商管理类的各专业的学生都适宜使用本教材。

4. 与《管理信息系统》配套使用。为适应企业信息化的需要，按照教育部的有关规定，今后工商管理类的学生都应学习管理信息系统课程。该课程从横向上讲授了管理信息系统建立、运行、维护的相关技术、方法、理念，为进一步从纵向深入介绍会计信息系统奠定了基础。本课程重点介绍的是管理信息系统在企业会计业务中的具体应用。

5. 配有会计信息系统模拟业务。本书的写作兼顾了理论与实践两个方面的需要，理论概括与实践指导并重。书中配有会计业务模拟练习，以便读者学习应用。因而，本书宜作为高等院校会计专业会计信息系统课程的教学用书，也可供广大企业财经管理工作者或从事计算机会计工作的人员学习、培训或在工作中参考。

全书共分十一章，第一章、第三章由李希富编写；第二章由李菊香编写、第四章由康淑英编写；第五章、第八章由雷凯锋编写；第六章、第七章由刘薇编写；第九章、第十章由闫萍编写；第十一章由董姚娣编写。全书由李希富任主编。

为了撰写本书，我们曾参阅了大量的著作和文献，并多次亲自参与企业的会计信息系统的实施工作，做了大量的调查研究，获取了充分、详实的资料。在本书即将出版之际，谨向给予本书编写大力支持的兰州商学院会计学院院长李培根教授，副院长孔龙教授，各位同行以及支持、鼓励我们从事会计电算化、企业信息化工作的师友们致以诚挚的谢意！

会计信息系统是一门时代性非常强的课程，同时又必须紧密结合企业实际应用，无疑写好这本书是一项艰巨的任务，加之时间仓促，作者水平有限，书中难免有错误或疏漏之处，恳请广大专家和读者批评指正。

编　者

2009年1月

目　录

第一章　会计信息系统概述

第一节　数据、信息与信息系统

一、会计电算化的概念

(一)会计电算化一词的由来

会计电算化是在20世纪50年代第二代电子计算机时期起步的。当时,美国等经济发达国家的一些大公司率先尝试应用计算机进行工资计算、材料核算、存取款等,之后渐渐扩展到账务处理、管理会计,并逐步发展成以电算化会计信息系统为主体的企业管理信息系统。由于早期的计算机价格昂贵,程序设计复杂,应用范围很受局限。进入80年代,微电子技术蓬勃发展,微型计算机价廉物美,为会计电算化的迅速发展开辟了广阔天地,使其呈现出普及化的趋势。会计人员也不再把会计电算化看成是技术人员的工作,而是积极地参与到这一工作中来。国际会计师联合会(IFAC)1987年10月于日本东京召开第十三届世界会计师大会,大会的中心议题就是讨论会计师在电算化情况下的作用,并进行电子计算机业务处理的表演。与此同时国际上许多国家相应制定了有关会计电算化方面的一些管理办法,通过加强指导,有力地推动了会计电算化的发展。时至今日,经济发达国家和地区的会计电算化已相当普及。

我国第一台电子计算机诞生于1958年,由于种种原因,到70年代初,才有个别单位开始利用科研用的电子计算机进行工资计算,但几乎没人把会计工作中应用电子计算机作为一个科研任务来研究。1979年,财政部拨款500万元给长春第一汽车制造厂用来进口电子计算机,进行电子计算机在会计中应用的试点。这是我国第一个企业在管理方面大规模应用信息系统的设计与实施,可以说也是我国电子计算机在会计中应用发展的一个里程碑。1981年8月,在财政部、原第一机械工业部和中国会计学会的支持下,在长春第一汽车制造厂召开财务、会计、成本应用电子计算机专题学术讨论会,正式把“电子计算机在会计中的应用”简称为“会计电算化”。至此,“会计电算化”一词即被广泛应用和流传。

(二)会计电算化的概念

会计电算化是电子计算机技术在会计工作中应用的简称,是用电子计算机代替人工记账、算账、报账以及完成对会计信息的处理、分析和判断的过程，是会计人员及有关操作人员使用由程序设计人员按照会计业务要求编写出来的会计应用软件指挥计算机来完成会计工作的过程。

（三）会计电算化的发展

中国的会计电算化发展，自上世纪70年代末至今，已经经历了五个发展阶段。

1. 起步科研阶段（1979年—1983年）

这个阶段主要起始于70年代末少数企业单项会计业务的电算化。当时中国经济改革刚刚起步，企业管理的重要性逐步得到认识，管理现代化的呼声日益高涨，部分企业开始了会计电算化的试点工作。这个阶段的主要特点是：

（1）主要是单项会计业务的电算化工作，最为普遍的是工资核算电算化；

（2）主要处于试验探索阶段。

2. 自发发展阶段（1983年—1989年）

1983年，国务院成立了电子振兴领导小组，在全国掀起了计算机应用的热潮，会计电算化工作也不例外。这个阶段的主要特点是：

（1）采用工程化方法开展会计电算化工作和开发会计软件的少，多是单位各自为政，自行组织开发会计软件，低水平的重复开发现象严重；

（2）单位会计电算化工作的开展缺乏相配套的各种组织管理制度及其他控制措施；

（3）在宏观上，缺乏统一的规划指导与管理，没有相应的管理制度；

（4）开始了既懂计算机又懂会计人才的培养工作，自1984年起，上海财经大学、中国人民大学、中国财政部财科所等单位开始招收会计电算化研究方向的研究生；

（5）开始了会计电算化实践经验的总结和理论研究工作。

3. 有组织的发展和走向商品化阶段（1989年—1996年）

随着会计电算化工作的逐步深入开展，要求加强组织、规划、管理的呼声越来越高，各地区、各部门也逐步开始了对会计电算化工作的组织和管理。特别是中国财政部和中国会计学会开始在全国范围内推广会计电算化和加强管理工作。这个阶段主要有以下特点：

（1）涌现了一批会计电算化的先进单位，他们开发了一些质量较高的专用会计软件，并在会计电算化后的组织和管理上积累了一些经验；

（2）会计软件的开发向通用化、规范化、专业化、商品化方向发展，出现了一批开发和经营商品化会计软件的公司；

（3）主管部门组织开发、推广会计软件取得显著成效；

（4）各地财政部门、各主管部门加强了会计电算化的组织、指导和管理；

（5）一大批单位甩掉了手工账，实现了会计核算业务的电算化处理；

（6）以财政部为中心的会计电算化宏观管理体系正在逐步形成；

（7）会计电算化的理论研究工作取得成效；

（8）初步培养和形成了一支力量雄厚的会计电算化队伍；

(9)与单位会计电算化工作相配套的各种组织管理制度及其他控制措施逐步建立和成熟起来；

(10)商品化会计软件市场已经形成。

4. 由核算型向管理型转化阶段(1996 年—2000 年)

90 年代中期以后，我国的会计电算化迅猛发展，会计软件的功能日渐完善，核算型会计软件已走向成熟。从 1996 年开始，一些专业化的会计软件公司开始转向管理型会计软件的研制开发，并取得了一定成绩。这个阶段主要有以下特点：

(1)核算型会计软件趋于成熟和完善；

(2)会计电算化管理体系已建立和形成；

(3)以支持企业财务部门整体会计业务处理要求的部门级管理型软件已经出现；

(4)企业级财务软件从财务部门延伸到业务部门，并实现财务业务一体化管理；

(5)网络财务的概念出现。

5. 网络财务发展阶段(2000 年以后)

伴随着 Internet/Intranet 的发展，网络财务作为会计与计算机相结合的崭新概念，是基于网络计算技术，能够提供互联网环境下的财务管理模式、会计工作方式及其各项功能，从而能够进一步实现管理的数字化，并最终实现管理信息的财务管理软件系统。目前网络财务正处于研究与不断完善阶段。

二、数据、信息与信息处理

(一)数据

现代化管理的重要标志之一是加强了事物的定量分析。例如，对工作好坏的评价，企业生产的成本、利税、股市行情等，都引入了非常准确的定量分析。而数据就是定量化的基础，它是人们政治、经济交往的共同语言，没有数据就失去了比较和标准。

数据是表征客观事物、可以记录、能被共同识别的物理符号。在电子计算机信息系统中，数据的含义是十分广泛的，通常分为数值数据和非数值数据两大类。数值数据是用数字描述的基本定量符号。如3. 14 15，2 000等等，都是数值数据。通常，人们习惯采用十进制数据，但十进制数据并非唯一的一种数制，如在记录日期和时刻时采用的就是十二进制、三十进制或六十进制。在计算机内部使用的是二进制、八进制和十六进制形式的数据。非数值数据一般用来描述各种事物或实体属性的值。例如，在学生档案中有姓名、性别、系别和籍贯等许多属性，分别从不同的方面来描述学生的特征。每个学生都有不同的描述，如张大明、男、会计系、甘肃兰州等，这些就是非数值型数据。

(二)信息

信息一词已经以其不断扩展的含义渗透到各个科学技术领域，与材料、能源一起被誉为社会发展的三大科学支柱，对信息的利用程度已成为现代社会文明和科学技术发展的重要标志之一。

信息是一个难以确切定义的名词，一般认为信息是反映客观世界中各种事物的特征和变化，是可以通信的知识。例如，气温的高低、火车的速度、人口增长趋势、计算机的性能价格比、生产计划和会计报表等等，都可以称为信息。但是，不同学科对信息的认识是不尽相同的。

认识论认为信息是人们对客观事物认识程度的度量。一个人知识越多，情况越了解，说明他掌握的信息量就越大。过去人们对人体本身了解甚少，自从现代医学技术的发展，人们对人体的认识越来越深刻，说明掌握的信息越来越多了。

信息论认为信息是经过加工的有意义的数据，而数据只是一个物理符号。例如，“60”可以表示年龄，也可以表示一个人的学习成绩或者代号。“60”本身不能说明什么，但当用它来说明一个人的年龄时，“60”就是一个信息。

系统论认为信息是系统内外联系的特殊形式。物质、能量和信息构成系统的三大要素。例如，企业内部各部门之间是靠统计报表、凭证、金额、规范以及各类文件来联系和协调的；企业与企业之间是靠经济合同来联系的；上下级之间可以靠计划、会计报表等来联系。没有这种信息的联系，就不能构成一个工业体系。

控制论认为信息是认识确定性程度的标志。例如，对某年的钢产量的认识：一种是一无所知，一种是有 80% 的把握能生产 1 亿吨，一种是肯定能生产 1 亿吨。说明后者确定性程度高，信息价值大。

（三）数据和信息是两个不同的概念

尽管数据的概念不断在外延和扩展，但数据仍是人们用来反映客观世界而记录下来的可以鉴别的符号。并非任何数据都能表示信息，信息只是消化了的数据，即经过加工处理后并对客观世界产生影响的数据。信息是更基本的直接反映现实的概念，而数据则是信息的具体表现。所以信息不随载荷它的物理设备的改变而改变，而数据则不然，它往往与计算机系统有关。但是数据和信息之间有着内容和形式的联系，所以在不需要严格分辨的场合，也往往不加区分地使用这两个词。例如，可以说信息处理，也可以说数据处理。

信息可以从不同的角度进行分类，按照应用领域可分为经济信息、社会信息、科技信息和军事信息等；按照重要性可分为战略信息、战术信息等；按照加工次数可分为一次信息、二次信息、三次信息等；按照形式可分为数字信息、声音信息、图像信息等等。

（四）信息的特征和作用

信息具有以下几个方面的特征：

1. 信息的准确性

一般来说信息越准确，其价值越大。信息的准确程度一般分为模糊级、概率级、范围级以及精确级。模糊级信息用模糊数据描述，如“差不多”、“大概”、“还可以”等等，通常应当尽量避免这种描述，但有些场合有时也不得不用模糊的描述，如对一次决策的评价。概率级信息用客观事物发生的概率来描述，如根据统计资料和当前的技术条件，某车间的次品率为0.4%，这就是概率级的信息。范围级信息是确定事物发生的可能范围。最后一种是精确级信息，它通常在事物发生以后获得的，如某校今年招收本科生1 800人。

2. 信息的时间性和延时性

信息都有时效问题，通常在特定的时刻才体现它的价值。如国际市场硅铁供不应求，价格上扬，如果及时掌握这个信息，迅速组织货源出口，就可以获取巨额利润；但如果半年后才知道这个信息，可能市场已经发生变化，甚至出现供大于求，此时再增加出口，企业就会受损，所以信息的时间性是很重要的。但是信息的取得总是在事物发生以后，而且对信息进行处理和传输也需要时间，所以信息也总具有延时性。我们应该设法改进信息处理和传输的手段，缩短延时时间，提高信息的价值。

3. 信息的重要性

不同信息的重要程度是不一样的，信息通常可分为一般信息和重要信息。重要程度不同的信息往往采用不同的处理方式，重要信息要输入检验并保留副本，有些信息可能要加密存储。

4. 信息的结构性

结构性是指信息的结构化程度。一般来说大多数信息都是无结构或结构化程度较低的。结构化程度高的信息便于输入、存储、加工、检索和打印处理。会计信息都具有某种程度的结构性。例如，资产负债表所包含的信息，结构化程度就很高。

5. 信息的冗余度

在信息系统中，多余和重复的信息称为冗余信息，冗余信息的比重称为冗余度。通常希望冗余度越小越好。例如在会计账务处理时，凭证中的信息与日记账、明细账中的信息就有很大的冗余度。

在信息处理中，我们应该从各方面了解信息的特征，只有这样才能针对不同的信息，以不同的方式来组织和处理。

随着科学技术的发展，生产社会化程度的提高，信息在生产力体系中占有越来越重要的地位。信息与原料、设备、劳动力一样是企业的重要资源。一个企业如果没有上级信息、环境信息、内部资源信息、结构信息和运行信息就不可能维持正常的经营和生产，甚至无法生存。现代企业中信息的重要程度已超过了物质资源，管理者对信息的占有量和企业处理信息的能力已成为衡量企业管理水平的标志。此外，信息虽然不直接构成商品，但信息会带来巨大的经济效益，尤其应用电子技术进行信息处理之后，使得信息准确灵通，传递速度快，从而大大提高工作效率和生产效率。

（五）信息处理

有信息就有信息处理。随着人类社会的发展，信息在各种活动中居于越来越重要的地位，由于信息量急剧增加，形式多样，结构复杂以及时效性要求的提高，信息处理也就成为一个极其重要的课题。

信息处理即数据处理，指对信息的输入、存储、加工、传输和输出等活动的总和。其基本目的是从大量的、杂乱无章的、难以理解的数据中抽取并推导出对于某些特定的人们来说是有价值、有意义的信息，借以作为决策的依据。

1. 信息的输入

信息的输入包括信息的采集、整理和录入。采集有用的信息必须把握恰当的时间和地点。采集的原始信息往往需要先进行整理，去伪存真、去粗取精。信息的录入有手工和自动两种方式，自动方式是通过自动采集装置实现的，例如，可以用传感器自动记录火车运行的情况，并将采集的结果传送给处理机。

2. 信息的存储

需要反复多次使用的信息应该存储起来，由于信息量大，存储结构必须合理，即设法使用较少的空间存储较多的信息，并且要便于信息的更新、追加、删除和检索。

3. 信息的加工

信息的加工包括合并、排序、分类、查询等操作，以及统计和运用经济数学模型作预测和决策。信息加工能力是信息系统功能强弱的重要标志，它涉及数据结构、软件工程、数学、运筹学、经济学和管理学等各方面的知识。

4. 信息的传输

为了实现信息的共享和分配，信息必须在系统和子系统之间、子系统与子系统之间或不同网点之间进行传输。信息传输的要求是高速和准确，现代通信已提供了高速度和低误码率的传输技术，为扩大信息系统的空间创造了物质技术基础。

5. 信息的输出

如前所述，信息处理的基本目的是抽取并推导出有价值、有意义的数据，这些数据最终要提供给各级管理人员。所以输出必须按规范的格式，简单易懂地显示和打印出来或者送给其他处理系统使用。

广义地说，信息处理由来已久。早期人们用算盘之类的初级计算工具来处理信息，这是手工信息处理阶段。这时期是用人工方式来收集信息，用书写记录来存储信息，用经验和简单手工运算来处理信息，用携带存储体来传递信息。19 世纪末，人类发明了第一台用于编制人口普查表的卡片制表机，开始了信息处理的新阶段。这类机器和古典的计算工具已有本质上的不同，它包括穿孔机、验孔机、分类机、卡片整理机、复孔机和制表机等几个部分，能半自动地进行工作。通常把这种用机械设备来进行数据处理的系统称之为机械信息处理系统。由于机械信息处理的存储介质、计算速度、处理能力以及自动化程度的限制，所以效率是不高的。随着 40 年代电子计算机的发明，特别是以后直接存取存储设备的出现，使信息处理发生了革命性的变化。使用电子计算机的数据处理系统称为电子信息处理系统，今后，我们所说的数据处理均指电子数据处理。

随着信息的重要性与信息处理的复杂性的提高，信息处理逐步形成一个特定的行业。现代信息已具有商品的一切特征，因为提供一个精确的信息，必须投入大量的人力物力，从商品角度看,即注入了大量活劳动和物化劳动,使最终信息产品具有新的经济价值和使用价值。信息行业包括计算机软件、专利、情报、出版、通信、计算机处理、开发与研究咨询等等。

三、信息系统

系统是具有共同目标、相互联系和作用的要素组成的集合。我们周围的一切都是系统,例如,语言是人们交流思想的工具,而语言本身也是一种高度发达的字符系统,人们通过它表达自己的思想。交通是一个系统,它由道路、车辆、管理人员、车站等构成,它们共同作用,肩负着输送旅客和货物的重任。此外,企业也是一个系统,它由市场、生产、销售、调查、装运、会计、人事等因素组成,它们共同作用,创造利润;而且组成企业的各部分本身也是一个系统,例如会计就是一个包括应付账款、应收账款、开发票、审计等等要素的系统。

系统有许多特征,其中最值得我们注意的是,各种系统或多或少都依赖一个称为信息系统的抽象统一体。这一节我们就来介绍信息系统以及有关的概念。

(一)信息系统

信息系统是对信息进行采集、处理、存储、检索和传输,必要时并能向有关人员提供信息的系统。信息系统输入的是数据,经过加工处理后,输出各种有用的信息。

信息系统一般都具有输入、输出数据传输、数据存储和数据加工处理等功能,在实际设计中,信息系统总得通过一定的技术手段来实现,以计算机为主要技术手段而实现的信息系统叫做电子数据处理系统,即计算机信息系统。同样,在人工管理中也存在手工的信息系统,只是人们没有意识到或不去研究它。本书主要研究以电子计算机为工具进行处理的信息系统,它往往是一个由多个相互有关的人工处理和计算机处理过程组成的人机系统。通常,信息根据某项业务的需要,对输入的大量数据进行加工处理,代替烦琐、重复的人工劳动,同时给领导提供及时、准确的决策信息。

信息系统是可以用数学方法进行定义的,但是,由于信息系统是属于组织化的大系统,因素多、涉及面广、变化频繁,因此用数学形式也难以进行精确全面的定义,信息系统必须有坚实的物理基础,例如必须有计算机软、硬件系统以及存储的大量数据作为强大的物理技术基础。此外,由于信息系统是人机系统,所以还必须有合理的组织机构、人员分工、管理方法和规章制度等一整套管理机制。

目前实际应用的计算机信息系统有四种,即业务信息系统、管理信息系统、决策支持系统,以及办公信息系统。它们的设计原理、方法和技术基本上是一样的,只不过在应用上随目的与要求的不同而有所区别而已。

这四类系统发展过程就是计算机及其辅助设备在信息处理中应用的发展过程。首先是计算机用于日常业务和事务的处理,即出现业务信息系统。业务信息系统使用计算机来完成一个企业内的事务处理、计算与操作,定期提供一套诸如生产、销售方面的业务数据。在业务信息系统的基础上,增加向各级主管人员提供管理所需的信息,就形成了管理信息系统。管理过程总要有所决策,有些决策可以有程式可循,例如库存降低到最低水平就需要补充，这类决策，计算机只需简单判断就能做出。但是有些决定并无程式可循，往往需由主管人员根据计算机提供的信息，通过分析、研究才能做出决定。例如一个投资项目是否可行，涉及因素很多，这时不可能完全由计算机代替人去决定。为了适应这类无程式可循的管理决策的需要，便出现了决策支持系统。上述三类系统主要解决计算和管理的问题，而办公信息系统则主要解决文字处理问题，即用计算机来处理企业或行政机关办公工作中的大量文件与公文管理工作，办公信息系统也称为办公自动化系统。

(二)业务信息系统

业务信息系统是为日常业务处理提供信息的，就一个生产企业而言，其日常业务可能有生产、销售、采购、库存、运输、财务、人事等方面的业务工作。这类工作实际上都是信息处理的内容。对于每一类业务工作，都有一个相应的信息子系统为其提供所需的信息和做相应的处理。如生产信息子系统、销售信息子系统、采购信息子系统、库存信息子系统、运输信息子系统、财务信息子系统等等。

业务信息系统应该具备以下功能：

1. 数据处理功能

具体地说，应有一级应用程序，满足其日常业务与事务数据处理的需要。

2. 数据管理

要有一个高效的存储信息的数据库或一组数据文件，为各种数据处理提供必要的数据。信息系统应能提供对数据库的维护功能，以保证数据的正确性和完整性。维护功能包括数据的追加、修改和删除。

3. 信息检索功能

业务信息系统除了定期和定式向用户提供一些诸如生产进度报表、财务报表之类的信息之外，为了满足用户随时可能对信息的需要，还必须提供对信息的直接检索功能，例如查找上月科目余额，查找工资600元以上的工程师等等。

4. 监控功能

一个业务信息系统要准确无误地处理日常业务，必须能保证系统运行的正确和有效，这就需要系统具有监控功能，对系统的监视与控制包括以下几个方面：

(1)需要对输入数据进行检查，拒绝接收错误数据，一旦发现错误应提示用户改正。

(2)系统恢复功能。由于断电或其他原因，造成系统故障时，应能恢复到原来的正确状态。

(3)监视整个系统的运行，全面记录系统运行过程中所做的工作，以审核系统的效率。

(三)管理信息系统

管理信息系统简称 MIS(Management Information System)，是用系统思想建立起来的、以计算机为基础、为管理决策服务的信息系统。MIS 输入的是一些管理有关的数据，代替管理人员的繁杂劳动，而且能为管理人员提供辅助决策方案，为决策科学化提供应用技术和基本工具。MIS 是信息化社会发展的必然产物,也是企业管理现代化的重要进程。对一个企业来说,建立 MIS 以处理日益增多的信息,目的是为了提高企业的管理效率、管理水平和经济效益。MIS 虽然只是为企业管理现代化提供必要的手段,然而,它所提供的辅助决策的信息,将直接影响企业的命运。

管理信息系统一般有以下主要功能:

1. 数据处理功能

如同业务信息系统一样,需要把各种形式的原始数据进行分类、整理和保存,以供查询及进行各种统计和汇总,及时提供如报表一类具有统一格式的信息。

2. 预测功能

运用现代数学方法、统计方法或模拟方法,根据历史的数据,预测未来的情况。

3. 计划功能

合理地制订和安排每个职能部门的计划,按照不同的管理层次,提供不同要求的报告,以便及时决策。

4. 决策优化功能

利用各种数学模型及时导出各种最优解、次优解或满意解,供各级管理层辅助决策,以合理利用人、财、物和信息资源,为企业创造最大的利益。

5. 控制功能

对每个工作岗位和整体计划的执行情况进行监测和检查,比较计划与执行情况的差异,分析偏差原因,采用各种方法加以纠正,以期达到预定的目标。MIS 向管理者提供信息主要有两种形式:一是生成报表,二是联机检索。报表是以表格的形式提供管理信息,其中一类反映总结性的信息,如某公司每月销售汇总报告,某市一年的人口变化等;另一类是反映某项活动的现状,如输出某公司某日的库存量,航空公司某日某航班已预订的座位等。联机检索所得到的信息往往是报表信息的一个子集,其优点是能灵活地提供某一时刻、某一特定问题的信息。例如,查询某航班是否还有座位、某种商品的库存量、某个科目的借贷情况等。

业务信息系统和 MIS 的目标是不同的,前者是处理和获取数据,后者是为管理者提供信息。但是,这两种信息系统又有着密切的关系,业务信息系统往往是 MIS 的基础,如果没有业务信息系统,MIS 就没有主要的信息源。例如,在一个供销业务信息系统上增加统计、汇总功能,就能为生产计划的制订提供信息,改进后的信息系统不仅能够处理数据,而且还能提供管理信息功能,所以可以把它看成一个 MIS。当然一个有效的 MIS 是一个复杂的、集成的系统,其开发决非如此简单。因为一个 MIS 要向一个组织中的各个层次的管理人员提供信息,它必须要连接组织内各职能部门,形成一个有效的信息网,所以仅从一个供销业务信息系统中得到的数据进行加工,还不能提供制订生产计划所需的全部信息。因此业务信息系统只是涉及一个部门的业务活动,而 MIS 则是一个部门的管理工具。

为了向管理者提供有效的信息,MIS 对数据组织有更高的要求。除了把业务信息系统当作数据源之外,还要为整个系统建立中央数据库,在中央数据库中保存有各部门对应的系统所使用的共同数据,以实现数据的一致性、完整性和共享性。

(四)决策支持系统

决策支持系统简称 DSS(Decision Support System)。它是以电子计算机为基础的知识信息系统,可以提供信息、协助解决多样化和不确定性问题,对决策进行支持。DSS 概念是 Morton 等人于 1971 年提出的,如同计算机领域其他许多术语一样,人们至今尚未对 DSS 下一个严格而又精确的定义,但人们普遍认为 DSS 应具有以下几个特征:

(1)DSS 是一种以计算机为基础和工具,具有辅助功能的软件系统。

(2)DSS 对非结构化或半结构化的决策问题提供辅助决策或支持。所谓非结构化决策问题是指那些决策过程复杂、制定决策前难以准确识别决策过程的各个方面,以及决策过程形式表现为各个阶段的交叉与循环反复的一类问题。对于这类问题一般无固定的决策规则和模型可依,决策者的主观行为(经验、判断与洞察力、决策风格等)对各阶段的活动效果有相当的影响。半结构化决策则兼有结构化决策和非结构化决策的部分特点。

(3)DSS 的核心是决策科学的有关理论和方法,如数学分析法、经验方法、综合方法、系统工程方法等等。

60 年代末 70 年代初是国外计算机企业管理应用的鼎盛时期。在经济环境迅速变化、相互竞争激烈的社会里,企业高层的决策往往决定了企业的成败兴衰。因此,企业愈来愈重视高级决策人员的决策过程研究,强调经理要提高自己对付和解决问题的能力,强调决策的科学性和信息化。同时,这一时期也是人工智能科学工作者进行深刻反思和艰苦探索的时期,人们开始认识到“知识”的重要性,尝试把计算机科学技术与专门领域知识结合起来,解决那些具有“专家级”难度的问题,这种尝试也涉足了决策领域。此外,由于人们广泛吸收了现代科学技术中许多崭新的思想和方法,如控制论、信息论、系统论、运筹学等,使决策科学的研究逐步从定性走向定量,而计算机科学的发展正好为决策科学的这种转变提供了强有力的手段,为现代管理决策科学揭开了新的一页。

第二节　会计信息系统

一、会计信息系统的发展

(一)会计数据处理技术的发展

科学技术的发展给会计处理方法、手段和技术带来了深刻的影响,会计数据处理技术的发展经历了手工方式、机械化方式和电子计算机方式三个阶段。

1. 手工方式

在手工方式下,会计人员以纸、笔、算盘等工具完成会计核算中数据的记录、计算、分类、汇总、记账、结账、编制报表、计算成本等会计业务。本阶段历史漫长，直到今天，仍有不少企业处于手工处理方式。

2. 机械化方式

在机械化方式下，会计人员借助穿孔机、卡片分类机、机械式计算机和制表机等机器，由它们组成一个系统，完成大部分会计核算工作。机械化方式使用历史较短，应用面较小，我国几乎未经历这一阶段。

3. 电子计算机方式

将电子计算机技术引入会计数据处理中，使会计数据处理发生了质的变化。它不仅使会计核算工作走向自动化，并能准确、高效地完成核算任务，方便地提供管理和决策信息。使会计工作真正能走向事前预测、事中控制与监督和事后分析与决策的境界。

(二)IT 环境下会计信息系统的发展

随着电子计算机信息技术的发展和它在会计领域中应用的普及和推广，建立 IT 环境下会计信息系统的目的，不仅要使广大财会人员从繁重的手工操作中解脱出来，减轻劳动强度，更主要的还在于通过计算机手段和会计管理决策手段的现代化，提供会计信息收集、整理、传输、反馈的灵敏度和正确度，提供会计的分析决策能力，更好地满足管理的需要，为提供现代化管理水平和提高经济效益服务。IT 环境下会计信息系统的产生和发展是社会经济、技术发展的必然产物。

1. EDP(电子数据处理)阶段

本阶段也称为面向事务处理阶段，是会计信息系统的初级阶段。会计信息系统的主要目标是以替代手工操作，实现会计核算工作的自动化或半自动化，提高会计工作效率为主。会计信息系统可称为会计数据处理系统，其主要特点有：

(1)会计信息系统软件以模拟手工核算为主，且各项业务的数据处理大都是独立地进行，没有形成整体的会计信息系统。

(2)会计信息系统主要用于工资计算、账务处理、订单处理、固定资产核算等子系统。

2. 综合数据处理阶段

本阶段也称为面向系统阶段。会计信息系统的主要目标是综合处理发生在企业各业务环节中的各种会计信息，并为企业管理部门提供有关的管理和决策辅助信息。会计信息系统可称为会计管理信息系统，其主要特点有：

(1)会计信息系统突破了传统的数据处理范围，开始形成了整体性的会计信息系统。会计信息系统中各子系统有机地结合在一起，实现了它们之间的信息快速传递和共享的目标。

(2)会计信息系统的结构打破了手工方式的一些模式。在实现信息共享的基础上重视会计数据的综合加工、分析和深层次的应用，实现为企业各级管理提供管理和决策的辅助信息，使会计信息系统的应用价值大大向前迈进了一步。

(3)会计信息系统功能十分完备，它包括了账务处理、应收应付、成本核算、库存管理、销售管理、财务管理等诸多子系统。

(4)会计信息系统的信息采集全部实现实时化,即会计信息不再由会计人员制成记账凭证后批处理录入到会计信息系统中去。会计信息将包含在各种业务信息表中,从网络上传递到会计信息系统。

3. 决策支持和专家系统阶段

此阶段称为面向决策阶段。会计信息系统的主要目标是在基于会计综合信息处理基础上向 ADSS(会计决策支持系统)、AES(会计专家系统)、AEIS(会计高层主管信息系统)等方向发展。本阶段的会计信息系统的主要特点有:

(1)全面改造企业的业务过程,实现企业业务过程、会计工作和信息过程的整合和集成,使会计工作有机地融合在各业务工作流中。

(2)会计信息系统的主要功能在于挖掘专家经验,建立各种财务分析和管理的方法库、模型库、知识库。

二、会计信息系统基本概念

(一)会计信息系统的定义

会计信息系统是面向价值信息的信息系统,是从对其企业中的价值运动进行反映和监督的角度提出信息需求的信息系统,因此可以将其定义为:利用信息技术对会计信息进行采集、存储和处理,完成会计核算任务,并能提供为进行会计管理、分析、决策用的辅助信息的系统。其组成要素为:计算机硬软件、数据文件、会计人员和会计信息系统的运行规程,其核心部分是功能完备的会计软件。在信息社会,企业会计工作中常规的、可以程序化的任务将由会计信息系统处理,同时会计信息系统还将辅助会计人员完成其他管理与决策任务。

(二)会计信息系统的目标

会计信息系统是为企业服务的,是企业会计工作中必不可少的组成部分,因此,会计信息系统的目标应服从于企业、信息系统、会计三者的目标。企业的目标是通过提供客户满意的服务获取更多的利润;信息系统的目标是向信息系统的使用者(用户)提供决策有用的信息;会计的目标是要提高企业的经济效益以获取更多的利润。由此,会计信息系统的目标可以确定为向企业内外部的决策者提供需要的会计信息及对会计信息利用有重要影响的其他非会计信息,它确定了会计信息用户可以得到的信息内容和质量。当然具体到不同的决策者,由于需要不同,希望获取的会计信息也会各不相同。在此目标下,会计信息系统的基本功能应是:利用各种会计规则和方法,加工来自企业各项业务活动中的数据,产生和反映会计信息(其中多数是价值信息),以辅助人们利用会计信息进行决策。其中,会计规则和方法是由会计人员根据信息用户的需求综合制定的,他们并不是一成不变的,而是随着外界情况的变化不断地调整。在会计信息系统中,会计规则由会计人员确定,会计方法也由会计人员提出,并与信息管理人员合作将这些规则和方法转化为机器系统中的程序。当企业出现了新的业务活动或拥有了新的资源需要进行管理时,会计人员应从会计工作的角度制定出相应的解决办法和处理规则,并尽可能地将其转化为机器系统可处理的内容。

(三)会计信息系统的特点

1. 综合性

会计信息是全面反映企业供、产、销各个环节并全面参与企业管理的综合信息。企业的活动通常分为两大类:一类是生产或服务活动,另一类是管理活动。在生产或服务活动的过程中,各部门都会有某种程度上的会计数据的发生,而在管理活动中又会有某种范围内会计信息的利用。可见,会计信息系统能够综合地反映、监督和控制整个企业生产经营活动,是实现企业管理目标——所有者权益最大化的有利工具。

2. 复杂性

会计信息系统本身是一个独立的整体,由许多职能子系统组成,如账务处理子系统、工资核算子系统、固定资产核算子系统、材料核算子系统、成本核算子系统等,内部结构较为复杂,各子系统在运行过程中进行信息的收集、加工、传送、使用,联结成一个有机的整体。另外,由于会计信息系统全面地反映企业各个环节的信息,它跟其他管理子系统和企业外部的联系也十分复杂。会计信息系统从其他管理信息子系统和系统外界获取信息,也将处理结果提供给有关系统,使得系统外部接口较复杂。

3. 会计信息的准确性与可靠性

会计信息直接关系到国家、企业及个人的经济利益,因此会计信息应该符合一定的质量要求,保证连续、完整、真实、准确地反映经济业务,而且要合法、可靠,严格遵守有关财务会计制度、法规和计算规程。

4. 信息量大

会计要对生产经营过程进行连续、系统、综合地反映和监督,因此会计信息系统要收集、处理、存储和提供大量的经济信息。

5. 内部控制严格

会计信息系统中的数据不仅在处理时要层层复核,保证其正确,还要保证在任何条件下以任何方式进行核查核对,留有审计线索,防止犯罪破坏,为审计工作的开展提供必要的条件。

三、会计信息系统在企业管理信息系统中的作用和地位

会计信息系统是企业管理信息系统中的一个重要的子系统。会计信息是企业生产、管理决策中使用最多的信息,在现代企业决策中处于中心和主导地位。会计信息系统是一个组织处理会计业务并为企业管理者和决策者提供财务信息、定向信息和决策信息的实体,它通过收集、存储、加工、传输和利用会计信息,对经济活动进行反映和控制。会计信息系统是企业信息系统中占有重要地位的一个子系统。由于会计是以货币的价值形式反映和监督企业整个生产经营活动过程的,因此会计信息系统反映的内容涉及供、产、销每个环节和企业

的每个部门及员工。会计信息系统在企业管理信息中的重要地位,是由它本身的特点决定的。

四、企业会计人员与会计信息系统的关系

从以上对会计信息系统及其目标的讨论中,已经可以看出企业会计人员与会计信息系统之间有着密切的联系:会计人员既是会计信息系统的组成要素,又是会计信息系统的管理者,由他确定了会计信息系统采用什么样的会计模式,并与信息系统管理者一起制定会计信息系统的运行规程,特别是会计信息系统的内部控制问题。而会计信息系统应该是服务于会计人员的,应该帮助会计人员更有效地处理有关信息,并向用户提供满足需要的高质量的会计信息。此外,会计人员的工作重点还包括对企业各项业务活动及资源利用的绩效评价、对信息技术、信息系统等新技术应用的风险管理,与企业经营、发展战略密切相关的会计决策活动。由此,一方面要求未来的会计人员必须是多面手,才能完成这些工作,如对会计信息系统的管理,实际上要求会计人员应具备系统分析员的部分素质;另一方面会计人员用到的很多管理方法、手段和模型,其他企业管理人员也可以做,只是加工的信息对象有差别,而在信息社会,这些对象对于所有的信息用户可能是平等的,未来的职业可能出现融合的趋势,此时,重要的是企业员工具备的知识素养。所以,会计这一古老的行业在未来信息社会要有立足之地,就必须大力提高会计人员的素质。

第三节 手工会计和电算化会计的比较

一、手工会计和电算化会计的相同点

1. 目标一致

无论是手工会计还是电算化会计,其最终目标仍然是为了加强经营管理,提供会计信息,参与经营决策,提高经济效益。

2. 都要遵循基本的会计理论和会计方法

会计理论是会计学科的结晶,会计方法是会计工作的总结。电算化会计会引起会计理论和会计方法上的变化,但这种变化是渐进型的,而不是突变型的。目前的电算化会计必须遵循基本的会计理论和会计方法。

3. 共同遵守会计法规和会计准则

会计法规是进行会计工作的法律依据。会计准则是指导会计工作的规范,电算化会计不能置会计法规和会计准则于不顾,相反应当更严格地执行,从措施上、技术上杜绝可能的失误。

4. 基本工作要求相同

两者都有以下的基本工作：

(1)采集数据，予以输入；

(2)存储数据或资料；

(3)数据的加工处理，如排序、分类、计算和统计；

(4)信息和数据的传递。

5. 复式借贷记账的原理相同

不管是手工会计还是电算化会计，对发生的经济业务都要运用借贷平衡原理，编制会计分录，记入账户，再进行排序、分类、计算、记录、判断等加工处理，然后编制会计报表。电子计算机可以输入的原始资料按照事先编好的程序自动地产生会计分录，并在棋盘式账户(矩阵簿记)中记账，它所遵循的依然是复式借贷记账原理。

6. 都必须保存会计档案

会计档案是会计的重要历史资料，必须按照规定妥善保管。实行电算化会计，大部分会计档案的物理性质发生了变化，由手工会计下纸质的会计档案变为磁性介质的会计档案，这就要求用更科学的方法，加强对会计档案的保管。

二、手工会计和电算化会计的区别

会计数据电算化处理和手工处理，其处理过程发生了下列变化：

1. 所用的计算工具不同

手工会计使用的计算工具是算盘，计算器等，电算化会计所使用的计算工具是电子计算机及一些辅助设备。

2. 数据载体不同

手工会计的所有信息主要以纸张为载体，电算化会计的数据载体除必要的原始凭证外，记账凭证、账簿均可用磁性介质作为信息载体。

3. 账簿形式和错误更正方法不同

手工会计中规定日记账、总分类账要用订本式账簿，明细账可以用活页账册；账簿记录的错误要用画线更正法或红字冲正法更正。电算化会计打印输出的账页是卷带状的，可装订成活页式，不能是订本式，只有到一定时期，再装订成一本订本式账册，作为会计档案保管。电算化会计中，输入数据要经过逻辑性校验(例如，会计科目逻辑校验、借贷金额平衡校验)，因此不需要用画线更正法来更改账簿记录，如果账簿记录有问题，那么一定是合法性问题，往往采用输入“更正凭证”，加以更改，类似于红字冲正法，以便留下改动痕迹。

4. 账务处理程序不同

手工会计在进行会计数据处理时，根据会计业务的繁简和管理上的需要，选用其中一种，规定凭证、账簿、报表之间的关系，以及怎样来进行记账，但无论采取何种方式，都避免不了重复转抄的根本弱点，伴之而来的是会计人员和处理环节增多，不加强内部牵制和相互核对，免不了出现错误和舞弊。在电算化会计账务处理中，整个处理过程分为输入、处理、输出三个环节,其控制的重点是在输入这个环节,从输入会计凭证到输出会计账表,一气呵成,一切中间过程都在机内操作,是肉眼看不见的,而需要的任何中间资料,都可以通过查询得到满足,因此,在电算化会计中有数据处理业务一体化的倾向,这样就废除了手工会计中不同的账务处理程序。

5. 账户设置方法和账簿登记方法的不同

在手工会计中,要为会计六大要素分别设置资产、负债、所有者权益、利润、收入、费用等六大类账户,并要设置总分类账和不同的明细分类账。而在电算化会计中,把设置账户定义为:为了将来取得某种信息,预先设置好塑造该种信息的模型(亦称房间)。所有的账户都给予一个科目号(房间号),这个科目号的第一位,就标志这个会计科目的大类别,前三位标志了总账的会计科目,这样就可以很方便地进行总账、明细账、日记账等各种处理,它完全打破了手工会计下各种账簿的不同处理方式和核对方法,它已实现了数出一门(都从凭证上来),数据共享(同时产生日记账、特种日记账、总分类账、明细分类账、报表等等)。

6. 对账、结账和期末账项调整的方式、方法不同

在手工会计中,填制记账凭证的差错、记账或过账的差错、数量或金额计算上的差错以及财产物资的盘盈盘亏等,都难免发生,因此,在结账前进行对账,确保账证相符、账账相符和账实相符。在电算化会计中,同样需要对账,但对账的形式和方法都发生了变化,例如:在电算化会计中不存在记账和过账上的差错,输入的凭证都经过计算机的逻辑校验,所有的日记账、明细账、总账都出于同一数据源,不会发生账证、账账不符的情况,如果要确保输入凭证本身的正确性,那么控制重点应该放在输入凭证的审核上。至于财产物资的盘盈盘亏,那么只能依靠手工盘点,作成盘点表,输入计算机,和机内的账存数进行核对,以确定盘盈或盘亏。

在应计制情况下,手工操作的期末结账通过一系列的账项调整,把应归属本期的收入和费用完全登记入账,以计算确定本期的利润或亏损,把经营成果在账上揭示出来;还要分别结算出每个账户的本期发生额及期末余额,并将期末余额转为下期的期初余额。这一系列工作都要通过手工编制各种转账凭证来进行。在电算化会计中,这些工作都由计算机根据预先编好的程序来完成。只要给了结账的指令,计算机就自动完成这一系列工作,并自动产生各种有规律的转账机制凭证,并打印输出。一旦结账完毕,计算机能完全摈弃修改,已结的账就不能再任意更改。

7. 内部控制制度不同

在手工会计中,内部控制是通过凭证传递程序(规定每个工作点应完成的任务,并在传递程序中选择控制点),相互校验、核对来实现的,此外,还通过对账,检查是否账证相符、账账相符、账实相符等等内部控制方式来保证数据的正确性,堵塞漏洞。而在电算化会计中由于账务处理程序和会计工作组织体制的变化,除原始数据的收集、审核、编码仍由原会计人员手工操作外,其余的处理都由计算机部门负责。很明显,原来的内部控制方式部分地被计算机所代替,由人工控制转为人机控制,后者的控制要求更为严密,范围更扩大,因此,必须

加强电算化会计中的内部控制。

8. 会计工作的组织体制不同

手工会计中，会计工作组织体制以会计事务的不同性质作为主要依据。一般手工会计中划分如下专业组：材料组、成本组、工资组、资金组、综合组等等，它们之间通过信息资料传递、交换、建立联系，相互稽核牵制，使会计工作正常运行；在电算化会计中，会计工作的体制以数据的不同形态作为主要依据，一般电算化会计中划分如下的专业组：数据（信息）收集组、凭证编码组、数据处理组、信息分析组、系统维护组等等，很明显，这两种工作组织体制是截然不同的。电算化会计将手工会计对数据分散收集，分散处理，重复记录的操作方式改变成集中收集，统一处理，数据共享的操作方式，使会计信息的提取，更适应于现代化管理的要求。

9. 会计人员素质不同

手工会计中的人员均是会计专业人员，其骨干是会计师，在电算化会计中人员应由会计专业人员、电子计算机软件和硬件及操作人员组成，会计人员不但精通本专业，还要熟悉电子计算机，形成复合型人才，其中骨干应为了解电子计算机的高级会计人员。

10. 会计系统的设计方法不同

在手工会计中，会计系统一般由会计师根据会计法规、会计准则、上级主管机构制定的统一的会计制度，并参考同行业的经验，针对企业工作的需要，拟订撰写而成。有了计算机，会计数据处理高度自动化，账册、报表都要根据打印机的要求，重新设计，不但要遵循手工情况下的会计准则和会计制度，还要遵循电算化下的一些特定的电算化制度，区别更大的是电算化会计系统是通过一系列相当复杂的过程开发出来，预先要编制好指令（程序），然后才能指挥计算机按照指令，一步步完成会计工作的要求，这样一个过程，称为系统开发过程。系统开发就是在对原手工会计系统分析的基础上，进行系统设计、系统编程和调试，从而建立一个新的电算化会计系统。

第四节 会计电算化的管理

会计电算化管理有微观管理和宏观管理之分。微观管理是指开展会计电算化单位自身的一些管理办法、措施、活动。宏观管理是指国家或全国性有关团体为保证会计电算化的顺利开展和电算化后的会计工作的质量所制定的办法、措施、制度和开展的活动。从国外对会计电算化的宏观管理情况看，由于会计信息的处理关系到各方面的经济利益关系，世界各国特别是工业发达国家对会计电算化管理都比较重视。美国注册会计师协会（AICPA）1976年发布了管理咨询服务公告第4号《计算机应用系统开发和实施指南》。国际会计师联合会（IFAC）于1984年2月、10月和1985年6月公布了三个有关会计电算化的《国际审计准则》，分别是：准则15《在电子数据处理环境下的审计》、准则16《计算机辅助审计技术》和准则20《电子计算机数据处理环境对会计制度和有关的内部控制研究与评价的影响》。

我国会计电算化事业能有快速的发展并取得了可喜的成绩,是与财政部和各级财政部门的管理分不开的。《中华人民共和国会计法》第七条规定:"国务院财政部门主管全国的会计工作。县级以上地方各级人民政府财政部门管理本行政区域内的会计工作。"会计电算化是会计工作的重要组成部分。因此,各级财政部门在会计电算化宏观管理中具有法律赋予的领导地位和职责。

会计电算化宏观管理的内容主要包括发展规划的制定、管理制度的建设、会计核算软件的评审、替代手工记账的审批、商品化会计核算软件评审后的管理、人才培养和理论研究等。

一、制定会计电算化发展规划

会计电算化规划就是会计电算化工作的各级管理部门根据经济发展情况和电子技术新趋势,联系会计电算化工作的现状及会计工作的客观要求,制定国家、地区或部门的会计电算化工作目标、发展方向和规范要求等,以指导、推动、促进会计电算化工作健康顺利的发展,它是会计电算化宏观管理的重要内容之一。

会计电算化规划按其制定的部门来分,一般有整个国家的会计电算化发展规划,行业会计电算化发展规划和地区电算化发展规划等。行业和地区的电算化规划是在国家会计电算化发展规划指导下,根据地区和部门各自的特点与要求来制定,以规划、组织、协调指导本地区或本部门的会计电算化工作。按规划的时间长短来分,又可分为长期规划、中期规划和短期规划。长期规划一般对今后很长一段时间内的会计电算化工作做出计划,指出发展方向,属于战略性目标和方针;中期规划则是根据远景发展规划的要求制定的阶段性规划;短期规划则为贯彻落实和完成中期规划中所提出的目标和任务而制定的一系列目标措施和要求,如年度工作计划等。总的来说,近期规划比较具体、详细,而长期规划则比较抽象、笼统。

不同行业、不同地区和不同的发展阶段,会计电算化规划的内容一般是不同的。规划的目的是为指导、推动会计电算化工作的健康发展。因此规划中一般首先要描述本地区(或部门)会计电算化现状、工作开展的深度和广度以及影响会计电算化工作开展的一些主要问题等;其次要对本地区(或部门)的电算化工作提出奋斗目标,即在一定期间应达到的水平。不同的行业、部门和不同的发展阶段,规划目标是不同的;第三,还要有一些相应的政策、措施和要求,以保证规划目标的实现。对于不同行业、地区和时期,这些政策、措施、要求也是不同的。会计电算化规划的制定及贯彻落实,有助于促进会计电算化工作顺利健康的发展,提高计算机应用的经济效益和社会效益。

制定会计电算化规划的依据:

(1)社会经济和管理要求;

(2)会计工作的基础;

(3)人、财、物等条件。

不同的发展阶段要制定不同的规划,以推动促进这项工作的顺利开展。如果本部门的会计电算化工作刚刚开始,规划就可以在应用广度(开展会计电算化单位的比例)上提出具体要求,同时组织研制通用会计核算软件等。如果本部门(地区)的大多数单位都已开展会计电算化工作,但一般都是以单项开发为主,全部核算工作实现电算化的单位还不多,并且实用性较差,大都为双轨运行。在这种情况下,规划的重点就应放在应用水平的提高上,在系统性、实用性方面提出一些具体要求,如果会计核算基本电算化,规划重点就要放在财会管理电算化上,财会管理电算化也可分为广度、深度两个方面来考虑,不同时期制度不同的发展规划。

一定的物质技术条件是制定目标的另一个重要依据。物质技术条件是指本地区(或本部门)物质条件(如资金、人力资源)和技术发展水平。一般地说,目标越高,所需的资金越多,投入的技术力量也越多,对设备技术要求也越高。而一个地区(或部门)用于会计电算化工作的资金和人力总是有限的,这样就要求结合整个地区(或部门)发展规划,综合平衡、全面考虑,制定有物质技术条件保证的目标。

二、会计电算化管理制度建设

建立健全会计电算化管理制度,是会计电算化工作顺利发展的重要保证。会计电算化制度建设也是会计电算化宏观管理的重要内容之一。各级财政部门应当加强会计电算化管理制度建设,对商品化会计核算软件评审、会计核算软件的基本功能、会计核算软件开发的基本程序、实行会计电算化后的会计档案管理、基层单位开展会计电算化的基本要求、会计电算化知识培训等一系列问题,应逐步建立规章制度,以规范会计电算化的管理工作,指导基层单位会计电算化工作的顺利开展,逐步实现会计电算化管理的法制化。

到目前为止,财政部先后制定了许多会计电算化的管理制度,它们分别是:1989 年 12 月发布的《会计核算软件管理的几项规定(试行)》、1990 年 7 月发布的《会计核算软件评审问题的补充规定(试行)》和财政部会计事务管理司 1991 年 4 月颁发的《关于加强对通过财政部评审的商品化会计核算软件管理的通知》等。随着会计电算化事业的发展,财政部于是 1994 年 5 月 4 日发布了《关于大力发展我国会计电算化事业的意见》,于 1994 年 6 月 30 日制定发布了《会计电算化管理办法》、《商品化会计核算软件评审规则》和《会计核算软件基本功能规范》,于 1995 年 4 月 27 日发布了《会计电算化知识培训管理办法(试行)》,于 1996 年 6 月 10 日发布《会计电算化工作规范》。许多地方财政部门也根据上述规定的精神,制定了本地区会计电算化的管理办法,对会计核算软件的开发、会计核算软件的评审、会计核算软件的使用、以计算机替代手工记账的审批、会计电算化后的会计资料生成与管理、商品化会计核算软件评审后的管理等做出了具体规定。

三、会计核算软件的评审

会计核算软件是一种比较特殊的技术产品,关系到财务会计制度的贯彻执行和会计信息的合法、安全、准确、可靠。因此,无论会计核算软件开展研制单位还是会计核算软件使用单位都希望有一个权威机构来证明或认可。

财政部门主管会计工作,由财政部门对会计核算软件的合法性进行评审比较方便、权威、科学。因此,《会计电算化管理办法》要求,在我国境内销售的商品化会计核算软件应当经过财政部门评审。评审工作由省、自治区、直辖市财政厅(局)或者财政部组织进行。计划单列市财政局经财政部批准,也可以组织商品化会计核算软件的评审。只有通过评审取得《商品化会计核算软件评审合格证》的会计核算软件才可以在我国市场上销售。

根据《商品化会计核算软件评审规则》的规定,对商品化会计核算的评审,主要审查软件的功能是否符合会计基本原理和我国法律、法规、规章的情况,检测软件的主要技术性能,对财务会计分析功能和相关信息处理的功能以及软件开发经销单位的售后服务能力适当予以评价。

四、商品化会计核算软件经过评审后的管理

会计核算软件通过评审只能说明达到了基本要求,要把软件使用好,还需要对财会人员进行培训,并提供维护服务。因此,加强商品化会计核算软件评审后的各项管理,督促软件开展单位做好维护工作,是非常重要的。

评审后的管理,首先要督促软件销售单位做好售后服务工作,配备与销售规模相适应的售后服务人员,健全培训体系,掌握用户使用软件的动态情况;其次要监督软件开发销售单位按评审意见进行广告宣传。为此,《商品化会计核算软件评审规则》中对此做出了明确规定。

《商品化会计核算软件评审规则》指出,商品化会计核算软件开发经销会计核算软件必须遵守下列规定:

(1)软件的价格应当合理,并明码标价;

(2)应当承担用户使用软件的培训、软件维护、软件版本更新、应用咨询等项售后服务工作,并对其分支机构及代理销售机构的售后服务工作承担责任。

(3)向用户单位提供组织评审财政部门印制的《商品化会计核算软件用户证》;

(4)据实进行广告宣传,不得采用不正当手段进行市场竞争;

(5)在每年二月底,将上一年度的用户情况报组织评审的财政部门,以便财政部门对用户使用会计核算软件的情况进行调查;

(6)每两年向组织评审的财政部门报告软件版本更新的情况。

《商品化会计核算软件评审规则》指出,有下列情况的,组织评审的财政部门可以取消商品化会计核算软件通过评审的资格,收回颁发的《商品化会计核算软件评审合格证》。

(1)售后服务水平较差,经限期整顿后仍没有较大改进的;

(2)进行不实的广告宣传,采用不正当的手段进行市场竞争,不听从财政部门的劝告情节严重的;

(3)连续两次不按照规定报送用户情况和会计核算软件版本更新情况,及其他有关情

况的；

(4)有二分之一的用户对其会计核算软件不满意的；

(5)对会计核算软件进行了错误的改进，造成用户不能正常进行会计核算的。

五、替代手工账的审批

会计电算化的最终目的和表现形式就是用计算机全部替代手工操作，即实现通常所说的“甩掉手工账”。做不到这一点，就不是真正意义上的“会计电算化”，当然也就无法体现会计电算化的效果和质量，无法真正把会计人员从繁重的手工操作中解脱出来，相反还要增加与手工并行运行而带来的工作量。目前，我国开展会计电算化工作的单位不少，但真正实现“会计电算化”的却很少；投入人力、物力、财力、精力不少，产生的效益却不高。产生这种问题的原因很多，但最关键的一条是对会计核算软件使用单位用计算机全部替代手工操作的工作抓得不够。因此，搞好会计核算软件的评审工作和搞好计算机代替全部手工操作的审批，是加强会计电算化管理的重要内容。《会计电算化管理办法》和《会计电算化工作规范》中明确规定，采用电子计算机替代手工账记账的单位，应当具备下以条件：

(1)使用的会计核算软件达到财政部门发布的《会计核算软件基本功能规范》的要求；

(2)配有专门或主要用于会计核算工作的电子计算机或电子计算机终端，并配有熟练的专职或者兼职操作人员；

(3)用电子计算机进行会计核算同手工会计核算同时进行三个月以上，取得相一致的结果；

(4)有严格的操作管理制度。主要内容包括：

①操作人员的工作职责和工作权限；

②预防原始凭证和记账凭证等会计数据未经审核而输入计算机的措施；

③预防已输入计算机的原始凭证和记账凭证等会计数据未经核对而登记机内账簿的措施；

④必要的上机操作制度。

(5)有严格的硬件、软件管理制度。主要内容包括：

①保证机房设备安全和电子计算机正常运转的措施；

②会计数据和会计核算软件安全保密的措施；

③修改会计核算软件的审批和监督制度。

(6)有严格的会计档案管理制度。

六、加强会计电算化人才培训

会计电算化人才缺乏是制约我国会计电算化工作发展的关键环节。只有通过正规、系统的培训，培养出大批既懂计算机又熟悉会计业务知识水平的人才，才能加快会计电算化进程和提高会计电算化水平。因此，会计电算化人才的培养必须纳入正规，应严格按照财政部

《会计电算化知识培训管理办法》的要求进行。培训可分为操作人员、系统维护人员、程序设计人员和系统设计人员初级、中级、高级三个层次进行，从基本知识培训抓起，逐步提高。通过初级培训，使广大会计人员能够掌握计算机和会计核算软件的基本操作技能；通过中级培训，使一部分会计人员能够对会计软件进行一般维护或对软件参数进行设置，为会计软件开发提供业务支持；通过高级培训，使一少部分会计人员能够进行软件的系统分析、开发与维护。

七、开展理论研究，完善会计电算化的体系和方法

会计电算化事业的发展，离不开会计电算化理论研究的指导，会计电算化需要开展研究的方向很多，许多问题都需要进一步研究和探讨。例如，会计电算化的发展趋势，电算化会计信息系统的平台建设，会计电算化的规范实施流程，会计电算化的集成化发展，会计软件的开发与测试，会计电算化人才培养，电算化审计研究，会计决策支持系统研究等等。

复习思考题

1. 什么是会计电算化？应如何理解会计电算化一词？
2. 什么是数据？什么是信息？数据和信息的关系如何？
3. 什么是会计数据？什么是会计信息？
4. 会计信息系统的发展经历了哪几个阶段？
5. 手工会计与会计电算化的区别与联系如何？
6. 中国会计电算化存在的问题与发展思路？
7. 单位甩掉手工账应具备哪些条件？

第二章　会计软件

第一节　会计软件的概念及分类

一、会计软件的概念

会计软件是指专门用于完成会计工作的电子计算机应用软件,包括采用各种计算机语言编制的一系列指挥计算机完成会计工作的程序代码和有关的文档技术资料。

会计软件是由开发人员根据具体会计工作,利用一种或多种计算机语言编制的软件。它用于配合计算机完成记账、算账、报账,以及部分的会计管理和会计辅助决策等工作,如日常核算、量本利分析、投资决策等工作。因此,学好、用好会计软件是会计电算化工作的重要前提。

会计软件应当符合我国法律、法规、规章的规定,符合《会计软件功能规范》的要求,保证会计数据真实、准确、完整,有利于提高会计工作效率。

二、会计软件的分类

会计软件分为不同的类型。按适用范围可划分为:通用会计软件和定点开发会计软件;按提供信息的层次可划分为:核算型会计软件和管理型与决策型会计软件;按硬件结构可划分为:单用户会计软件和网络会计软件。

单用户会计软件是指将会计软件安装在一台或几台计算机上,每台计算机中的会计软件单独运行,生成的数据只存储在本台计算机中,各计算机之间不能直接进行数据交换和共享。网络会计软件是指将会计软件安装在一个多用户系统的主机(计算机网络的服务器)上,系统中各终端(工作站)可以同时运行,不同终端(工作站)上的会计人员能够共享会计信息。

(一)通用会计软件

通用会计软件是指在一定范围内适用的会计软件,通用会计软件又分为全通用会计软件和行业性通用会计软件。

通用会计软件特点是不含或含有较少的会计核算规则与管理方法。其优点在于它实质上是一个工具,由用户自己输入会计核算规则,使会计软件突破了空间和时间上的局限,具有真正的通用性。其缺点是一方面软件越通用,个别用户的会计核算工作的细节就越难被兼顾。为了合理地确定通用程度,人们开发了一些行业通用软件。如行政单位、事业单位、商业、服务业、制造业、交通业等通用会计软件。

(二)定点开发会计软件

定点开发会计软件也称为专用会计软件,是指仅适用于个别单位会计业务的会计软件。如某企业针对自身的会计核算和管理的特点而开发研制的软件。定点开发会计软件的特点是把适合单位特点的会计核算规则与管理方法编入会计软件,如将报表格式、工资项目、计算方法等在程序中固定。其优点是比较适合使用单位的具体情况,使用方便。其缺点是受到空间和时间上的限制,只能在个别单位、一定的时期内使用。

(三)商品化会计软件

商品化会计软件是指经过评审通过的用于在市场销售的通用会计软件。商品化会计软件一般具有通用性、合法性和安全性等特点。选择通用商品化会计软件是企业实现会计电算化的一条捷径,是采用最多的一种方式。采用商品化会计软件的特点:一是不能全部满足使用单位的各种核算与管理要求;二是对会计人员要求较高(如要求用户定义各种计算公式,设置各种单据表格等),否则会计人员会感到使用不便。

对于通用性比较好的部分模块,如总账和报表模块,一般使用商品化会计软件,而对于本单位有特殊核算和管理要求的功能,在商品化会计软件不能满足的情况下,自行开发,然后利用商品化会计软件提供的接口,将他们连接起来。

(四)核算型会计软件

核算型会计软件是指专门用于完成会计核算工作的电子计算机应用软件,用以实现会计核算电算化。

会计核算电算化是会计电算化最重要的组成部分,它面向事后核算,采用一系列专门的会计核算方法,实现会计数据处理电子化,提供会计核算信息,完成会计电算化基础工作。其主要任务是设置会计科目、填制会计凭证、登记会计账簿、进行成本计算和编制会计报表等。主要内容包括总账处理、薪资、固定资产、成本、采购、存货、销售、往来账款核算和报表处理等。

(五)管理型会计软件——部门级财务软件

企业在市场经济环境下,面临激烈竞争,企业的经营方式、融资渠道等经济活动更加复杂,为加强经营管理,要求规范细化财务核算与管理,从1996年开始,我国会计电算化工作已从全面会计核算的基础上,向会计管理方向过渡。

1. 管理型会计软件的含义

从狭义上讲,管理型会计软件是指支持企业财务部门整体会计业务处理工作要求的部门级财务软件,即指专门用于完成财务部门内部的会计核算与管理工作的电子计算机应用软件。从广义上讲,有三层含义:

(1)以财务为核心的,包括物资、设备、生产、销售等管理在内的企业管理信息系统(Management Information System,MIS)。

(2)能综合以财务信息为主的各种因素,分析未来发展趋势,为管理者提供各种决策信息的会计辅助决策支持系统（Decision Supporting System，DSS）。

（3）指用于完成会计过程中的事前、事中、事后三个阶段的管理工作，融会计核算与监督、分析与控制、预测与决策为一体的多功能会计软件。

管理型会计软件的功能是在全面会计核算的基础上，对会计信息进行深层加工，实现会计管理职能。它是核算型会计软件内涵和外延的扩展，它面向管理工作。管理型会计软件以财务管理学为理论基础，以辅助决策为目标，以数据为中心，广泛采用会计学、统计学、运筹学、数量经济学等方法，建立反映特定财务管理问题的模型，提供管理上所需要的各种财务信息。其主要任务是开展财务分析、进行会计预测、编制财务计划和进行会计控制。

2. 管理型会计软件的作用

管理型会计软件的总目标是通过核算、分析、决策处理过程的现代化，提高工作效率和管理水平，使企业达到经营成本最低、资金周转最快、实现利润最高。具体作用如下：

（1）从物资、设备、生产、销售等管理子系统中收集各种原始会计数据，进行记账、算账、编制报表等全面会计核算业务处理。

（2）对资金运行进行管理，实现会计的监督与控制职能。如：资金结构分析、资金需要量预测、资金的筹集与管理；资金和利息管理、应收账款管理；股票投资管理、债券投资管理、设备投资管理；成本预测、成本计划、成本控制、成本分析；销售收入管理、价格管理、利润预测、利润分配；现金流量分析、量本利分析、盈利能力分析；分支机构财务监控、领导查询等。

（3）运用数据库和方法论建立各种模型。如：利用成本核算数据和回归分析方法，建立成本估计模型；利用存货核算数据和经济批量法，建立财务预测模型。根据模型进行预测和辅助会计决策，为管理者提供科学的预测与决策信息。

（六）企业级财务管理软件

20 世纪 90 年代末，随着全球经济一体化进程的不断加快，电子信息技术的飞速发展，Internet/Intranet 技术和电子商务的广泛应用，人类已经从工业经济时代跨入了知识经济时代，企业面临的竞争环境发生了根本性变化。面对着竞争环境的急剧变化及买方市场的迅速形成，国内的很多工商企业显得无能为力，抵抗市场风浪的能力严重不足，业务部门与财务部门不能很好沟通，造成结算拖延、坏账损失加大、信用下降、库存与账目不符等弊端，财务对各购销业务的发生情况也无法做到有效监控，作为企业整体来讲，根本不能形成完整的分析决策体系。在这种形势下，企业管理必须转变，从生产导向向市场导向转变，从粗放经营向成本控制转变，从部门管理向企业级协同管理转变。适应这种转变的财务软件跨部门应用受到极大关注。

实现购销存业务处理、会计核算和财务监控的一体化管理，提供满足企业经营决策目标的预测、控制和分析手段，并能有效控制企业成本和经营风险的软件，我们称为企业级财务软件。这种建立在一体化基础上的财务软件能够跨部门应用，使信息资源充分共享，数据在系统间传递非常流畅，企业中各管理部门都能够直接得到其最需要的相关信息，从而以最快速度做出经营决策，完全能够达到企业资金与物流的一体化管理目标。

在财务与业务数据的一致性处理上,企业级财务软件完全不同于单项核算软件。在单项核算软件中,所有凭证都是从财务处理模块录入的,为了实现各模块的独立运行,各专项业务处理系统在录入原始资料后不能自动生成会计核算凭证进入财务处理系统,从而没有实现数据的一次录入与共享使用的机制,也没有对系统内的数据一致性提供控制机制,这在企业级财务软件中得到了解决。主要表现在:

(1)由薪资管理模块进行计算并自动生成薪资费用分配以及其他薪资核算凭证进入总账模块;

(2)由固定资产模块录入固定资产变动原始资料,以便对固定资产进行管理,与此同时自动生成固定资产变动核算凭证进入总账模块,此外在自动计提每月固定资产折旧额的同时,也能自动生成折旧核算凭证进入总账模块;

(3)在应收账款模块进行销售发票和收款处理的同时,自动进行销售和收入核算进入总账模块;

(4)在应付账款模块进行采购发票和付款处理后,自动生成采购和付款核算凭证进入总账模块;

(5)在库存管理模块进行出入库等处理的同时自动进行存货成本核算,并将核算凭证转入总账模块。这种在进行业务信息管理的同时自动进行财务核算,不仅避免了数据的重复录入账,而且保证了财务与业务数据的一致性。

在管理功能上,企业级财务软件不同于部门级财务软件,企业级财务软件不仅增强了财务管理功能,而且实现了对物流过程中各种业务的管理。主要表现在:

(1)应收账款模块中强化对客户及其信誉的管理,并实现对应收账款的账龄分析和收款预测。

(2)应付账款模块中强化对供应商的管理和付款计划管理。

(3)采购模块中注重对采购品的价格管理,注重对供应商的交易统计与分析。

(4)销售模块中注重对各种商品销售收入和利润的排序分析,注重对客户的交易统计分析,注重对销售业绩的管理。在库存管理模块不仅实现对采购原材料库存信息的管理,而且也包括对产成品库存数量的管理。

(5)加强了对库存资金占用的管理及对库存物品的统计分析。

在管理范围上,企业级财务软件从财务部门延伸到业务部门并实现财务业务一体化管理。打破了传统财务软件局限于财务部门的界限,从根本上解决了将财务数据与业务数据割裂开的做法,使资金流与物流同步,并相互制约,而随资金流和物流产生的信息流自然也就有真实可靠并具有全面性,同时由于信息良好的流动性,加快了企业对市场的反应速度,提高了决策的有效性。

在管理深度上,企业级财务软件从事后分析延伸到事前计划、事中控制。以前部门级财务软件,由于是事后核算和分析,资金流滞后于物流,很难发挥计划和控制的作用,而企业级财务软件实现了财务与业务数据的一体化共享,使得企业事前计划、预测变得可行,事中控制有效,事后分析更为深入全面,如收入预测可根据以前时期或同期的各地区、各个产品的销售情况制定,而资金的使用计划则可根据采购订单或合同等算得,当某客户应收款超过信用额时,系统将及时停开发货单,而这些在部门级财务软件中是难以做到的。企业级财务软件使财务工作重点转移到计划控制分析上来,从静态管理到动态管理,从对结果的核算分析到对过程的控制,使财务人员真正参与企业管理。企业级财务软件可以从企业经营管理的角度出发,通过决策支持信息模块方便地收集财务、业务数据,及时为领导决策提供依据,以帮助企业管理者实现企业的利润目标。

在管理层次上,企业级财务软件是面向整个企业经营管理,部门级财务软件是面向财务部门职能的管理,单项核算软件是面向财务单一岗位的管理,从管理层次上由单一发展到全面,由局部发展到全局,从岗位工作到企业管理,财务软件带来管理层次的不断提升,财务的作用也有了根本性的提高。由于管理层次的提高,使得管理会计的职能得以真正发挥,在技术上,企业级财务软件发展到一个新的阶段,在以前的财务软件中单机或 F/S 网络技术结构即能满足要求,而企业财务软件则更多采用了 C/S 或 B/S 结构。在数据库上部门级财务软件大多采用桌面数据库,而企业级财务软件一般采用大型数据库,在开发方法上采用面向对象的分析设计编程方法,由于企业级财务软件比以前财务软件功能更为复杂,涉及企业特定需求更多,所以必须采用组件化技术,以便更快满足日益复杂和个性化的需要,使系统对客户需求的适应性大大增强,并使系统维护和升级更加容易,另外企业级财务软件为了便于与其他系统集成,提供了良好的开发接口以便信息交换,如业务函数、标准文件格式、交互文件、嵌入式连接器等。

经实践证明,企业级财务软件的成功运用可使企业在合理控制库存,加快资金周转,有效控制企业经营成本和财务营运风险,提供企业级的分析决策信息,提高用户服务水平等方面取得显著进步,为领导层经营决策提供科学依据,从而真正帮助企业提高竞争实力和盈利水平,增强企业的竞争力。

(七)网络财务软件

1. 网络财务软件的概念

首先它严格遵循微软 Windows DNA 框架结构,以三层结构技术为基石,结合先进的 Wcd 技术实现真正的分布式网络计算,从应用上将单一主体的会计核算转变为群体的财务管理。同时网络财务软件具有图形窗体界面(GUI)和浏览器界面(Browser),将局域网应用和 Internet 应用结合在一起,不但实现了局域网内分布式网络计算,确保了大数据量、多用户数下的网络性能,还通过 lnternet 防火墙、Windows NT 用户安全机制、数据传递中的底层加密协议(SSL)、大型数据库权限管理机制等四层保护措施,将财务管理应用推向 lnternet,在广域网上实现了全球范围内的分布式计算。

2. 网络财务软件与传统网络版财务软件的区别

网络版财务软件指的是通过网线将多台 PC 机连接在一起使用,但由于硬件能力和应用软件性能所限,用户机和数据库服务器的距离不能任意扩展。网络财务软件是同时基于局域网环境的财务软件,对传统网络版财务软件应用进行最大限度的扩展,使数据库服务器和用户机能够分布在更加广阔的网络空间。网络财务软件能够通过 lnternet 运行,这样,集团的财务应用、移动办公、远程审计和电子商务成为可能,浏览器的界面使软件应用更加简单而便捷,用户在世界的任何地方都可以使用。网络财务软件一方面要解决远程网络数据传输的问题,一方面还要面对处理大用户的大数据量的需求,因此形成了截然不同于传统网络版财务软件的技术特性。

3. 网络财务软件与企业级财务软件的关系

企业级财务软件是针对部门级财务软件而言的。部门级财务软件是集中管理的解决方案,包括总账、固定资产、薪资、存货、现金管理、财务报表等,继承发展了原有 Windows 版财务软件的决策支持功能和"无缝联结"技术,并通过建立行业知识库,在标准版、工业版、商业版等之下将产品细分为不同行业专版(如医药、金融),差异化优势相当明显。部门级财务软件用户仅限于财务部门,其特点是网络用户量少,业务数据量小,使用简单。

而企业级财务软件,则立足于企业全方位管理,网络财务软件与企业级财务软件是包含与被包含的关系。网络财务软件是企业级财务软件的延伸,网络财务软件涵盖了企业级软件,企业级财务软件能够在局域网上很好地运作,当其发展到网络财务软件就能够将局域网和广域网完善的结合起来。

第二节　会计软件的功能结构

会计软件的功能结构是指一个完整的会计软件中由哪几个子系统组成,每个子系统完成哪些功能,以及各子系统之间的相互关系等。通常采用结构图表示会计软件的功能结构,每个结构图中包含若干个模块。模块是程序集合体,一个或几个程序组成一个模块,完成一个独立的功能。

一、会计软件总体结构

不同类型的企业,其会计软件总体结构不尽相同,下面给出企业级财务软件的结构图,如图 2-1 所示。

图 2-1 会计软件的总体结构

（一）财务

财务系统包括总账系统、电子报表、薪资管理、固定资产管理、资金管理、财务分析、应收款管理、应付款管理、成本管理。

（二）购销存

购销存系统包括采购计划、采购管理、库存管理、存货核算、销售管理。

（三）决策

决策系统包括行业报表、合并报表子公司系统和母公司系统及决策支持。

以上各功能模块共同构成了会计软件的功能结构，各模块既相对独立，分别有着较为完善和细致的功能，最大限度地满足用户全面深入的管理需要，又能融会贯通，有机地结合为整体应用，满足用户经营管理的整体需要。

二、各模块的功能描述

（一）总账系统

总账系统主要用于建账、凭证管理、标准账表、出纳管理、数量核算、外币核算、月末处理和辅助管理等。可与其他模块同时使用，也可以单独使用。其中辅助管理又包括个人借款管理、部门管理、项目管理和现金银行管理等。

（二）应收与应付系统

应收与应付账款系统是对工商企业的业务往来账款进行核算与管理。它以发票、费用单、其他应收应付单等原始单据为依据，记录采购与销售业务以及其他业务形成的往来款项处理，应收应付款项的收回与支付、坏账、转账等情况，同时提供票据处理功能，实现对承兑汇票的管理，提供详细到客户和产品的统计分析。应收与应付账款系统根据对客户往来款项核算和管理的不同程度，提供了两种不同的方案，即在应收与应付账款系统核算客户往来款项或在总账系统核算客户往来款项。不同的应用方案，其功能、产品接口、操作流程等均不相同。

系统的功能主要包括如下几点：

1. 初始设置

设置各类凭证的入账科目、设置产品的采购及销售收入科目、设置客户、供应商的往来控制科目；可以设置结算方式所对应的科目。

（1）设置单据类型：可以由用户设置应收应付单的类型，根据单据类型将客户欠款或欠供应商款分成不同类型。

（2）设置单据格式：允许自由定义需要显示的每一种单据项目。

（3）期初余额的录入：录入未结算完发票的期初余额；录入应收应付单、票据、预收预付款期初余额。

2. 日常处理

(1)单据处理:处理收到预收款及支付预付款信息,处理用预收预付款核销的信息,处理退款及第三方代收付的信息。

(2)票据管理:提供票据登记簿,记录票据的详细信息;记录票据的利息、贴现、背书、结算、转出等信息。

(3)其他处理:处理坏账发生的信息,处理应收账款与应付账款相互核销的信息,处理预收款冲应收款和预付款冲应付款的信息。

3. 月末处理

提供汇兑损益的计算功能,提供月末结账功能。

4. 查询分析

进行单据查询、凭证查询。

(1)应收应付总账:统计一定时间内应收与收款、应付与付款的总额,提供多对象分析。

(2)应收应付明细账:提供多对象分析,提供产品或客户的应收应付及收付款的详细记录。

(3)欠款分析:提供多对象分析,显示欠款构成,显示欠款数额,显示信用额度的使用情况,显示报警级别,显示最后业务信息。

(4)账龄分析:提供多对象分析,其中应收应付账款账龄分析,包括客户、供应商的账龄和单据的账龄;预收预付款的账龄分析,包括客户的账龄和单据的账龄。

(5)综合分析:提供多对象分析,显示应收应付的发生额及收付款总额,显示收付款及应收应付款的构成。

(6)收付款预测:提供多对象分析,预测收付款数额,预测收付款的构成。

(三)报表系统

报表是报表事务处理的工具,与账务等各系统有完善的接口。主要功能有:文件管理功能、格式管理功能、数据处理功能、图形功能、打印功能和二次开发功能,一般内置工业、商业、行政事业单位等行业的常用会计报表。

(四)财务分析系统

财务分析系统运用各种专门的分析方法,对财务数据做进一步的加工,从中取得有用的信息,从而为决策提供正确的依据。

财务分析系统具有指标分析、报表分析、计划分析、现金收支分析、因素分析等功能。

(五)薪资管理系统

薪资管理系统不仅为您提供了简单方便的薪资核算、薪资发放、薪资费用分摊、薪资统计功能,而且还为您提供了强大的薪资分析和管理功能,譬如单位薪资增长情况分析、部门薪资构成分析、考勤管理、人员档案管理等;另外系统还为您提供了个人所得税扣缴、银行代发工资等功能。可为每月多次发放薪资的企业、月末统一核算的企业等不同薪资核算类型的企业提供解决方案。

1. 初始设置

支持多套薪资账管理,可自定义人员类别及人员设置,可自定义薪资项目及计算公式,提供自定义报表输出功能。

2. 业务处理

(1)薪资数据变动:可有多种形式的数据录入,可进行数据的计算和汇总,可进行薪资类型汇总。

(2)个人所得税扣缴申报:提供个人所得税自动计算与申报功能。

(3)薪资分钱清单:提供按部门、人员分钱清单,提供薪资发放取款单。

(4)银行代发:预置银行代发模板,适用于由银行发放薪资的企业。

(5)薪资分摊:自动完成工资分摊、计提、转账业务,自动完成应付福利费计提,自动完成工会经费计提,自定义计提分摊,自动完成职工教育经费计提。

3. 数据接口管理

通用的数据接口,可以导入文本文件、ACCESS 文件、DBASE 文件等多种外部数据文件;自动生成薪资凭证,登记到总账系统;自动传递数据到成本管理系统。

4. 月末处理

自动完成月末、年末结账处理。

(六)固定资产管理系统

固定资产系统适用于各类企业和行政事业单位进行财务核算、折旧计提以及设备管理等。固定资产管理系统可用于进行固定资产总值、累计折旧数据的动态管理,协助企业进行部分成本核算。同时还为设备管理部门提供固定资产实体的各项指标管理工作。其作用是完成企业固定资产日常业务的核算和管理,生成固定资产卡片,按月反映固定资产的增减变动明细账,按月自动计提折旧,生成折旧分配凭证,同时输出有关的报表和账簿。

(七)资金管理系统

资金管理系统实现工业企业或商业企业、事业单位等对资金管理的需求。以银行提供的单据、企业内部单据和凭证等为依据,记录资金业务以及其他涉及资金管理方面的业务。处理对内和对外的收款、付款、转账等业务。提供逐笔计息处理功能,实现每笔资金的管理。提供积数计息处理功能,实现往来存贷资金的管理。提供各单据的动态查询情况以及各类统计分析报表。

(八)成本管理系统

成本管理系统提供成本分析、成本核算、成本预测功能,满足会计核算的事前预测、事后核算分析的需要。

1. 成本核算功能

通过用户对成本核算对象的定义,对成本核算方法的选择以及对各种费用分配方法的选择,自动对从其他系统传递的数据或手工录入的数据进行汇总计算,输出用户需要的成本核算结果或其他统计资料。

2. 成本预测功能

运用移动平均和年度平均增长率,对部门总成本和任意产量的产品成本进行预测,满足企业经营决策的需要。

3. 成本分析功能

可以对分批核算的产品进行追踪分析,计算部门的内部利润,对历史数据对比分析,分析计划成本与实际成本的差异。

(九)采购计划系统

采购计划系统是在既保证生产又尽量减少库存资金积压的条件下,编制工业企业需要的采购计划。本系统在 MRP(物料需求计划)理论的基础上,结合我国工业企业的实际应用水平开发而成,适用于各类工业企业编制采购计划。

(十)采购管理系统

采购管理系统是根据工业企业和商品流通企业采购业务管理和采购成本核算的实际需要,对采购订单、采购到货以及入库状况进行全程管理,为采购部门和财务部门提供准确及时的信息,辅助管理决策。

(十一)库存管理系统

库存管理系统适用于各类工商企业的库存管理,具有单据输入、审核和账表查询等功能。

(十二)存货核算系统

存货核算系统主要针对企业存货的收、发、存业务进行核算,掌握存货的耗用情况,及时准确地把各类存货成本归集到各成本项目和成本对象上,为企业的成本核算提供基础数据,并可动态反映存货资金的增减变动,提供存货资金周转和占用的分析,为降低库存、减少资金积压、加速资金周转提供决策依据。本系统适用于工业企业的材料、产成品核算,商业的商品核算管理。

(十三)销售系统

销售系统是以销售业务为主线,兼顾辅助业务管理,实现销售业务管理与核算一体化。本系统适用于各类工业、商贸批发、零售企业。

(十四)决策支持系统

决策支持系统是利用现代计算机、通信技术和决策分析方法,通过建立数据库和分析模型,向企业的决策者提供及时和可靠的财务、业务等信息,帮助决策者对未来经营方向和目标进行量化的分析和论证,从而对企业生产经营活动作出科学的决策。

(十五)行业报表系统

行业报表系统是利用现代网络通信技术,为行业型、集团型用户解决远程报表的汇总和分析的一套集数据传输、检索查询和分析处理为一体的软件产品。系统改变了传统的手工、磁盘报送的方式,采用内置的传输功能,支持局域网、电子邮件、点对点传输和磁盘报送,适合在各种通信条件下不同地区使用。系统既可用于主管单位又可用于基层单位,支持多级单位逐级上报和汇总。

(十六)报表合并

报表合并系统包括母公司和子公司两个子系统。

1. 母公司

设计合并报表格式,定义抵消分录项目及抵冲分录数据,调整各公司个别报表数据及抵消分录数据,报表数据实现透视、排序、汇总等操作,自动审核报表数据及内部交易数据的平衡关系,并显示错误明细;自动抵消合并项目,自动生成合并工作底稿,最终生成合并报表;查询以往所有报表对工作底稿、合并报表及个别会计报表制作分析图形。

2. 子公司

接收母公司下发的数据盘,生成本公司个别报表数据及抵冲数据,报表数据实现透视、排序、汇总等操作,生成上报盘,重新组织本公司各期会计报表,对本公司个别企业报表制作分析图形。

三、会计软件的业务处理流程

使用企业级财务软件进行综合业务处理的过程,如图 2 - 2 所示:

(1)采购计划系统生成物料采购计划,以便到采购管理系统据以生成采购订单。

(2)采购管理系统录入采购发票,在应付系统核算该发票的款项。采购管理系统录入采购入库单,在库存管理系统对该入库单登记出入库台账,在存货核算系统核算采购成本。

(3)销售管理系统开出销售发票,在应收系统核算该发票的款项,销售系统开出的销售出库单,在库存管理系统对该出库单登记出入库台账,在存货核算系统核算销售成本。

(4)库存管理系统录入各种出入库单,登记出入库台账。

(5)存货核算系统生成存货成本的凭证传递到总账。存货核算系统可以为成本核算系统提供原材料领料单。

(6)成本核算系统为存货核算系统提供入库产成品成本。薪资管理系统为成本核算系统提供人工费资料,固定资产系统为成本核算系统提供折旧费资料。

(7)薪资管理系统生成计提薪资凭证传递到总账。

(8)固定资产系统生成折旧等凭证传递到总账。

(9)应收系统生成的销售收入以及款项收回等凭证传递到总账。

(10)应付系统生成采购以及支付款项等凭证传递到总账。

(11)财务分析系统可以制定各项支出费用等预算,在总账系统中进行控制。

(12)电子报表和财务分析系统可以从总账中取数进行财务指标分析。现金流量表系统可以实现现金流量表的自动编制。决策支持系统可以从各个系统取数进行决策数据推算。

(13)行业性单位和集团性公司通过行业报表进行报表上报及汇总。

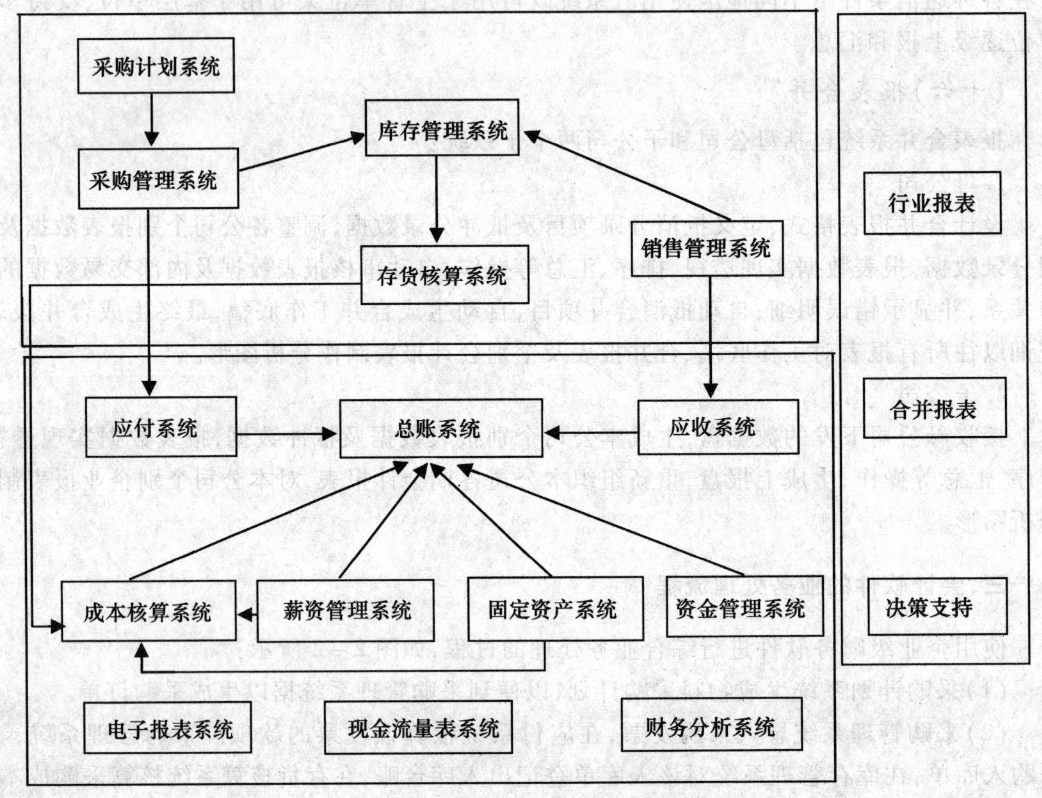

图 2-2　企业级财务软件综合业务处理的过程

四、典型应用方案综合业务处理过程

(一)财务应用方案

业务特点是以财务核算为中心,强化与往来单位应收、应付款项核算;企业职工工资实行银行代发,企业代扣个人所得税;固定资产专项管理,自动计提折旧并生成记账凭证;企业领导实时监控企业内部的经营状况、计划执行情况和经济效益;月末向上级部门和税务部门上报财务报表。根据企业的业务特点和核算要求应选择下列模块:

总账系统、应收账款系统、应付账款系统、电子报表系统、薪资管理系统、固定资产系统、财务分析系统、资金管理系统。财务应用方案业务处理过程,如图 2-3 所示:

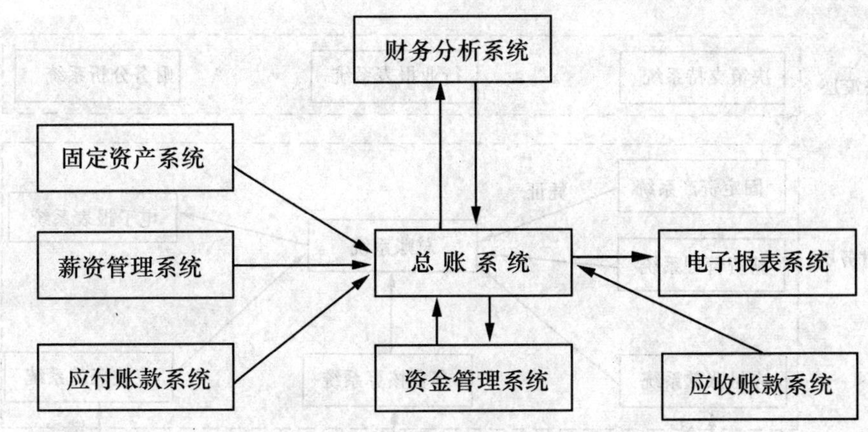

图 2－3　财务应用方案

(1)日常财务核算在总账系统中录入凭证、审核凭证、记账，并进行总账、明细账、多栏账、序时账的查询，银行对账。

(2)在应收账款、应付账款系统中录入各类原始业务单据(发票、应收或应付单据)，并进行应收、应付账款结算，系统生成凭证，传递到总账系统进行总分类核算。

(3)薪资管理系统进行职工信息管理、薪资核算、向银行传递薪资数据，系统可生成应付薪资凭证，传递到总账系统。

(4)在固定资产系统进行固定资产增减变动日常处理，生成计提折旧凭证，传递到总账系统。

(5)在资金管理系统核算各种存贷款和往来核算业务，生成记账凭证，传递到总账系统。

(6)在总账提取数据，在电子报表系统编制各种财务报表和企业内部专用表。

(7)在总账中提取数据，在财务分析系统考核有关财务各项支出、费用计划的制订，执行监督。

(二)商业应用方案

业务特点是批零兼营，商品须进行批次管理；有受托代销业务，各部门单独核算各项费用；按商品的分类及属性统计其进、销、存数据并输出统计报表，按供应商的不同分类统计购进数据并输出统计报表，按客户的不同分类统计销售数据并输出统计报表。每季汇总合并集团总部与各子公司的财务报表，上报主管部门。

根据企业的业务特点和核算要求应选择下列模块：

(1)财务。总账、报表、薪资、固定资产、财务分析、应收应付；

(2)业务。采购管理、库存管理、存货核算、销售管理；

(3)决策。决策支持、行业报表。

商业应用方案业务处理过程，如图 2－4 所示：

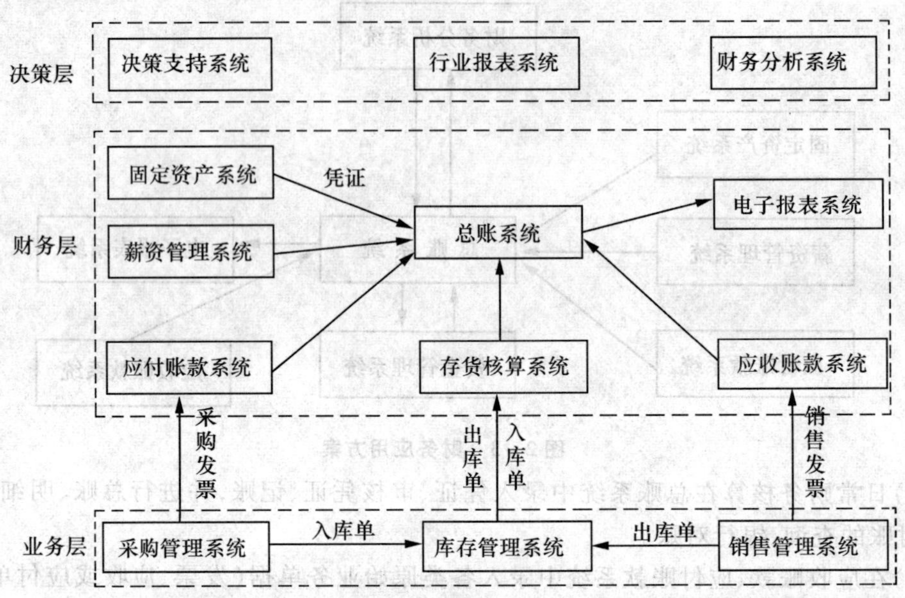

图 2-4 商业应用方案

业务部根据到货情况，在采购管理中填制采购入库单，仓库保管员在库存管理中予以审核，并查看保管账及入库单据，财务部门在存货核算中对入库单进行记账系统，据此生成库存商品明细账。

(1)业务部在采购管理系统中录入采购发票，确认后，在采购管理系统中与入库单进行结算，将采购发票传递至财务部，财务部据此记入应付账款系统，并生成总账凭证。

(2)业务部在销售管理系统中为客户开具发货单、复式打印，保管员根据出库联予以出库，在库存管理中对出库单进行审核。

(3)业务部在销售管理系统中根据发货单为客户开具发票，为商业企业开具增值税专用发票，为医疗单位和零散客户开具普通发票。财务部在应收账款系统中对开具的发票进行结算，确认收款或生成应收账款，并生成相应的总账凭证。

(4)发生盘点时，由保管员在库存管理系统中生成盘盈亏单，利用存货核算系统进行盘盈盘亏的核算。

(5)财务部在存货核算系统中计算商品销售成本，并生成总账凭证。

(6)由劳动部在薪资管理系统中填制薪资发放表，财务部在薪资管理系统中输出，发放，并生成总账(薪资提取、福利费提取、工会经费提取、职工教育经费提取等)凭证。

(7)由总务部或由财务部在固定资产系统中进行固定资产的增减等业务，由财务部根据相关的单据在固定资产系统中生成总账凭证，每月计提折旧后生成折旧凭证。

(8)各部门利用电子报表系统读取总账数据和业务模块数据制作自己需要的财务报表和业务报表。

(9)公司领导利用财务分析系统和决策支持系统调用各系统数据对企业的经营状况及各项财务指标进行分析,对未来做出预测。

(三)工业应用方案

具体适用的工业企业类型有机械制造企业,钢铁生产企业,食品生产企业,纺织、服装生产企业,造纸、水泥、制药和家具等制造企业,印刷、印染等加工企业,石油、煤炭等采掘企业。

根据企业的业务特点和核算要求可选择下列模块:

(1)财务。总账、报表、薪资、固定资产、财务分析、应收应付、成本管理;

(2)业务。采购计划、采购管理、库存管理、存货核算、销售管理;

(3)决策。决策支持、行业报表。

以成本管理系统为核心的工业企业具体应用方案,业务处理过程如图2-5所示:

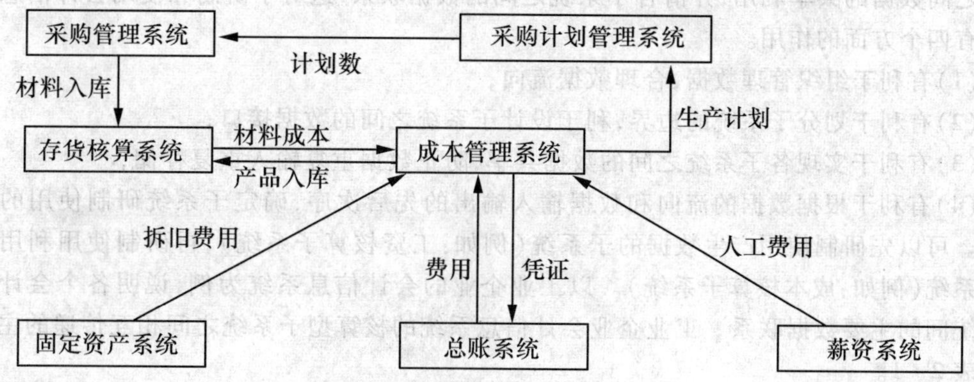

图2-5 工业应用方案

(1)为了减少企业的库存积压和盘活的流动资金,增强企业的竞争力,在采购计划管理系统里可以参考企业的成本管理系统来编成生产计划,并根据此生产计划生成相应的材料采购计划,再根据材料采购计划来进行材料的采购,从而避免企业原材料积压造成的企业流动资金短缺,即形成“以产订购”的合理资金运营模式。

(2)采购入库的原材料通过存货核算系统核算其成本,再由成本管理系统来调用,形成产品成本中的直接材料费用,若企业想运用成本管理系统,则必须先启用存货核算系统。

(3)成本管理系统中的人工费用、折旧费用,若想选择来源于工资系统和固定资产系统,则必须在进行选择前先启用这两个系统,人工费用和折旧费用的来源同制造费用、其他费用的来源一样可以根据企业的实际情况随时更换选择。

(4)总账系统可以向成本管理系统传递人工、制造、其他、折旧费用(在成本管理系统的费用来源选择中选定了来源于总账系统后),成本管理系统则向总账系统传递制造费用、产成品损失、产品耗用、辅助费用的结转所设置并生成的会计凭证。

五、各子系统间的数据接口与数据传递关系

(一)核算型会计信息系统子系统的相互关系

一个完整的会计信息系统可分解成若干个子系统,子系统之间相互作用、相互依赖的关系主要表现为控制联系和数据传递联系两种。控制联系就是一个子系统的状态输出对另一个子系统的状态、行为产生影响。数据传递联系是指一个子系统的数据输出作为另一个子系统的数据输入,供其加工处理,实现数据共享。会计信息子系统间的关系主要表现为数据传递关系。当各个子系统单独研制单独使用时,子系统所需的数据都是通过人工输入的方式输入计算机,不能直接利用其他子系统的输出数据。因此,数据输入的工作量大,影响了电算化会计信息系统的效率。当我们总体考虑会计信息系统的子系统构成时,必须考虑子系统之间数据的共享利用,弄清各子系统之间的数据联系,这对于研制和使用会计信息系统至少有四个方面的作用。

(1)有利于组织管理数据,合理数据流向;

(2)有利于划分子系统的边界,利于设计子系统之间的数据接口;

(3)有利于实现各子系统之间的数据共享,防止数据重复输入重复存储;

(4)有利于根据数据的流向和数据输入输出的先后次序,确定子系统研制使用的先后次序。可以先研制使用产生数据的子系统(例如:工资核算子系统),再研制使用利用数据的子系统(例如:成本核算子系统)。以工业企业的会计信息系统为例,说明各个会计信息子系统间的主要数据联系。工业企业会计信息系统的核算型子系统之间相互传递的主要数据见表 2-1。

从表 2-1 可看出如下几个特点:

(1)会计信息子系统之间并非均存在直接的数据联系。例如:薪资管理子系统和产成品与销售核算子系统因为之间不存在直接的数据联系,因此,在分析设计时,可不考虑它们俩之间的接口。

(2)有些会计信息子系统只向其他子系统提供数据。例如:薪资管理子系统,固定资产核算子系统,原材料核算子系统。它们属于基础性的子系统。

(3)有些会计信息子系统只接受其他子系统提供的数据,不向其他子系统传递数据。例如:报表子系统。只接受数据或只提供数据的子系统与其他子系统之间的数据联系称为单向数据联系。

(4)有些会计信息子系统既接受其他子系统的数据,又向其他子系统传递数据。例如:账务处理子系统,成本核算子系统,产成品与销售核算子系统。它们与其他子系统之间的数据联系称为双向数据联系。

(5)账务处理子系统、成本核算子系统是联系最复杂的两个子系统,设计时应引起重视。

子系统间的数据联系是系统分析和设计要考虑的重要因素。在分析和设计各个子系统

时,应根据该子系统是否和其他子系统存在数据联系,事先预留接口。

表 2－1　子系统间传递的主要数据

接收数据的子系统 / 输出数据的子系统	薪资管理子系统	固定资产核算子系统	原材料核算子系统	账务处理子系统	成本核算子系统	产成品与销售核算	报表子系统
薪资管理子系统				薪资费用分配结转凭证,职工福利费分配结转凭证	薪资费用分配表	薪资费用分配表,销售费用	
固定资产核算子系统				固定资产增减变动凭证,折旧费用计提分配凭证	折旧费用分配表		
原材料核算子系统				材料费用分配凭证,差异分配凭证,燃料费用分配凭证	材料费用汇总分配表,燃料费用分配表,材料差异汇总分配表	销售费用	
账务处理子系统					费用科目归依的费用发生额等	销售费用,预收货款等	各科目的余额、发生额、累计发生额,凭证
成本核算子系统				各种费用分配凭证,成品入库凭证		产品的单位成本和总成本	产成品的实际单位成本和总成本,定额成本,各成本项目的成本
产成品与销售核算				利润分配与结转凭证,工厂成本转销售凭证,应收账款凭证等			产品的销售收入,销售成本,销售利润,各种税金
报表子系统							

(二)企业级财务软件各子系统数据传递关系

企业级财务软件突破了传统财务软件只能用于财务部门的局限,走向多部门或企业级应用。不仅能满足财务上的基本核算要求,而且增加了计划和控制功能,实现了由事后核算到对过程控制的转变,能提供包括预测、计划、测算管理、成本管理、业绩评价等管理方面的要求。实现了财务核算、业务管理与辅助决策一体化。

企业级财务软件涉及多个模块,不仅模块间存在复杂的数据传递关系,而且还要考虑到提取、利用系统外部资源,因此从设计上采用标准化的开放性数据接口,各部门可共享系统数据,从而使信息资源的综合利用更为有效和充分,便于对数据按照不同的使用目的进行多层次、多角度的加工处理,供各部门决策使用。

传统的财务软件多以记账凭证为系统处理的入口,目的是简化程序处理,但这样做的结果是只保留了资金信息,滤掉了大量的物流信息和其他信息,使系统只能记账、算账、报账,根本就谈不到为管理提供更多的有用信息,更谈不到决策支持分析。企业级财务软件以业务原始凭证为系统处理的入口,使系统资料更加完备,提高了系统的实用性。

1. 采购计划

(1)向采购计划系统输入生产计划和存货档案等原始数据。在采购计划系统中生成某一周期内的计划采购数量和到货时间,将其传递到采购管理系统,用于填制采购订单,这样完成了材料的采购过程,为生产计划的实现提供物料保证,间接地为成本管理系统的材料费用提供了最初的原始数据资料。采购管理系统将实际到货数量传递到采购计划系统,采购计划与入库单建立对应关系后,可以有效监控计划的执行情况。

(2)成本管理系统为采购计划系统中的生产计划到采购计划到材料采购的制订提供最直接的数据资料。

2. 采购管理

(1)从采购计划系统接收数据,根据采购计划生成采购订单,并将采购订单的到货情况反馈回采购计划系统。

(2)向库存管理系统传递数据,追踪存货的入库情况和出库信息,把握存货的畅滞信息,减少盲目采购,避免库存积压。

(3)向存货核算系统传递数据,将采购结算成本自动记录到存货成本账中,便于财务部门及时掌握存货采购成本。

(4)向应付系统传递信息,并接收应付系统的反馈信息。

3. 库存管理

(1)接收系统管理中的基础设置数据。

(2)接收采购管理系统和销售管理系统中各种存货单据,予以审核。

(3)向存货核算系统传递已审核过的存货入(出)库单。

(4)接收存货核算系统传递过来的入(出)库存货的成本。

4. 存货核算

(1)接收采购管理系统、销售管理系统和库存管理系统中传递的已审核过的入(出)库单,进行记账,并生成记账凭证。

(2)向库存管理系统传递入(出)库的存货成本。向采购管理系统和销售管理系统传递存货信息。接收成本管理系统中传递的产成品单位成本,进行产成品成本的分配。

5. 销售管理

(1)销售系统的发货单新增后,冲减库存系统的货物现存量,审核后的销售出库单传递给库存系统,库存系统为销售系统提供可供销售存货的现存量。

(2)销售系统的出库单传给存货核算系统,存货核算系统将存货的销售成本传递给销售系统。

(3)销售系统为应收账款核算系统提供已审核记账的销售发票等。应收账款系统为销售系统提供销售发票的核销情况。

6. 应收账款

(1)可接收销售系统录入的发票,由本系统生成凭证,并对发票进行收款结算处理。

(2)向总账系统传递凭证,并能够查询其所生成的凭证。本系统和应付系统之间可以进行转账处理。向财务分析系统提供各种分析数据。

7. 应付账款

(1)可按采购系统录入的发票生成凭证,并对发票进行付款结算处理。

(2)向总账系统传递凭证,并查询所生成的凭证。与应收系统之间进行转账处理。向财务系统提供各种分析数据。

8. 总账系统

(1)接收应收账款、应付账款系统,存货核算、固定资产、薪资管理系统,成本核算系统生成的凭证。

(2)向报表系统、决策支持系统、财务分析系统提供财务数据,生成财务报表及其他财务分析表。

(3)财务分析系统向总账系统提供预算数据,对总账系统中的填制凭证进行预算控制。

9. 薪资管理

薪资系统和总账系统主要是凭证传递的关系,薪资、职工福利费、工会经费、职工教育经费、养老保险金、住房公积金的计提分摊要通过转账凭证传递给总账系统进行处理。

10. 固定资产

固定资产系统将增加、减少固定资产和计提折旧等有关数据通过记账凭证的形式传递到总账系统。向成本系统提供计提折旧数据。

11. 资金管理

(1)根据各种单据等记账依据生成凭证,提供给总账系统。

(2)根据总账系统生成的凭证,本系统进行管理及计息。向决策支持系统提供各种资金来源、占用、收入、支出等动态信息。

12. 成本管理

(1)成本管理系统从存货核算系统中取得直接材料(即生产领用材料)的领用成本,经进行成本计算,得出产品的单位成本。

(2)向存货核算系统提供产成品的单位成本,经产成品成本分配后,填写未记账的产成品入库单中的单价和金额。成本管理系统调用薪资系统提供的人工费用中属于成本开支范围的工资分摊结果到"成本资料录入"中。

(3)成本管理系统从固定资产中取得折旧部门入账科目为制造费用—折旧费的折旧费用数据。

进行成本核算业务处理时,如果计入生产成本的间接费用和其他费用定义为来源于总账系统,则成本核算系统在总账系统记账后,从总账中取得间接费用和其他费用的数据。如果不使用工资、固定资产系统,则成本核算系统还需在总账系统记账后,自动从总账中取得人工费用和折旧费用数据。成本管理系统将结转制造费用、辅助生产费用、盘点损失和工序产品耗用凭证到总账系统。

13. 会计报表

会计报表系统提供了大量的函数,在单元公式定义时应用这些函数,可以从总账、薪资、固定资产、应收应付、财务分析、采购、库存、存货核算和销售子系统中取得数据,编制所需要的报表。

14. 财务分析

财务分析系统主要从总账中取得数据,进行财务分析。财务分析系统向总账系统提供预算数,对总账系统中的填制凭证进行预算控制。

15. 决策支持

从总账、应收应付、财务分析、采购、销售、成本子系统中取得数据。

第三节　会计软件的选择与评价

一、会计软件系统的自行开发与外购

随着经济业务的不断开展,越来越多的企业管理者感觉到需要一个强大的会计信息系统,以满足加快信息交流与分析、降低成本、强化资金管理与财务管理等至关重要的目标。为了建立自己的信息系统,企业有两种选择:一是自行开发,二是外购。所谓外购就是从市场上购买商品化的会计软件。外购有两种可能:一种是购买国外会计软件,另一种是购买国内会计软件。这些选择各有利弊,如何规避风险、做出最有利于企业的选择,需要具体问题具体分析。

（一）自行组织开发

1. 自行开发的益处

多方组成的软件开发人员参与业务需求调研、业务流程优化与重组，有利于业务流程优化与重组在具体软件中实现；从企业最需要信息化的环节出发，可以只进行必要功能模块的开发，使新系统更有针对性；充分考虑企业自身业务需求，而不必考虑作为通用软件而增加很复杂的设置与配置功能，从而软件更加切合企业发展需要，简单易操作；企业内部电子信息人员参与了会计信息系统的开发全过程，所以一旦系统出现问题或需改进，企业内部人员能够进行快速地自我支持与维护。

2. 自行开发项目的风险分析

（1）不能得到领导层的一贯的全力支持。企业信息化建设是一把手工程，领导层的全力支持是必不可少的。由于自行开发软件需要有相当一段时间，企业不能在短时间内看到明显的效益和回报，领导层可能会在中途对自行参与开发的方案产生怀疑态度，在资金、人力的持续投入方面力度不足。因此，必须尽一切可能得到领导层一贯的关心和支持，才能使项目得以顺利地进行下去。

（2）最终用户不能做到积极参与。最终用户的积极参与是项目成功的重要条件，因为他们是项目的使用者和受益者。但是在整个项目过程中，他们将面临业务流程改变、新老系统并行、业务技能更新、工作量和工作压力增加等挑战，而且由于软件开发周期较长，所以保证最终用户的积极参与就显得尤为重要。如果对这个问题重视不够，将导致项目面临较大风险。

（3）项目开发人员协调不善，开发进程受挫，甚至导致项目流产。在自行组织的开发软件过程中，可能会在技术风格、进度协调方面产生很多问题，处理不当的话，会使开发过程一拖再拖，屡次挫伤开发人员的积极性，甚至会导致项目不了了之，以失败告终。

（4）项目组人员变更影响到项目进度。由于软件开发与实施应用的周期较长，项目组人员变更可能性较大，如何防止人员变更对项目实施的影响，是需要认真考虑的问题。

（5）在软件的升级方面存在较大风险。随着电子信息技术的发展和应用平台的升级，软件升级换代是企业今后必然会遇到的问题。自行组织开发的软件升级工作需要企业自身电子信息人员来完成，为此企业自身电子信息人员要不断地进行新技术的学习，以适应软件升级工作的需要。同时还要对开发出的软件原代码进行规范化管理，以保证原开发组成员变动后，后续人员能够修改和维护原有软件代码。

综上所述，自行组织开发需要企业自身有很强的电子信息队伍，而且要保持人员长时期的相对稳定，才有可能保证软件系统的运行和升级维护，这对大多数企业而言都是难以做到的。如果进一步考虑到自行开发项目投入成本实际上是远远高于购买商品化软件费用，而且企业自身电子信息人员的技术水平实际上很难达到专业化水平，因此根据产业分工原理，自行组织开发会计信息系统除了极少数存在特殊需求的企业可以考虑外，对绝大多数企业而言都是不应选择的方案。

(二)选择国外会计软件

1. 选择国外会计软件的益处

国外会计软件往往本身蕴含了许多管理的先进思想和手段,为企业流程优化与重组提供了可借鉴的"参考模型",能够较显著地提高流程优化与重组的效率;国外会计软件一般来说,全面集成性、技术稳定性、功能灵活性、系统开放性较强,为企业的不断发展与改变留有较大的空间;国外会计软件公司在升级维护方面的支持比较及时,有利于企业信息系统的更新;国外会计软件厂商的咨询合作伙伴较多,有助于企业找到合适的管理咨询伙伴;国外著名软件开发公司的发展较稳健,对选用其产品的企业来讲,是比较理想的长期合作伙伴。

2. 选择国外会计软件的风险分析

(1)软件购置费用与年维护费用较高。国外会计软件的购买费用与年维护费用一般高于国内会计软件,如果企业在资金的持续投入上不能及时到位,则软件应用的效果势必会大打折扣。进入中国的国外成熟会计软件有十余种之多,有着不同的规模和价位,在功能实现上也各有千秋。并非所有的会计软件都能适用于自己的企业,企业应把自己的规模与国外企业作一个对比,选择适用于目前与将来一段时期发展的软件,不能一味求多求贵,为很多根本不必要的功能付费,最后导致企业宝贵资金的大量闲置与贬值。

(2)企业的基础管理水平不能适应国外会计软件的需要。任何一种会计软件系统都不是随用随灵的"万能药",会计软件系统的实施成功是需要条件的。从基础数据的准确与完备、各部门的协同默契程度到业务人员、电子信息人员的素质水平,都会对会计软件系统的应用效果产生影响。特别是国外会计软件系统的管理起点较高,设计比较复杂,这就对企业的基础管理水平提出了更高的要求。

(3)用户化与二次开发的工作量太大,延误项目进程。国外的会计软件是在国外企业管理背景之下开发出来的,不可能完全考虑到中国国情与中国企业管理特色。企业要把一个通用型的国外会计软件用到位,同时考虑到适合中国国情的因素,对国外会计软件或多或少地会进行一些用户化甚至二次开发的工作。如果用户化或二次开发的工作一直不能结束,必将延误软件供应商与企业之间的相互报怨,甚至造成合作破裂。

如果企业一味地适应软件或者软件一味地迁就企业,都是"短视"的做法。企业应该在业务流程优化与重组的基础上,利用软件手段把经过优化的流程确定下来,成为企业各部门遵守的工作处理规程与方法。

寻求企业现状与国外会计软件通用模式之间的"平衡点"是一个难度较高的工作,由于切身利益的关系,由企业或软件开发商来决定是否应该进行这样那样的用户化与二次开发的工作都是难有说服力的,应寻找既熟悉中国企业管理,又了解国外会计软件设计思想的咨询公司的支持,避免企业陷入把软件"改了又改"甚至"改坏改死"的泥潭。

(4)软件文档或资料没有汉化,企业人员学习与掌握起来难度大。国外会计软件的界面、文档以及其他的支持资料存在一个汉化的问题。有些国外会计软件虽然界面是汉化的,但汉化的质量非常粗糙,令人不解其意。而且企业人员要掌握会计软件应用的话,仅看界面是不够的，有些国外会计软件在文档和资料方面都是外文的，必然给企业人员的学习和掌握带来很多麻烦。

为此，企业在选择国外会计软件时，还需要对文档汉化支持的数量与质量进行考察。

（三）选择国内会计软件

1. 选择国内会计软件的益处

国内会计软件的支持网点（如地区分公司或办事处）较国外会计软件要多得多，企业可以得到比较方便的当地响应，当然在响应人员的费用方面也会有较大的节省；国内会计软件复杂程度低，更符合中国人的思维习惯，在易学易用方面表现较为出色；国内会计软件的文档资料不存在汉化的工作，可以直接应用；国内会计软件对企业管理基础水平以及人员素质等要求较低，对于基础相对薄弱的企业来讲不失为信息系统上台阶的选择；国内会计软件在适合我国企业管理规范与处理惯例方面有较多的考虑，从而在这些方面的用户化工作比较少（但并不排除因功能方面的某些不完善而造成的用户化工作）。国内会计软件在购置与维护方面的价位一般比较低，对企业的资金投入压力小。

2. 选择国内会计软件的风险分析

（1）软件功能的全面集成性、稳定性不能满足某些企业需要。国内会计软件的发展历史比较短，仍在不断积累企业管理方面的经验。某些企业在应用国内会计软件的过程中，有可能发现软件的全面集成性、稳定性等方面不能很好的满足企业的需要。

当企业认为软件的功能不满足需要时，原因也可能是多方面的。企业有的需求是迁就了传统的、不经济的处理方式或模拟落后的手工业务处理流程，对于这种需求应该是“改企业”而不是“改软件”；企业有的需求可以通过软件现有的功能加以变通来实现，实际上是可以满足的。

（2）某些国内会计软件开发商发展不是十分稳健，长期合作存在隐患。较之国外著名会计软件开发商，国内某些会计软件开发商规模偏小，是否能长期稳健持续发展还未有定论。企业在购买会计软件的同时，也决定了一定时间内要购买同一家会计软件开发商的服务，一旦软件开发商的经营出现问题，甚至人去楼空，那么企业只有自尝苦果。因此，企业在选择会计软件产品时，还要关注会计软件开发商的信誉程度以及发展态势，以建立长期的合作关系。在与软件开发商签订购买软件协议时，还要考虑就服务等条款达成共识。

（3）当企业经过一段时间的发展之后，要考虑会计软件换代问题。国内会计软件在动态适应企业变化方面，仍有待于进一步提高。当企业的管理方式、业务规模等有了较大的发展与改变之后，可能会发现原有的会计软件不能适应企业新情况下的需求，从而必须考虑更新换代的问题，当然这会牵涉资金和人力投入的问题。

企业会计信息系统随着企业的发展而不断扩充、调整，这是正常的，也是必然的。但如果在较短的时间内就暴露出大面积不适应的问题，则是不应该出现的现象。因此，企业在选择会计软件时，要考虑软件的开放性、灵活性与动态性。

二、会计软件系统选择考虑的因素

在会计信息系统发展初期,不少企业组织自己开发软件,这不仅不符合产业分工细化和专业化原则,而且大多数企业的软件开发与应用工作都不成功,有的甚至彻底失败。

随着计算机应用的不断深入,社会上商品化通用会计软件也日益增多。迄今为止,国内通过财政部评审的商品化会计软件已有近40家,而通过地方财政部门评审的会计软件也有近200家。而且大多数专业化软件开发公司开发的会计软件产品既通用又比较稳定实用。因此,购买成型的商品化通用会计软件,已成为企业会计信息系统建设的一种重要方式。然而,用户在面对众多的商品化会计软件时,怎样选择最适合自己需要的会计软件呢?一般来说,用户在购买商品化会计软件时,应主要考虑以下几方面因素。

1. 了解软件功能是否满足本企业的业务处理的要求

明确企业业务处理要求并了解软件功能是否满足这些要求,是企业选择合适会计软件最重要的一个方面。了解软件是否具有期望的功能还不够,还要了解软件功能实现是否准确。

从功能上选择软件,用户应首先明确本企业所属行业,不同的软件可能适应不同的行业;其次,目前市场上销售的软件,大的方面功能都有,只是在功能细致性方面各有不同,企业的功能需求主要体现在功能细节方面,这就要求企业在选购软件时,应了解软件功能细节上能否满足自己的特殊要求或侧重点,特别是某些软件从表面上看具有某项功能,但实际上根本不是企业真正需要的功能,也就是软件在功能实现的准确性方面不一定能全部到位;最后还要了解软件功能的完整性,企业可能分阶段完成会计信息系统的建立,比如说,先上账务、报表、工资、固定资产,再上采购、库存和销售,最后上成本系统,在这种情况下,企业购买某一软件时,应考察该软件是否具有这些功能,软件从功能上能否满足分阶段实施计划。

2. 考查软件系统设置的灵活性、开放性与可扩展性

会计信息系统的建立实际上是在现代管理理论的指导下,用现代技术加强、改造、完善或建立全新的信息管理系统。因此,在应用软件系统运行后还必须考虑由于信息技术的飞速发展所引起的商业活动方式的变化对企业经营管理方式提出的要求,包括机构和业务流程的重整,以及随着经营活动范围的扩大和方式的多样化,产生了许多新的市场机会,企业抓住这些机会的必要条件之一就是要进一步调整、增强和完善信息管理系统的功能,这就要求软件系统的设置要具有一定的灵活性,以便调整软件操作规程和适应新的业务处理流程的变化。同时软件在与其他信息系统进行数据交换以及进行二次开发方面的功能对于适应企业不断变化中的管理工作是非常重要的。

3. 根据企业业务量和规模选择会计软件的网络结构体系

企业当月凭证量以及各种业务票据的多少对于选择会计软件是非常重要的。对单一企业而言,如果企业规模比较大,业务量和凭证量也比较大,如凭证量月平均达到1万张,则应考虑选择大型数据库开发会计软件和客户服务器(C/S)结构体系的网络软件。对于跨地域

经营的集团型企业,在选择会计软件时还要考虑软件系统是否支持 Internet 技术,如采用浏览器/服务器(B/S)结构体系的会计软件。文件/服务器(F/S)结构体系的会计软件和使用小型数据库的会计软件,一般只适用于业务量和规模不大的中小型企业。

通常情况下,采用大型数据库开发并具有 C/S 或 B/S 结构体系的会计软件价格明显高于用小型数据库开发的文件/服务器(F/S)体系结构的会计软件。为此,大型企业在选择会计软件时要确实考虑自身的需求,在投资购买会计软件时,应慎重选择软件。

4. 考查会计软件的运行稳定性与易用性

软件运行稳定性是软件质量和技术水平的体现,如果软件在运行时经常死机或非法中断,势必会影响会计信息系统的运行效果和数据的安全性。一般而言,软件开发至少需要一年以上的时间才能形成产品化;而在软件推向市场时,还需要半年时间的磨合,经过众多用户的实际运行考验才能趋向稳定;再需要半年至一年时间才能趋向成熟。用户可以从软件开发投放市场的时间长短初步判断软件的稳定性,再通过一些实际操作或试运行进一步确定其稳定性程度。

软件的易学易用性对人员培训工作量以及软件系统的应用效果也是有影响的,这也是企业在选购软件时应该考虑的。

5. 了解会计软件对计算机性能的要求及其运行效率

企业应尽可能选购与网络硬件平台无关的应用软件,即除非是专业应用,尽量不选用专用系统。专用系统在某一方面或某一时期可能是有特色的,一旦采用后,就势必牺牲了系统的通用性,使应用软件系统的二次开发和运行局限在某一特定的范围内,很难与其他应用系统进行数据交换等。另一方面,在长期的系统运行与二次开发过程中,应用软件系统的更新换代以及软件供应商的前途等问题都有可能影响会计信息系统的建设。

此外,会计软件系统的运行对计算机硬件性能都有一定的要求,有些软件对计算机硬件性能要求比较高,如果用户的计算机性能不高,也不准备更新设备,则购买的软件可能在自己的计算机上不能运行。因此,企业在购买时一定要考虑本企业计算机硬件性能以及可以在该硬件上运行的会计软件。

另外,软件在投入正常运行后,用户便开始关注软件的运行效率或运行速度。为此,在选择软件时要了解其他用户在使用该软件时,数据量大小对运行速度的影响。

6. 从开发商的发展前景和售后服务体系上选择

在目前会计人员计算机应用水平尚低,难以独立排除软件故障的情况下,会计软件的售后服务对于用户就显得至关重要。在这个方面,要考虑软件开发商的持续发展能力、日常维护能力、技术支持能力和渠道策略。

(1)供应商的持续发展能力(可靠性)。对于一个准备长期使用电子商务系统的单位,应该选择具有同样生命力的软件供应商,并把会计信息系统作为建设电子商务系统的基础,以保证单位管理的信息化和各系统的协调性与兼容性。为了正确地得到这方面的信息,需要考察供应商的历史和目前的经营状况,如经营业绩、利润、发展策略、技术力量、用户群体等等。

(2)技术支持和渠道策略。各个厂家对产品的软件升级服务、系统维护服务以及支持费用都会因厂商不同的技术支持和渠道策略不同而各异。典型的厂商应该具有增值转销商、服务执行机构(用户支持部)以及独立软件开发商等伙伴或部门,这样才能为满意的服务提供保证。

此外,某一软件的售后服务体系是否健全,服务水平高低以及服务态度的好坏,对于选用的软件能否顺利投入实际使用,今后软件运行过程中出现问题能否得到及时解决是至关重要的。如果售后服务和技术得不到保证,软件在投入实际运行后迟早都会走入终止使用阶段。特别需要注意的是,选用的软件在企业所在城市或地区设立售后服务机构,对于该软件的长期运行是一个重要保障。也就是说,如果购买的软件虽为名牌软件,但在本地区没有售后服务机构,则软件运行出现问题时将很难及时得到解决。

复习思考题

1. 部门级财务软件和企业级财务软件有什么不同?
2. 如何理解会计软件的功能结构?
3. 核算型会计软件各模块之间有什么关系? 其之间传递什么数据?
4. 结合单位的实际情况,谈谈如何选择适合自己单位的财务软件。

第三章　会计信息系统的分析与设计

第一节　软件工程

一、软件的概念及特点

“软件”这一名词在20世纪60年代初从国外传来,是计算机系统中与硬件相互依存的另一部分,它是包括程序、数据及其相关文档的完整集合。其中,程序是按事先设计的功能和性能要求执行的指令序列;数据是使程序能正常操纵信息的数据结构;文档是与程序开发、维护和使用有关的图文材料。

为了能全面、正确地理解计算机和软件,必须了解软件的特点。

(1)软件是一种逻辑实体,而不是具体物理实体。因而它具有抽象性。这个特点使它和计算机硬件,或是其他工程对象有着明显的差别。人们可以把它记录在纸面上,保存在计算机的存储内部,也可以保留在磁盘磁带和可重写光盘上,但却无法看到软件的形态,而必须通过观察、分析、思考、判断,去了解它的功能、性能及其他特性。

(2)软件的生产与硬件不同。在软件的开发过程中没有明显的制造过程,也不像硬件那样,一旦研制成功,可以重复制造,在制造过程中进行质量控制,以保证产品的质量。软件是通过人们的智力活动,把知识与技术转化成信息的一种产品。一旦某一软件项目研制成功,以后就可以大量地复制同一内容的副本。所以对软件的质量控制,必须着重在软件开发方面下功夫。由于软件的复制是件非常容易的事情,因此出现了软件产品的保护问题。为了使软件开发的复杂劳动受到社会的承认和尊重,必须在技术上和法律上采取有力的措施,对于任意复制软件的行为加以严格的限制。

虽然近年来国内外都有建立“软件工厂”的说法,但软件工厂毕竟只是为软件开发创造更优越的环境和条件,提供更有效的手段,以利于高效地开发软件,它并不意味着要按硬件生产的模式生产软件。

(3)软件的运行和使用期间,没有硬件那样的机械磨损,老化问题。任何机械、电子设备刚刚投入使用时,各部件尚未做到配合良好、运转灵活,常常容易出现问题,经过一段时间运行,就可以稳定下来。而当设备经历了相当长时间的运转,就会出现磨损、老化等问题,使失效率越来越大。当失效率达到一定程度,就到达了寿命的终点。而软件的情况与此不同,它不存在磨损和老化问题，然而它存在退化问题。在软件的生存期中，为了使它能够克服以前没有发现的故障、使它能够适应硬件、软件环境的变化以及用户新的要求，必须要多次修改（维护）软件，而每次修改必不可免地引入新的错误，这样一次次修改，导致软件失效率升高，从而使得软件退化。究其原因，新的错误多在设计或程序编码阶段产生。因此，软件维护比硬件维护要复杂得多，与硬件的维修有着本质的差别。

（4）软件的开发和运行常常受到计算机系统的限制，对计算机系统有着不同程度的依赖性。软件不能完全摆脱硬件单独活动，在开发和运行中必须以硬件提供的条件为依据。有的软件这种依赖性大些，常常为某个型号的计算机所专用，这对使用会带来许多不便。有的软件依赖于某个操作系统。为了解除这种依赖性，在软件开发中提出了软件移植的问题，并且把软件的可移植性作为衡量软件质量的因素之一。

（5）软件的开发至今尚未完全摆脱手工艺的开发方式。软件产品大多是“定做”的，很少能做到利用现成的部件组装成所需的软件。近年来软件技术虽然取得了不少进展，提出了的许多新的开发方法，如充分利用现成软件的复用技术、自动生成技术，也研制了一些有效的软件开发工具或软件开发环境，但在软件项目中采用的比率仍然很低。由于传统的手工艺开发方式仍然占据统治地位，开发的效率自然受到很大的限制，对于软件人员来说，开发工作是一种高强度的脑力劳动，没有哪一个软件人员认为这是一项轻松的工作。

（6）软件是复杂的。有人认为，人类能够创造的最复杂的产物是计算机软件。软件的复杂性可能来自它所反映的实际问题的复杂性，例如，它所反映的自然规律或是人类社会的事务，都具有一定的复杂性；另一方面，也可能来自程序逻辑结构的复杂性，例如，一个系统软件要能处理各种可能出现的情况。软件开发，特别是应用软件的开发常常涉及其他领域的专门知识，这对软件人员提出了很高的要求。软件的复杂性与软件技术的发展不相适应的状况越来越明显。

（7）软件成本相当昂贵。软件的研制工作须要投入大量的、复杂的、高强度的脑力劳动，它的成本是比较高的。问题不仅于此，值得注意的是硬件和软件的成本40年来发生了戏剧性的变化。无论研制也好，向厂家购买也好，在50年代末，软件的开销大约占总开销的百分之十几，大部分成本要花在硬件上；但80年代以后这个比例完全颠倒过来，软件的开销大大超过硬件的开销。

（8）相当多的软件工作涉及社会因素。类似于企业管理类型的软件自然是不言而喻的。许多软件的开发和运行涉及机构、体制及管理方式等问题，甚至涉及人的观念和人们的心理。对于这些人的因素重视得不够，常常是软件工作遇到的问题之一，即便是对软件的看法不同也会有很大的影响，例如，由于主管理部门对正在开发的软件不够理解，因而软件开发得不到应有的重视和必要的支持，造成人力和资金上的困难，它直接影响到项目的成败。

二、软件危机和软件工程

软件是会计信息系统的重要组成部分，通过软件的运行可以实现会计信息系统的数据采集、存储、处理和输出，因此建立会计信息系统，除了要构建计算机硬件环境外，尚需设计会计信息系统赖以生存的软件系统。

当世界上出现了第一台计算机以后，就有了程序的概念，可以诊断它是软件概念的前身。在20世纪70年代以前，人们曾把程序设计视为一种以发挥个人创造才能的技术领域。当时认为，程序只是能在计算机上运行并能得出正确的结果，程序的算法可以不受任何约束。在这种指导思想上，认为写程序应重在技巧的应用，而不管它是否能被别人看懂。随着计算机应用领域的不断扩大，应用问题的日益复杂，程序规模急剧上升，人们逐渐抛弃了这种观点，评价一个程序的优劣不再是程序的高精技巧和短小精悍，代之以程序的易懂、易看、易使用，并以容易修改、扩充、升级为主要评价指标。于是，程序便从个人按自己意图创造“艺术品”转变为能为广大用户接收的工程化产品，为了设计出工程化的程序产品，程序设计就转变成软件工程的开发。

（一）软件危机

由于软件产品本身的内涵和特点，使软件项目的开发和研制至今尚未摆脱困境。软件系统的开发已成为计算机工程中最困难、最易失败和最具风险的系统元素，然后随着计算机应用面的不断扩展，软件所面对的应用系统日益庞大、复杂和广阔，几乎涉及社会生活的各个方面，如工厂管理、银行事务、学校档案、图书馆图书管理、民航售票、证券交易等，这些系统的软件都相当庞大，处理逻辑复杂，而且功能需要不断更改和扩充。

人们发现，开发软件系统投入大量的人力和物力后，结局却不尽如人意。国外在研制一些大型的软件系统时，遇到许多困难，有些系统最终彻底失败；有些系统虽然完成了，但比原计划迟了好几年，而且经费大大超支；有些系统未能圆满地符合用户当初的期望；有些系统则无法进行修改维护。两个著名的例子是IBM公司的OS/360系统和美国空军某后勤系统，这两个系统都花费了几千人多年的努力，历尽艰辛，但结果都是令人失望的。

软件开发和维护过程中遇到的一系列严重问题，人们称之为软件危机。

软件危机主要表现有：开发速度失控、开发成本失控、用户友好性失控、软件质量失控、软件适应性失控和开发生产率低下等。与软件开发和维护有关的问题还远远不止这些。

1.产生软件危机的根源

产生软件危机的根本原因是软件面临的问题空间的复杂性。软件的应用领域很广，面临的问题很复杂，所以涉及的处理技术也十分广泛，包括信息技术、网络技术、人机界面技术、人机会话环境技术等。另外，面临的问题空间往往还牵涉到管理体制、组织机构、内外部环境、用户水平、经济学、心理学等许多非技术问题。问题空间的复杂性决定了软件系统的复杂性。

产生软件危机的另一个重要原因是计算机硬件体系结构的发展速度滞后于软件应用面拓展速度。时至今日，硬件的体系结构基本未变。从五大组成部件来看，出现了图形扫描仪、光笔、绘图机等许多新式输入输出设备，多CPU的计算机在实时系统中得到应用，内、外存的容量和存取速度有很大提高，但是，这些部件的变化都只是硬件功能的完善、性能的提高,属于改良性质的变化。至今计算机的硬件体系结构仍属于冯·诺伊曼计算机,它的基本特征是:顺序地执行程序指令,按地址访问线性的存储空间,数据和指令在机内采用统一的表示形式,只能完成四则运算和一部分逻辑运算。冯·诺伊曼计算机的初衷是为数值计算服务的,然而随着计算机应用领域的扩大,所面临的问题90%以上是非数值计算。为了满足用户的需求或在逻辑上构建许多的软件层次,每一软件层次都可以看做是一种语言的翻译器或解释器,用这种方法来填补用户和裸机之间的鸿沟。简单地说,就是把解题过程分解成一系列能由冯氏计算机处理的四则运算和逻辑运算,这就使软件非常庞大,开发工作十分困难,软件的可靠性和可维护性很差。因此,可以说,正是因为把以科学计算为基础的冯·诺伊曼计算机应用在非数值计算的数据处理中(会计信息系统属于此类处理),所以也把危机转嫁在软件上。

软件危机的产生,除了上述两个主要原因之外,还与人们在软件开发和维护中采用错误的方法有关。

软件系统的复杂性虽然给开发和维护带来了客观困难,但是人们在开发和使用计算机系统的长期实践中,也积累和总结了许多经验,如果坚持不懈地使用经过实践证明是正确的方法,许多困难是完全可以克服的。但是,目前相当多的开发人员对软件开发和维护还有不少糊涂的观念,在实践中或多或少地采用错误的技术和方法,如忽视软件的维护性等。这些关于软件开发和维护的错误认识和做法是产生软件危机的第三个重要原因。

2. 解决软件危机的途径

如前所述,软件危机的重要原因之一在于硬件体系结构发展与软件应用发展的不适应性,因此,解决软件危机的理想办法是计算机硬件结构的智能化,用硬件来判断、联想等多值逻辑的思维功能,例如,使用者只需要用自然语言(而不是的程序设计语言)描述清楚所要解决的问题,至少再给一些解决该问题需要的知识和规则,计算机就能自动进行推理和运算,正确解决用户提出的问题,那么软件危机就会得到根本性的解决。

(二)软件工程

人们发现开发一个软件系统同研制一台机器或建造一座楼房一样有许多共同之处,因此可以参考机械工程、建筑工程中的一些技术来指导软件的研制,于是产生了一种想法:像处理"工程"一样来处理软件研制的全过程。1968年北大西洋公约组织的学术会议第一次创造了"软件工程"这个词,还提出了一些软件工程技术。

在近代技术发展的历史上,工程学科的进步一直是产业发展的巨大动力,传统的工程学科走过的道路已为人们所熟知。水利工程、建筑工程、机械工程、电力工程等对工农业、商业、交通业的影响是极为明显的。人们在认识和征服自然的过程中继续前进,近年来人们开始对气象工程、生物工程、计算机工程等有了新认识,软件工程也成了工程学科家族的另一新成员,并引起人们的普遍关注,对它的研究取得了丰富的成果,逐渐地形成了"软件工程"这门学科。用软件工程指导软件开发和维护,大大减少了软件所需的成本并提高了质量,软件工程成为解决软件危机的行之有效的途径。

总之，软件工程研究的是“如何采用工程的概念、原理、技术和方法来开发和维护软件，从而达到用较少的投资来获得高质量软件的理想目标。”

三、软件工程的理论和方法体系

（一）软件工程的定义

Boehm 曾为软件工程下了定义：运用现代科学技术知识来设计并构造计算机程序及为开发、运行和维护这些程序所必需的相关文件资料。这里对“设计”一词应有广义的理解，它应包括软件的需求分析和对软件进行修改时所进行的再设计活动。1983 年 IEEE 给出的定义为：软件工程是开发、运行、维护和修复软件的系统方法，其中，“软件”的定义为：计算机程序、方法、规则、相关的文档资料以及在计算机上运行时所必需的数据。

（二）软件工程项目的基本目标

组织实施软件工程项目，从技术上和管理上采取了多项措施以后，最终希望得到项目的成功。成功指的是达到以下几个主要的目标：付出较低的开发成本，达到要求的软件功能，取得较好的软件性能，开发的软件易于移植，需要较低的维护费用，能按时完成开发工作，及时交付使用。

（三）软件工程的方法体系

根据软件工程的定义，软件工程包括三个要素，它们是模型（工作过程）、方法和工具。

1. 模型（工作过程）

软件工程开发一般可分为若干个阶段，各个阶段有独立的任务，但是各个阶段又是紧密相关的。开发模型就是一种人们开发软件工程习惯的工作风格，它规定了开发过程各阶段的划分方法、各阶段的任务以及各阶段之间的关系。软件工程的开发模型还可以理解为将软件工作的方法和工具综合起来以达到进行信息系统有关软件的开发目的。模型定义了方法使用的顺序、要求交付的文档资料、为保证质量的协调变化所需要的管理及软件开发各个阶段完成的工作目标和内容。

软件工程中最常采用的开发模型有生命周期模型和快速原型模型。生命周期模型把系统的开发划分为六个阶段，原型模型把系统开发大体划分为三个阶段。

2. 开发方法

开发模型对软件的开发过程做了阶段的划分，规定了各阶段要完成的任务，体现了软件开发风格，然而这种风格是大致的、总体的。例如，它虽然规定了各阶段的任务，但是如何完成任务，它并没有进一步的规定；软件面临的问题非常广泛，在相同的开发阶段，对不同的问题要不要采用不同的开发策略？诸如此类的问题，模型都没有回答。

人们对软件开发各个阶段的经验加以总结，就产生了软件的开发方法。开发方法指出了非常明确的工作步骤，也给出了描述软件产品的文档格式，还提出了评价标准，这就为建立高质量的软件系统提供了具体的求解过程。同工程上的纪律一样，开发方法是软件产业所需的纪律或规程。

目前人们已总结了很多的开发方法,它们或者适用于不同类型的问题,或者适用于生命周期的不同阶段,有的方法较严谨,有的方法则比较灵活。常见的开发方法有结构化方法、面向对象的方法等。

3. 开发工具

开发一个应用系统,如果选择了适当的开发模型和开发方法,也就找到了解决问题的途径,但是模型和方法只是一种工作原则和规范,应用它们去开发软件,还要做很多具体工作,这些工作要花费人们大量的劳动。在相当一段时间内,这些工作大部分由人们手工完成,效率低下,因此人们研制出软件工具,用于辅助开发方法的实施,使得开发过程中的具体工作能够自动地或至少是半自动地完成。

开发方法和开发工具之间有着密切的联系,方法是主导,工具是辅助,方法提出了明确的工作步骤和标准的文档格式,这是软件工具的基础,所以研究方法是研究工具的先导,而工具的实现又促进了方法的发展。

开发模型、开发方法和开发工具三者构成了软件工程理论和方法学的层次体系。

四、信息系统的开发模型

(一)生命周期模型

1. 生命周期模型的概念

生命周期模型是软件工程中传统的发展模型,正像人的生命要经历出生、幼年、青少年、成年、老年到死亡一系列过程一样,软件产品也存在从提出到投入使用直到最后终止的生命周期。在这个周期内,它的发生发展可以划分成若干个独立的阶段,每个阶段都有其独立的任务和成果,前一个阶段是后一个阶段的基础和指导,而后一个阶段的任务和成果是前一阶段任务和成果的继续发展,并且各阶段是严格划分的,只有完成了前一个阶段,才能进入下一个阶段,因此工作顺序呈线性状态。用这种划分阶段的模式来开发和研究软件系统的模型称为生命周期模型。生命周期模型把软件开发划分为如下几个阶段:制订计划、系统分析、系统设计、程序设计、软件测试、系统维护。生命周期模型也称为瀑布开发模型,如图3－1所示。

2. 各阶段的基本任务和成果

(1)制订计划。确定开发软件系统的总目标,给出它的功能、性能、可靠性以及接口等方面的要求;系统分析员和用户合作,研究完成该项软件任务的可行性,探讨解决问题的可能方案,并对可利用的资源(计算机硬件、软件、人力等)、成本、可取得的效益、开发的进度做出估计,制订出完成开发任务的实施计划连同可行性研究报告,提交管理部门审查。

(2)需求分析定义。对开发软件提出的需求进行分析并给出详细的定义。软件人员和用户共同讨论决定:哪些需求是可满足的,并对其加以确切地描述,然后编写出软件需求说明书或系统功能说明书及初步的系统用户手册,提交管理机构评审。

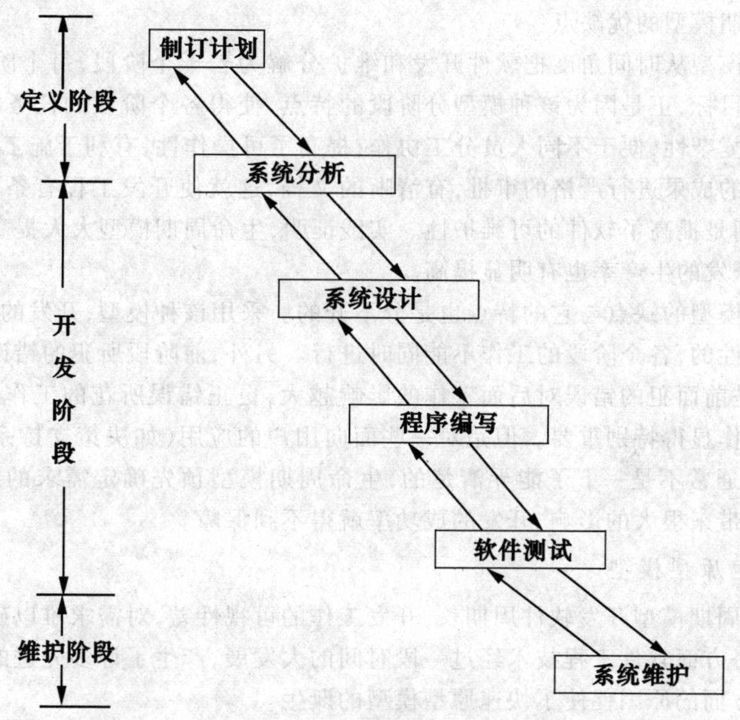

图 3-1　生命周期模型

(3)软件设计。设计是软件工程的技术核心。在设计阶段中,设计人员把已确定了的各项需求转换成一个相应的体系结构。结构中的每一组成部分都是意义明确的模块,每个模块都和某些需求相对应,即概要设计。进而对每个模块要完成的工作进行具体的描述,为源程序编写打下基础,即详细设计。所有设计中的考虑都应以设计说明书的形式加以描述,以供后继工作使用并提交评审。

(4)程序编写。把软件设计转换成计算机可以接受的程序代码,即写成以某一种特定程序设计语言表示的"源程序清单",这一步工作也称为编码。写出的程序应当是结构良好、清晰易读的,且与设计相一致。

(5)软件测试。测试是保证软件质量的重要手段,其主要方式是在设计测试的基础上检验软件的各个组成部分。首先是进行单元测试,查找各模块在功能和结构上存在的问题并加以纠正;其次是进行组装测试,将已测试过的模块按一定顺序组装起来;最后按规定的各项需求,逐项进行有效性测试,决定已开发的软件是否合格,能否交付用户使用。

(6)运行/维护。已交付的软件投入正式使用,便进入运行阶段。这一阶段可持续若干年甚至几十年。软件运行中可能由于多方面的原因,需要对它进行修改。其原因可能有:运行中发现了软件中的错误需要修正;为了适应变化了的软件工作环境,需做适当变更;为了增强软件的功能需做变更。

3. 生命周期模型的优缺点

生命周期模型从时间角度把软件开发和维护分解为若干个阶段,每个阶段有各自相对独立的任务和目标,正是因为该种模型分阶段的特点,使得各个阶段的任务相对独立,降低了系统开发的复杂性,便于不同人员分工协作,提高了可操作性,有利于施工。另外,每个阶段都对该阶段的成果进行严格的审批,有清晰的文档,这就使开发工程有条不紊,保证了软件的质量,特别是提高了软件的可维护性。实践证明,生命周期模型大大提高了软件开发的成功率,软件开发的生产率也有明显提高。

生命周期模型的缺点与它的特点也是分不开的。采用该种模型,开发的周期较长,因为开发顺序是线性的,各个阶段的工作不能同时进行。另外,前阶段所犯的错误必然带入后一阶段,而且越是前面犯的错误对后面工作的影响越大,更正错误所花的工作量就越多,因此需求分析的工作显得特别重要。但是对一些面向用户的应用(如决策支持系统和数据库应用)来说,需求通常不是一下子能弄清楚的,生命周期模型预先确定需求的工作方式,会给后阶段的开发带来很大的影响,开发的成功率就得不到保障。

(二)快速原型模型

应用生命周期模型开发软件周期长,开发工作的可视性差,对需求难以确定的系统往往束手无策,另一方面软件工程技术经过一段时间的大发展,产生了许多先进的方法和优秀的开发工具,两方面的原因促使了快速原型模型的诞生。

1. 快速原型模型的概念

原型本是工程设计中的概念,指的是试制品或样品。软件工程中的"原型"则为系统或软件最终产品的一个时期版本,以较少的费用、较短的时间开发出来的能反映最终产品主要特征的样品,这些特征包括系统的功能特征、输入/输出特征和目标约束条件。

快速原型模型是相对生命周期模型而言的另一种系统开发模型,它强调系统设计者与最终用户之间自始至终通力合作,用比较短的时间完成问题空间定义后,采用一些适当的开发工具立即建立一个可运行的原型,然后交付用户试用,提出修改意见,再采用迭代法或增量法反复修改、完善产品的功能,形成最终产品。快速原型模型把系统开发大体划分为三个阶段:快速建立一个可使用的系统试用版本;交付用户使用并听取用户意见,修改系统,修改过的系统必须再次交给用户试用,用户可能又提出一些意见,再一次修改系统直到用户完全满意为止;最后将定型的原型产品转化为最终产品交给用户。因此,原型模型是增量开发模型,工作顺序呈循环状态。

2. 原型模型的开发步骤

(1)确认基本需求。开发人员和用户合作,共同研究用户对系统的基本需求,如对系统功能、性能的基本要求,实现这些要求的数据规范、输出报告等等。这一阶段与生命周期模型的系统分析阶段相似,但这里强调对最基本、最重要的用户需求进行分析和说明,并非对全部需求进行详细分析。

(2)开发一个可工作的原型。在第一阶段的基础上,研制一个初始的系统原型,这个原型能完成系统的主要功能,具有系统的 I/O 特征(例如输入输出屏幕设计、菜单结构等),能反映出系统的目标和约束条件(如接口特征、时空效益特征)。为使开发出来的原型能工作,还必须建立装有实验数据的样本库。为了快速地建立原型且适应后阶段对原型的频繁修改,需要有高效率的研制工具的支持,一般采用第四代语言或其他软件开发工具。

(3)试用原型。开发人员向用户演示原型后,应让用户亲自使用,进一步发现问题和不足,讨论并确定需要修改变动的部分,这样第一阶段确定的基本需求就得到进一步明晰和精确。

(4)修改原型。对原型进行修改,舍弃不符合要求的部分,增加所需的功能,满足用户提出的新要求,使原型逐步完善。

(5)重复第 3 和第 4 步骤。修改过的原型给用户再度使用和评价,提出意见后再修改,如此反复,直到用户完全满意为止。

(6)完善原型及重建系统。针对第 5 步骤产生的原型,有两种不同的处理方式:

①进一步完善原型使其成为最终产品。虽然此时的原型能够正确地反映用户需求,完成了系统功能,但有可能还存在一些被忽略的问题,例如,还需加入系统安全可靠性的控制,数据完整性和一致的控制,通过模块结构和算法的优化来进一步提高系统运行效益,增强系统的容错性纠错能力,提高系统的可读性和可维护性等,这样原型才能成为真正实用的系统。

②重建系统。前一种方式通过完善原型得到最终产品,有开发速度快的优点,但原型模型的增量开发方式使系统结构不理想,可维护性差。对较大的系统采用重建系统方式,把获得原型的过程当作生命周期模型的系统分析阶段,所做的工作只是为系统设计提供经过验证的需求分析,接下来按照生命周期模型继续进行系统设计、编码和测试等开发阶段,重建一个结构更为合理的系统,而把原型丢弃不用。

3. 原型模型的评价

与生命周期模型比较而言,原型模型具有如下特点:

(1)用户参与了系统开发的所有阶段,从而使用户的需求可以及时地、较好地得到满足,系统的实用性强。而在生命周期模型,用户只介入了需求分析阶段,其他阶段只是开发人员"单干",因此有可能造成最终系统问题很多,不能投入实际使用。

(2)采用原型模型用户可以及早接触和使用未来系统的原型,有利于今后的使用和维护,而生命周期模型往往需要经过几个月甚至几年的开发时间,用户才能见到最终系统。

(3)原型模型开发软件其周期大为缩短,开发费用较少,而生命周期模型开发软件其周期长、费用高。

(三)面向对象模型

1. 面对对象的基本概念

(1)对象。客观世界中的任何事物都可以在一定前提下看作对象,对象是一个封闭体,它由一组数据和施加于这些数据上的一组操作构成。

(2)类。对象的集合就是类,可以用表示对象状态的属性集和表示对象行为的方法集描述。类具有明显的层次性,一个类可以派生出多个子类。

(3)消息。一个对象启动另一个对象的动作。

(4)继承。一个类(即称子类)因承袭而具有另一个类(或称父类)的能力和特征的机制或关系。

2. 面向对象方法的特点

(1)封装性。面向对象方法中,程序和数据是封装在一起的,对象作为一个实体,其操作隐藏在方法中,其状态由对象的“属性”来描述,并且只能通过对象中的“方法”来改变,从外界无从得知。封装性构成了面向对象方法的基础,因而,这种方法的创始人 Coad 和 Yourdon 认为,面向对象就是“对象 + 属性 + 方法”。

(2)抽象性。面向对象方法中,把从具有共同性质的实体中抽象出的事物本质特征概念称为“类(class)”,对象是类的一个实例。类中封装了对象共有的属性和方法,通过实例化一个类创建的对象,自动具有类规定的属性和方法。

(3)继承性。继承性是类持有的性质,类可以派生出子类,子类自动继承父类的属性与方法。这样,在定义子类时,只需说明它不同于父类的特性,从而可大大提高软件的可重用性。

(4)动态连接性。对象间的联系是通过对象间的消息传递动态建立的。

3. 面向对象方法的基本思想

面向对象方法的基本思想在于:客观世界是由各色各样的具体对象构成的、每种对象有其自身的内部状态和运动规律,不同的对象之间的相互作用和联系构成了不同的系统。我们在进行会计信息系统设计时,就是要在充分满足会计处理需求的条件下,把会计信息系统设计成由一些不可变的部分组成的最小集合,这些不可变的部分便是所谓的对象。

4. 面向对象开发过程

面向对象的系统开发可分为三个阶段:面向对象分析(OOA)、面向对象设计(OOD)和面向对象程序设计(OOP)。

(1)OOA 阶段。主要采用面对对象技术进行需求分析。运用以下主要原则:构造和分解相结合的原则、抽象和具体相结合的原则、封装的原则、继承性的原则、构造问题空间的原则等。利用这些原则,首先利用 E－R 图等识别出问题中的对象实体,标志出对象间的关系,然后通过对象的分析,确定对象属性及方法,利用属性变化规律完成对象及其关系的有关描述,并利用方法演变规律描述对象或其关系的处理流程。分析阶段得到的规模是具有一定层次关系的问题空间模型,这个模型相对有弹性且易修改、易扩充。

(2)OOD 阶段。主要利用面向对象技术进行概念设计。值得注意的是面向对象的设计与面向对象的分析使用了相同的方法,这就使得从分析到设计的转变非常自然,甚至难以区分。可以说,从 00A 到 OOD 是一个积累性的模型扩充过程,这一过程使得设计变得很简单,它主要是从增加属性、服务开始的一种增量递进式的扩充,这一过程与结构化开发方法那种从数据流程图到系统模块结构图所发生的剧变截然不同。一般而言,在设计阶段就是将分析阶段的各层模型化的“问题空间”逐层扩展,得到一个模型化的特定“实现空间”。有时还要在设计阶段考虑到硬件体系结构、软件体系结构,并采用各种手段(如规范化)控制因扩充而引起的数据冗余。

(3)OOP 阶段。主要是将 OOD 中得到的模型利用程序设计来实现。具体操作包括:选择程序设计语言编程,调试,试运行等等。前面两阶段得到的对象及其关系最终都必须由程序语言、数据库等技术实现,但由于在设计阶段对此有所侧重考虑,故系统实现不会受具体语言的制约,因而本阶段占整个开发周期的比重较小。

面向对象的开发现在是属于增改的生命周期模式,即阶段之间不是严格地一个阶段全部完成后,才能进行下一个阶段,而是阶段与阶段间反复与反馈地、累增地进行,同时在分析与设计两阶段中充分利用原型法。这种反复的、累增的以及使用原型的软件开发的生命周期是近似于螺旋式的软件研制与维护模型。结构化开发系统过程中,阶段之间的过渡不是平滑无缝的,尤其是从分析阶段到设计阶段。从分析阶段的数据流图过渡到设计阶段的结构图,可算是跳跃。反之,面向对象系统研制过程中阶段之间的过渡则为平滑无缝的。在这个研制过程中,一开始从分析阶段起,就有对象和类,其间关系以及消息传送等概念与符号这一套建模工具,前后衔接地连续用于随后设计与实现等阶段。由于这种过程的连续性及由于面向对象系统的研制是反复的与累增的,因而分析和设计两阶段间有时会不存在明显的界限。

面向对象系统的研制是反复的和累增的,这里的反复是指在进行过程中把某一阶段的经验反馈到前一阶段中去,将其中要办的事项进行修改和求精,使待制系统更能符合要求。而累增则是指在分析、设计及实现反复进行的每一轮中,把经过检查或测试而符合要求的中间结果肯定下来,逐步完善,累积成果,最后研制出完全符合用户真正要求的整个系统来。

第二节 系统调查

一、系统调查的任务

系统调查是新系统诞生的基础。因为计算机会计信息系统是在现行人工系统的基础上建立起来的,两种系统的业务处理功能在逻辑上是大体相同的,只是实现的方法不同而已。因此,我们必须首先通过调查理解已经存在的现实系统,然后在这个基础上去建立新的计算机信息系统,也就是说要先为当前系统做模型,再以此为基础建立目标系统的模型。

会计是一门历史悠久、体系庞大、结构复杂、内容严谨的学科,会计信息系统具有数据量大、数据关系复杂、人为因素多、数据处理方法因单位各异的特点。因此,会计信息系统的开发者必须做好周密细致的调查,摸清会计工作的具体要求和方法,才能为会计信息系统的开发打好基础。

系统调查是系统诞生的基础,它为后面的系统分析工作服务。系统调查的任务应该包括:

(1)建立现行会计信息系统的物理模型。通过对现行会计信息系统数据处理流程和原理的调查,建立现行会计信息系统的物理模型,该模型是现行系统的真实写照,它应该全面反映现有会计信息系统中各种账、证、表之间的关系,系统描述每种账、证、表包含的内容。

(2)了解现行会计信息系统的运行环境。

(3)了解待实现的电算化会计信息系统运行环境。电算化会计信息系统运行环境包括:人员配置、硬件配置及系统软件配置等。

(4)编制系统可行性研究报告。在调查了解的基础上对新的会计信息系统从技术、经济、社会因素等方面论述其可行性。

(5)确定开发进度,制订开发计划。

(6)编制系统调查报告。

其中,第一项任务对开发的后续阶段最具影响力,因此,调查现有会计系统,建立物理模型,并编制相应的系统调查报告也就十分重要。

二、系统调查的步骤与内容

1.企业各机构与会计机构信息联系调查

会计机构信息量很大,来源渠道较多,在企业中,它几乎与所有的部门有业务联系。如果仅仅局限于系统内部的调查,既不能对企业概貌有所了解,更不能收集到完整、准确的信息,这样就不能对信息的归纳、总结以及业务的流程做出合理的判断,不能进行标准化的统一的代码设计、文件设计,因此也就不能充分体现电子计算机可使数据共享这一优越性,将会给今后整个企业管理系统的开发和系统的网络化带来重复工作等弊端。为此,必须对企业的整个系统进行调查。

企业要根据其专业性质设有各职能机构(如计划、技术、供应、财务、劳务、劳资、销售、总务等科室),所有这些机构与会计机构都有信息上的联系。会计机构的大量信息是企业各机构提供的,据此,会计机构才能进行各项业务的核算。因此弄清其他机构数据的来龙去脉和它们对会计机构的要求,才能从系统的角度进行设计。此外,如果企业其他机构已实现了电子计算机处理,则更要了解它们的输入与输出内容,弄清哪些信息是会计系统直接调用的,哪些信息是需要经过人工加工后才能调用的。

2.会计工作组织情况的调查

由于各企业的经济业务量不一,会计机构人员多少不一,内部组织分工也就不一。会计工作组织情况的调查是指调查一个会计信息系统中每个工作人员的职责、相互关系等。以大中型企业为例,一般组织如下:

(1)材料组。核算材料采购资金,登录材料和低值易耗品的明细账,提供材料成本资料，指导材料采购和储存部门的业务工作。

(2)工资组。计算、发放工资、福利费、奖金，登录有关明细账，核算工资总额，提供工资成本。

(3)资金组。登录货币资金及销售明细账，执行现金、结算、信贷制度。

(4)成本组。负责生产费用的归集和分配，计算产品成本，编制成本报表，指导车间成本核算工作。

(5)综合组。登录各明细账，核算固定资产的增减和折旧，登录总账，编制对外报表及其他会计报表，进行财务分析，保管会计档案等。

小型企业分工较为简单，不分小组，但均专人负责。某些工作则在符合内部控制制度的前提下，相互协作，共同承担。具体分工如下：

(1)出纳。负责现金、银行存款等货币资金的收付，登录现金、银行存款日记账。

(2)账务。登录并核算各类明细账及总账。

(3)成本。成本核算、固定资产核算、利润分配与核算、编制会计报表等。

以上调查内容可用表 3－1 说明。

通过会计工作组织情况的调查，达到下列目的：

(1)掌握现有会计信息系统的概貌；

(2)熟悉每个工作人员的情况，为下一步调查以及系统分析和系统测试工作做准备；

(3)为今后工作岗位的调整与重新设置提供资料和数据。

表 3－1 会计信息系统会计工作组织情况调查表

姓　名	岗位名称	信息来源	信息内容	工作任务	工作结果	信息去向
吴山	资金组出纳	银行，外单位，本厂职工等	支票、汇票、发货票等原始票据	①收、付款 ②记现金银行存款日记账 ③收、付款凭证汇总表 ④银行存款余额调节表	①收款、付款凭证 ②现金银行存款日记账 ③收、付款凭证汇总表 ④银行存款余额调节表	①银行 ② 总账会计王武 ③销售岗张兵 ④材料岗李强
孙凌	总账会计	出纳吴山，材料岗李强，成本岗赵恩	收付款凭证，汇总表记账凭证	①汇总凭证，登记总账 ②编制有关会计报表	①科目汇总表 ②总账 ③资产负债表 ④损益表	①上级财政主管部门 ② 总会计师刘刚
……	……	……	……	……	……	……

3. 数据处理量的调查

数据处理量也称为数据吞吐量，会计工作人员还常称此为业务处理量或业务量，是指一个会计信息系统加工数据量的大小和输出信息的多少。由于会计周期通常以月为单位，所以，数据处理量的统计也以月为单位，通常分为平均处理量和最大处理量。调查数据处理量的目的是为可行性分析、数据存储策略设计、输入输出设计提供资料。

会计的数据信息一般是以凭证、账册、报表的形式贮存的。首先要收集近几年和当年的上述书面资料，然后作如下统计：

(1)凭证的种类、格式、数据项的多少、每项的字数、每条记录的最长字数、凭证最多行数、月最大使用量(张数)等。

(2)科目数(包括一级、二级、三级)最长科目名称的汉字个数。

(3)账表的种类、格式、数据项、每栏最长字数、报送日期(月、季、年)和份数。

统计完毕，可编制数据处理量统计表(见表3-2)，并将每个统计指标的单位数据量转换成计算机存储单位“字节”表示的单位数据存储量。由于计算机处理所选用的不同工具，不同的计算机运行环境、不同的程序设计语言、不同的数据存储形式，使得同一个数据可能按下列规则进行换算：每个汉字折合成两个字节，每个字母或字符折合成一个字节，每个数值折合成与数值位数相同的字节再加两个字节。

表3-2 数据处理量统计表

系统名称	指标内容	项 目	形 式	单位字节数	月平均字节数(200张/月)
账务处理子系统	记账凭证	凭证号	转账0001	8	48千字节
		日期	20090115	10	60千字节
		摘要	汉字15个	30	180千字节
		借方科目	汉字15个	30	180千字节
		贷方科目	汉字15个	30	180千字节
		金额	12位数值	14	84千字节
		总计			732千字节
	……	……	……	……	……
……	……	……	……	……	……

4. 企业已使用的编码调查

由于不同的企业现代化科学管理水平不一，国家有关部门也没有制订出统一的标准化代码设计体系，因此除上级主管部门规定的某些代码外，各企业内部的代码往往比较混乱。因此需要深入到各部门中，将已有的代码内容、编码方法作完整的调查。

(1)一般企业内部已有的代码从变动形态来划分，可粗分为：固定类和变动类两类。固定类指会计科目、原料、部门、计量单位等；变动类指产品品种、辅助材料、设备、人员、客户等。

当然，这种划分不是绝对的，从代码的变动行态角度作调查，有助于在代码设计时，确定不同类别的代码余量，确定不同类别代码的上限与下限；在文件设计时，根据如何处理固定类与变动类代码及其代表的内容，确定文件种类。

(2)将各种代码整理、归类，然后着重弄清各种代码表示的实际意义，代码的位数，每项的含义，位数是否有伸缩性等。

上述调查主要是查阅资料，如会计科目表、产品目录、材料目录、人员名册、固定资产登记簿等。在整理、归类时，要请教有关业务人员。只有彻底弄清原代码的编法，才有可能建立比较科学又切合实际的新代码体系。

5. 账务处理流程调查

账务处理流程是指填制会计凭证、登记账簿到编制会计报表的簿记工作程序，也称记账程序或核算形式。具体地说就是：原始凭证和记账凭证怎样填制、审核和传递，各类账簿根据什么来登记，会计报表根据什么来编制。

会计信息系统数据处理流程的调查是指对一个会计信息系统中所有信息的来龙去脉、信息的详细内容及对信息的处理方法所作的调查。调查的目的是获得数据处理流程信息，建立完整的数据处理逻辑模型。

由于各企业的业务性质、管理方式、规模大小以及经济业务数量各有不同，就产生了适应各企业特点的账务处理方式。

6. 相关子系统调查

会计信息系统是管理信息系统的一个子系统，会计信息系统由若干个子系统组成，它们相互联系，协作完成会计信息系统的全部任务。由于存在不同子系统之间的相互联系和相互影响，考虑今后不同子系统相互间的数据利用，有必要对待开发系统周围的子系统作调查，调查的重点是本子系统和周围子系统的相互数据利用情况。调查内容见表 3－3。

表 3－3　账务处理子系统和相关子系统数据联系调查表

相关子系统名称	提供给账务子系统的数据文档	接受账务子系统输出的数据文档
货币资金系统	收款、付款凭证	
原材料核算系统	原材料消耗和差异分配表(代转账凭证)	
固定资产系统	固定资产增减、折旧计提表	
薪资管理系统	薪资费用分配表、职工福利及附加费计提分配表	
成本子系统	费用归集分配数据成本表	费用明细账
销售子系统	销售收入、税金、利润计提表	应收款明细账、总账
报表系统		总账、明细账

7. 系统设备及人员调查

会计电算化的实现，需要一定的物质基础，即电子计算机主机及外围设备，而其主要指标是存储量。上述各项调查均已结束后，就应计算出本系统的信息量和存储量，然后确定采用何种类型的机器。

人员问题也不可忽视。在系统开发起始时，就应当成立研制小组。小组的成员应包括软件设计人员和富有经验的业务人员。与此同时，应注意培养本企业的软件人员，因为系统研制结束后的大量维护工作是要依靠本企业的软件人员来完成的。

8. 会计信息系统的逻辑模型

会计信息系统的逻辑模型是现有会计信息系统全部工作过程的真实写照。把前述调查内容汇集在一起，即可获得逻辑模型。

会计信息系统逻辑模型的获得是系统调查结束的重要标志，一个健全的逻辑模型应能使系统分析人员掌握现有会计信息系统的全部细节。另外，系统调查往往不是一次就能解决问题。在系统分析或设计阶段发现某个问题调查得不够详细时，就需要回过头来，再次调查。因为系统分析和系统设计之前，调查的具体目标往往不很明确，在短时期内将某单位会计信息系统中的每一个细节都了解清楚决非易事，反复调查却可以弥补这些不足。将系统的调查、分析和设计有机地结合起来，才能对系统有较为清楚的理解。

三、系统调查方法

系统调查的目的是要获得完整详细的现有会计系统的真实写照，得到现有会计系统的"具体模型"。系统调查的过程就是运用各种方法使旧会计系统的核算步骤、数据流向等信息在系统调查人员头脑中再现的过程，并通过书面文件中表现出来，系统调查可采用下列几种方法：

1. 系统调查表

系统调查表由问题和答案两部分组成，问题由主持调查工作的系统分析人员列出，答案主要由被调查单位的会计人员给出，系统调查表通过问答形式把系统调查人员和使用者联系起来。利用系统调查表进行调查有下列优点：

(1)减轻被调查单位的工作负担。被调查单位可以利用工作间隙填写该表，会计人员不必和系统调查人员一起耗费大量连续的时间。因此这种调查方法不至于因系统调查给财会人员增添很多工作量和麻烦。

(2)方便系统调查人员。如果系统调查人员距离被调查单位较远，则可用信函方式进行调查，并能降低调查费用。

(3)得到的调查结果系统、准确。系统调查人员在编制系统调查表时，一般已充分考虑了各种情况，问题本身提得全面、周到、明确，那么得到的答案势必完整、准确。

用系统调查表进行调查，最大的困难在于设计调查表的各种问题。如果问题设计的不明确或不全面，那么得到的调查结果就不会满意。

2. 访问会计人员

系统调查也可以通过直接访问会计信息系统有关人员，获取现有系统的详细资料，为保证每次访问都能得到足够多的信息，系统调查者应做到如下几点：

(1)必须明确每次访问的目的和任务，做到有的放矢；

(2)选择比较合适的访问对象；

(3)善于引导；

(4)做好访问记录，并在访问完毕后加以归纳整理，使之文档化，最终形成一整套系统调查资料。

直接访问会计人员，可以了解到一些系统调查表所不能得到的信息，特别是会计人员对建立新的电算化会计系统的看法，往往会得到真实、具体的反映。

3. 考察乃至参与旧系统的实际工作

对于没有会计知识或初次从事会计电算化系统开发的人，使用前两种方法进行调查，其广度和深度都存在局限性，使系统分析和系统设计不能建立在正确的基础上，导致建立的新系统不能适应实际需要。最好的调查方法就是考察乃至参与旧系统的实际工作，使得调查人员学会旧系统的工作原理，充分了解旧系统的特性。用这种调查方法还可以证实其他调查方法所调查的内容的正确性和真实性。

4. 开会讨论

会计中的有些问题常牵涉众多的会计人员，通过开征询会、讨论会的方式往往能尽快弄清这些问题的来龙去脉，把握住问题的本质。在深度调查和征询会计人员对新建立会计电算化系统的看法时，开会讨论调查方法更能发挥作用。

四、系统调查报告

系统调查报告是系统调查者对调查内容的书面记载，是系统调查阶段的工作成果。完整、清晰、系统的调查报告是系统开发后续工作的基础。

根据前述的调查步骤和内容，一份完整的调查报告应包括下列几个组成部分：

(1)会计工作组织情况调查报告；

(2)会计信息系统数据处理量调查表；

(3)会计信息系统处理流程调查报告；

(4)相关子系统调查报告；

(5)其他调查报告。

第三节 系统分析

一、系统分析的必要性

通过系统调查得到了旧会计信息系统的物理模型,该物理模型描述了旧会计信息系统的数据流向、处理步骤和方法,反映了旧会计信息系统的全部功能,但该模型并不是新的电算化会计信息系统模型,并不反映新的电算化会计信息采用的处理步骤和方法,也不反映全部功能。因此,要对现有系统进行分析,得出新的计算机条件下,能反映其处理步骤、处理方法、数据组织和各种功能的新系统逻辑模型,这就是系统分析的目的。系统调查和系统分析本没有十分明确的界限,一般情况下,系统调查和系统分析是同时进行的,很难把两者截然分开,因此在前一节系统调查的内容里也包含了一些系统分析的内容。

围绕着系统分析的目的,系统分析的任务主要包括以下几个方面:

(1)建立新系统的数据流图,通过建立新系统的数据流图来规定新系统的输入、输出、处理步骤和全部功能。

(2)确定新系统的数据组织方案,即规定新系统的数据存储策略、数据库内容、输入输出格式。

(3)描绘新系统的运行环境,新系统运行环境包括计算机设备环境、系统软件环境、人员配置等。

(4)规定新系统的性能,包括运行速度、计算精度、容错纠错能力、可维护性、可扩充性、通用性等。

(5)给出新系统开发进度计划和其他开发要求。

(6)编制用户需求说明书。

为了完成这些任务,系统分析通常要求单位的财务主管、计算机主管和系统的直接使用者参加,由财务主管确认新系统的功能和性能,计算机主管确认新系统所能使用的计算机资源,系统的直接使用者作为财务主管的补充提供功能要求,同时对系统的使用方便性提出要求。

二、系统分析的方法和工具

(一)结构化分析方法

20 世纪 70 年代以来,人们研究出不少用于系统分析的方法,在众多方法中,结构化分析(Structured Analysis)是简单实用的方法。结构化分析的方法简称 SA 方法,是 20 世纪 70 年代中期由美国 E · Yourdon 等人所倡导的一种面向数据流的分析方法。它使用数据流图(DFD)、数据词典(DD)、结构化语言、判定表、判定树等工具,来建立一种新的称为结构化说明书即需求规格说明书的文档。SA 方法适用于分析大型数据处理系统,当然也就适用于会计信息系统的分析。这个方法通常与设计阶段的结构化设计(SD)连接起来使用,以便获得良好的设计效果。SA 方法利用图表作为书写要求说明的工具,避免了文字描述的冗长、重复、难以阅读和修改的缺点。

SA 方法同许多其他分析技术一样,使用“分解”和“抽象”两种基本手段来控制复杂性。对于一个复杂问题,由于人的理解力、记忆力的限制,不可能触及它的所有方面以及全部细节。为了将复杂性降低到人可以掌握的程度,人们往往采取分而治之的办法,即把一个大问题分解成若干个小问题,然后分别解决。分解也可以分层进行,即先考虑问题最本质的属性,暂把细节略去,以后再逐层添加细节,直到涉及最详细的内容。

对于一个复杂的会计信息系统,如何理解和表达它的功能呢? SA 方法使用了由顶向下逐层分解的方式。例如,假设系统 A 很复杂,为了理解它,可以将它分解成 1、2、3、4 几个子系统。如果子系统 2 和 3 仍然很复杂,可以再将它们分解成 2.1、2.2……子系统,直到子系统足够简单,能够清楚地被理解和表达为止。

对系统做了合理的逐层分解,便可理解系统的每一个细节以及前后顺序和相互关系,为每个细节写出处理说明(称为小说明),并将所有这些小说明组织起来,就获得了整个 A 系统说明书。

逐层分解体现了分解和抽象的原则,使研制人员和用户双方能首先了解整个系统的全貌及其组成,不至于一下子陷入过多的细节,而是有控制地、逐步地了解全部细节。

SA 方法在描述方式上尽量采用图示表达,所以系统说明书主要由以下几部分内容组成:

(1)一套分解的数据流图;

(2)一本数据词典;

(3)一组处理说明;

(4)补充说明材料。

其中,数据流图描述系统的分解,即描述系统的组成以及各部分之间的联系;数据词典描述系统中的每一个数据;处理说明详细描述系统中每一个细节的处理方式;再加上补充说明材料便可准确完整地描述一个系统的功能。SA 方法的这种描述方式比较形象、直观、易于理解,它给不同业务背景的人带来了共同语言。

结构化分析方法的步骤是:

(1)理解当前的现实环境,获得当前系统的具体模型;

(2)从当前系统的具体模型抽象出当前系统的逻辑模型,画出基本的数据流关系,建议传输这些数据的加工处理过程;

(3)分析目标系统与当前系统逻辑上的差别,在原有系统的基础上建立目标系统的逻辑模型,同时考虑数据存储及结构的要求;

(4)研究各种备选方案,做出决策;

(5)编写系统说明书。

系统分析的图表工具是为建立具体模型和逻辑模型服务的,其中用于具体模型的主要有组织结构图、业务流程图和实体生命周期图等;用于系统逻辑模型图的主要有数据流图、数据词典、处理说明等。

(二)数据流图

1. 数据流图及其组成

数据流图(Data Flow Diagram)简称 DFD,是 Larry Gonstantine 最先作为描述系统需求的图形工具提出来的,由它导致了模块化设计的产生。现在数据流图已成了描述分解的最好工具,它力图从数据传递和处理的角度以图形的方式表示数据处理系统的工作状况,作为一种描述手段,它可以反映手工的、自动的以及两者混合的数据处理过程。

数据流图通常由四个基本部分组成:

(1)矢线表示数据流,即流动中的数据,代表信息流过的通道。

(2)圆圈表示处理,它把进来的数据流转变成出去的数据流。

(3)双线或开口的长方形表示文件,即数据暂存的处所,可对其进行数据的存取。

(4)方框表示数据的来源或目的地。

2. 数据流图的绘制方法

数据流图是分解复杂信息系统的一个工具,它由表及里分析问题,即先处理外围情况,弄清楚系统的输入输出要求,然后再深入内部处理,并步步深入画出整个系统的数据流图。因此,数据流图应先画系统的输入输出部分,决定系统应输入什么数据,完成哪些功能,输出什么数据,然后才画系统的内部。对系统内部要先划分成为几个主要处理,并给它们编号,决定它们的输入输出信息,再用数据流和文件将有关的处理连接起来,就得到一层数据流图。

数据流图的绘制必须遵循以下规则:

(1)数据流。数据流由一组固定成分的数据组成,它可以从一个处理流向另一个处理,也可以从处理流向文件或由文件流向处理,还可以从源点流向处理或从处理流向终点。数据流可以分流与合并,而且两个处理之间可以有几股不同的、相互间没有联系的数据流。数据流代表独立传递的数据单位。

数据流除流向或流出文件不必命名之外,都必须有一个合适的唯一的名字,其作用一是区别不同的数据流,二是让人明了其含义。

值得注意的是,数据流只代表数据的流向,而不反映控制流。控制流的设计是系统设计和实现阶段的任务,为使处理本身更具独立性,我们必须尽量避免控制流的出现。

(2)处理。处理是对进入的数据流进行特定的加工过程,处理后将产生新的数据流。每个处理都应有一个反映其本质的唯一的处理名,以让人明了处理的作用与功能。并且每个处理还应加一个编号,用以说明这个处理在层次分解中的位置。

(3)文件。文件代表一个数据的暂存场所,它可以是磁盘、磁带、纸质或其他存储介质的文件,数据库也可当做一个文件。文件也必须命名,以便理解。指向或离开文件的数据流代表了对文件的存取操作。如果处理既要读文件又要写文件,则数据流是双向的。但如果处理是对文件的更新,尽管此时也要先读出数据,经修改后再写入,但读操作仅仅是为了后面的写,而不影响到其他数据的处理,因此,更新仍看做是写操作,数据流只是流向文件。

(4)源点和终点。数据流的源点和终点用以说明数据的来源和归宿,它通常存在于系统之外的人或组织,画出它起到注释帮助理解的作用。一般而言,系统外部与系统有数据交流者就是源点或终点。

数据流图从数据和处理这两个相互补充的方面来表达一个数据处理系统。它从数据的角度来观察问题,所以能够较好地抓住了问题的本质,并描述出系统的概貌。数据流图的优点是直观、容易理解,便于一组人同时进行审查。实践证明,从事信息系统设计的人都很容易接受这种描述方式。但是,数据流图只描述了系统的分解,它并没有表达出每个数据和处理的具体含义,这些需要在数据词典和处理说明中进行描述。

3.层次数据流图

如前所述,结构化分析方法采用由顶向下逐层分解的方式,所以相应的数据流图也必须采取自顶向下逐步分层的方法来绘制。我们首先把系统看作一个整体或一个总的数据处理模块,画出一张数据流图,图中只要指明它和各有关处理之间的信息关系就行,暂不去考虑它内部的各种信息存储、处理及数据流图。这样逐层画下去,便获得一套完整的层次数据流图。

层次数据流图由顶层、中间层和底层组成。顶层只有一张,中间层和底层可有若干张。顶层图描述系统的边界,即系统的输入输出数据流。底层由一些不必再细分的处理所组成。中间层数据流图是对上一层某个处理的分解,但往往还比较复杂,所以有可能再分解为下一个中间层。那么,数据流图应详细到什么程度呢?一般经验是把数据流图细分到功能层就可以了。

(三)数据词典

数据词典(Data Dictionary:DD)定义数据流图中出现的所有数据元素,即给出其确切的内涵解释。同日常使用的词典一样,SA 方法使用的数据词典也是一个工具,借以说明数据流图上各种名称的含义。

在数据词典的定义中常常需要使用以下符号:

=表示被定义为。

+表示与,即符号两边的数据项同时存在。

|表示或,即符号两边的数据项只取其一。

[]表示选择,即可选或不选其中的数据项。

{}表示重复,即可多次重复选择其中的数据项。

在数据词典中通常用定义的形式给出数据流图中的各种数据,这些数据可分为三类:

(1)只含一个数据的数据项,或称数据元素。

(2)由多个相关数据项组成的数据流。

(3)数据文件或数据库。

因此数据词典中有如下三种对应的条目：

(1)数据项条目。数据项条目给出某个数据项的定义，一般包含数据项名、别名、代码、类型、允许值、使用单位和报表、注释等内容。

例如"凭单号"这个数据项的值可以是 00000 至 99999 之间的任意整数，则词典中"凭证号"可写成：

凭证号码 = 00000 ~ 99999。

(2)数据流条目。数据流条目定义数据流的组成。通常，数据流量是一种由若干数据项组成的组合项，但有些数据流可能很复杂，它的某些组合项又可是一个数据流。例如，数据流"记账凭证"可定义为：

记账凭证 = 收款凭证 + 付款凭证 + 转账凭证；

收款凭证 = 现金收款凭证 + 银行收款凭证；

银行收款凭证 = [结算方式] + 支票号。

记账凭证是一个复杂的数据流，所以经过两次分解转化为五个简单数据流，即转账凭证、现金收款凭证、银行收益凭证、现金付款凭证和银行付款凭证。然后再将简单数据流分解为若干数据项，如银行收款凭证由日期、凭证号、摘要、借方科目、贷方科目、金额、结算方式、支票号等数据项组成。

(3)文件条目。文件条目给出某个文件的定义，同数据流一样，文件的定义通常给出文件的数据结构即组成记录的数据项，以及指出文件的组织方式、存取方式和关键字。例如现金日记账文件可定义为：

文件名：XJRJZ；

结构：日期 + 凭证号 + 摘要 + 对应科目 + 借贷标志 + 金额；

关键字：凭证号；

组织方式：索引文件组织；

存取方式：随机存取；

词典条目的具体格式可因系统而异，它同用户的习惯有关。

(四)处理说明

SA 方法的基本思想是将一个大型复杂的系统逐层分解成许多个足够简单的基本处理，然后分别理解每一个基本处理，并为每个基本处理详尽地写出处理说明。处理说明也称小说明，它是系统说明书的一个组成部分。

处理说明的任务是精确地描述一个处理"做什么"，这包括处理的激发条件、数据来源及处理逻辑、优先级、执行频率、出错处理等所有细节，其中最基本的部分是处理逻辑，即该处理的输出数据流与输入数据流之间的逻辑对应关系。

由于系统分析阶段的任务是理解和表达用户要求，而不是具体实现。所以对处理的描述仅停留在“做什么”上，而不是用计算机语言去描述具体的处理过程，例如，不必细到采用什么方式控制，采用什么方法处理等等。

目前，处理说明通常用自然语言来书写，但是SA方法除此之外也常用结构化语言、判定表、判断树来描述。

处理说明可以按处理名的词典次序或处理的编号排列，作为词典的处理类条目。

三、系统分析的内容

系统分析是在详细调查的基础上进行，但分析与调查并不是绝对分割的两个阶段，这两者是密切相关的，其实调查过程也就是分析过程，分析过程中也需要重复地进行再调查。

目前，我们设计一个计算机会计信息系统，往往是为了取代一个已经存在的手工会计系统。我们称实际存在的手工系统为当前系统，而称将要建立的计算机会计信息系统为目标系统。一般来说目标系统与当前系统的业务功能在逻辑上是大体相同的，只是一个用计算机实现，一个靠手工操作。因此系统分析就要在系统调查的基础上，用系统的观点和方法对当前系统进行全面的分析研究，揭示系统的内在联系，找出当前系统的存在问题，通过具体模型，建立当前系统的逻辑模型，并在充分理解用户需求的基础上，确定新系统的目标，将当前系统的逻辑模型转换成目标系统的逻辑模型。系统分析要解决的是“做什么”的问题，而“如何做”等具体的实现方法则是系统设计的任务。因此系统分析又称为逻辑设计，相对地系统设计则称为物理设计。逻辑设计与物理设计分开，是结构化方法的特点之一，也是系统方法的具体应用，因此搞好逻辑设计有利于保证系统的整体合理性和优化。

(一)建立当前系统的具体模型

具体模型是对当前系统的初步描述，它描述当前系统的具体情况，不仅描述数据流，而且还描述组织机构、工作场所、物资流、货币流等具体因素。具体模型是忠实于系统调查的，所以在一定程度上，它是系统调查资料的整理和归档。

会计信息系统的个体模型要描述当前手工系统的数据流向、会计机构、处理步骤和方法等等内容，其中尤其应该说清楚以下这些问题。

1. 会计组织机构情况

会计组织机构是为实现企业财务管理工作而设置的，是一个分工协作的组织体系。在具体模型中，不但要明确会计机构的设置、职能、人员职务及分工情况，还要明确各个科室、岗位之间的协作关系，信息交换关系以及存在的问题。

2. 会计信息的输入和输出

对一个企业来说输入的内容包括人、物、资金、设备等，但对会计系统来说，它的输入主要是各种凭证。因此，必须明确各种凭证的作用、格式和数量等情况。

会计信息系统的输出主要是各种报表、账簿及各级领导或管理人员平时需要查阅的数据。在具体模型中必须明确各种报表和账簿的格式、内容和时间要求，各级管理人员需要查阅数据的要求及格式。

3. 会计处理的步骤和方法

一般来说,会计由会计核算、财务处理和管理三大部分组成,也可以说现行会计系统可以分为三大子系统:账务系统、核算系统和管理系统。

(1)账务系统。主要处理凭证、登录账簿、编制报表。其信息来源:一是外部相关的原始凭证,二是内部的转账凭证。大量的货币资金也由账务系统完成。

(2)核算系统。主要处理固定资产核算、材料核算、薪资管理、成本核算、产品核算、销售核算、财务成果核算以及各类转账科目汇总表的编制。其信息来源:一是账务系统的有关汇总数据;二是外部机关提供的汇总信息,如工时记录、材料、半成品、产成品的收发和结存、销售数量等;三是根据规定的基金提存、费用分摊标准等。

(3)管理系统。其主要任务是分析资金的使用及成本变动原因,其信息来自事先的计划以及各类核算的结果。

在现行会计系统中核算系统是整个系统的核心,其主要任务是核算;账务系统是整个系统的存在形态,其主要任务是分类和记录;管理系统代表整个系统向决策机构参谋,其主要任务是分析与决策。

具体模型的描述除了使用数据流图、数据词典和处理说明等工具之外,还可使用组织机构图、业务流程图、实体生命周期图来描述。当然,目前世界上用于构造具体模型的工具远不止这些,在具体描述中,只要表达清楚就行,不必拘泥于哪一种工具。

具体模型是当前系统的如实描述,用户容易理解,研制人员便于与用户交流,及时纠正错误。另一方面,只有对当前系统理解得透彻,才能表达得清楚,正确抽象出它的逻辑模型。

(二)建立当前系统的逻辑模型

由于历史的原因或手工处理的特点,当前系统中的某些处理不一定是必要的、词典中的某些文件的结构也不一定非如此不可。这样必须逐一分析每个因素,将必要的功能从实现这些功能所采用的方式中分离出来,就可以去除非本质的因素,从而获得当前系统的逻辑模型。

逻辑模型仍然可用数据流图、数据词典和一组处理说明来描述。由于会计信息系统的处理和数据流较复杂,所以一般无法用一张数据流图说清楚,而必须采用层次数据流图,即从顶层开始,采取由表及里、逐层分解的方法进行绘制。

(三)建立目标系统的逻辑模型

目标系统逻辑模型是系统分析的结果,它是电子计算机信息系统的一个逻辑设计方案。由于它直接影响将来实现的信息系统的功能和性能,所以必须在当前系统的逻辑模型的基础上,通过对系统进行定量和定性的分析,逐步构造出来。具体做法是,以当前系统模型为依据,结合用户的需求,仔细评价系统的界面、系统与外部的接口关系、系统的功能及数据流程,自上向下逐层修改数据流图,修改数据结构,构造概念数据模型。

1. 分析用户要求

分析用户需求是建立目标系统的基础,所以在建立目标系统逻辑模型之前必须归纳和分析用户对新系统的各种要求,包括:

(1)新系统要实现哪些具体的目标,与现行系统目标有什么区别,有哪些新目标。例如,新系统对会计管理、会计决策等有什么新的要求。

(2)新系统应该包含哪些功能,要实现哪些现行系统功能,又要求增加哪些新功能。例如,根据企业管理要求,是否要增加费用控制的功能。

(3)新系统要求提供哪些信息,除了满足现行系统的信息需求外,还希望提供哪些新的信息。例如,是否要增加企业经济活动的分析信息。

(4)用户对新系统的性能有什么具体的要求,例如,对信息查询的响应时间有何要求,要求每月提供报表的日期,要求系统连续服务时间多长,对系统工作可靠性、安全保密性有什么长期特殊要求等。

(5)用户对系统的人机界面有什么要求,例如,对数据的输入方式、输入操作有什么要求,对系统的操作方法、操作技术有什么要求,对输出信息的提供方式,传送方法有什么要求。

(6)用户对系统的硬设备和软设备的配置有什么意向和要求,对系统中数据的处理方式、存储组织方法有什么特殊的要求,是集中处理、集中管理,还是分散处理、分散管理,哪种方法便于使用也便于维护,哪类设备容易掌握也便于使用。

(7)用户要求系统开发的步骤、首先解决的问题、首先实现的功能、首先要求提供的信息是什么。

2. 建立目标系统逻辑模型

在搞清用户对新系统的各种要求之后,我们即可以按以下具体步骤建立目标系统的逻辑模型。

(1)综合用户对新系统的信息要求,并根据这些新需求修改系统界面,修改相应的数据源和数据流。

会计信息系统不是孤立的,它存在于一个企业组织之中,作为其中一个组成部分,同其他部分一起共同完成企业的业务活动,所以会计信息系统不但要考虑系统本身,还要考虑它所处的环境以及它与外界环境的相互联系。从这一观点出发,开始时研究范围可能定得稍大些,把有可能与计算机系统发生联系的部分都作为研究对象。但这个时候必须逐个检查模型中的每一个基本处理,决定它是用计算机完成还是由人工完成,这就是决定软件系统的范围和它同外界环境的相互联系,即系统的界面。

(2)综合用户对新系统的功能需求,并根据这些需求修改各层数据流图中的处理功能,增加新的处理功能。

手工系统由人控制,他们有头脑,能随机应变,灵活处理问题,但速度慢,容易出错。计算机系统主要由计算机处理,其特点是处理数据速度快、准确性高,但头脑简单。由于这些特点,计算机信息系统与手工处理系统在作业流程上肯定会有所不同。这一步的任务就是要在手工作业流程的基础上,根据计算机处理的特点进行改造。例如,在手工会计账务处理系统中,一般有业务就做凭证,随做凭证随登账,而且总账和明细账是分开登记的。总账是根据汇总凭证登记,明细账是根据凭证逐笔登账。在计算机处理方式中,我们可以把凭证做到最低一级科目,各级账簿由计算机自动登账。又由于计算机的处理是准确无误的,总账与明细账没有必要分别登记,也没有必要再进行核对。

(3)检查当前系统逻辑模型数据流图是否合理,对不合理的处理或流程逐层进行修改。

具体说要检查每一个处理在计算机系统中是否必要,若还需要,那么是否需要修改。此外,还应考虑计算机信息系统中需要增加的处理。例如,手工会计账务系统中,总账与明细账、日记账的核对,在计算机账务系统里可以不要,因为计算机账务处理的时候,总账、明细账、日记账的数据均来自会计凭证,只要程序正确,则总账、明细账、日记账之间一定是平衡的,又如在计算机账务系统中需要增加诸如系统初始化、科目维护之类的处理,因为手工系统逻辑模型中一般无相应的处理。

(4)检查系统中是否存在冗余或不一致性。逐层删去冗余部分,修改其中不一致的地方。

(5)根据改进后的数据流图,按照文件或数据库设计方法构造数据的概念结构。数据的概念结构是独立于计算机系统的信息结构,它反映信息的实体以及实体之间的联系。在构造数据概念结构的时候,不必生搬硬套手工系统的账簿体系,而应充分考虑计算机处理的特点,只要能实现手工处理的基本功能,达到会计核算目的要求就行。因为,总账、日记账、明细账在手工方式下是必须的,但在计算机方式下,就不一定要如此设置。事实上账簿是各类凭证的分类集合,计算机实现这种分类集合很快,因此,在计算机内部可以不设置账簿,而在需要时才根据账簿余额和发生的凭证,产生相应的账簿数据。

构造目标系统的逻辑模型是系统分析的关键,因为得到的逻辑模型不但体现了手工系统的本质内容,也反映了目标系统的设计蓝图,是用户理解目标系统的重要基础,是后续开发工作的依据。

(四)系统分析说明书的编写

系统分析说明书又称逻辑设计说明书或逻辑功能说明书,是系统分析阶段的成果。在新系统的逻辑设计说明书中,除了包括新系统的逻辑模型及有关图表,还要进行一定的文字说明。

会计信息系统分析说明书的主要内容有:

1. 现行系统情况简述

概要说明现行系统的主要业务、组织机构、存在问题和薄弱环节,以及用户提出开发会计信息系统的主要原因。

2. 会计信息系统的目标

通过系统分析的多方面工作,对会计信息系统的目标已经逐步明确,此时,各项指标应该条理清楚,尽量给出数量指标,系统的目标也是将来对系统验收的标准。

3. 数据流图及其进一步说明

除了数据流图之外,还要说明会计信息系统与现行手工会计系统在范围、处理功能、数据流和数据存储等方面有哪些主要变化,重点是计算机的处理和数据存储部分。

4. 输入、输出的要求

这里仅对输入输出的种类、形式、要求等作一般的说明,详细的内容将在系统设计阶段考虑。

5. 数据存储的要求

新系统中要存储哪些数据,它们的用途、组织方式及数据共享方式等。

6. 与其他子系统的关系

当会计信息系统作为企业信息的一个子系统来开发时,它的开发和建立将影响其他子系统之间的关系,对系统接口和信息流通方面都将发生变化。

7. 开发费用与时间的估计

为了使有关领导在审查中获得更多关于开发费用和工作量的信息,在分析的基础上要对费用和时间作进一步的估算。当然,此时的估算还是粗略的,但比可行性分析时进了一步。

8. 其他方面的内容

如对硬件的配置,可以提出机器购买的价格和性能、输入输出设备的种类、数量和功能;软件方面可以规定系统软件和应用软件开发的工具等等。系统分析说明书也可以看做是系统分析员在系统分析阶段的工作报告。虽然设计方案已经经过优化,但仍然是带建议性的。为了让有关领导有更多的选择余地,在某些方面也可同时提出几个方案进行比较,注明有利和不利条件,以便采取更合适的方案进行新系统的物理设计。

系统分析说明书一旦被批准,则将成为用户与软件开发人员共同遵守的规章制度,成为新系统开发的权威性文件,它是软件开发的基础,因为它描述了未来计算机系统的蓝图,以后各阶段的任务主要是如何去实现这个蓝图。它又是系统验收的标准,因为一个信息系统只要完成了系统分析说明书上所要求的各项任务,就可以认为开发已经成功,可以交付使用了。当然,此时系统可能还有某些不足,但可以通过维护作进一步的完善。

第四节　系统设计

一、系统设计的任务和步骤

(一)系统设计的任务

系统设计的任务是将系统分析阶段产生的信息的逻辑模型转化为可以实现的物理模型,即为系统分析说明书中提出的抽象的信息系统,选择一种合理的实现方法,所以系统设计又称为物理设计。在系统分析阶段,我们已经解决了未来系统将能完成哪些信息处理的问题,既然做什么的问题解决了,系统设计就应该研究如何去实现的问题,以最终建立一个符合用户要求的实际系统。

系统设计是以系统分析说明书所提出的逻辑模型为基础进行的。我们知道,逻辑模型只提出了抽象的信息处理的任务,规定系统的功能,或者给出效率等质量的原则性要求,但不涉及具体的实现方法,而实现方法往往是很多的,例如,编制科目汇总表这个处理可以每扫描一遍凭证文件汇总一个科目,也可以每读一个凭证记录扫描一遍科目进行汇总。后者还可以有顺序扫描、折半查找甚至随机查找等许多不同的方法。可见逻辑模型中的一个处理往往有许多不同的实现方法可供选择,而且效果往往也不一样,即实现方案之间还有优劣之别。一个处理尚且如此,整个逻辑模型的实现就更加复杂了。因此,系统设计阶段的工作就要在这些不同物理模型中选出最好、最符合应用环境和实际需要的物理模型。

这里提出了一个问题,即什么样的物理模型才是较好的,或者说如何去评价一个物理模型的优劣。但是,物理模型与软件之间还有一定的距离,而且会计信息系统还有自己特殊要求,所以两者的评价标准不可能是等同的。一般来说,人们往往从功能、合法性、效率、服务质量、可靠性和适应性等几个方面来评价一个会计信息系统。由于系统的功能已在逻辑模型中有了原则性的规定,所以主要就以其余几个方面来评价一个会计信息系统物理模型的好坏,也就是说系统设计的活动余地在于:在保证实现既定功能和符合《会计核算软件基本功能规范》对会计软件的基本要求的前提下,尽量提高系统的效率、服务质量、可靠性以及适应性。

1. 系统的效率

系统的工作效率是指系统的处理能力、处理速度、响应时间等与时间有关的指标,一般来说,影响信息系统工作效率的因素取决于:系统中硬件及其组织结构、人机接口是否合理;计算机算法过程的设计质量。例如,在会计信息系统中文件的存取方式、科目汇总算法、查询处理、报表输出方式,都会直接影响系统的效率。

2. 系统的可靠性

系统的可靠性指系统在运行过程中,抗干扰和保证正常工作的能力,这种能力体现在工作的连续性和正确性。系统的可靠性包括:检错纠错能力;在错误干扰下不会发生崩溃性瘫痪,重新恢复及重新启动的能力;硬件、软件的可靠性及存储数据精度等。

3. 系统的服务质量

信息系统的服务质量是指系统所能提供的信息的准确程度,以及各种形式的表格、图形的功能和使用的方便性等。系统服务质量当然与计算机系统的配置直接有关,例如,是否具备汉字处理、外设数量及功能等。但也与系统设计、编程质量、效率等密切相关。

4. 系统的适应性

系统的适应性即应变能力,是指系统被修改和维护的难易程度。由于系统环境的不断变化,系统本身也需要不断修改和完善。一般来说,要想信息系统有较高的适应性,就应将它设计得结构清晰。因为系统修改的困难往往不在修改本身,而在于找出需要修改的地方,对于一个复杂的会计信息系统尤其是这样。往往只需要修改一个语句,而确定这个修改的位置却需要花费许多时间和脑筋;其次,如果系统结构不清晰,修改时容易遗漏或者造成修改不一致。例如,会计信息系统中查询、科目汇总等多处需要打印会计科目汇总表,如果结构不清晰或者这几处的程序结构不一致,那么需要变更科目汇总表格时,就必须逐行进行修改,否则就会产生新的错误。因此,结构清晰是提高适应性的一个关键。

上述几个方面在一定程度上既是互相矛盾的,又是相辅相成。例如,为了提高可靠性而采取的各种校验和控制措施,会延长机器的工作时间,降低系统效率。从系统维护的角度看,系统的适应性是最重要的因素。如果我们研制出来的信息系统不能修改或很难修改,那么它的使用范围和寿命将是很有限的。在这种情况下,即使系统有较高的效率、质量和可靠性,也不会带来持久的实际效益。

(二)系统设计的步骤

系统设计按照由外向里的方法一般分概要设计和详细设计两个步骤进行。由于现在的信息系统往往以数据为中心进行组织,数据结构的设计越来越重要,所以系统设计也可以看成由概要设计、数据结构设计和详细设计三部分组成。

1.概要设计

概要设计又称总体设计或结构设计,它的任务是确定系统中的模块及其外部特性。具体说它要完成以下工作:

(1)将系统划分成模块;

(2)确定每个模块的功能;

(3)确定模块的调用关系;

(4)确定模块的界面,即模块间传递的数据。

因此,概要设计首先要完成模块的分解,确定信息系统的模块层次结构。一般说,信息系统的模块分解会有多种可能的方案,应该对各种方案的质量进行全面的评价,然后从中选出一个较好的方案。

概要设计是开发过程中关键的一步。信息系统的质量以及整体特性基本上是由这一步决定的,概要设计技术上有相当的难度,除了需要人的创造能力之外,还需要一定的方法来指导,以帮助设计人员获得好的设计方案,20 世纪 70 年代以来,出现了多种设计方法,其中有代表性的是结构化设计方法、Parnas 方法、Jackson 方法。这些方法都采用了模块化、由顶向下逐步细化等基本思想,它们的区别在于构造模块的原则不同,结构化设计方法以数据流图为基础构造模块结构,Jackson 方法是以数据结构为基础建立模块结构。

概要设计需交付的文档主要是模块说明,它包括模块结构图以及每个模块的功能说明。模块结构图描述了系统的模块组成以及模块间的调用关系,而每个模块的说明则描述模块的输入输出及其功能。解决的仍然是做什么的问题,而不同怎么样做。

2.数据结构设计

信息系统的主要任务是数据处理,随着系统规模越来越大,不仅数据越来越多,而且各类系统之间对数据共享的要求也越来越高,数据的存储组织越来越重要,也越来越困难了。例如,手工会计证、账、表中的大量数据怎样组织成文件或数据库,这不是一件简单的工作,而且它往往影响整个系统的效率以及各子系统之间密切结合的程度。我们知道信息系统可以建立在文件系统之上,也可以建立在数据库系统之上,但不管怎样,都要求我们在系统分析所获得的信息结构的基础上,进一步根据实际的计算机系统确定数据的逻辑结构和物理结构,这就是数据结构设计。

3. 详细设计

详细设计需要逐个模块地设计模块内部的详细执行过程,包括局部数据组织、控制流、每一步的具体处理要求以及种种实现细节,所以详细设计直接影响程序设计,也正因为这样,详细设计常常采用典型的结构化程序设计方法。

详细设计除了多种模块的流程设计之外,还要最后解决人工处理过程和计算机处理过程的衔接问题,这个问题解决的好坏,直接影响到计算机作用的发挥,也关系到系统的工作质量和效率。代码设计、输入输出设计和查询设计,都涉及人机接口问题。

详细设计将分别考虑每一个模块,所以问题复杂性已大大缩小;又因为有了结构化程序设计的方法,设计的难度已不大,所以一般程序设计人员均可胜任。关键是用一种合适的表示方法来描述每个模块的执行过程。这种表示方法应该简明精确,以便由此能直接地导出用编程语言表示的程序,目前常用的描述方式有三种,即图形、语言和表格描述。其中图形描述包括传统的流程图、盒图和问题分析图等;语言描述主要是种种程序设计语言;表格描述就是一些判定表之类的工具。

在会计信息系统中,由于代码、输入输出、查询处理以及控制都有很多特殊要求,所以我们将逐一介绍这些问题的详细设计。

(三)系统设计说明书的编写

系统设计完成之后,要编写系统设计说明书,也就是系统实施的方案,这是系统设计阶段工作成果的书面总结,是呈报上级批准施工的报告文件,是系统实施的法定依据。

系统设计说明书以把问题说清楚为原则,不必拘泥于格式,内容主要包括:

(1)系统的总体结构。系统的总体结构包括模块结构以及数据结构,系统模块结构用结构图表示,图中要标明模块之间的调用关系和数据传递关系以及通信手段的设计,对于较大的系统,可以用分层结构图来表示。

(2)各个模块的设计说明书。设计说明书给出各个模块的过程性描述,包括:

①模块的说明部分。说明系统、子系统和模块的名称以及功能。

②输入输出的数据和文件。

③处理概要,可包括流程图、编码以及简单的文字说明。

(3)代码格式,输入输出格式。

(4)保密性、可靠性设计。

(5)计算机系统配置图和设备清单。

二、结构化设计方法

这一节我们通过介绍结构化设计方法来说明系统的总体设计方法。结构化设计方法(Structured Design)简称 SD 方法,用信息系统的总体设计,可以同分析阶段的 SA 方法接起来使用。

SD 方法以数据流图为基础构造模块结构,目标是建立一个良好的程序系统。SD 方法提出了评价设计质量的两个标准,即模块的块间联系和块内联系,并给出从描述用户要求的数据流图导出模块结构的准则。

(一)模块和模块结构

SD 方法的基本思想是将一个复杂的系统分解为若干个相对独立、功能单一、按层次结构组织的模块。我们知道工程上许多大系统是由一些较小的单元组成的,如建筑工程上的一些部件,机器中的各种零件等,这样做便于加工制造和维修,而且由于一些部件可以共用,成本也比较节省。同样,一个信息系统也不应是铁板一块,它也应该由许多较小的单元组成,这些单元就是所谓的模块。模块通常是指用一个名字可以调用的一段程序,大概与子程序的概念差不多。由于模块之间是相对独立的,所以每个模块都可以单独地被理解、编程、测试、排错和修改,这就使复杂的研制工作得以简化。此外,模块的相对独立性也能有效地防止错误在模块之间扩散蔓延,因而提高了系统的可靠性。

一个模块具有输入和输出、功能、内部数据、程序代码等四个特性。输入和输出分别是模块的需要和产生的信息,功能是指模块所做的工作。输入和输出及功能构成了一个模块的外貌,即模块的外部特性。模块用程序代码实现它的功能,内部数据是供该模块本身引用的数据,内部数据和程序代码是模块的内部特性。当需要调用一个模块时,调用模块只需了解它的外部特性就行。总体设计阶段的任务就是决定系统中各个模块的外部特性,即其输入和输出及功能;详细设计的任务才决定每个模块的内部特性,即其内部的算法过程及使用的数据。

(二)结构化设计及模块划分的准则

结构化设计的基本思想是模块化,即将系统划分为模块。模块分解是按功能逐步由顶向下,由抽象到具体地逐层进行,直到模块能简便地用程序实现为止。模块分解的准则是模块的独立性,同时它也是判断模块构造是否合理的标准。支持模块独立性一般认为是获得良好设计的关键。为此,SD 方法进一步提出了衡量模块独立性的两个标准,即块间联系和块内联系。

块间联系又称耦合度,是指模块之间联系的紧密程度,它是对模块独立性的直接衡量。块间联系的紧密程度取决于块间共用信息作控制信息用,或者一个模块直接存取另一个模块的内部信息,那么这两个模块之间的块间联系就大,反之则块间联系就小。块间联系越小意味着模块的独立性越高,所以这是一个最基本的标准。

块内联系又称聚合度,是指一个模块内部各成分之间联系的紧密程度。如果模块内各组成成分在功能上是互不相关的,或者模块由若干个逻辑功能相似的成分组成,或者块内成分是由相同的执行时间将它们联系到一起,那么这种模块的块内联系就小;反之,如果块内各组成部分是顺序执行,或所有成分结合在一起共同完成一个单一的功能,那么这种模块的块内联系就大。块内联系大,则模块的相对独立性也势必会提高。

SD 方法的目标是使块间联系尽量小,块内联系尽量大。事实上块间联系和块内联系是同一件事的两个方面,程序中各组成分间是有联系的,如果将密切相关的成分分散在各个模块中,就必然造成很高的块间联系;反之,如果密切相关的成分组织在同一模块中,块内联系高了,块间联系势必也就小了。

为了使块间联系小,块内联系大,即所谓高内聚低耦合,模块设计必须遵守以下原则:

(1)每个模块只执行一个功能;

(2)模块间传递数据型参数;

(3)模块间共用信息量少。

此外,模块的大小也必须予以考虑。模块过大,其复杂性也大,会带来理解上的困难,所以在设计中应对每个模块的大小有所估计。一般而言,模块的大小以一至二页(约 50 ~ 100 行)程序为宜。对于较大的模块,若它包含了几个功能,则应考虑从中分离出一些功能构成同层或下层的模块。而对于较小的模块,则可以考虑是否可同它的调用模块合并,但对于满足以下几个条件的小模块,则仍应作为一个独立模块:

(1)模块是功能型的;

(2)这个功能可能会发生变化;

(3)有多个调用模块或调用模块很复杂。

(三)模块结构的描述工具

SD 方法使用的主要描述工具是结构图。结构图是一种树形图,它描述了程序的模块结构,并反映了块间联系和块内联系的特性。

1.结构图的主要表示符号

(1)模块。模块用方框表示,方框中写有模块的名称,一个模块的命名应该适当地反映模块的功能,并在某种程度上反映块内程度。

(2)调用。调用从一个模块指向另一个模块的箭头表示,说明前一个模块中含有对后一个模块的调用。

(3)通信。模块间的通信用调用箭头旁边的小箭头表示,说明调用时从一个模块传送给另一模块的信息。小箭头也指出了传送的方向。而数据流和控制流则分别用箭头另一端的空心小圆圈和实心小圆点来区分。此外,还用菱形符号表示有条件的调用,用环形箭头表示循环地调用。

2.结构图与数据流图的区别

结构图与数据流图都是对系统总体结构的综合描述,但二者本质上是不同的,它们的主要区别在于:

(1)数据流图是从数据在系统中的流动情况来描述系统的,而结构图则从功能的层次关系描述系统。前者从数据流着眼,后者从控制层次着眼。

(2)数据流图是反映系统逻辑模型的,着重说明系统"做什么",而结构图则是反映系统的物理模型,着重说明系统的总功能是怎样逐步完成的,即系统"如何做"。

(3)数据流图要用不同来表示不同的层次,结构图则明显反映出系统的层次结构。因此,可以说数据流图是一套平面图,而结构图是一张立体图。

(4)数据流图的绘制过程是由具体到抽象,逐步去掉各种具体的物理的处理方法,只剩下抽象的信息流动情况,以便抽象地描述系统的逻辑功能。而结构图正好相反,由抽象到具体,从一个总的抽象的系统功能出发,逐步具体化,逐步加入具体的实现方法和技术手段,最后设计出系统的物理模型。

此外,结构图也完全不同于习惯使用的框图,结构图描述的程序是层次结构,即某个模块负责管理哪些模块等等。框图是程序流程图,它描述的是程序的过程的特性,即先执行哪一部分,再执行哪一部分。

3. 系统结构图的建立步骤

结构化设计的主要任务是建立系统结构图,用系统结构图来描述系统的层次、分块结构。具体来说,可以分成以下几个步骤:

(1)从数据流图导出初始结构图。

(2)改进结构图,使模块内部具有更强的聚合性,模块之间只有很少的耦合。

(3)修改数据词典,加入数据元素的有关细节和数据结构。

三、总体设计

信息系统的总体设计的核心问题是构造模块结构,而结构化设计方法正是模块设计的有效工具。现在,我们以会计信息系统为例,进一步介绍信息系统模块设计的几个问题。

(一)子系统的划分

一个大的信息系统往往由许多小系统组成的。会计信息系统是一个结构复杂而又庞大的信息系统,它要完成许多不同的数据处理任务。各种任务之间不仅各具特色,有着独立性,甚至可以自成体系,而且限于技术和财力,会计信息系统往往要一个任务地逐步实现。因此,我们在具体设计会计信息系统的模块结构时,首先要按数据处理任务或者会计职能将它分解为几个大模块——子系统。

我们在前一章曾经介绍过会计信息系统的功能结构,这是会计信息系统子系统的天然划分。但毕竟各企业单位的会计职能和工作量不尽相同,所以子系统的划分不能生搬硬套,要按一定的原则灵活处理。子系统的划分应遵循下面的基本原则:

(1)被划分后的各子系统的功能尽可能和现行系统各组织机构的功能一致,这样既便于组织管理，也便于信息系统数据的收集、传送以及各项处理业务的开展，从而开通信息流通的渠道，减少信息在传播过程中的障碍，同时避免了信息的重复加工，降低信息加工的成本，提高信息的使用效率。

(2)必须符合结构化设计的思想，满足高内聚低耦合的原则，使得每个子系统具有较高的独立性，尽量减少和外部的联系。例如，应付账款与材料采购二者有着密切的联系，一般不应将它们划分为两个子系统。又如固定资产核算与销售核算二者并无内在联系，因而我们不能把它们合为一个子系统。子系统的划分不是绝对的，也不是封闭的，应该保持一定的稳定性与开放性。任何一个软件系统都希望相对稳定，并且便于更新维护。

(二)子系统的模块设计

我们在确定子系统的划分之后，就可以按照结构化设计的思想，进一步设计各子系统的模块结构，方法是：

1. 确定人机界面

会计信息系统同一般的信息系统一样都是人机系统，即人和计算机共存于系统中，各担负不同的任务，并通过两者之间的一系列对话和交互作用，使问题得到解决，使系统目标得以实现，确定人工处理过程和计算机处理过程的关键往往在于确定系统的输入和输出，它不仅决定了信息处理的职能范围，而且决定人在系统运行中的主要任务和作用。

会计信息系统的主要输出是信息查询和打印会计账表，这些模块的运行一般需要人工进行干预，所以它们是主要的输出界面，而在账务系统中，输入的主要是各种凭证，由于凭证格式多样，来源不一，数据结构很不规范，因此，必须人工对原始凭证加以整理，变成适应计算机处理的形式。此外，由于数据输入工作量很大而且容易出错，信息系统必须提供一个友好的输入界面，并设置一系列有效的检验措施，以保证数据的可靠性。

2. 划分模块

结构化设计方法划分模块的方法：首先找出整个系统的主处理和逻辑输入输出，从而确定一个主控模块及其下属的分别对应于输入、主处理和输出的三个模块，并重复上述过程，直到每一个模块功能已经单一且具有足够独立性为止。例如，我们可以在会计账务系统的逻辑模型的基础上，确定主处理为账务处理，逻辑输入和输出分别为凭证输入处理和账表输出处理，从而将账务系统分解为三个模块，当然这三个模块还比较粗略，为此还应再进一步分解。例如，将账务处理进一步分解为三个事务型处理模块：登账、对账和结账；将凭证输入处理分解为凭证录入和凭证审核；将输出处理进一步分解为打印报表和打印账簿两个模块。当然分解还可以继续下去，限于篇幅，这里不再赘述了。

3. 模块图的补充

上述模块分解的结果往往只包括账务系统的主要功能而不能包含系统的全部功能。为此在分解的基础上，我们还应进行适当的补充和完善。例如：

(1)账簿期初余额的设置是手工会计必不可少的工作，计算机会计账务系统也不例外，开始使用时要进行一系列的初始化处理。包括设置科目、录入余额以及建立其他若干的词组文件等等。为此,初始化就应该成为计算机账务系统的不可缺少的模块。

(2)由于计算机管理会计账务之后,会计数据的存储介质发生了变化,磁介质代替了纸质的账簿。虽然目前系统仍提供打印输出纸质账簿的功能,但从需要和节约成本的角度看,纸质账簿其实是不必要的了。这就带来一个查账的问题,用计算机的术语说就是查询。而且由于计算机提供了快速查找的手段,查询不应仅满足一般的查账,还应通过查询为管理人员提供更及时、广泛的决策信息。总之,账务系统必须设置查询功能模块。

(3)用计算机管理会计账务之后,为了保证会计信息的安全、可靠,必须有不同于手工系统的安全保护措施。例如,对操作员要规定操作权限,只允许他干符合身份的工作;为了杜绝不合法人员进入系统,还应该设置一个机构检验操作人员身份。为此,就应该有一个专用于维护系统安全的模块。

(4)计算机系统由于其他原因总难免会出故障,出了故障就必须恢复。此外会计科目为了便于数据录入而设置的词组等都不应该是一成一变的,尤其是会计科目常常要根据需要进行增加、删除或修改。为此又应该设置一个数据维护模块。

四、详细设计

如前所述,详细设计主要确定每个模块的内部执行过程。但由于信息系统一般都是人机系统,所以在个体设计模块之前,必须最后确定人工处理和计算机处理过程,明确两者分工的接口,而且为两者的有效配合设计良好的用户界面,人机接口设计包括输入输出以及其他涉及人工控制、人机对话等内容,所以人机接口设计是详细设计的一项主要内容。

这一节我们先介绍几个涉及人机接口以及代码的具体设计问题,然后再讨论模块内部执行过程的设计。

(一)人工处理和计算机处理过程的选择

在会计信息系统中人和计算机共存,各担负不同的任务,并通过两者之间一系列的对话和交互作用,使问题得到解决,使系统目标得以实现,信息系统之所以存在人工处理过程和人工操作,有的是取决于目前计算机无法代替,有的是必须由人参与的判断、决策和控制。可以预料随着计算机功能的扩大,愈来愈多的工作将由计算机所代替,但这并不意味着人的作用的削弱。

会计信息系统中的计算机处理过程和人工处理过程,有些在数据流图上已进行了粗略划分,有些则必须在模块分解后才能分开,从信息在人和计算机之间的流动情况来看,模块可以分为以下五类。

M 类:完全由手工处理的模块。

C 类:完全由计算机处理的模块。

I 类:输入模块,即通过手工处理把信息送入计算机的模块。对人类来说需要送入一批信息,而对计算机方面则要有一个录入程序。

O 类:输出模块,即计算机把信息送给人类的模块,对计算机方面要输出一批信息,而对人类来说则得到一张或一批报表。

D 类:人和计算机对话的模块。

上述五种模块中 M 类为人工处理过程,C 类为计算机处理过程,其余三类则统称为人机接口模块。模块的类型首先要根据模块执行的具体任务确定。一般,对于输入数据格式不固定,特殊情况较多及需要根据经验来判断的任务,采用人工处理较为合适。例如,校验单据、重要决策等。对于输入数据格式固定、计算和处理量大以及特殊情况较少的任务,采用计算机处理较为合适,如出库和入库登账、各种统计等;其次,要考虑需要和可能,例如,虽然某个模块的功能可以采用计算机处理,但该功能在系统中不是重要环节,它的效率的提高将会造成其他环节的不平衡,这时就没有必要去实现计算机处理;最后还应考虑资金和技术等因素。

人机接口模块设计的好坏,将直接影响到计算机作用的发挥,也关系到系统的工作质量和效率。代码设计、输出输入设计和查询设计,都涉及人机接口问题。在人机接口的设计中,要注意如下问题:

1. 时间的匹配

计算机的处理速度远比人工处理速度快,要从总体上提高系统的效率,就要尽量缩短人机互相等待的时间。例如,为了减少集中检验的时间,可以在输入凭证过程中逐个数据项进行检验,化整为零,可以提高系统的效率。

2. 代码统一,格式协调

人工处理代码和计算机处理代码要统一,格式要协调,这有利于提高效率,减少差错。人工处理的结果应便于计算机输入,计算机处理的结果要便于人工阅读、处理和使用。

3. 压缩数据录入的数量

录入数据容易出错,故应在保证系统功能要求的前提下,尽量压缩数据录入的数量,并应采取多种方式进行检验,以保证录入数据的质量。

4. 要具有长远观点

从发展趋势看,越来越多的人工处理过程将逐步被计算机所取代,因此在系统设计时要按照计算机处理的要求统一各种代码、编号、表格形式,为今后实现其他计算机处理过程做好准备。

(二)输出设计

输出是信息系统对输入的数据进行加工处理的结果,输出的内容与格式当然是用户最关心的问题,没有用户满意的输出,整个信息系统将毫无意义。从这个角度出发,我们可以先设计系统的输出,然后再根据输出的要求设计其他模块。当然也可以先设计输入,然后再根据输入内容设计其他模块,以便充分利用输入数据,不过实际设计过程中往往同时兼顾输入和输出,反复调整,使两者很好协调。

输出设计的一般原则是:尽量保持和原手工系统在格式内容上的一致,并改进手工系统不合理之处;尽可能提高输出速度;操作灵活方便。

信息输出的方式很多,但会计信息系统用得最多的是查询、打印、绘图以及向磁盘或磁带输出。

1.查询设计

查询又称检索或查找,是系统向用户提供信息的一种方式。确切地说,查询是根据用户给定的条件,从一个到多个数据文件中找出满足要求的一组记录或者数据元素的过程。如果查询成功,则将结果显示或从打印机上输出,否则也应给用户一个查找失败的提示。查询的目的也可能不仅仅是为了解某一情况,在更多情况下查询往往是进行其他数据处理的中间手段。

查询过程应该包括用户选择查询方式,输入查询条件,计算机查找以及将结果提供给用户等四个步骤。由于存储介质的变化,用户往往要通过查询才能了解某些存在磁盘中的信息,所以查询方法是否灵活,查找的信息是否满足要求,响应是否迅速,都是用户十分关心的问题,当然也就是查询设计主要考虑的问题。

(1)查询对象。会计信息系统的查询对象主要是各种报表、凭证和账簿。在账务系统中常常根据指定的特征查找用户所需要的凭证。例如,查找3月份205号凭证或4月15日的凭证,显然前者只能找到一张凭证,后者则找出一批凭证。可以根据用户要求,从总账、日记账和明细账中找出相应的会计业务数据。此外,账务系统一般都有设一个科目余额文件,记录每个科目每个时期(一般为月)的期初余额和本期发生额,从中可以找到特定时期特定科目的余额或发生额。

(2)查询算法。查询设计首先是查询的方式和算法的设计。查询算法很多,对不同的文件结构有不同的查询算法,而且同一种文件结构也有若干种查询算法可供采用。例如,对顺序文件可以采用顺序查找、折半查找、分块查找等方法;对树表结构、散列文件可以分别采用树查询和通过散列函数直接查询。由于查询是信息处理系统的一项重要工作,所以不论什么类型的数据库管理系统,都必定提供一组检索语句,而且许多高级语言在标准库中也提供了一些查询函数。

(3)查询方式。查询过程不仅仅是从磁盘中找出数据,而且要包括用户提出要求以及如何将结果按用户所愿意接受的形式输出。所以信息系统中的查询不是一个语句能完成的,必须设计专门的查询模块去完成。

查询设计的另一个重要问题是如何提供一个良好的界面供用户表达自己的信息要求。用户的信息要求有些是十分明确的,有些则比较模糊,有些比较简单,而有些则要用复合条件来表达。因此,根据查询条件的不同表达方式,查询可以分为确定、自由、组合以及模糊查询四种。

①确定型查询。确定型查询是指查询条件表达式结构确定,即表达式中字段名和运算符均已确定的查询。例如,按给定的日期查凭证,按给定的科目代码项余额等都可以设计为确定查询。

②自由查询。自由查询是指查询条件表达式由用户自由输入的查询。显然,自由查询

中条件表达式的选择完全由用户确定,使用十分灵活,可以表达用户各种各样的查询要求。但是,这对用户有较高的要求,即用户必须知道数据库存文件的结构,包括数据库存有哪些字段,字段名是什么,数据类型如何等等,此外还要懂得正确的构造逻辑表达式,否则就会出错。这实际上加重了用户的负担,对大多数操作人员来说是难以接受的。

③组合条件查询。组合条件查询是指系统向用户提供一个固定的输入模式,用户从中选择一个子模式,并对其中的各项分别输入特征值,系统将依据用户的选择和输入的特征值自动生成查询条件表达式,然后执行查询操作。

④模糊查询。上述三种方法有一个共同的缺点,即当输入值与实际值有微小差别时,往往查不到期望的结果。模糊查询是指系统依据用户输入,将最接近用户查询要求(模糊查询条件)的记录输出给用户。

从用户操作来看,确定型查询最简单,自由查询最复杂。从实现方面来看,自由查询最容易实现,确定型查询也不难,但组合条件较难实现,而模糊查询则最难实现。从查询的条件来看,自由查询最灵活,组合条件查询和模糊查询次之,确定型查询最差。从程序执行速度来看,确定型查询和自由查询较快,组合条件查询较慢,而且模糊查询最慢。在会计信息系统中应该以组合查询为主。

(4)结果显示。查询结果一般要通过屏幕显示的形式提供给用户,因此与查询设计有关的另一个问题是屏幕设计。

2. 打印设计

(1)打印对象。在会计信息系统中,需要打印输出的主要是各种报表、账簿、凭证以及其他诸如错误信息、修改信息之类。

日记账、总账和明细账是手工会计中具有法律效力的账簿。但会计实现计算机处理后,由于机内存在有磁介质的账簿文件,系统又提供灵活的查询功能,可以根据需要随时查阅账簿文件中的会计业务数据。因此,是否要打印这些账簿,是一个有争议的问题,但目前为了适应广大会计人员的习惯,而且财政部在《会计核算软件基本功能规范》中也对打印账簿提出了明确要求,所以计算机会计信息系统应该提供打印三种账簿的功能。

会计报表是会计核算的最终产品,它总括地反映企业在一定时期内的财务状况、经营成果和理财过程,我国企业对外会计报表的基本格式由财政部统一制定,主要包括资产负债表、利润表、现金流量表以及有关附表。企业内部管理需要的报表可自行设定,如:制造费用明细表、产品销售费用明细表等等。在上级机关或企业决策机构还未建立计算机信息系统之前,报表仍是需要采用纸质形式上报的,而且,为了汇总的方便,报表的格式与大小仍然要按照统一的规定打印。

(2)打印输出的格式设计。信息系统的打印输出,往往都设计成一种表格的形式。事实上人们习惯于看表格、造表格,花费不计其数的时间处理各种表格,并把它们存档。会计报表是一种表格,各种账簿也是一种表格。表格是一种传递信息的工具,是数据的实物载体。

表格所包括的信息分为两部分：一是表头部分的固定信息，包括表头、标题、线格及各种说明；另一部分是数据内容，它是原始信息或处理后的结果，是用户真正需要的信息。

3. 图形输出

图形输出指在印刷纸上输出用于辅助决策的各种统计分析的图表。输出设备一般采用绘图仪或打印机，输出媒体也是各种规格的纸张。目前，在会计信息系统中图形输出尚不多见，但随着多媒体技术的广泛应用，图形输出将会受到人们的重视。

4. 磁盘或磁带输出

凡是需要长期保存的数据文件或需要交流的数据资料均可以采用磁介质输出。在会计信息系统中，不仅要将资料存入软盘作长期保存，而且在还没有联网而上级机关又有计算机处理能力时，常常将报表等上报资料存入软盘，然后直接将软盘上报上级机关。这样不仅可以节约纸张，而且节省上级机关再次输入的时间，加速汇总整理过程。又如委托银行代发工资的单位，每月可将全单位每个职工的实发工资数做成文件存入软盘，然后送交银行。在这些场合需要注意的是：一是软盘文件的格式要符合上级或对方单位的计算机处理要求，二是软盘传递过程中的安全性。

（三）输入设计

1. 输入设计的原则

输入设计的目标是在保证输入信息正确和满足需要的前提下，做到输入方法简单、迅速经济和方便。为此，输入设计应遵循如下原则：

(1)满足输出要求，保证数据的完整性。输出的信息是系统对输入信息加工处理的结果，如果输入数据不完整，用户就不能从中获得全部所需要的信息。

(2)在保证满足处理要求的前提下尽量减少输入的数据量，在会计信息系统中可以采用代码代替汉字输入，设置样板凭证，尽量使用固定项等方法减少数据输入量。

(3)尽量减少输入的种类。例如在会计信息系统中有收款、付款和转账凭证，格式相差不大，可以采用相同的格式，以免操作进出频频切换输入格式。

(4)易于编辑和修改，并应尽早对输入数据进行检查，以便错误数据能及时得到改正。

(5)容错能力强。如操作员按错键不至于引起系统的异常。

2. 输入格式设计

会计信息系统的主要数据来自各种凭证，例如原始凭证、记账凭证等。因此输入设计的主要任务就是设计好凭证输入格式。

除了记账凭证之外，会计信息系统中还有许多来自外单位或由本单位自制的原始凭证需要录入，如收料单、领料单、发货单、报销单等等，这些数据的输入，一般也应如记账凭证一样设计成屏幕表格形式。

3. 输入数据的校验和纠错

确保输入数据的正确性是输入设计的关键，尤其对会计信息系统就更为重要。例如，如果进入凭证文件的科目、金额出现差错，则必然引起后续处理、汇总的错误，影响报表的正确性。所以会计信息系统对科目、金额等数据的输入要求要绝对正确,否则就无法保证系统的可靠性。但是,要保证输入信息绝对不出错,无论对系统设计和用户操作上都是不可能的,对于操作人员只能用制度去限制,用工作态度去要求。在系统设计方面也只有用各种校验的办法去发现错误,提供编辑、纠错的办法去改正错误,即只有人机结合才能保证输入信息的正确性。

为此,在会计信息系统中对输入数据必须进行校验,数据校验的方法很多,下面是几种常用的方法:

(1)静态校验。静态校验是用人工目测的方法对输入凭证的会计分录、科目编码、会计事项、数量、金额等各项内容进行校对,必要时应核对原始单据。操作员不仅每输一个数据项都要检查,而且一张凭证输完后在存入文件之前要整个检查一遍,看是否与手工凭证一致,发现错误要及时改正。由于长时间工作会引起疲劳,人工静态校验的有效率只达到75% ~85%。

(2)逻辑校验。逻辑校验也称合法性检查,它依照信息的逻辑关系校验输入数据是否正确。例如,付账凭证贷方科目、收款凭证借方科目不是“现金”或“银行存款”科目者为错,记账凭证有借方科目而无贷方科目或者有贷方科目而无借方科目者为错。又如现金收付款不可能成千上万,超过设定数量者为错。由于不可能理顺所有经济事项的逻辑关系,故有效率在80%左右。

(3)界限校验。界限校验实质上也是一种逻辑校验,它检查某项输入内容是否位于规定范围之内。例如,月份大于12者为错,2月的日数大于29者为错;又如,若规定职工工资在200 ~1 000元之间,即检查到不在该范围者为出错;再如不同企业对固定资产的最低价值有明确规定,如果查到低于该值者为错误,界限校验法能较快地找出错误,其有效率约在80%左右。

(4)平衡校验。在会计信息系统中平衡校验用得比较多,也特别有效。因为无论收款、付款或转账凭证,借贷双方合计必须平衡,否则就一定有错。仅从平衡角度来考虑,其有效率可达100%。因此,如果在输入每张凭证时都把好平衡校验一关,以后的数据平衡关系就不容易出问题。

(5)汇总校验。先由人工汇总某些数据项的总量,然后与计算机累计值进行比较以判定是否正确。若数据量大时可分批汇总校验,例如对记账凭证可几十张一批进行汇总,并检查人工与计算机汇总是否一致。不过这种校验比较费时而且手工汇总往往也不可靠,有时会出现输入正确而手工不正确,从而导致两者不一致。

(6)重复校验。重复校验又称两次输入法,即重要数据重复两次输入,由计算机自动校验两次输入是否一致以确定正确性。例如记账凭证可以设计成两次输入。两次输入最好是由两人分别输入,第一次将全部数据项输入,第二次输入时为了节约时间可以只输入科目代码、数量、金额等重要数据。此时除了需要第二次输入的数据之外,其他数据均应显示出来做识别参考,光标停在需要做二次输入的数据项上,引导操作员输入。只有两次输入的内容完全一致,系统才承认输入正确,否则就提示改错,直到两者一致为止。

(7)对照校验。对照校验是将输入的数据与基本文件的数据相核对,检查两者是否一致。例如,为了检查会计科目代码是否正确,可将输入的会计科目代码与科目文件记录进行匹配,如果在文件中找不到匹配的科目代码,则说明输入出错。这种校验方法要求科目文件必须完整。

(8)记录计数校验。这种方法通过计算记录个数来检查数据记录是否有遗漏或重复。

(9)格式校验。校验数据记录中各数据项的位数和级次是否符合预先规定的格式。例如,会计科目编码规定为9位,前三位为一级科目,以后二、三、四级科目各为2位,那么当发现科目代码长度不是3、5、7、9时,确定无疑是出了错误。

(10)代码自身校验。即利用设校验位来进行校验的方法,校验位的设置方法将在代码设计一节中介绍。

上述方法可综合采用,以确保输入数据的正确性。另一方面,与校验有关的问题是纠错。在会计信息系统中,纠错必须注意时机、方式和责任。例如,记账凭证的错误在录入过程中可由录入员随意修改。但一旦提交复核,录入员就无权修改,这时只有复核人员才可以对发现的错误进行修改。系统必须对复核人员所做的修改进行登记,说明被修改的数据项名、旧值、新值、修改的时间和人员。这样就可以保留修改的痕迹,责任分明。凭证一经登账,就不能再作任何修改,此时即使发现错误,也只能以红字凭证冲销法或者补充凭证法进行更正。记账凭证输入时,红字可用负号或者其他标记表示。凭证中的错误越迟发现越难处理,所以必须把好录入关,尽早发现和改正错误。

(四)对话设计

会计信息系统是一种人机系统,不仅数据要由用户录入,而且常常要由用户参与控制。因此在系统运行过程中,操作员和计算机系统之间常常要通过终端屏幕或其他装置进行一系列交互对话。

对话设计的任务是与用户共同确定对话的方式、内容以及具体格式。

1. 对话方式

人机对话方式根据设备条件有许多种,如光笔—屏幕方式、键盘—屏幕方式、鼠标方式,屏幕触模方式以及正在研究中的声音对话方式等等。其中,键盘—屏幕方式是目前信息系统的主要人机对话方式,用户与系统借助键盘和屏幕进行交流,所以屏幕实际上是系统对用户的窗口,设计的好坏会直接影响用户对系统的印象。

下面介绍借助键盘—屏幕的几种具体对话形式。

(1)菜单式。菜单方式指系统在屏幕上显示出各种可供选择的内容,用户则通过回答键,或者通过移动彩条然后打回车键做出响应,菜单方式好像点菜,供选择的项目一目了然,回答简便,容易掌握。

菜单有传统式、弹出式和下拉式菜单,可以通过多级菜单逐层引导用户深入系统的内部,此外,还可通过位置和色彩的合理运用取得更好的效果。菜单常用于功能选择,也可用于数据项值域较小的数据的输入。后者如银行结算方式的输入,可设计成菜单形式供操作员选择输入。下面是账务处理系统的横卧式功能主菜单,通过左右移动彩条,可以选择并启动系统所提供的某一个功能模块。

录　入	复　核	登　账	对　账	结　账	查　询	打　印	维　护

(2)填表式。当需要用户一次回答的项目较多时,可将项目名称显示在屏幕上,然后用户根据项目逐步地输入相应的数据。例如前述凭证组合查询的条件输入就是采用填表式。

(3)提问式。提问式可以由系统向操作员提问,也可以由操作员向系统提问。系统向操作员提问往往是当程序执行到某一阶段时,需要由操作员参与判断以决定程序运行的走向,例如,输入一张凭证之后,系统提问:"继续输入凭证吗(Y/N)?",这种提问一般都要求操作员以简单的"Y"或"N"(即 YES 与 NO)进行回答。此外系统也常常以提问方式要求用户即时输入一些程序运行所必需的数据。

操作员向系统提问涉及系统的识别问题。在这种方式中,操作员是主动的,但系统显然不可能识别操作员的任意提问,所以提问格式都必须预先严格规定。这种方式先由操作员向系统提问,系统按提问时检索答案之后,通过屏幕显示将结果提供给操作员。

2. 对话设计的原则

对话设计要考虑终端或微机的使用环境、响应时间、操作方便和对用户的友好问答,在诸如回答口令之类的特殊的场合,还要注意保密。

(1)对话要简单、明确、无二义性。

(2)对话要适合操作人员的水平,并且容易学习和掌握。例如,查询时我们不能要求用户一次回答一个作为查询条件的逻辑表达式,而只能引导用户逐步表达他的查询要求,然后由系统综合成一个完整的逻辑表达式。

(3)对话本身应具有指导用户怎样操作和如何回答问题的功能。例如,需要由用户判定可否时,一般应同时给出如何回答"可",如何回答"否",这不仅帮助用户正确表达自己的选择,而且也是系统正确判定用户回答结果的保证。

(4)对话应能反映用户的观点、业务用词和习惯,不要使用一些操作员难以理解甚至看不懂的用语。

(5)必须能很快地反馈用户的输入状态,不要让用户犹豫或较长时间等待,特别当出错时,要把错误信息的细节显示出来,并指导用户如何改正错误。

(6)对话应该适合于用户的环境和具体的情况,允许具有不同能力和经验的用户在不同的速度下进行操作。

(7)对话不要太频繁,提问过于频繁不仅影响系统的运行速度,用户也感到应接不暇,会引起用户的反感。

在对话设计中,要与用户协商,设计的格式必要时可征得用户同意。特别是对提问的显示位置一定要从屏幕整体考虑,要美观大方,既有艺术性,又有几分神秘性,千万不要太过随意,使得屏幕杂乱无章。

(五)代码设计

代码是代表客观存在的实体或属性的符号,在信息系统中,代码是人和机器的共同语言。用数字、字母或它们的组合来给信息编码,不仅可以节省存储空间,而且便于机器识别、分类、校对、汇总和检索,因此,代码设计是信息系统中的重要内容之一,设计出一套为系统各部分所公用的代码,无疑有利于提高系统的工作效率。

1. 代码设计的原则

现行系统中一般都存在着一套代码,但是这种代码往往不规范、不统一、不全面,一般不能适合计算机处理。为此在系统分析阶段,就应对系统使用的代码进行调查研究和统一规划,以便系统设计时进行重新设计或修订,代码设计是一项重要的工作,它不仅影响到系统的效率,而且直接影响到程序和数据文件的设计。所以代码设计切忌草率行事,一定要进行全面的考虑和仔细的推敲、修改,逐步优化之后确定。代码设计必须遵循以下原则:

(1)唯一性。每一个代码都仅代表唯一的实体或属性,做到一一对应、无二义。

(2)标准化。为了通用和今后通信联网的需要,凡国家或主管部门对某些信息分类和代码有统一标准的,一般应采用这种标准代码。

(3)可扩充性。要考虑系统的发展和变化,便于追加代码。当增加新实体或属性时,不需要重新变动代码系统。

(4)简明性。因为代码为计算机和人所共同使用,所以代码要结构清晰,具有逻辑含义,结构上能与处理方法相一致,以便于识别和记忆。

(5)短小精悍。为了节省存储空间、提高信息处理速度以及减少输入出错的概率,代码应尽可能短小精悍。

代码设计应从编制数据字典开始。编码的对象主要为数据库或文件中所包含的数据元素。代码设计的结果应形成编码文件,作为系统设计与程序设计的标准。

2. 代码的分类

代码一般采用数值码、字母码或数字字母码。根据代码中数字和字母的组合方式,代码可以分为许多种类,但其中常用的有以下几类。

(1)有序码和块码。有序码又称顺序码,它将代码对象按一定标准依序排列、顺序编号。例如对不超过1万人单位的可以采用4位有序码作为职工代号,如0001代表李小波,0002代表王大双等等。有序码的优点是短小精悍,记录的定位方法简单,易于管理。但这种码没有逻辑含义,本身不能说明任何信息特征,而且新增加的对象只能列在最后,删除则造成空码。

块码是有序码的特例,它位数不多而且可以分组,对某些统计应用比较方便,块码将代码按特性分成若干块,每块再按顺序事情编码,如学校职工可按部门组成块码:

0001～0200　计算机系

0201 ~ 0400　信息系

0401 ~ 0600　会计系

0601 ~ 0800　金融系。

(2)分组码。把数据项的代码分成若干组,码中的数字和位置都代表一定意义,每组需要几位可根据实际来设定。分组码常用于单位、科目分类,如表示公司、单位、商品的代码可设计成如下形式的分组码:

×××　　　×××　　　×××

公司代码　业务单位代码　商品代码

又如科目代码可设计成9位分组码,各组意义如下:

×××　　××　　××　　××

一级科目　二级科目　三级科目　四级科目

分组码的优点是代码对象分类基准明确,各位只有特定的分类意义,容易记忆和追加,也便于排序、分类和检索,但缺点是占用位数较多。

(3)十进制码。码中每一位数字代表一类,常用于图书分类。例如在图书的十进位分类码中:

500　自然科学

510　数学

520　天文学

530　物理学

531　机械

531.11　杠杆和平衡

其中小数点左边的数字组合代表主分类,右边指出子分类。但这种分类码的长短不一,不适于计算机处理。

(4)助忆码。将编码对象的名称、规格等作为代码的一部分,其特点是可以通过联想帮助记忆。例如:

TV—B—1212　英寸黑白电视机

TV—C—2020　英寸彩色电视机

(5)缩写码。把惯用的缩写字直接用作代码,例如:

Amt.　总额

Cont.　合同

Lnv. No.　发票号

缩写码的优点是容易记忆和理解,而且位数不多,但处理不方便。

3. 会计信息系统中的代码设计

在会计信息系统中,诸如会计科目、财产、人员、部门、摘要等对象均可采用代码表示。在设计代码体系时,应该考虑到长度与格式的统一,以便于计算机处理以及上下通信、交流的一致。

(1)会计科目代码设计。会计科目是会计信息系统中最重要的一种代码,它是对经济业务和会计核算具体内容所作的科学分类。为了保证会计指标在国民经济一定范围内加以综合汇总、分析研究,会计科目必须标准化。

会计科目的设置首先要满足会计核算的要求,使全部经济业务在所设科目中都能得到反映,使资金的分布和流动既可成点,又可成线。第二,要满足报表中的各个要素大多与某一个或几个科目对应。第三,科目设置要满足会计管理的需要。在手工方式下,由于受到工作量的限制,科目一般不能设得很明细,但在计算机会计信息系统中,科目的详细程度可以不受限制,从管理需要出发要多细就设多细。第四,科目设置要便于计算机的分类、合并、更新等处理。科目格式可以根据需要设定,目前较常用的是采用分组码。例如,具有三级的科目代码可设计成如下形式:

××××	××	×××
一级	二级	三级

其中一级科目用财政部会计准则规定的代码体系,共4位数字表示。假定根据系统调查,每一个一级科目下属的二级科目最多不超过99个,每一个二级科目下属的三级科目不超过999个,那么可用2位数字表示二级科目,用3位数字表示三级科目。如:

1211	原材料
121101	原材料、钢材
12110101	原材料、钢材、圆钢
……	
121102	原材料、配件
12110201	原材料、配件、汽车配件
……	

(2)物资码的设计。企业物资码有财产设备(固定资产)、原材料、成品、低值易耗品等。其中,固定资产分类一般有会计科目与之对应,具体的设备名称、规格等则可使用代码。尤其是如果要按名称、规格进行分类汇总处理,则应该使用代码;但如果仅仅为了查阅,就不一定使用代码,直接使用文字要更直观些。其他物资的代码设计要考虑两方面的要求,一是会计核算的要求,二是满足物资管理部门(如供应科、仓库)的要求。财政部规定了原材料的一级科目为123,这样应该再用几位来表示原材料的大类、品种、规格等。由于这类代码需要计算机来分类、排序、合并、计算,所以一般不能使用文字码。

(3)人员或部门编码的设计。人员编码主要是为了存取的方便,与会计核算一般不发生直接联系,所以除了薪资管理之外,账务、成本核算等不要求将人员编码处理。人员编码一般要尽量简短,以便记忆,而且必要时可用代码区分人员所在的部门,为此可采用块或用分组码来区分部门。

此外,会计信息系统常常用到来往单位名称或开户银行名称等,这些单位名称一般较长，为了加快输入速度和节省存储空间，这些名称也可用代码表示。

(4)摘要代码的设计。摘要代码是指给会计凭证摘要所编的代码。由于摘要一般都是由多个汉字组成的词组，直接用文字表示不仅输入速度慢，而且很浪费空间，所以可用编码方法解决。但手工系统中使用的摘要内容很不规范，因此必须广泛收集已使用过的摘要，分门别类，然后在文字上做一些规范，在此基础上才能设计代码。这种代码当然可以用数字编码，但很难记忆，所以最好使用缩写的文字码，如可用词组汉语拼音的首字母组成代码，例如用 JDF 表示"接待费"。

第五节　程序设计与测试

一、程序设计与结构化程序

一般而言，只要有了系统的设计，程序设计人员又有一定的实践经验，程序设计就并不难。但问题是系统的模块划分并不一定详细到与程序模块一致，模块的算法也可能较为粗糙，更何况根据同一模块设计编写的程序还有优劣之别，所以程序设计也不是依样画葫芦，其中仍有广阔的天地可供程序设计人员去驰骋，充分发挥自己无限的创造力。

(一)如何评价程序

编写出来的程序究竟怎样，是否有一些评价准则呢？当然是有的。我们在 2.1 节中曾经提出了如何评价一个软件的标准，尽管程序不等同于软件，但它到底是软件的最主要内容，所以评价软件的标准基本上仍适用于程序。

一般我们应从程序的正确性、运行时的性能、易读性以及通用性几个方面来评价一个程序。

程序必须能得出正确的结果，这是评价程序质量的永恒不变的标准。我们说一个程序是正确的，就是说它能正确地完成一个指定的任务。至于如何验证程序的正确性，却不是一件容易的事。会计信息系统的程序非常大，我们不可能从理论上来逐一验证每个程序的正确性，一般只能用一组数据通过测试的手段去检验。

程序的时间效率与程序的算法设计有关，与设计人员对语言的熟练程度有关，也与编译程序的质量有关。例如，在算法相同的情况下，用 DBASE 实现的程序就不如用 C 语言实现的程序效率高。信息系统的程序的效率问题要具体分析，一般以满足用户要求为原则，如在录入模块中由于影响效率的主要因素是手工录入操作，而不是内部处理，所以这里的速度不是主要问题，而科目汇总、查询由于完全由计算机对大量数据进行处理，效率问题就极为重要，不同的算法可能导致速度有几倍甚至更大的差别。

程序的空间性能指程序运行所需要的存储空间的大小。一个程序应该是占用内存越少越好，为此在程序设计中应合理选择数据结构，有效利用每一个存储单元，及时释放不用的数据空间,以及采取程序分节与覆盖技术。此外,还可使用虚拟存储技术以提高内存空间的效率。应当说,由于现代计算机的运行速度和容量不断增大,时间和空间问题相应发生了变化,但并不是说不再考虑时间和空间的效率问题了。

要求程序具有易读性是因为程序不仅是为了机器运行,而且还要给人阅读,即使是自己编写的程序,易读性也可以减少许多不必要的回忆。信息系统的程序往往是由许多人共同完成的,要求程序具有易读性就更为必要。提高易读性的办法之一是书写注释行,为此,有的程序注释行占总语句的 20% ~30%。

此外,程序应该具有通用性,设计通用性的程序可以大大节约消耗于程序设计的人力,缩小程序开发的规模,提高软件的生产率,从而降低成本。而且调用久经考验的程序比重新设计的程序可靠性要高。这一点对会计软件的编制尤为重要,我们不可能一个企业一个企业地设计不同的专用会计软件,而应该找到它的共性,尽量设计出通用的、标准化的程序。

以上几个方面,除了程序正确性之外,其他因素是相互制约的。例如,为了提高速度,就不得不在空间做出一点牺牲,因此,要具体根据实际的外部条件而定,如程序规模的大小、机器的类型、容量与速度、数据量的多少以及程序的保留价值等。程序设计是一项创造性的工作,程序质量高低是一个定性概念,它不仅与程序员的知识有关,也与程序设计经验和程序设计风格有关。

(二)程序设计的步骤

设计程序一般要经过以下几个步骤:

1. 理解系统设计的要求

首先根据系统设计说明书所提出的任务,确定一个程序的功能,即明确应由计算机解决什么问题,程序要加工什么数据,希望得到什么结果,用什么方法进行加工等等。在必要时,可进一步用定义、定理、公式、函数或工具把系统设计的要求详细地表达出来。

2. 确定算法和数据结构

一般而言,算法设计和数据结构设计应是模块设计的任务,但由于模块分解往往并不细到与程序模块相当,或者算法仍需要进一步具体化,所以算法及其所需的数据结构设计仍是程序设计的重要工作之一。算法是程序设计的核心问题,一个好的算法,既节省时间又节省空间,而且问题能得到正确的解答。为此,要求一个程序员除了有一定的工作经验之外,必须掌握形式化方法,具有基本的算法思想,并且要了解评价算法优劣的标准。算法评价一般以时空性能为主要标准,求解一个问题,如果 A 算法比 B 算法所用时间和空间少,则说 A 算法比 B 算法好。目前,由于硬件技术的发展,大容量存储品的出现,使得空间问题变得不那么重要了,而时间则往往成了决定算法优劣的重要因素,尤其在诸如查询、统计之类的处理上,时间问题更为突出,所以一定要在节省算法的执行时间上下功夫。研究算法的目的不仅仅是为了寻求解决问题的方法,更重要的是从诸多解决问题的方法中,选出较好的一种。

数据结构是与算法密切相关的问题,在确定算法的同时也应确定所需要的数据结构。但在程序设计阶段需要解决的主要是局部于某个程序的数据结构,整体数据结构则应在系统设计阶段解决。

求解算法确定之后,应该用程序框图、伪代码等工具描述下来,程序框图尽管有许多不足,但由于直观、形象,目前仍为广大程序设计人员所喜用。

3. 编写程序

用选用的程序设计语言,按照框图或伪代码提供的步骤编写程序。编写程序仍然是很有特色、需要创造力的工作。它需要细化算法的内容,甚至根据语言功能改写算法;需要组织输入输出;需要选择主要构造语句,书写注释;还要从易读、通用、效率及空间占用等角度去修改程序。

4. 调试

调试的目的首先是验证程序的正确性,要使人相信程序的活动与说明相符合。如果调试中发现问题,则研究确定需要删改内容,并对程序进行实际的修改。程序调试比编写程序更费时,而且更需要程序设计人员的经验和智慧。程序越大越容易出错,而且出了错误也不容易发现与修改。有人统计过,一个熟练的程序员基本上可以保证30条语句以内的小程序不出错,但任何一个程序设计专家都不能保证大程序不出错。对一个20 000条语句的程序,即使出错概率是千分之一,也会有20处错误。

5. 编写程序文档(编写程序的使用和维护说明书)

这一步标志着程序设计工作的结束,同时也为用户使用创造了良好的条件。

以上步骤对简单的程序似乎小题大做,但会计信息系统都是规模很大的程序系统。一般应严格按这个过程进行设计。一个优秀的程序员也应该熟练地掌握这些步骤。

二、结构化程序

提高程序可读性的关键是使程序结构简单清晰,SP(结构化程序设计)方法是达到这一目标的根本手段。

结构化程序具有如下优点:

1. 程序结构清晰

用顺序、选择、循环三种结构编制的程序是线状的,而无限制地使用GOTO语句的非结构化程序必然是网状的。显然,线状程序比网状程序的结构要简单清晰。尤其是随着程序规模的增大,GOTO语句增多,网状程序结构将更加复杂,控制流纵横交错,甚至连作者都难以理清头绪。

2. 程序的正确性容易验证,可靠性高

结构化程序的每一部分都只有一个入口一个出口,因此每部分的正确性容易得到保证。只要验证在入口的各种条件下,通过该部分处理后出口结果是正确的,就可以保证该部分程序是正确的。由于结构化程序的各部分又是线状控制关系,所以只要从程序开始保证每一部分正确,那么整个程序就一定是正确的,而非结构化程序由于可能有多个入口和出口,通路很多,要验证每一条通路的正确性是很困难的。再加上入口条件很复杂,每一部分的正确性不仅受上部分程序的影响而且可能受自身运行结果和后续部分程序的影响,这种错综复杂的影响,使得程序正确性的验证十分困难,从而使程序的可靠性大幅度下降。

3. 结构化程序容易阅读、理解和维护

沿着线状程序往下阅读,会使人的思路清晰,逻辑分明,读到哪里就能理解到哪里,程序读完了,整个程序的意思也就全部理解了,而非结构化程序的阅读需要网状结构的思维方式,尽管一部分程序已经阅读完毕,但下次可能要随着 GOTO 语句在新的情况下重复阅读,重新理解。随着 GOTO 语句的增多,需要重复阅读、重新理解的程序段就越多,也就易陷入困难。程序的维护是建立在对程序理解的基础上的,容易阅读和理解的程序,也就易于测试、排错和修改,当然也就容易维护。而且由于程序呈模块结构,需要修改的部分往往只限于某些个别的模块。

结构化程序设计是一种良好的设计方法,应该采用相应的组织形式来实现。有人建议采用主程序员组织方式,这种方式将程序设计人员分为主程序员、辅助程序员、初等程序员和程序资料保管员等四种。主程序员负责全面设计,编写顶部的程序,规划各部分程序以及检查各种程序员所编的程序,也有人认为应更多地注意集体的力量,把程序设计工作从程序员个人行为中解脱出来。

三、系统的调试

无论怎么高明的程序员,也无论采用怎么样的程序设计方法,要使编写出来的程序不经调试就能成功,几乎是不可能的事,即使有万分之一的错误率,一个数以万计命令的会计信息系统也会有多处错误。何况由于人们思维上的局限或疏忽,错误的概率要比这高得多。而且错误有的是对程序算法的描述错误,有的是程序编制中的语法错误或者隐含的逻辑错误,还有的是在程序输入过程中因打错键引起的错误。这些错误有些容易发现,而有些可能要在系统运行相当长时间之后才能发现,往往给用户带来很大的损失。尤其会计信息系统,由于处理的会计数据关系到国家、集体和个人的经济利益,任何错误都会产生不良的后果。因此,程序编写完之后必须通过调试去发现错误和纠正错误,以保证系统的质量。

系统调试包括程序调试和系统联调两方面。前者是以程序模块为单位,对模块逐个进行调试;后者是在程序调试正确的基础上,将相关的模块系统地连接起来进行接口调试。一个复杂的信息系统,调试工作是相当困难的,因为目前还没有也不可能有一种有效的手段能将系统中的所有错误找出和排除,只有借助于人们在实践中总结出来的一些方法和经验进行,所以调试可能是一个反复的过程,需要花大量的时间。

(一)程序调试

程序调试又称模块调试,程序调试是系统联调的基础,只有每一个程序模块是正确的,才有可能保证整个系统是正确的,这正如只有每一个零件是好的,整个机器才能正常运转一样。这一点也说明结构化程序设计的优越性。

程序调试可分为静态调试和动态调试。所谓静态调试是指对程序模块进行书面检查,检查程序的代码、语法、语句符号、书写格式等是否有错；根据系统设计说明书检查模块功能是否完善；程序编码的逻辑流程和处理逻辑描述是否一致；数据来源和数据走向是否符合设计规定等。动态调试要在机器上进行，通过解释程序或编译程序，由计算机检查程序是否符合语法规则；然后用一组数据试运行，并将结果与预先的设计进行比较，判断程序模块是否成功。

我们知道编译程序能够发现程序中的绝大部分语法错误，并给出错误的性质和位置，引导我们去修改。例如，数据类型不匹配、记录过长、除数为零、数组下标超限、括号不匹配等错误，都能被编译程序捕获，我们根据提示信息很容易就能找到和改正错误。但是，如果错误是处理问题方法上的逻辑错误，编译程序则无能为力，这就需要凭借程序员的经验去查找错误。下面我们介绍几种查错的方法。

1. 估计法

程序员对自己调试的程序是相当清楚的，哪一个模块、哪一段程序的作用是什么，他们当然心中有数。因此，当程序出现错误时，分析错误的性质和原因，往往就能估计到错误产生的地方，再经过静态检查该局部程序，一般就能准确确定错误的处所。例如，一个打印报表的程序，一般分为打印表头和打印表体两个程序段，如果发现打印的报表表头上格式错乱，当然错误就应该在打印表头部分；但如果发现打印的数据不对，当然就得去检查取数或对数据格式转换的程序段，通过阅读程序就不难判断出是哪条语句出了问题。

估计法只能判断出错误的大体位置，所以需要程序员有丰富的调试经验，尤其需要静态检查程序的经验，否则还是难以准确判定错误的位置。

2. 追踪法

所谓追踪法是指把程序执行过程的实际踪迹显示出来或打印出来，通过分析运行踪迹查找错误。现在很多程序设计语言都提供跟踪运行的功能。利用这些命令或功能，我们就可以跟踪程序运行情况，找出产生异常状态和程序语句。当然，跟踪运行的速度很慢，事实上也不必要对整个程序进行跟踪，只需对怀疑的程序段设置追踪就行。

3. 中断法

所谓中断法是指在程序中设立断点，当程序执行到断点时暂停，以便检查已运行过的程序是否正常。我们可以在程序中设立多个断点，以便一段一段地观察程序的执行情况。断点通常设置在两段相对独立的程序之间，我们可以预测程序执行到断点处的结果，将预期结果和实际执行结果相比较，就能确定这段程序的正确性。

（二）程序调试中的错误

需要指出上述几种方法往往需要综合使用，而且都要求程序结构清晰，要求程序员有足够的实践经验。为了给调试工作带来方便，下面我们列举程序中常见的一些错误作参考，这些都是软件工作者多年积累的经验或教训。

1. 数据引用错误

数据引用错误可能由于引用了未经赋值或未经初始化的变量、数组下标越界、有非整数的下标变量等等。此外,还可能是记录与结构的属性不匹配、字符串越界、变址或下标运算中有"差1"的错误。例如,检索中的定位计算时少加或多加1。

2. 变量定义错误

可能有些变量没有定义,数组或字符串没有初始化或初始化不恰当,变量的长度、类型、存储类的定义不正确等等。此外,还可能定义了相似的变量名,使用时发生了混淆。

3. 计算错误

可能来自对非算术变量进行了运算、不同类型数据的混合运算、赋值语句的目标变量的大小或长度小于右边表达式的运算结果、中间结果上溢出或下溢出、零作除数、数据精度不够、变量值超过有效范围、运算优先级使用不正确等等。

4. 比较错误

可能来自不同类型变量之间的比较,没有正确表达比较关系的至多、至少、不小于、小于或等于,不同类型数据之间的比较是经常发生的错误。

5. 控制流程错误

这也是经常发生的错误,应检查是否多路转移越界。

6. 接口错误

接口错误往往产生自实际参数与形式参数的匹配上,例如,两种参数的个数不一致,两种参数使用的度量衡单位不一样。错误还可能来自调用内部函数所用参数的个数、属性和次序不正确,全局变量在各模块中定义不一致。

7. 输入输出错误

文件的输入输出错误可能是文件属性定义不正确、文件没有打开、文件打开方式不正确、文件操作之后没有及时关闭、或者记录缓冲区的大小与文件记录格式不匹配。屏幕或打印机输出的错误常常是由于数据类型、长度等引起。

(三)系统联调

如前所述,系统联调是将整个信息系统的程序模块连接起来进行接口调试,这如同机器的组装一样。由于系统是相对的,如果一个系统很大,它下面又分为若干子系统,那么系统联调就先逐个子系统进行调试之后,再整个系统进行联调。

系统联调可以采用"自底向上"或"自顶向下"的方法进行。自底向上的方法是把一个或多个模块组成一个模块组,先调试这个模块组,通过之后再连入软件系统中,模块组通常是由完成系统主要功能的模块组成。自顶向下的方法是首先调试最高一级的控制模块,再逐模块往下连。这两种方法一般是结合起来的使用的。联调要有一个大致的计划,一步一步进行。对各种可能的使用形态及其组合在程序中的流通情况进行测试。而且在联调中要注意检查:

(1)界面是否正确,整个系统的界面一致性如何。

(2)全局变量的使用是否正确,会不会发生各模块之间的干扰。

(3)数据结构的完整性是否会被破坏,如由两人分别设计的模块都使用同一个文件时,对文件记录的定义是否一致。

(4)有无非法控制及不正确的模块顺序。

(5)系统资源的调度是否有问题,例如,整个系统程序连接一起之后,内存空间是否足够,要不要采用覆盖技术等。

四、系统的测试

系统通过调试之后,为了保证质量,还必须进行测试,严格地说测试应该包括两个方面:一是系统设计者对系统的测试,一是用户组成的专家组对系统的测试。前者的目的是验证新系统是否达到了设计的目标要求,尽量发现并排除其中的错误;而后者的目的是通过质量认证进行验收,即测试系统以便决定它能否可用。两者的目的、参与测试的人员是不同的,但方法和内容却基本上相同。

系统测试不应简单地按功能运行一遍,看其是否正常工作,企图证明程序中没有错误。因为有许多错误是非常隐蔽的,所以测试应该严密计划,认真组织,有步骤地进行,以便尽可能多地发现错误。系统测试是一门难度很大的技术,而且工作量往往占项目开发总工作量的很大比例。

(一)系统测试的内容

对一个信息系统首先要测试的是它的正确性,这对会计核算软件尤其如此。一个不能正确处理数据、不能产生正确输出的信息系统,功能再好、效率再高也是不可用的。当然,在保证正确性的前提下,还要从功能和性能两大方面进行测试。其中功能方面,对会计核算软件来说必须以财政部《会计核算软件基本功能规范》对会计核算软件的规范性要求作为标准。而性能测试则应包括系统的吞吐量、响应时间、可靠性、安全保密性等等。

1. 正确性测试

例如,在账务处理子系统中应重点检查科目汇总信息是否正确、报表和账簿的输出内容和格式是否正确、查询结果是否完整和正确等等。

2. 功能测试

会计核算软件应该实现《会计核算软件基本功能规范》提出的功能,功能测试就是要找出软件实现的功能与其应完成的功能之间的不一致。功能测试应包括模块功能测试和整个软件的功能测试,检查是否手工会计的全部核算业务都能实现,能否处理各类不同的凭证,提供的账本、报表是否齐全,初始化和结转功能是否完整,是否具有代码维护功能,用户需要的信息是否查询得到,是否有会计分析、会计计划及决策支持等会计管理功能等等。功能测试必须以系统分析说明书为依据,逐项功能进行检查。

3. 合法性测试

会计软件必须遵循财会制度和财经法规。因此,合法性测试是会计软件测试的一个重要环节,必须以现行制度为依据,通过软件的实际运行,找出与制度不一致的错误和问题。例如,在成本计算中应测试是否出现乱挤成本、违反成本开支范围的现象,对于一些违反现金管理制度的经济业务是否出现“视而不见”的情况。对会计软件进行全面的合法性测试，可以防患于未然。

4. 负荷测试

会计信息系统的处理能力要适应当前以及今后一段较长时期的实际业务量，即它的负荷能力应大于每天、每月发生的业务量，以保证不造成积压，及时完成会计业务。当天、当月的凭证一般要能够在当天、当月处理完毕。例如，假设单机每天只能录入200张凭证，那么，如果企业每天产生300张凭证，单机系统就无法处理全部业务，这样的软件系统就不实用，因而必须扩大它的处理能力，或者采用微机局部网络配置，并将会计软件改为网络版本。由于计算机内部信息处理速度很快，负荷的瓶颈一般在输入和输出。例如，由于打印报表和账簿往往集中进行，打印的负荷能力必须有足够的估计，以便保证会计报表的时效性，月底、年底及时编制出各类会计报表。

5. 响应时间测试

响应时间是会计信息系统的一个主要质量指标，测试重点应放在科目汇总的速度、登账和报表的编制速度、查询响应的时间等等。响应时间往往与数据量的多少有关，所以应该在一定数据量下进行测试。

6. 可靠性测试

会计信息系统的可靠性包括安全、完整和可恢复性。在安全上应检查密码、操作权限的分配与验证等机制是否有效，是否有较强的内部控制措施和防止意外事故发生的能力。检测不正确数据录入系统后，系统检查错误和自动保护能力以及出现事故时恢复到正确状态的能力。因此，会计软件可靠性测试就是设法设计一些异常情况来破坏系统的安全可靠性，检查其措施是否可靠。例如，设法破坏系统的安全保密机制、设法越权或非法操作看能否逃过软件的自我保护。又如为了检测内部控制的能力，有意不经审核，看能否登账；看能否拒绝二次重复作月末结账处理等等。

会计软件的测试要贯穿系统开发的全过程，包括模块测试、集成测试、系统测试和评审测试。程序模块测试要以系统详细设计为依据，找出两类实际存在的错误，即语法错误和逻辑错误。计算机可以找出一般的语法错误，并给出错误信息，但逻辑错误必须仔细查对输出才能发现。所以模块测试时，要对重要控制路径进行测试，并比较实际的输出与要求的输出，一旦出现不符，必须查出问题所在。

集成测试主要对组成系统的各个模块之间的接口进行测试。集成测试与软件组装同时进行，以系统的概要设计为依据，测试新连接的模块能否与系统中已有的相关模块协调运行。会计信息系统通常自顶向下集成，所以集成测试也往往采用自顶向下的方法，即首先测试顶层模块与下层模块之间的连接，然后测试同一层次的模块之间的配合情况，直到最低一层。

系统测试是对软件的功能和质量进行全面的考核。系统测试要发现的是在前面测试中没有发现的问题，包括强制系统发生失效和按照用户实际的运行环境验证整个系统。一般来说,测试要先用实际数据进行少量事务处理,然后增大事务处理量,直至达到各项事务处理的最高处理水平。另外,还要测试整个系统在出现各种主要失效情况时的恢复能力,以确保在紧急情况下不出现数据损失的现象。

上述三种测试主要是系统设计者对系统的测试,其目的是为了验证系统是否达到了目标要求,尽量发现并排除其中的错误。而评审测试则是会计软件评审委员会领导的专家组组织的验收测试。其目的是通过质量认证进行验收,给系统做出正确评价,以便确定它是否合法,能否可用与推广。

(二)测试的步骤

软件测试应按以下步骤进行组织:

(1)明确测试的要求和任务,编写测试计划,拟定测试大纲。测试大纲应包括需测试的项目和测试手段。例如,对会计核算系统的测试项目可按软件系统的组成分为账务处理、成本核算、工资核算等等子项目,每一个子项目又可分为初始化、输入、处理、输出等几部分。

(2)确定测试的数据,即设计测试用例,这是测试工作的困难所在。

(3)选择测试的方法。

(4)进行具体测试,并记录测试过程和结果。

(5)分析测试结果,编写测试报告。

(三)测试方法的基本原则

会计软件的测试方法可以采用静态测试和动态测试相结合的方式进行。静态测试是指人工阅读文档资料或程序代码检查,主要用于对软件的需求分析和系统设计文档进行评审,或通过代码走查对程序模块进行模拟运行,以发现程序中的错误。动态测试是通过在机器上运行被测试程序来发现错误。一般来说。模块测试应用静态和动态相结合的方式来进行,集成测试、系统测试和评审测试则应以动态测试为主,辅以静态测试。测试是非常困难的技术工作。因为程序的错误有的是对程序算法的描述错误,有的是程序编制中的语法错误或者隐含的逻辑错误,还有的是在程序输入过程中因打错键引起的错误。这些错误有些容易发现,而有些可能要在系统运行相当长时间之后才能发现。测试应遵循以下的原则:

(1)测试应贯穿系统开发的整个过程,要尽早并不断地进行软件测试,以尽早发现问题或错误,及时加以解决。

(2)测试用例应包括输入数据和预期的输出结果。也就是说,在程序执行之前应对期望的输出有明确的描述,以便程序执行后可将预期结果和实际结果相比较。

(3)测试用例不仅要选用合理的输入数据,还应选用不合理的输入数据,以检查系统的容错、纠错等能力。

(4)除了检查程序是否做了它应该做的工作之外,还应检查程序是否还做了它不应该做的事。

(5)应该长期保留所有的测试用例,直到这个程序系统被废弃为止。因为稍后我们将会看到测试用例的设计是非常困难的工作,而测试又不只进行一次,所以应该把它保留下来,以备下次再测试时使用。

复习思考题

1. 和计算机硬件相比,软件有哪些特点?
2. 如何理解软件危机? 有没有办法来防止出现软件危机?
3. 软件开发的生命周期模型有什么优缺点?
4. 软件开发的快速原型模型有什么优缺点?
5. 系统调查需要调查哪些内容?
6. 为什么要进行系统分析?
7. 会计信息系统设计中输入校验的方法有哪些?
8. 一般进行系统测试时主要测试哪些内容?

第四章 会计信息系统的实施与运行

第一节 会计信息系统运行前的准备

一、会计软件运行的硬件平台

计算机(或计算机网络)硬件系统是会计软件运行的硬件平台。在当前国内外会计软件都在向商品化(摒弃“订制式”的单件手工作业方式)、标准化(寻求企业管理运营的共同规律)、模块化(具有灵活性、可扩展性)和集成化(数据资源共享、企业运营一体化)发展的情况下,绝大多数会计软件的运行对硬件平台并没有特殊要求。因此,只要企业没有事先选购好会计软件,则在建立会计信息系统硬件环境时一般可以不考虑会计软件系统。而如果企业由于种种原因已经选定或已开发出一套会计软件系统,则在建立(网络)硬件系统时需要考虑该会计软件对硬件平台是否有特殊要求。

计算机网络系统设计一般要考虑特定企业会计信息系统技术发展策略、企业管理机构设置、业务处理流程等众多因素。可以说网络解决方案是针对每个企业而言的,不可能给出一个标准的方案供众多企业共同使用。一般来说,企业网络方案的设计应聘请专业的咨询公司或系统集成商进行。以下内容只是讨论企业在制定网络技术方案或审查系统集成商提供的网络设计方案时应该考虑的一些主要问题。

(一)网络方案中的技术超前性问题

做网络方案都要具有一定的前瞻性,这是完全应该的。今年设计或建成的网络明年就需做重大变动,这样的网络方案便是失败的。但是,如果对这种前瞻性提出过高或者不切实际的要求,也是不现实的。大家都知道,信息产业的发展速度之快恐怕是任何行业都望尘莫及的。5 年前的好车,现在依然不错,但 5 年前的计算机简直无法和现在的计算机相提并论。那么如何使得我们设计的网络方案能够经得起一定时间的考验呢?我们是不是可以从某些不变的因素着手呢?OSI(Open System Interface,开放系统接口)参考模型已经提出近 20 年了,现在它依然是我们分析各种网络协议的参考标准;以太网协议已发展了 10 余年,其本质并未变化;基于 X86 结构的软硬件体系也已发展了 10 多年,但它仍然保持着良好的兼容性,甚至网络中的布线系统也要求能够使用几十年,而我们的应用在发展,我们的需求在变化,信息产品则是以更高的速度在更新换代,所以为了能够使网络方案经得起时间的考

验,应该考虑以下几个方面:

(1)如果网络方案实施建设需在一两年后开始,则网络规划方案不应过于细致。规划中仅需对协议、软硬件系统等作出规定,而对布线系统则应提出目前所能达到的尽可能高的要求。

(2)在具体实施网络方案时,应结合最新的技术与产品发展、企业应用的最新发展和最新的业务需求,制定相应的实施步骤,而对远期目标或对分布解决方案中后续阶段的网络方案只需制定出相应的规则。

(3)在每一步的实施过程中,不要追求技术上的高、新、难,应避免使用不成熟的产品,建网要面向应用,面向需求,照顾到前后步骤的衔接。既要充分利用现有资源,又要使现在的投入成为明天的有机组成部分。在满足上述要求的前提下,追求最小的投资额。

(二)网型的选择

ATM 刚一提出即赢得一片喝彩声。当然,快速以太网还未产生,FDDI 在性能上也无法与 ATM 一争高下。但随着快速以太网 Ethernet 的发展,ATM 迅速地退出局域网领域。目前已有部分厂商提供千兆位以太网交换机,其价格比目前的 ATM 交换机还便宜。业界普遍认为,ATM 适用于 WAN(Wide Area Network,广域网),而 Ethernet 适用于 LAN(Local Area Network,局域网)。随着交换、路由技术的发展,Ethernet 的性能会更加有吸引力。

(三)线缆的选择

光缆有很多优点:传输距离长、抗干扰、可用于1 000 M网络等。但与铜缆相比,光缆安装复杂,设备昂贵,一般用于长距离布线(如楼群之间的连接)。铜缆价格便宜,布线方便,使用于建筑物内部布线系统。

在选择连接到 PC 机的线缆时,由于布线系统要使用很长时间,所以应使用五类线或超五类线以上性能的线缆。虽然屏蔽双绞线的价格较贵,但在干扰较大的地方还应使用屏蔽双绞线。

(四)网络速率的选择

网络速率的选择主要是价格问题。从现在的情况看,在网络中让若干工作站共享 10 M 是不妥当的,至少要让工作站独享 10 M 或共享 100 M,这种带宽甚至可以支持目前的多点视频会议。所以,现阶段的网络建设应注意以下几点:

(1)尽量采用 10/100 M 自适应网卡;

(2)楼层采用 100 M 集线器或 10 M 交换机(带 100 M 上连模块,全双工);

(3)主干交换机至少要用 100 M 交换机。

(五)兼容性、升级和本地化

选择计算机硬件时,在价格相差不大的情况下,要考虑 CPU 是否便于升级、是否可用兼容内存条扩充内存等问题。这样,如果将来计算机需要更大的内存、更快的 CPU,用户就可以花很少的钱进行升级,而不必重新购置。在选择网络设备时,也要考虑这方面的问题。当然,价格不能差别太大,因为计算机以及网络产品更新换代速度很快,今天花很多钱买一个易于升级的机器,等将来再花很大一笔钱去升级,还不如现在买一个比较便宜的机器,将来再买一个新的功能更强的机器更为划算。在考虑机器是否易于升级性的同时,一定要考虑将来的升级费用,决不能顾此失彼。例如,某单位买了一个单 CPU 但可扩充为 4 个 CPU 的服务器,现在单 CPU 就够用了,但两年后,由于应用的增长,可能会需要一个性能更高的服务器。如果我们对原服务器进行扩充,就要再购置原机器的 CPU 扩充板,那么,到时候要花多少钱才能买到呢?而且,机器的更新换代速度很快,两年以后很可能连这种机型的 CPU 板也买不到。

(六)网络的管理

网络管理非常繁杂,特别是在网络规模很大时更是如此。在实际工作中,网络硬件出现故障的时候不多,但用户的问题却不少。解决这些问题的办法:一是配备网管软件,二是加强对用户的培训。网络上每增加一项新的功能,都需要对用户进行一次培训。

病毒也是网络管理中比较头疼的问题之一。由于病毒种类繁多,防不胜防,最好的办法就是阻止病毒的侵入。能用无盘工作站的地方尽量用无盘工作站,以加强对移动用户的管理。用户下载的程序,需存储在指定位置,且要经过技术人员鉴定后方可使用。如果有远程网络,一定要具备远程仿真功能,以便用它来进行远程网络管理和应用支持,减轻网络人员的工作量。

由上所述,企业在建立会计软件运行网络硬件平台时不可一味追求时髦的东西,一定要从实际出发,实事求是,具体问题具体分析。不要看技术是否先进、时髦,而要看以应用是否最有利、是否最能够节省资金以及能否给实际工作以最大的帮助。

二、会计软件运行的软件平台

计算机(或计算机网络)系统的运行环境,如微机或网络操作系统、数据库管理系统等是运行会计软件的软件平台。对于运行会计软件系统,软件平台的选择一般根据会计软件系统的要求进行,通常情况下是在选好会计软件系统之后确定。如果在选择会计软件系统之前就已经建好了计算机网络系统、安装了微机与服务器操作系统及数据库管理系统,则在选择会计软件时就应考虑如何保护原有投资,充分利用现有资源。后选的会计软件系统应可以在已有的软件平台上运行。另一方面,在根据单位业务处理要求选择最合适的会计软件系统时,并不一定非要一味迁就已有的软件平台,这需要在得与失上进行权衡和综合考虑。

(一)选择服务器操作系统

随着分布式网络计算技术的发展,计算机网络服务器一般可分为数据库服务器、web 服务器、应用服务器、通信服务器等。网络版会计软件的应用,应根据网络会计软件的体系结构(如二、三层或多层 C/S 结构、B/S 结构等),购置网络服务器和选择网络服务器操作系统。在通常情况下,可以在 Unix、Windows NT 和 Novel Netware 这三种网络操作系统之间做出选择。大型企业一般选用 Unix 作为主要的服务器操作系统，Unix 也非常适用于基于 Intranet 的开发系统模型。但是，建立和 Unix 维护平台上的服务器存在一定的困难，而且选择基于 Unix 平台的计算机限制了各种流行的软件应用程序，如 VB 和 Delphi 等。Windows NT 服务器操作系统内置了对多种客户端操作系统的支持，如 OS/2、Windows 以及 Unix，和对各种流行网络协议（如 TCP/IP、IPX/SPX）的支持。相对而言，Windows NT 的安装、维护和管理比较简单，特别是在 Intranet 中。

如果企业原来使用的是 Netware 操作系统，则最好是选用 Novell 公司的 Intranet 解决方案，以利于网络系统的平滑过渡。由于 Intranet 支持多种硬件平台，可运行多种操作系统，因此如果需要，也可以选择多种产品，组成混合性的多平台网络。

（二）选择工作站操作系统

网络工作站操作系统主要包括：Windows 9X、Windows XP、Windows Vista、OS/2、Unix、Macintosh 等，工作站操作系统的选择主要是根据会计软件对运行平台的要求确定。一般来说，Windows 9X 的时代已经过去，而运行在 OS/2、Unix 或 Macintosh 上的会计软件几乎没有，因此工作站操作系统主要是选择 Windows XP 以上的操作系统。

对于 B/S 结构的会计软件还需要考虑选择合适的 Web 浏览器。

（三）选择数据库系统

数据库系统主要分为服务器数据库系统和桌面数据库系统，服务器数据库主要有 Oracle、Sybase、Informix、SQL Server 和 DS2 等。服务器数据库系统处理的数据量大，数据容错性和一致性控制性能较好，但服务器数据系统的操作与数据维护难度大，对用户水平要求较高，而且投资大。服务器数据库系统主要适合于大型企业的应用。

桌面数据库主要有 Access、FoxPro 等，桌面数据库系统处理的数据量要小一些，在数据安全性与一致性控制方面的性能也要差一些，但易于操作使用，易于进行数据管理，投资小。桌面数据库系统主要适用于数据处理量不大的中、小型企业。

企业在选择数据库系统时主要应考虑会计软件对数据库系统的要求。一般小型企业会计信息系统常用 FoxPro 系列的数据库语言来编程和管理数据；Windows 平台下，以 FoxPro 较为流行；而在 Windows NT 操作系统中，以 SQL Server 较为流行。

三、会计机构的调整

计算机的应用必然引起会计部门组织机构的变化，必须在机构和岗位设置上做相应的调整，以适应计算机应用的需要。但由于会计软件的使用有一个过程，需要经过试用才能最终取代手工的记账、算账和编制报表的工作，所以机构的调整可以是逐步的。例如，在双轨运行阶段，可以先设置数据准备、系统操作、数据复核、系统维护等若干个新的工作岗位，以适应计算机应用的需要，待到计算机完全取代手工会计之后，机构才做彻底的调整。不过由于机构调整的必然性，所以预先要有一个整体调整计划，不要因为人员设置，机构调整而影响“甩账”。

机构设置是一个新问题,各企业之间做法不尽相同,大多在探索之中。图 4-1 给出了一种可行的机构设置方案。这种方案在总会计师和财务处长的领导下,将财务部门分为三个组,即数据准备组、信息处理组和财务管理组。它们的分工是:

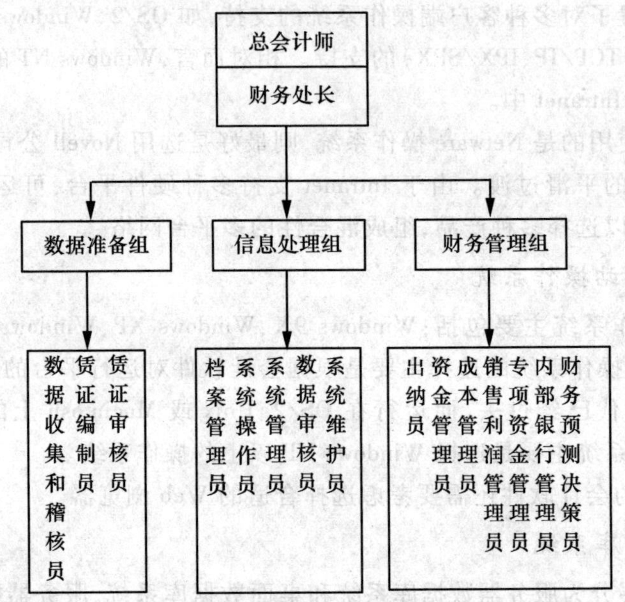

图 4-1 系统组织机构方案

1. 数据准备组

数据准备组主要负责电算化后会计的手工处理工作,即负责与财务有关的外来原始凭证的审核以及本单位原始凭证的设计、汇集、审核工作,记账凭证的填制、审核工作等。

数据准备组可以设数据收集和稽核、凭证编制、凭证审核等工作岗位。

2. 信息处理组

信息处理组主要负责计算机系统的日常运行工作,完成所有会计数据的录入、校验和登账,按时打印输出各种会计报表和必要的账簿,定期做好数据的备份、存档和管理工作,随时提供会计信息的查询服务,以及负责系统有关的软、硬件的日常维护工作。

为此,信息处理组应设系统操作员、数据审核员、档案管理员、系统维护员等职能岗位。当然岗位设置与作业量大小有关,数据处理量小的单位,可以相应的由一人负责多项工作,例如由系统操作员兼档案管理工作等。但是,有些工作是不应由一人兼任的,例如数据录入与审核就应分别由两人担任。单位必须对各类人员的职责划分清楚,并对他们的权限、资格进行控制,以保证会计信息系统的安全、有效、正常运转,防止各种舞弊行为的发生。

(1)系统管理员。系统管理员负责信息系统的管理工作,一般由财务部门负责人担任,也可指定专人担任,但不能由系统开发人员担任。系统管理员必须精通本单位财务会计业务,有一定的计算机知识,并应熟悉所用会计软件的使用和维护方法。系统管理员对整个系统的运行负责,主要职责是:负责系统的日常管理工作,监督并保证系统的正常;负责运行系统运行的安全性、正确性、及时性检查,发生故障时及时监督与组织有关人员进行系统恢复;负责组织和监督系统运行环境的建立,以及系统建立时的各项初始化工作;负责系统资源(包括设备、软件、数据及文档资料等)的调用、修改和更新的审批;负责计算机输出的账表、凭证数据正确性和及时性的检查和审批;负责分配工作人员的操作权限,并考评各类人员的工作。

(2)系统操作员。系统操作员指有权进入会计信息系统并操作全部或部分功能的人员。操作员可以兼任数据录入的工作。他应熟悉本单位的财会业务,有一定的计算机知识,熟练掌握会计软件的使用方法。系统操作员一般由经过计算机训练的会计人员担任,其主要职责包括:负责系统数据的登录、备份和存档,账表的打印等工作。操作员要对录入数据的正确性负责,为此操作员必须按照数据准备组提供的数据进行录入,当发现凭证有疑问或错误时,应向数据准备组反映,不得擅自处理。数据录入完毕必须认真进行核对,核对无误之后才提供数据审核员复核。操作员必须做到当日账当日清,当天的凭证当天登账,并打印当天的日记账、科目汇总表。此外月底要打印必需的明细账、总分类账和各种会计报表,并进行月末结账。系统操作员是系统运行中的关键人员,不能由系统开发人员担任。

(3)数据审核员。数据审核员负责对录入数据和输出数据的正确性的审核工作,他应熟悉会计业务,并掌握会计软件中数据审核部分的操作方法。数据审核员应由会计人员担任,其主要职责是:负责对输入的数据凭证的审核工作,包括各类代码的准确性、摘要的规范性和数据的正确性;负责输出数据正确性的审核工作;对不符实、不合法、不完整、不规范的凭证退还各有关人员更正、补齐;对于不符合要求的凭证和不正确的输出账表数据,不予签章确认。

(4)系统维护员。系统维护人员负责系统的运行管理与维护工作,他应懂得较多的计算机知识以及与系统有关的会计业务知识,了解会计软件的结构及其编程语言。系统维护人员可由软件开发人员或相应的合格人员担任,其主要职责是:定期检查软、硬件设备的运行情况,负责软件故障的排除,并按规定的程序维护会计软件。由于系统维护人员了解会计软件的内部结构,所以不能从事系统的任何操作使用工作。

3. 财务管理组

财务管理组负责会计信息的分析、整理、管理以及参与决策等工作。具体说,就是负责编制财务计划、成本计划和货币收支计划;定期检查和分析财务计划执行情况;进行经济活动分析、检查资金占用情况,考核资金的使用效果;定期检查和分析成本计划执行情况以及成本变动因素;根据产品销售利润的信息,分析市场占有情况以及产品销售价格;做好资金、成本的指标分解及日常和管理控制工作;参与企业投资决策、经济效益分析、目标利润、目标成本的决策工作。财务管理组可设立财务预测决策员、内部银行管理员、专项资金管理员、销售利润管理员、成本管理员、资金管理员、出纳员等岗位。

以上机构设置方案分工明确、信息流程清晰,数据准备组和信息处理组主要负责数据处理工作,也就是会计核算工作,而财务管理组则负责管理。这种机构设置一般适合于业务量较大的大中型企业，对于小型企业，则可将数据准备组合并进财务管理组，这时财务管理组可按管理职能再分为资金管理、成本管理和销售管理三个小组，每个小组都有数据准备和管理的职能，这样既便于管理者直接掌握原始数据，又便于控制和分析。

四、人员的培训

会计要电算化当然首先必须有一个高质量的经过评审的会计核算软件，否则就是纸上谈兵。但是，会计信息系统是一个人机系统，需要人和机器共同配合来完成会计的核算和管理。会计核算软件一般规模都比较大，它的使用不仅涉及会计知识而且对计算机知识也有一定的要求。例如，至少要懂得计算机的软件和硬件的基本构成及其操作方法，掌握操作系统的基本命令，学会汉字输入法以及具有对付意外情况的处理经验。如果要能够对软件进行维护，则还必须具有一定的系统分析和设计的能力，学会使用数据库系统或其他高级程序语言，并具有阅读和编程的能力。我们知道，会计核算软件都比较复杂，如对会计报表的定义，就必须对系统内部文件结构有一定的了解，此外，还涉及许多单位虽然购买了计算机和会计核算软件却没有发挥效益，手工账甩不掉，常常被一些小问题卡壳，原因大多数就在这里。所以造就一大批既懂计算机又懂会计的使用和维护人才，是会计电算化的关键。

电子计算机在会计领域的全面应用，使会计核算方法和程序发生了重大的变化，它不仅改变了数据的处理方式、会计档案的保存形式、会计内部控制的方法和技术，改变了会计与外部信息交换的方式与内容，而且还改变了会计人员的职能分工。在会计电算化的环境下，不管是否直接同计算机打交道，每一个会计人员都应该了解在使用计算机技术的条件下，如何处理会计业务，否则就无法适应变化了的工作环境。因此，在新系统投入使用之前就必须完成人员培训工作。例如，在系统开发期间有计划地组织有关人员进行学习，并在系统调试阶段让会计人员参加其中的部分工作。在使用前的培训则主要是为了使操作人员和各级管理人员能够适应新的工作环境，熟悉新系统的工作流程，教会他们使用和管理会计软件。

由于会计电算化需要各种不同知识结构、不同层次的技术人才，所以培训也就存在不同的层次。例如，软件维护和系统管理员属中级会计电算化人才，除了具有财会业务知识之外，在计算机方面应具有程序设计、数据库应用、计算机硬件基本知识以及一般的系统设计技术。这类人员可从现有会计专业数理基础较好的毕业生中进行培养，大约需要一年左右的时间，如果从计算机毕业生中培养，大约只需半年左右的时间。系统操作员、数据录入员为初级会计电算化技术人才，主要负责会计信息系统的日常运行和管理，所以一般只要求他们具有财务业务知识、懂得计算机的使用，如掌握操作系统的常用命令、汉字输入技术等。这类人员可以从具有高中以上文化程度的会计人员中进行培养，一般只需三个月左右的时间。对于系统操作人员，应按用户手册的内容培训他们正确安装、使用会计软件，例如如何录入数据、如何打印各种账表、如何查询、如何进行月末和年末结账等等操作，以及如何应付各种特殊情况。此外，对管理人员的培训内容则主要是在新系统的环境下如何组织和协调会计工作顺利进行，研究如何利用计算机，更好地发挥会计的监督、管理职能，更好地为企业经营管理服务，保证系统能够充分发挥作用。

五、建立系统管理制度

会计组织机构和工作方式的变化，势必导致传统内部控制手段和管理制度的变革。没有严密和完整的管理制度，新系统就不可能顺利运行，安全就得不到保障。会计信息系统的管理制度应包括：

(1)岗位责任制度。规定会计信息系统的有关人员的职责范围及其考核办法。

(2)安全保密制度。例如规定机房、资料库的安全保卫以及防火、防盗、防破坏等内容。

(3)操作管理制度。规定上机操作的过程和注意事项。

(4)数据管理制度。规定数据输入、输出、存储、查阅、借用应遵守的制度。

(5)系统维护制度。规定系统维护的内容、审批和操作制度。

六、系统初始化数据的准备

会计核算软件的使用，首先必须对系统进行初始化。例如，账务处理系统的初始化包括定义记账方法、建立各种账簿文件、设置会计科目及其各种属性、输入各级科目的期初余额和累计发生额、录入应收应付或个人借款等历史数据，此外还要建立属下单位名称、往来客户、规范摘要等用于帮助的文件。又如工资核算系统的初始化包括定义工资项目、生成工资数据库文件、定义工资报表格式、确定工资数据转账方法、输入职工工资固定项数据等等。一般而言，与初始化有关的数据主要包括：

(1)各种代码体系。例如，对于会计科目就涉及科目代码、科目名称以及其他相关属性。由于会计软件对数据分类更加准确、精细和有效，所以要对手工会计中的科目设置进行适当的分割或合并。

(2)各级科目的年初余额和累计发生额。

(3)需要输入系统的历史数据。例如账务系统中尚未结清的往来账，固定资产核算系统的固定资产卡片，材料核算系统的各种库存材料等等。

(4)操作人员的权限和密码。

(5)为各种用于帮助的词组文件的建立收集整理数据，如摘要、单位名称、开户银行名称等。

(6)其他有关数据。

以上初始化要用到的数据，需要经过收集、标准化整理才能使用。但是这项工作往往受到忽视。表面看这项工作似乎很容易，其实并非如此，首先要从原系统中把数据整理出来，其工作量非常大；其次为了把整理出来的数据满足新系统要求的格式，要求收集整理数据的人必须完全了解新系统的要求；第三是要求准确无误，例如科目余额在收集、整理、传抄的过程中不能有一丝一毫的错误，否则就导致系统的不可靠。由于以上的原因，项目负责人必须充分重视这项工作，充分估计其工作量和可能遇到的困难，安排足够的力量去做好这项工作。管理人员也应充分理解和大力配合,尤其有些问题的处理要由管理人员来决定,如科目的设置就不是项目负责人所能决定的。

第二节　会计信息系统的实施

一、会计信息系统实施的总体思路

会计软件系统是一个功能强大、数据关联非常复杂的一种应用软件系统,用相当长的一段时间培训才能掌握操作。只有通过组织由很多步骤组成的范化"实施"过程,会计软件系统才有可能真正运行起来。会计软件系统的实施仅仅是技术解决方案,更重要的是面向管理,在实施过程中应将两者始终结合在一起,以期真正改善企业管理绩效。

(1)企业在手工管理方式下的管理模式一定不是最先进的管理模式,在应用现代化计算机手段所需要考虑计算机化管理的特点来对传统的管理模式进行改造。这就是会计软件系统实施过程进行业务流程重组的内容之一。另一方面,任何一个会计软件系统内含的先进管理模式也未必完全符合特定企业的管理要求,因此需要考虑行业背景与行业管理模式对软件功能做适当调整,以适应特定企业管理上的特殊要求(不包括落后的管理要求),这就是会计软件系统实施过程客户化工作的内容之一。从两个方面的改造与调整最终建立企业先进的管理模式

(2)企业手工业务处理流程必然存在很多重复或无效的业务处理环节,很多业务处理方式也不符合计算机信息处理的要求,为此需要对手工业务处理流程进行重组。另一方面,在重新设计出企业新的业务处理流程后,需要对软件功能按新的业务处理流程进行客户化菜单设置或调整,这是会计软件系统实施过程中客户化工作的内容之二。从两个方面的改造或调整,最后达到在计算机业务处理方式下的"人机合一"的和谐境界。

会计信息系统实施的总体思路可以用图4-2表示如下:

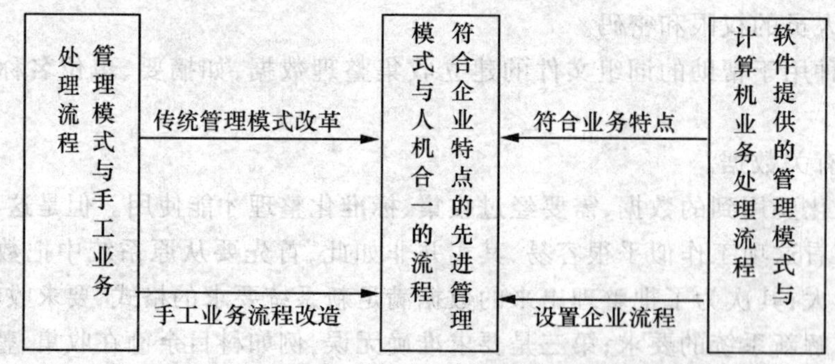

图4-2　会计信息系统实施的总体思路流程

因此,会计软件系统的实施过程既要精通软件产品,还要精通管理理论与管理实务,熟悉行业管理模式。会计软件开发商一般只能注重技术产品,传统的咨询公司只通晓管理而不懂电子信息技术,唯有既精通管理模式与业务流程又精通会计软件产品的现代管理咨询公司(不同于基于MBA知识体系的传统咨询公司)组织对会计软件系统的实施才能实现会计软件系统应用的预期目标。

正因为如此,西方发达国家的现代管理咨询业在90年代得到了长足发展,而且企业在准备实施应用会计软件系统(包括制造资源计划系统MRPII和企业资源计划系统ERP)时,都是首先去找咨询公司,由咨询公司帮助企业选择合适的软件并组织软件系统实施应用,这一点完全不同于我国目前现状。

二、会计信息系统实施的步骤

会计信息系统建设成败关键在于应用软件系统的实施,这是会计信息系统建设过程最重要的一个环节。对于中小型会计软件系统,软件功能与结构相对简单,"实施"这一环节经常被淡化。通常的做法是会计软件开发商或经销商为购买和应用会计软件的用户提供以下实施服务:

(1)指导用户进行软件安装;

(2)指导用户进行软件参数设置与有关编码设置;

(3)辅助用户准备初始化数据并指导用户如何录入这些初始化数据;

(4)培训用户学会会计软件的操作使用;

(5)帮助用户解决运行过程中可能出现的问题。

但是对于大型会计软件而言,由于以下原因,使得会计软件实施成为软件应用能否取得成功的至关重要和必不可少的一个环节。

大型会计软件系统不仅包括账务处理、报表、工资和固定资产功能模块,一般还包括应收账款模块,应付账款模块,资金管理模块,采购、销售和库存管理模块,有的甚至还包括生产和成本管理模块。不仅各模块管理的数据信息很大,而且各模块内部以及各模块之间的数据流程与关联关系也很复杂。要求一个用户能够掌握所有模块的操作几乎是不可能的,也是没有必要的。一般情况下,操作人员根据自己的岗位职责分工只掌握并应用部分软件功能。对用户的培训是针对不同岗位上的用户,培训相应的软件功能。

大型会计软件系统内的业务处理流程与手工业务处理流程之间需要协调,大型会计软件不仅提供技术解决方案,更重要的是提供一种先进的管理思想。在特定的管理思想指导下,软件中的功能按照一定的业务流程为业务处理提供解决方案。而手工业务处理也具有一定的流程性,但手工业务处理流程肯定不能完全适应计算机业务处理要求。为此,大型会计软件实施一方面需要手工业务流程进行重组,以便理顺和建立合理化业务处理流程;另一方面,由于不同企业管理模式与业务处理流程也各具特点,这就需要对大型会计软件系统内的业务处理流程进行设置甚至进行部分调整,以适应特定行业业务处理与管理上的需要。

最终实现重组后的业务流程与大型会计软件功能处理流程上的和谐与统一,才能保证软件系统的应用成功。大型会计软件应用经常需要按照用户特定的需求,对软件系统应用进行客户化改造甚至会涉及二次开发工作。

目前,我国企业建立的大型会计信息系统中,绝大多数系统的应用效果不好甚至不成功,问题一般都出在应用软件实施这一环节,失败的教训使人们认识到"三分软件、七分实施"这个道理。

大型会计软件的实施需要在科学的方法论指导下按规范化的实施步骤进行。不同的软件开发商或管理咨询公司提供的软件实施方法各不相同,但实施过程的主要工作内容基本上大同小异,从事实施工作的人员无论来自软件开发商还是管理咨询公司都应是专业的咨询专家,而不应该是直接从事软件开发的技术专家。软件实施过程主要包括以下步骤,如图4－3所示。

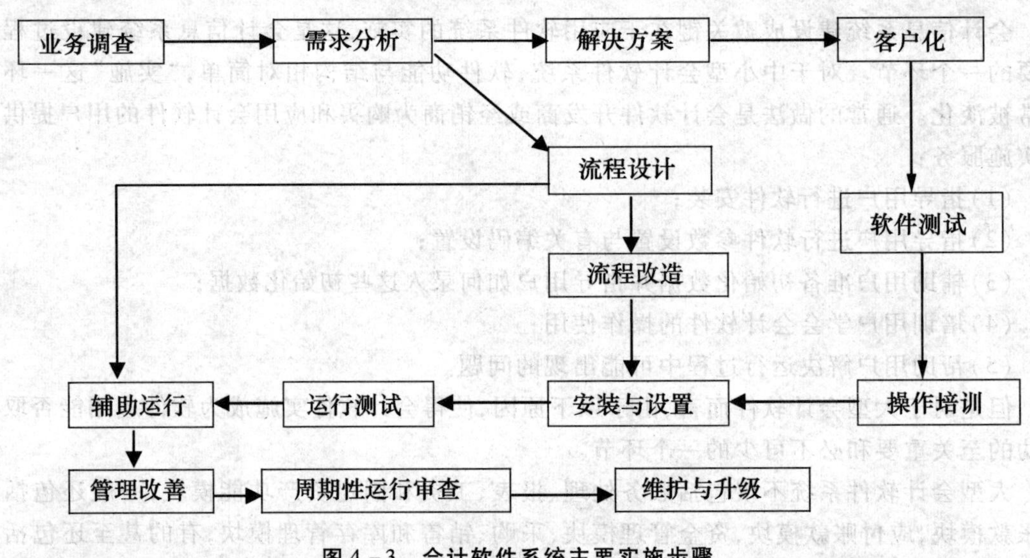

图4－3　会计软件系统主要实施步骤

(一)明确目标和制订实施计划

对大多数企业来说,大型会计软件的实施是一个全新的概念,因循守旧是软件实施过程的一大障碍,完全迷信软件和一味依赖咨询专家同样也是一种危险的倾向。大型会计软件原本是个实用性很强、牵涉面较广的企业管理工具,在实施之前,应该让与该项目有关的人都能自觉认识项目的意义,了解企业的目标,清楚自己的作用。因此,咨询专家与用户讨论和确定现实可行并且合理的目标,把原先是少数项目决策者的先知先觉,变为今后多数人的行为共识,这是保证应用软件实施成功关键性的第一步。具体工作内容还要包括:讨论软件实施过程潜在的各种风险,并对风险性高低做出评价,以便尽早做好准备,尽可能将风险出现时造成的影响降到最小,特别是要让企业主管明白这些潜在的风险性;组成软件实施阶段的项目组,项目组应由咨询专家和用户双方人员共同组成;明确软件实施过程咨询专家与用户各自的工作范围;准备实施策略和实施工作计划,并对实施过程做出经费预算;明确软件实施过程各阶段的文档标准与文档格式,完成实施策略文档;明确项目组每个成员的作用、工作内容与职责;对上述工作结果双方签字认可后,作为后续工作的指导性文件。

(二)对用户组进行培训

用户方相关人员应参加由咨询专家组织的正规培训,培训工作将贯穿整个实施过程。

1.具体培训

具体培训内容包括:会计软件系统的管理思想与功能结构,业务流程重组的理论、工具与方法,会计软件系统的功能操作与应用,技术培训,会计信息分析方法与绩效监控报表体系的建立。

2.具体工作

具体工作内容包括:制订用户培训计划;准备培训用的教材;组织基本培训,如软件结构、软件提供的功能、软件提供的管理思想等;对软件各项功能完成的工作及功能操作进行培训;进行技术性培训,如操作系统、安全性、数据库、软件自带的开发工具等;制订高级培训计划,即对相关培训内容在后续阶段进行进一步培训的计划。

(三)用户需要分析与业务流程描述

对用户业务需要了解得愈清楚,愈有利于软件实施过程。调查和讨论用户需求旨在使咨询专家和用户自己能够理解和明确企业的全部业务处理流程、主要业务的处理方式、业务处理流程中存在的问题及其解决方案。具体工作包括:分析业务目标和策略;调查用户业务需求,确定用户报表方面的需求;描述当前业务处理流程;分析当前业务处理流程中存在的问题。

(四)业务流程优化并制定技术解决方案

在业务流程描述与分析的基础上,本阶段工作一方面需要对原有的业务处理流程进行调整和优化,另一方面将软件功能与新的业务流程进行比配分析,制定软件系统如何满足企业业务需求的应用解决方案。对软件功能不能满足业务需求的地方应制定客户化(或二次开发)解决方案。具体工作包括:结合软件功能和业务目标,对当前业务流程进行重新调整和优化改进;制定软件系统应用解决方案;制定客户化开发技术解决方案。

(五)客户化开发与测试

对少数业务需要比较特殊的企业,需要对软件产品的部分功能进行一些客户化开发调整。具体包括:对程序与功能的修改,对用户界面的调整,对新功能的开发,对客户化功能进行测试,调整时间计划,完成技术性文档,更新用户对各项业务处理的文档。

(六)实施基础工作准备

在完成业务流程重组、软件应用解决方案制定与客户化开发工作之后,接下来的工作就是整理各种参数设置、编码与初始数据,为会计软件系统在企业正式安装与辅助运行做好准备。具体包括:准备会计软件参数设置报告,制定企业标准化编码方案,整理系统运行初始数据,确定新的业务处理流程中的各项业务处理程序、完成的任务与处理步骤,完成软件功能培训教材,完成用户对软件功能操作方面的培训。

(七)进行试运行试验

软件实施进展到这一阶段,现实目标已经制定,咨询专家也已经了解了用户需求与业务处理流程,用户也对软件有了一定了解,因此便可以在"会议室"试运行使用标准的软件、用户定义的业务流程以及实际用户数据,在一个可控的环境中模仿用户正常的业务处理功能。一开始,用户可以具体考察软件是怎样满足其业务需求的;同时,用户应确定对软件以及实现业务流程两方面可能进行的调整或修改,并确定采取其他必要的步骤以确保业务处理需求得以满足。"会议室"试运行演示讲解用户业务处理流程的原型,并对后续阶段软件在实际工作环境中的实施过程进行模型化。这些工作都需要用户主管和企业决策层的密切关注、认可与支持。此外,"会议室"试运行过程还要讲解软件功能如何适合与满足用户需求。

"会议室"试运行阶段积累的经验与操作技巧,以及用户项目组进行"会议室"试运行情况可以预示后续工作开展的难度和应该怎样开展。必要时提前采取相应措施以保证项目的顺利执行。具体工作包括:确定"会议室"试运行阶段的目标;建立适合于用户业务处理的"会议室"试运行环境;设置关键的用户报表;按照准备好的"会议室"试运行业务处理、标准编码与模拟数据进行具体操作,以便熟悉软件功能及其对实际业务处理的解决办法;将"会议室"试运行过程发现的问题记录在案并做出相应决策和相应的解决办法;进一步审阅问题记录及其解决方案;进一步审阅项目总目标、分阶段目标、期望、时间计划、资源和预算;制定用户各项业务处理的文档、处理程序和工作要求。

(八)软件安装调试、培训、测试和辅助运行

本阶段工作就是建立一个完整的用户实际运行系统,包括客户化菜单、用户报表、用户文档。根据新的业务流程和操作规程对最终用户进行功能实际操作培训。最后还要进行相关测试以确保所有细节都已为系统投入实际运行做好了准备。具体工作包括:安装调试根据用户需求重新调整的软件系统,培训新的业务处理流程、用户操作规程和工作要求,系统参数设置与编码设置,初始数据录入或转入,辅助用户在软件系统中进行真实业务处理;用户对最终文档的内容与准确性的接受。

(九)系统投入实际运行

本阶段要求达到用户首次在真实的生产环境中接受和使用软件系统,还包括以用户要求的格式和存储介质递交文档。这是软件实施进入最高潮的阶段。具体工作包括:制订应急计划和出现意外事故的处理措施;准备真实系统环境以保证系统运行环境的完整性,清除无关数据;进行数据最后更新,保证初始数据和记录的正确性;系统正式投入运行;系统运行的初次评价,确定系统的优、缺点,确定已解决的问题,软件实施告一段落。

(十)周期性系统运行审查

由于软件实施阶段存在的时间压力和项目组急于完成项目,最好的解决方案往往难以实施,一些业务需求根本就没有提出,或者随着企业发展、管理和业务流程的变化,都需要对软件系统运行进行审查,审查内容包括:年度审查,在软件实施完成后的 6~12 个月进行,审查工作为帮助用户充分用好已在运行的软件并了解该软件在功能与技术上的最新发展,帮助用户如何应用软件系统功能以适应变化的业务需求,同时指出当前系统应用中的不足之处,还要帮助用户怎样更新以前的文档;技术审查,由软件开发商的技术专家执行审查,包括操作规程(如夜间运行数据备份与恢复、升级管理与安全管理)、系统运行指标、数据维护、技术维护人员的知识更新和改进版本的技术特性等,应用审查,由软件应用专家执行审查,包括与关键用户的交流,了解系统运行情况,确定系统进行或业务处理过程的不足之处,审阅报表需求以及怎样提高业务处理能力。

第三节　会计信息系统内部管理制度

会计信息系统内部管理制度包括岗位责任制度、会计信息系统操作制度、计算机硬软件和数据管理制度以及会计档案管理制度等。值得一提的是,计算机在会计中的简称——会计电算化,这一概念在初期被财政部、企业广泛采用。随着计算机技术、会计本身以及会计软件的发展,会计电算化有了新的发展。目前人们从信息系统的角度出发,强调会计信息系统的概念;从信息技术角度出发,强调会计信息化的概念。本章所讨论的会计信息系统的维护和管理等就是通常人们所讲的有关会计电算化的维护和管理。

一、建立会计信息系统内部管理制度的必要性

财政部制定的《会计电算化工作规范》指出:“开展会计电算化的单位应根据工作需要,建立健全包括会计电算化岗位责任制、会计电算化操作管理制度、计算机硬软件和数据管理制度、电算化会计档案管理制度的会计电算化内部管理制度”。实践证明,良好的会计管理工作是会计电算化工作顺利进行的重要保障,制定和严格执行会计电算化内部管理制度,是会计电算化工作成功的基础,之所以要建立会计电算化管理制度,主要是由于单位采用电算化系统与手工会计业务处理过程有了许多不同之处,具体表现在以下几个方面:

1. 会计工作流程和工作重点发生了变化

实行会计电算化后,会计人员只需输入凭证,而登记各类账簿和编制报表工作则由计算机完成,凭证的输入和审核成为主要任务,操作计算机成为会计人员的基本技能;存货采用实际成本计价、对大量的固定资产进行个别计提折旧、进行详细的部门核算等,会计人员可以从繁重的重复性工作中解脱出来,参与企业的经营管理和决策。

2. 对会计人员的协作性要求更强

会计软件通常由账务处理、工资、材料、固定资产核算等多个功能模块组成，每个模块处理特定的会计信息，各功能模块之间通过信息传递相互联系，完成日常的会计核算和管理工作。因此，不同岗位的会计人员在不同的或同一个工作站上共同使用一个会计软件，彼此之间的工作联系将主要通过计算机传递信息来实现，如果一个人出现问题，会影响其他工作的顺利进行，这就要求各岗位的会计人员之间必须加强协作。

3. 内部控制的内容和重点也有所变化

例如，实行电算化后，总账和明细账都由计算机根据审核后的会计凭证自动登记和归集的，手工条件下二者的核对工作可以取消，但同时记账凭证的审核工作变得更加重要；再例如，计算机软件开发人员对软件结构和设计的熟悉程度，使得他们有能力进行不正当的数据修改，因此必须限制他们操作会计软件进行会计记账工作，尤其是不能兼任出纳工作。

4. 会计人员分工和职责发生了变化

实现会计电算化后，会计人员必须人人操作会计软件才能够进行会计核算工作，会计人员必须改变原来自己的工作习惯，以适应会计电算化工作的要求；必需增设一些新的工作岗位如电算系统维护岗，同时需要减掉一些不适应电算化工作的岗位如总账管理岗。会计人员的分工、工作职责都发生了很大的变化。

5. 对会计人员素质的要求提高了

(1)因为会计软件的许多种自定义功能要求会计人员定义转账公式、数据来源公式、费用分配公式等；

(2)会计人员更多地参与企业的经营管理和决策需要提高对会计信息进行综合分析和利用的能力。

6. 会计档案的形式和内容发生了变化

会计电算化的会计档案包括：打印输出的各种账簿、报表、凭证和存储在计算机软、硬盘及其他存储介质中的会计数据、程序，以及软件开发运行中编制的各种文档以及其他会计资料。这些存放在磁性介质中的会计档案，更容易被损坏和修改，必须建立严格的管理制度。

针对上述实行电算化后出现的新特点，手工条件下会计工作中的有关内部会计管理制度也必须随之进行完善和相应的调整。目前，许多单位开展会计电算化的经验不多，还没有形成一套合理的工作习惯，没有建立健全管理制度，工作上易出现很多漏洞，有的已对会计工作秩序产生了不利的影响。因此，实行会计电算化后，建立健全会计电算化内部管理制度是十分必要的。

二、会计信息系统内部管理制度的种类及其主要内容

(一)会计电算化岗位责任制

1. 电算化会计岗位的划分

建立会计电算化岗位责任制，要明确每个工作岗位的职责范围，切实做到事事有人管，有专责，办事有要求，工作有检查。按照上述的原则，实施会计电算化过程中，各单位对会计

岗位的划分进行调整,会计电算化后的工作岗位可分为基本会计岗位和电算化会计岗位。基本会计岗位可包括:会计主管、出纳、会计核算各岗、稽核、会计档案管理等工作岗位。基本会计岗位必须是持有会计证的会计人员,可以一人一岗,一人多岗或一岗多人,但应当符合内部相互牵制的要求,出纳人员不得兼管稽核、会计档案保管和收入、债权债务账目的登记等工作。电算化会计岗位包括直接管理、操作、维护计算机及会计软件系统的工作岗位。电算化会计岗位和工作职责一般可划分如下:

(1)电算主管。负责协调计算机及会计软件系统的运行工作,要求具备会计和计算机知识以及相关的会计电算化组织管理的经验。电算主管可由会计主管兼任,采用中小型计算机和计算机网络会计软件的单位,应设立此岗位。

(2)软件操作。负责输入记账凭证和原始凭证等会计数据,输出记账凭证、会计账簿、报表,并进行部分会计数据处理工作。要求具备会计软件操作知识,达到会计电算化初级知识培训的水平。各单位应鼓励基本岗位的会计人员兼任软件操作岗位的工作。

(3)审核记账。负责对输入计算机的会计数据(记账凭证和原始凭证等)进行审核,操作会计软件登记机内账簿,对打印输出的账簿、报表进行确认。此岗位要求具备会计和计算机知识,达到会计电算化初级知识培训的水平,可由主管会计兼任。

(4)电算维护。负责保证计算机硬件、软件的正常运行,管理机内会计数据。此岗位要求具备计算机和会计知识,经过会计电算化中级知识培训。采用中型、小型计算机和计算机网络会计软件的单位,应设立此岗位,大中型企业中此岗位应由专职人员担任。

(5)电算审查。负责监督计算机及会计软件系统的运行,防止利用计算机进行舞弊,要求具备会计和计算机知识,达到会计电算化中级知识培训水平,此岗可由会计稽核人员兼任。采用中型、小型计算机和大型会计软件的单位,可设立此岗位。

(6)数据分析。负责对计算机内的会计数据分析,要求具备计算机和会计知识,达到会计电算化中级知识培训水平,采用中型、小型计算机和计算机网络会计软件的单位,可设立此岗位,由主管会计兼任。

(7)会计档案资料保管员。按会计档案管理有关规定,负责本系统各类数据软盘、系统软盘及各类账表、凭证资料的存档保管工作。做好各类数据、资料、凭证的安全保密工作。

(8)软件开发员。负责本单位会计软件的开发和软件维护工作。

基本会计岗位和电算化会计岗位在保证会计数据安全的前提下,可以交叉设置,各岗位人员要保持相对稳定,有利于提高工作效率和工作质量。

2.会计电算化岗位责任制的基本内容

开展会计电算化工作的单位,在制订了实施计划,配置了计算机硬件、系统软件和会计软件以后,下一步工作就是建立岗位责任制。岗位责任制的建立将为会计电算化工作的顺利实施提供保证。各单位应根据工作的需要,建立会计电算化岗位责任制,明确每个工作岗位的职责范围,切实做到事事有人管,人人有专责,办事有要求,工作有检查。

(1)电算主管的责任。

①负责电算化系统的日常管理工作,监督并保证电算化系统的正常运行,达到合法、安全、可靠、可审计的要求。在系统发生故障时,应及时组织有关人员尽快恢复系统的正常运行。

②协调电算化系统各类人员之间的工作关系,制定岗位责任与经济责任的考核制,负责对电算化系统各类人员的工作质量考评以及提出任免意见。

③负责对计算机输出的账表、凭证的数据正确性和及时性的检查工作。

④建立电算化系统各种资源(硬件资源和软件资源)的调用、修改和更新的审批制度并监督执行。

⑤完善企业现有管理制度,充分发挥电算化的优势,提出单位会计工作的改进意见。

(2)软件操作员的责任制。

①负责所分管业务的数据输入、数据处理、数据备份和输出会计数据(包括打印输出凭证、账簿、报表)的工作。

②严格按照操作程序操作计算机和会计软件。

③数据输入操作完毕,应进行自检核对工作,核对无误后交审核记账员复核记账。对审核员提出的会计数据输入错误,应及时修改。

④每天操作结束后,应及时做好数据备份并妥善保管。

⑤注意安全保密,各自的操作口令不得随意泄露,定期更换自己的密码。

⑥离开机房前,应执行相应命令退出会计软件。

⑦操作过程中发现问题,应记录故障情况并及时向系统管理员报告。

⑧每次操作软件后,应按照有关规定填写上机记录。

⑨出纳人员应做到"日清月结",现金出纳每天都必须将现金日记账的余额与库存现金进行核对一致;银行出纳每月都必须将银行存款账户的余额与银行对账单进行核对一致。

⑩由原始凭证直接录入计算机并打印输出的情况下,记账凭证上应有录入员的签名或盖章,收、付款记账凭证还应由出纳人员签名和盖章。

(3)审核记账员的责任。

①审核原始凭证的真实性、正确性,对不合规定的原始单据不作为记账凭证依据。

②对不真实、不合法、不完整、不规范的凭证退还给各有关人员更正修改后,再进行审核。

③对操作员输入的凭证进行审核并及时记账,打印出有关的账表。

④负责凭证的审核工作,包括各类代码的合法性、摘要的规范性、会计科目和会计数据的正确性,以及附件的完整性。

⑤对不符合要求的凭证和输出的账表不予签章确认。

⑥审核记账人员不得兼任出纳工作。

⑦结账前,检查已审核签字的记账凭证是否全部记账。

(4)电算维护员的责任。

①定期检查电算化系统的软件、硬件的运行情况。

②及时对电算化系统运行中软件、硬件的故障进行排除。

③负责电算化系统升级换版的调试工作。

④会计电算化系统人员变动或会计科目调整时,负责电算化系统的维护。

⑤会计软件不满足单位需要时,与本单位软件开发人员或商品化会计软件开发商联系,进行软件功能的改进。

(5)会计档案资料保管员责任制。

①按会计档案管理有关规定行使职权。

②负责本系统各类数据软盘、系统软盘及各类账表和凭证资料的存档保管工作。

③做好各类数据、资料、凭证的安全保密工作,不得擅自出借。经批准允许借阅的会计资料,应认真进行借阅登记。

④按规定期限,向各类电算化岗位人员催交各种有关的软盘资料和账表凭证等会计档案资料。

(6)电算审查员责任制。

①负责监督计算机及会计软件系统的运行,防止利用计算机进行舞弊。

②审查电算化系统各类人员的工作设置是否合理,制定的内部牵制制度是否合理,各类人员是否越权使用软件,防止利用计算机进行舞弊。

③发现系统问题或隐患应及时向会计主管反映,提出处理意见。

(7)数据分析员责任制。

①负责对计算机的会计数据进行分析。

②制订适合本单位实际情况的会计数据分析方法、分析模型和分析时间,为企业经营管理及时提供信息。

③每日、旬、月、年,都要对企业的各种报表、账簿进行分析,为单位领导提供必要的信息。

④企业的重大项目实施前,应通过历史会计数据的分析,为决策提供详实、准确、有根有据的事前预测分析报告;企业的重大项目实施过程中,应通过对有关会计数据的分析,提供项目实施情况(如进度、成本、费用等)分析报告;企业的重大项目实施后,应通过对会计数据的分析,提供项目总结的分析报告。

⑤根据单位领导随时提出的分析要求,及时利用会计数据进行分析,以满足单位经营管理的需要。

(8)软件维护员责任制。

①负责本单位会计软件的开发和软件维护工作。

②按照规定的程序实施软件的完善性、适应性和正确性的维护。

③软件开发人员不得操作会计软件进行会计业务的处理。

④按电算主管的要求,及时完成对本单位会计软件的修改和更新,并建立相关的文档

资料。

上面提到的会计电算化工作岗位划分，是针对使用大规模会计电算化系统的大型单位的，这些单位的会计部门往往有几十个人，工作岗位划分很细，常常一岗多人，因此实现会计电算化后，可适当调整各岗位的人员，设置必要的会计电算化岗位。但是，在我国绝大多数是中小型企事业单位，这些单位会计部门的人数常常不足 10 人，由于会计部门的人数比较少，会计业务比较简单，实行会计电算化后的岗位划分，应根据实际需要对电算化岗位进行适当合并，设置一些必需的岗位，一人可以兼任多个工作岗位。这样，不仅能够加强对会计电算化工作的管理，而且能够提高工作效率，节约人力。

中小型企业实行会计电算化后的电算化会计岗位设置，应该注意满足内部牵制制度的要求，如出纳和记账审核不应是同一人，软件开发人员不能操作软件处理会计业务。较小单位电算化岗位的设立，可由会计主管兼任电算主管和审核记账岗位，由会计人员操作软件担任操作员，还应单独设立出纳岗位。

（二）会计电算化操作管理制度

单位实现会计电算化后，会计人员必须操作计算机才能进行会计核算工作，如果操作不正确会造成系统内数据的破坏或丢失，影响系统的正常运行，直至输出不正确的会计报表。因此，必须通过对系统操作的管理，保证系统正常运行，完成会计核算工作，保证会计信息的安全与完整。尤其是在用计算机替代手工记账后，应制定与贯彻各种严格的控制措施，为会计信息系统的正常运行提供一个良好的物质条件。会计电算化操作管理包括计算机系统使用管理、上机操作管理和会计业务处理程序管理三个方面。

1. 计算机系统使用管理

目的是通过对计算机系统的管理为会计电算化系统创造一个良好的运行环境。

（1）保护计算机设备，防止各种非指定人员进入机房操作计算机，保证机内程序与数据的安全。

（2）使用不间断电源，避免因断电而破坏会计数据。

（3）定期检查保养计算机硬件设备，保证硬件系统正常运行。

2. 上机操作管理

上机操作的管理是通过建立与实施各项操作管理制度，确保会计软件安全、有效、正常地运行。

（1）明确规定上机操作人员对会计软件的操作工作内容和权限，对操作密码要严格管理，定期更换操作员的密码。密码是限制操作权限、检查操作人员身份的一道防线，管理好每个人的密码，对整个系统的安全至关重要。

（2）杜绝未经授权人员操作会计软件，防止操作人员越权使用软件。

（3）按软件的操作功能和会计业务处理流程操作软件，会计人员要按规定录入原始数据和各种代码、审核凭证、记账、执行备份功能模块、输出各类信息等。

（4）操作人员离开机房前，应执行相应命令退出会计软件，否则密码就会失去作用，给无关人员操作软件留下机会。

(5)根据本单位实际情况,由专人保存必要的上机操作记录、记录操作人、操作时间、操作内容、故障情况等。

(6)数据备份工作是为保持会计数据的安全与完整,每次上机完毕及时做好所需的各项备份工作,以防发生意外事故。备份的会计数据,应由指定人员用专用保存柜妥善保管。各种备份的数据均要标明类型,年、月、日及备份人等有关标志,以便查找和及时恢复数据并分清责任,避免会计数据随着会计人员的变更而丢失。

(7)防止计算机病毒。应该避免使用来历不明的软盘和各种非法拷贝软件以及在财务专用计算机上玩游戏,以防止计算机病毒的感染与转入。另外,采用如安装防病毒卡等外部措施,以避免计算机病毒进入的危险。

3. 会计业务处理程序管理

(1)要按照《会计基础工作规范》的要求处理会计业务。

(2)预防已输入计算机的原始凭证和记账凭证等会计数据未经审核而登记机内账簿,保证会计数据正确合法。

(3)替代手工记账后,各单位应做到当天发生的业务,当天登记入账。现金和银行存款日记账必须日清月结。

(4)要保证会计记账凭证的连续编号。

(5)要按规定程序编制转账凭证。

(6)期末要按规定时间及时结账。

(7)期末应及时生成和打印输出会计报表,打印输出会计报表应防止本期还有未记账的凭证。

(8)在保证凭证、账簿清晰的条件下,计算机打印输出的凭证、账簿中表格线可适当减少。

(9)在当期所有记账凭证数据和明细分类账数据都存储在计算机内的情况下,总分类账可以从这些数据中产生,因此可以用“总分类账户本期发生额及余额对照表”替代当期总分类账。

(10)要按有关规定装订会计原始凭证、记账凭证、账簿、报表等。

(11)要灵活运用计算机对数据进行综合分析,定期或不定期地向单位领导报告主要财务指标和分析结果。

(三)计算机硬件、软件和数据管理制度

1. 计算机硬件设备的维护

机房设备的安全与计算机正常运行是进行会计电算化的前提条件,计算机硬件设备的维护主要包括以下几点:

(1)要经常对有关设备进行保养,保持机房和设备的整洁,防止意外事故的发生。

(2)要定期对计算机场地的安全措施进行检查,如对消防和报警设备,地线和接地,防

静电、防雷击、防鼠害、防电磁波等设备和措施进行检查,保证这些措施的有效性。

(3)在系统运行过程中,出现硬件故障时,及时进行故障分析,并做好记录,及时修复。

(4)在设备更新、扩充、修复后,由系统管理员与维护员共同研究决定,并由系统维护员实施安装和调试。

(5)硬件维护工作中,小故障的维护可以通过计算机命令或各种软件工具来解决,一般都由本单位的维护人员来做。较大的故障,本单位的技术人员没有能力解决的,一般需要与硬件生产或销售厂家联系,协助解决。

(6)机房应该设置必要的防火设备,经常检查其是否完好。

2. 会计软件和系统软件的维护

系统软件都是由系统软件开发商提供的,一般购买计算机时就配置好了,也可以通过购买得到。系统软件不需要修改,维护比较简单。系统软件维护的主要任务是检查系统文件的完整性,系统文件是否被非法删除和修改,以保证系统软件的正常运行。

会计软件的维护是会计电算化软件系统维护的主要工作,包括操作维护与程序维护两方面。会计软件维护主要有以下内容:

(1)操作维护是日常维护工作,如通过操作软件进行索引,删除系统垃圾文件等。

(2)在日常使用软件过程中发现的问题,如不及时解决,将影响到企业正常的会计工作。在这种情况下,系统维护员应尽早排除故障,如不能排除,应马上求助于财会软件公司的专职维护人员或本单位的软件开发人员。

(3)对于使用商品化会计软件的单位,软件的修改、版本升级等程序维护是由软件开发厂家负责的,单位的软件维护人员主要任务是与软件开发销售单位进行联系,及时得到新版本会计软件。

(4)对于自行开发软件的单位,程序维护则包括了正确性维护、完整性维护和适应性维护等内容,正确性维护是指诊断和改正错误的过程;适应性维护是指当单位的会计工作发生变化时,为适应变化了的工作而适行的修改活动。单位一般应配备专职系统维护员进行程序维护。

(5)对正在使用的会计核算软件进行修改、对通用会计软件进行升级和计算机硬件设备进行更换等工作要有一定的审批手续。

(6)在软件修改、升级和硬件更换过程中,要保证实际工作数据的连续性和安全性,并由有关人员进行监督。

(7)系统维护员负责会计软件的维护工作,及时排除故障,确保系统的正常运行。

3. 会计数据的安全维护

会计数据的安全维护是为了确保会计数据的安全保密,防止对会计数据的非法修改和删除,包括:

(1)必须经常进行备份工作,以避免意外和人为错误造成数据的丢失,每日必须对计算机内的会计资料在计算机硬盘中进行备份。

(2)需要做备份的内容,是能够完全恢复会计系统正常运行的最少的数据,一般包括系统设置文件、科目代码文件、期初余额文件、凭证、各种账簿、报表及其他核算子系统的数据文件。

(3)对磁性介质存放的数据要保存双备份,备份盘应该定期复制,以保证数据没有丢失。

(4)系统维护一般由系统维护员或指定的专人负责,数据录入员、系统操作员等其他人员不得进行维护操作,系统管理员可以进行操作维护但不能执行程序维护。

(5)在软件修改、升级和硬件更换过程中,要制定保证会计数据的连续和安全的工作程序。

(6)健全必要的防治计算机病毒的措施,预防、检测、清除计算机病毒。计算机病毒的存在是会计信息系统正常运行的隐患,它能够破坏会计软件和会计数据,因此应该避免使用来历不明的软盘和各种非法拷贝的软件以及在财务专用计算机上玩游戏,以防止计算机病毒的感染与传入。另外,采用如安装防病毒卡等外部措施,以避免病毒进入计算机。使用的防病毒卡应该及时更换新版本。

(7)制定会计电算化系统发生意外事故时会计数据的维护的制度,以解决因发生意外事故而使数据混乱或丢失的问题。

(四)电算化会计档案管理制度

电算化会计档案管理是重要的会计基础工作,必须加强对会计档案处理工作的领导,建立和健全会计档案的立卷、归档、保管、调阅和销毁管理制度,切实地把会计档案管好。单位实现会计电算化后,会计档案具有磁性化和不可见的特点,而《会计档案管理办法》的有关规定没有包括这方面的内容,因此必须根据这些特点和《会计档案管理办法》的要求,修订本单位的会计档案管理制度。

1. 电算化会计档案的内容

电算化会计档案,包括存储在计算机中的会计数据(以磁性介质或光盘存储的会计数据)和计算机打印出来的各种形式的会计数据。会计数据是指记账凭证、会计账簿、会计报表(包括报表格式和计算公式)等数据,以及会计软件系统开发运行中编制的各种文档以及其他会计资料。

存储在计算机中的会计数据(以磁性介质或光盘存储的会计数据)是在会计电算化情况下新的会计档案形式。采用磁带、磁盘、光盘、缩微胶片等介质存储会计账簿、报表,具有磁性化和不可见的特点。作为会计档案保存,其保存期限同《会计档案管理办法》中规定的相应会计数据(书面形式的会计账簿、报表)一致。

采用电子计算机打印输出的书面会计凭证、账簿、报表,应当符合国家统一会计制度的要求,采用中文或中外文对照,字迹清晰,作为会计档案保存,保存期限按《会计档案管理办法》的规定执行。

通用会计软件、定点开发会计软件、通用与定点开发相结合会计软件的全套文档资料以及会计软件程序，视同会计档案保管，保管期截止该软件停止使用或有重大更改之后的五年。

2. 会计账簿、报表的生成与管理

(1) 现金日记账和银行存款日记账要每天登记并打印输出，做到日清月结。现金日记账和银行存款日记账的打印，由于受到打印机条件的限制，可采用计算机打印输出的活页账页装订成册。每天业务较少，不能满页打印的，也可按旬打印输出。

(2) 一般账簿可以根据实际情况和工作需要按月或按季、按年打印；发生业务少的账簿，可满页打印。

(3) 在所有记账凭证数据和明细分类账数据都存储在计算机内的情况下，总分类账可用"总分类账本期发生额及余额对照表"替代。

(4) 在保证凭证、账簿清晰的条件下，计算机打印输出的凭证、账簿中的表格线可以适当减少。

(5) 在原始凭证直接录入计算机并打印输出的情况下，记账凭证上应有录入员签名或盖章、稽核人员签名或盖章、会计主管人员的签名或盖章。收付款记账凭证还应由出纳人员签名和盖章。打印生成的记账凭证视同手工填制的记账凭证，按《会计人员工作规则》、《会计档案管理办法》的有关规定立卷归档保管。

(6) 在手工事先做好记账凭证后录入记账凭证，然后进行处理的情况下，保存手工记账凭证与机制凭证皆可。

(7) 计算机与手工并行工作期间，可以采用计算机打印输出的记账凭证替代手工填制的记账凭证，根据有关规定进行审核并装订成册，作为会计档案保存，并据以登记手工账簿。

(8) 记账凭证、总分类账、现金日记账和银行存款日记账要按照有关税务和审计等管理部门的要求，及时打印输出有关账簿、报表。

(9) 采用磁带、磁盘、光盘、缩微胶片等介质存储会计账簿、报表作为会计档案保存的单位，不再定期打印输出会计账簿，还应征得同级财政部门的同意。

(10) 各单位每年形成的会计档案，都应由财务会计部门按原归档的要求，负责整理立卷或装订成册。当年会计档案，在会计年度终了后，可暂由本单位财务会计部门保管一年。期满后，原则上应由财务会计部门编造成册移交本单位档案部门保管。

(11) 各单位保存的会计档案应为本单位提供利用，在向外单位提供利用时，档案原件原则上不得外借。

(12) 被单位保存的会计档案必须通行科学管理，做到妥善保管、存放有序、查找方便。

3. 安全和保密措施

(1) 对存档的会计资料要检查记账凭证上录入员的签名或盖章、稽核人员的签名或盖章、会计主管人员的签名或盖章，收付款记账凭证还应由出纳人员签名和盖章。

(2) 对电算化会计档案管理要做好防磁、防火、防尘、防盗、防虫蛀、防霉烂和防鼠咬等工作，重要会计档案应准备双份，存放在两个不同的地点，最好在两个不同的建筑物内。

(3)采用磁性介质保存会计档案,要定期进行检查,定期进行复制,防止由于磁性介质损坏,而使会计档案丢失。

(4)大中型企业应采用磁带、磁盘、光盘、缩微胶片等介质存储会计数据,尽量少采用软盘存储会计档案。

(5)存有会计信息的磁性介质及其他介质,在未打印成书面形式输出之前,应妥善保管并留有副本。一般来说,为了便于利用计算机进行查询及在电算化系统出现故障时进行恢复,这些介质都应视同会计资料或档案进行保存,直至其中会计信息完全过时为止。

(6)严格执行安全和保密制度,会计档案不得随意堆放,严防毁损、散失和泄密。

(7)各种会计资料包括打印出来的会计资料以及存储会计资料的软盘、硬盘、计算机设备、光盘、缩微胶片等,未经单位领导同意,不得外借和拿出单位。

(8)经领导同意借阅的会计资料,应该履行相应的借阅手续,经手人必须签字记录。存放在磁介质上的会计资料借阅归还时,还应该认真检查,防止感染病毒。

单位内部会计管理制度包括哪些内容,主要取决于单位内部经营管理的需要,不同类型的单位对内部管理制度有不同的要求,各单位在开展会计电算化工作过程中,应结合本单位的实际情况,参照以上四个方面的制度,制定适合本单位内部管理制度,并在工作中逐步完善。另外,建立会计电算化内部管理制度,除了要遵守手工方式建立内部会计管理制度的原则外,还要充分考虑计算机信息系统管理的特点。具体来说,一方面要保证利用计算机进行会计核算数据的真实性、正确性和完整性,保证会计工作秩序的正常进行,维护单位财务和货币资金的安全与完整;另一方面还要保证应用到会计工作中的计算机硬件设备、计算机软件和计算机中会计数据的安全可靠。最后,电算化内部制度建立后抓落实是非常重要的环节,要定期对各项制度的执行情况进行检查,并有相应奖励措施。

三、会计信息系统的相关管理工作

会计信息系统的运行需要建立规范的运行管理制度,在正常运行出现问题的情况下,需要进行故障诊断并加以解决。除此之外,以下工作也属于会计信息系统的运行管理工作。

(一)会计软件的数据备份与恢复

在我们应用计算机会计信息系统替代手工记账工作的情况下,所有关于会计核算、财务管理、财务控制与分析等数据都存储在计算机中的存储器硬盘中,因此计算机的安全性决定了财务会计工作能否得以正常进行以及会计数据档案的安全性。

为了确保会计电子数据的安全性,对电子数据进行备份处理是非常必要的。会计数据的备份管理通常采用以下几种方式:

(1)小型会计软件一般都运行在单机或单台服务器上,可以采用软盘或磁带机进行数据备份,备份时间一般是按天(不应超过一周时间)进行备份,也可以在计算机中不同的硬盘上进行备份,以防止硬盘损坏而丢失会计电子数据。对于这种数据备份方式,应按日期做好电子数据的档案管理工作。

(2)对于大型会计软件系统的运行,由于数据量大,一般应采用两个服务器和磁盘阵列进行双机热备份,以提高系统运行的安全性。

当系统出现问题而导致会计数据出现丢失等错误的情况下,便可以用离当前日期最近的备份数据进行恢复处理,以尽可能减少损失。目前,国内会计软件大多都提供"数据备份"与"数据恢复"的功能,而国外软件大多都需要系统管理员直接操作数据库系统完成数据备份与恢复工作。

(二)会计软件应用的二次开发工作

商品化会计软件系统是由会计软件公司根据大多数企业的应用模型而开发的通用性较强的会计软件,针对特殊行业或某个具有特殊需求的企业,有时需要对通用的商品化会计软件产品进行一些二次开发工作(或客户化)以满足用户的一些特殊需要。

对于大多数企业而言,用户一般也可以通过调整业务处理流程来达到商品化会计软件的功能要求。由于用户进行二次开发需要一定的人员、时间与费用投入,而且开发能否取得成功也存在一定的风险性,此外还会给会计软件在未来的升级带来问题,因此用户在决定是否需要进行二次开发时,应在二次开发与调整业务流程这两者之间做好权衡。对确实需要进行二次开发的用户而言,需在会计软件开发商或咨询公司的指导下按以下步骤规范地进行:

(1)做好业务需求分析工作;

(2)对二次开发工作进行系统设计,在进行系统设计时需弄清会计软件产品中相关数据库的结构,以便与标准化软件产品之间能很好地接口;

(3)组织软件开发,从事二次开发的软件开发人员需要掌握已购买的商品化会计软件平台或会计软件产品自身提供的开发工具;

(4)系统测试,在完成二次开发工作后,应对开发出的功能进行仔细测试,只有通过测试后才能投入正常使用;

(5)操作培训,在二次开发工作完成并通过测试后,应组织对操作人员进行培训;

(6)二次开发维护,用户完成二次开发工作并投入实际运行后,系统维护人员还需要对系统运行提供维护服务。

(三)会计软件的升级管理

随着商品化会计软件在众多企业的应用,会计软件开发商会不断地改进软件质量,推出新的版本。一般来说,新版软件在功能上会更加完善,性能上也会更好,同时新版本的不断推出也是为了满足用户不断发展的业务需求。因此,会计软件应用企业应不时关注会计软件开发商推出的新版软件功能变化,并在必要的情况下要求软件开发商提供升级服务。

会计软件的版本升级一般都需要软件开发商提供升级程序,保证旧版本会计软件数据能够转换到新版软件中。在进行会计软件版本升级时,需要首先将原有电子数据进行备份,防止在升级过程出现意外情况。

需要指出的是，对于用户自己完成的二次开发工作，一般情况下是难以与会计软件开发商的软件版本同时升级的，这需要在完成升级工作后由用户自己对二次开发工作完成的程序进行一些处理，以连接到新版本中运行。

会计软件的升级工作通常是由软件开发商组织完成的。

第四节　会计信息系统的维护

系统维护是会计信息系统运行中的一项经常性工作。因为任何一个系统都不是十全十美的，除了因本身所存在的不足需要完善之外，随着社会经济的发展和企业管理水平的不断提高，也要求会计信息系统不断优化，以适应新的环境需要，使系统处于最新的正确状态。所以维护工作伴随整个运行阶段的始终，直到系统过时或报废为止。经验表明，维护是最费时、最困难的工作，它占系统开发总时间的比例相当大。

一、系统维护的内容

会计信息系统的维护工作一般包括以下两个方面内容：

1. 硬件设备维护

硬件维护指对计算机及其他设备进行检修、保养和修复工作，以保证设备处于良好的运行状态。为此，要建立硬件设备的定期检查制度，当系统运行过程中出现异常现象时，维护人员要及时到场分析和排除故障，并做好故障记录。此外，还要定期对设备进行更换和扩充。

2. 软件维护

维护的原意是将某项东西恢复原状，然而软件与硬件不同，它不会用坏，不存在修复的问题，但需要纠错、完善和提高。所以软件维护是指根据实际需要修改部分程序和有关的文档资料。软件维护一般是在原有程序的基础进行的，困难最大，下面将做进一步说明。

(1)数据文件维护。数据文件维护是指由于会计业务发生变化，需要对数据文件的结构和内容进行修改。一般来说对文件内容的修改比较简单，例如必要时可对摘要词组文件进行增加、删除、修改词组，利用系统提供的功能就可以做到。出于某种需要，也可能要对文件结构进行修改。例如，由于管理的要求，将以前的三栏式明细账文件改变成数量金额式，增加了数量字段，并将原来文件中的数据拷贝到新文件中。一般来说，文件结构的修改是很复杂的，它的困难不在于文件结构本身的修改，而在于使用文件的程序，文件结构的变化往往需要修改使用文件的程序，这点对一般的高级语言程序尤为麻烦，因为用 FORTRAN、C、COBOL 等高级语言建立的程序和文件，两者之间互相依赖，独立性很差，在这点上 FoxPro 一类的数据库管理系统要强得多。

(2)编码的维护。编码维护是指由于业务的发展，原有编码满足不了需要或不完善时，需要修改或扩充编码体系。例如，需要增加新的会计科目，或者由于下级科目个数超过了最大限度,需要增加科目编码的位数。前者应该是简单的,会计信息系统本身应该提供增加、删除、修改编码的功能;但后者是困难的,也是应该尽可能避免的事情。因为代码结构的变化也往往会引起程序的修改,所以设计时必须考虑到长远需要,尽量避免日后对编码结构的修改。

软件维护是系统维护中最重要也是最困难的工作,所以下面将作进一步的介绍。

二、软件维护的类型

按照维护的目的,软件维护可分为以下三种类型:

1. 正确性维护

正确性维护指改正运行中发现的程序存在的错误。由于会计信息系统的程序规模很大,在开发阶段产生的错误,测试和试运行阶段不一定都能发现。我们知道,测试只能找出存在错误,但不能证明其不存在错误,有些错误可能会长期潜伏,只在特殊条件下才会暴露出来。例如,遇到输入数据的某种组合,或者由于信息系统和其他系统软件有不正确的界面时,错误才会暴露出来。因此,很难避免系统在运行中不出现错误,这些错误有些不太重要或者很容易回避,但也有的可能是严重错误,甚至引起系统的瘫痪,这就需要及时地对程序进行正确性维护。

2. 适应性维护

当软件的外界环境发生变化时,需要对软件进行适应性维护。外界环境的变化主要是指计算机硬件和系统软件的替换、更新等情况。例如,操作系统新版本的安装或计算机的更替所引起的应用软件的转换、数据库和数据存储介质的变动、新的数据存取方法的添加等,都属于适应性维护;又如更换了新型号的打印机,可能对输出有一些轻微影响,需要及时修改程序。当然,设计软件时,应尽量设计得适应性强一些,不要因为支撑软件版本的升级、输入输出设备的改变而引起不适应,尽可能减少适应性维护工作。

3. 完善性维护

完善性维护是指因扩充系统的功能或改善性能而对软件进行的修改。例如,为了满足用户的需要,打印新的报表或增加新的查询方式等,都需要修改现有的程序或增加新的程序模块。又如,为了改善查询的响应效率,可以设计新的查询算法,这时就要修改现有的查询程序。一般来说,经常发生的是完善性维护,花在完善性维护的时间和代价往往要超过前两类维护的总和。

三、会计信息系统问题诊断的主要方法

(一)替换法

当我们在进行会计信息系统维护的时候,已经发现了问题所在,但是有时我们可能不敢肯定。这时如果条件允许,可以采用替换法进行诊断分析。此方法比较适用于在其他环境下运行正确,但在特定环境下运行不正常的现象。

怀疑是打印机的问题,替换打印机。但在替换打印机时,需要注意打印机的驱动程序

更换。

怀疑是打印机的驱动程序问题,就替换打印机驱动程序,但要注意“向下兼容”的原理,“向下兼容”的原理是以接收端为最高标准,当发出信号的一端,以低于接收端接收标准的信号向另一端发送信号,另一端应该可以兼容源头端送来的信号。

怀疑是打印机与计算机之间的电缆的问题,替换打印机电缆。

怀疑是打印机电缆使用的“共享器”的问题,替换打印机电缆“共享器”或者替换“共享器”的不同端口。

怀疑是计算机的问题,替换计算机,但在替换计算机时需尽可能将原计算机中的会计软件数据进行备份。

(二)排除法

当会计信息系统运行出现问题之后,暂时无法很快地判断出现问题的原因的时候,我们可以使用排除分析法进行分析。此方法适用于同样的问题在使用替换法后,依然出现问题。

(三)测试分析法

该方法主要适用于对会计软件程序出错还是数据文件被破坏进行判断。对大型会计软件经常采取以下一些测试方法:

(1)重新建立新的核算单位,重新运行该项功能进行测试。

(2)将公司数据文件拷贝到该账套,测试用户账套数据中的公共数据文件是否遭到破坏。

(3)将用户数据文件一个一个拷贝到新建的账套。可以采用打开数据库,进行追加,一个一个数据库打开,一个个追加;可以选择几个重点怀疑对象,逐一测试用户的数据文件是否其中有损坏的文件。

(4)直接打开用户数据库,进行浏览查看。可以用数据库语言,对用户的数据文件进行检查,建议在还没找到软件的问题时,不要进行修改。

(5)重新安装会计软件系统。

(6)建立新账套,自己输入一些数据,进行简单测试,尽量模拟用户数据。

四、会计信息系统运行环境问题诊断与解决方法

对于会计信息系统运行环境可能出现的问题,会计人员应具备对会计信息系统运行环境进行初步诊断、简单故障分析与处理问题的能力,以尽可能避免因一些极易解决的问题不会处理而总是劳动专业维护人员,因为对一些简单问题的出现不能及时进行处理,不仅有可能影响正常工作,而且也会增大系统维护成本,但对于一些复杂问题则往往需要专业人士的帮助。

(一)计算机硬件设备问题

在会计信息系统正常运行过程中,一般情况下不需要每天关闭服务器,服务器要以保持长年运行状态,工作站可以在下班时通过正常退出操作后关闭电源。但很多企业往往每天

下班时都要关掉服务器,经常性地开关服务器或不通过正常退出操作程序而关闭服务器或工作站电源,都易导致计算机设备故障。

如果出现计算机设备不能正常启动现象,应在确认计算机硬件设备是否出现问题之前,检查各设备电源开关是否确已打开,设备之间的连线或与电源之间的连线是否接触正常。现实中往往由于服务器(或工作站)的主机电源或显示器电源开关没有打开或电源线出了问题而误认为计算机设备问题,结果往往是导致设备维护人员啼笑皆非。

(二)计算机网络通信问题

对于网络会计信息系统,现实中经常出现的问题往往是网络通信问题,"明明昨天还是好的,怎么今天网络就不通了",出现这种现象,一般需要先作以下检查:

1. 服务器是否已先开机并处在正常运行状态

在某些情况下,可能由于系统管理员不知道还有人在网上运行而擅自关闭服务器,或者由于其他原因,服务器需要暂时下网处理等。

2. 网络连线接触不良

双绞线 RJ45 头(或 T 头)连接到工作站网卡接口的接触不好,或者网络 HUB 中的部分 RJ45 口工作不正常,是经常导致网络通信出问题的主要原因,这类问题由于 RJ45 口的经常拔插而难以避免。在遇到这种问题时,可以考虑重新拔插或更换 RJ45 头。

3. 网卡出现问题

在双绞线连到服务器或工作站网卡上时,正常情况下网卡上的指示灯应呈蓝色,如果出现指示灯不亮的情况,不是接触不良,就是网卡出了故障,应请求系统维护人员更换网卡。

4. 网络协议冲突

连接到网络上的工作站都应有一个自己的 IP 地址,但由于增加工作站或他人变更 IP 地址后,使用了与自己相同的 IP 地址,便会出现 IP 地址冲突的现象。在这种情况下,应请求系统维护人员帮助调换 IP 地址。

(三)打印机问题

打印机出现问题可以说是五花八门,如打印机的电缆松动或没有连接上,打印机电源未打开或打印机未装纸等原因,导致打印任务已经发出,但打印机没有任何反应的现象,对于连接在服务器上的网络打印机可能会由于网络服务器已关闭而不能使用共享的打印机设备;由于打印机驱动程序安装不正确或不匹配而打印乱码或打印到一半就停止,然后打印下一页现象等,又如在"控制面板"中的"打印机"设置的默认打印机为 HP 打印机,而用户实际用的是 EPSON 打印机,打印驱动程序不对,打印当然就不会正常;国内大部分软件的安装都需要"加密狗"或加密卡,这些"加密狗"也有可能与打印机发生冲突。

为了解决这些问题,所有计算机及打印机生产厂商都在硬件设备上安装了表示电源接通和"联机"信息灯,一般情况下可以根据显示灯信号判断出现的问题。如果不是这些问题,则需要检查软件加密措施或通过"控制面板"中的"打印机"设置功能,检测打印机是不是真正出现了问题。

(四)计算机运行效率问题

由于非正常关机、死机、长时间使用计算机、经济性访问 Internet 网,可能会导致计算机内出现大量"临时性"垃圾文件与备份文件,或者由于计算机硬盘空间不断占用等众多原因,会出现计算机运行效率下降的现象。为此需要不定期清理计算机硬盘空间,甚至需要整理计算机硬盘空间,才能保持计算机运行效率。

对于上述出现的问题及其诊断,一般可以由会计人员自己去解决。但对于真正出现设备故障、操作系统或数据库系统运行问题则需要由专业系统维护人员进行诊断并加以解决。

五、会计软件运行问题诊断思路与解决方法

在会计软件运行出现问题不能正常运行情况下,首先确定不是运行环境造成的问题后,再检查会计软件功能本身。

检查时通常采用的方法是:选关闭系统重新启动计算机,按原来同样的操作顺序再次运行会计软件的某项功能,如果出现同样的错误,则说明会计软件该项功能本身确实存在问题,在这种情况下,应将操作顺序及出错现象记录清楚,然后与软件供应商联系,请软件供应商帮助解决;如果不出现同样的错误,则可能是由于操作失误导致软件不能工作,或者是软件功能本身不稳定,出现随机性错误。如果某项功能经常出现随机错误,应及时向软件供应商反映情况。

复习思考题

1. 如何理解会计信息系统初始化工作?需要准备哪些数据?
2. 如何理解会计信息系统实施的总体思路?
3. 假设自己是某企业会计主管,需要建立电算化会计信息系统,需要做哪些事情?
4. 会计信息系统在实施过程中应注意哪些事情?
5. 讨论会计信息系统建立、维护、管理的变化,从成本、效益的角度考虑各部分变化,并讨论应对措施?
6. 如何理解会计电算化岗位责任制?

第五章 通用账务处理系统

账务处理是指从归集原始凭证、编制记账凭证开始，通过登账、对账和结账等一系列会计核算处理，最终编制出会计报表的过程。账务处理子系统是会计信息系统的一个重要子系统，通过它集中整个会计信息系统的各项综合性数据，反映企事业单位全部经济活动的总括性信息，据以编制会计报表。由于某些业务核算内容复杂、繁多，于是专门建立起了对这些业务进行核算和管理的子系统，如固定资产子系统，存货核算子系统、成本核算与管理子系统等，以便进行有关业务的详细核算和管理，提供相关业务的详细会计信息，而总括核算仍然在通用账务处理系统中完成，所以账务处理系统的处理内容与范围，除包括总分类账外，还包括其他核算子系统设置的明细账以外的全部账簿、会计报表及其处理过程。此外还包括部分层次少、不单独设置子系统的账户，如现金、银行存款、应收账款、应付账款等科目的日记账与明细账，以及在某些子系统中不便于核算的内容，如销售核算子系统中除产成品核算与产品销售核算外的其他销售、营业外收入、营业外支出与财务成本核算也归入账务处理子系统处理。因此，通用账务处理系统又称为总账系统，它是会计信息系统的核心。

第一节 账务处理系统概述

一、账务处理系统的功能

会计信息系统是向企业内外有关部门提供企业经营成果和财务状况信息的数据处理系统，一个完整的会计信息系统由若干会计信息子系统构成，这些子系统包括工资核算、固定资产核算、材料核算、产成品销售核算、成本核算、账务处理、应收款应付款核算等。账务处理系统仅是整个会计信息系统的一部分。账务处理系统应符合国家现行的会计制度的规定，满足手工账务处理的各项要求。账务处理系统要涉及整个会计核算系统中的记账、算账、报账过程，以及会计数据处理中的凭证、账簿的处理等，因而账务处理系统是整个会计核算系统的中枢，它主要应具备以下功能：

(1)全面采集和输入会计凭证；

(2)对输入系统的记账凭证进行审核；

(3)正确有效地登记日记账、明细账和总账，完成结账工作；

(4)及时准确地输出各种账簿、凭证和报表；

(5)建立与其他子系统的数据接口,实现会计数据及时传递与共享。具体包括:

①接收其他核算系统的处理结果。由于材料、产成品销售、工资、固定资产等核算系统是账务软件的预处理模块,因此,账务系统软件应能够接收其他核算系统传递过来的数据信息。

②向其他核算系统提供基础数据信息。各系统模块需使用账务软件的有关信息,包括:凭证类别设置、科目设置信息以及其他形式的信息等。这样在进行凭证处理或信息传递时,可以保持数据流出与流入的一致性。

③向报表系统提供核算数据。报表系统通过采集账务软件总账、明细账及科目库中的各项信息,生成会计报表。因此,账务软件应提供数据出口,既能让报表软件读取数据,又不改变这些数据。

二、账务处理系统的特点

(一)规范性强,一致性好,易于通用化

账务处理系统的基本原理是复式记账法,它包括“有借必有贷,借贷必相等”、“资产 = 负债 + 所有者的权益”、“总账余额发生额必须等于下属明细账余额发生之和”等一系列基本处理方法。尽管不同的企事业单位由于业务量不同而选择不同的登记总账的方法,但最终的账簿格式内容都基本相同。正因为如此,账务处理在会计软件实现上易于商品化和通用化,无论是国内还是国外,市场上都可见到大量的账务处理软件包,各单位在开展会计电算化的工作中,可充分考虑利用这种软件包,经济迅速地建立自己的会计信息系统。

(二)综合性强,在整个会计信息系统中起核心作用

账务处理系统在整个会计核算系统中处于核心地位,其他核算系统只是局部反映企业经营过程中某个经营环节或某类经济业务,对账务软件所需数据进行预处理,而账务处理系统则是以货币作为计量单位,综合、全面、系统地反映企业供、产、销全过程的所有方面,账务处理系统需要把其他相关系统产生的综合数据转入进一步处理,以得到全面反映经济活动的总括信息。因此,账务处理系统产生的数据具有很强的综合性和概括性。

(三)信息公认性原则要求高

从输出的信息看,账务处理系统输出的内容主要集中反映企业的各项经济活动,不仅为企业的内部管理者提供可靠的决策信息,而且也要对财政、税务、金融、投资者等提供有用的信息。因而,要求账务处理系统必须严格按照公认会计准则、会计制度等要求来规范组织其数据体系,并保证账务处理数据的正确性、真实性以及账簿文件的规范性。而其他核算系统则可以根据企业核算要求在符合会计准则的前提下自行组织核算。

(四)输入输出频繁,与相关系统关系密切

账务处理子系统除直接采集部分原始数据进行加工外,还要把其他子系统处理后的综合性数据转来进一步处理,同时也要为其他子系统提供必要的数据。因此该子系统的输入、

输出较频繁,数据存储量大,数据的及时性和准确性要求高,与其他子系统的接口也比较多。在会计信息系统中,子系统划分得越多越细,那么账务处理子系统的范围就越小,但它与其他子系统的接口也越复杂。

(五)严密性强,保证数据的正确性和真实性

由于账务处理系统处理的内容除综合数据以外,还包括有关现金、银行存款收支等容易发生舞弊、贪污违法业务的数据处理,同时,其生成的报表还要提供给相关政府部门,因此在设计中,必须设置严密的内部控制与安全保密措施,以保证系统能安全、可靠地运行,保证账务处理系统的正确性和结果的真实性。

三、账务处理的主要内容

企事业单位在经济活动中,为了反映经济活动行为、过程及其结果,需要会计进行记账、算账、报账和用账,即进行账务处理,以便实现会计监督和控制。概括地说,账务处理是以货币为主要计量单位,对经济活动进行连续、系统、全面地记录、记账、算账和报账,业务流程如图 5-1 所示。

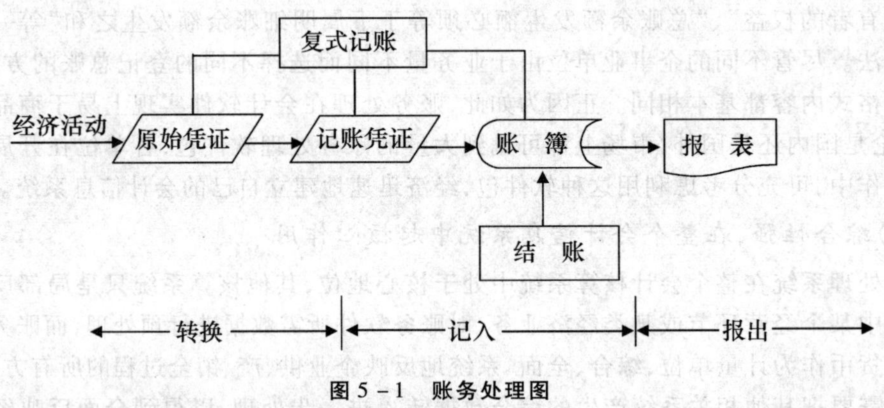

图 5-1 账务处理图

从图中可以看到,账务处理过程分为三个阶段。其中"转换"意为根据原始凭证填制记账凭证;"记入"意为根据记账凭证记账,即登记账簿;"报出"意为在会计数据记账后,定期(如每月末)进行算账与转账,然后编制会计报表即报账。

具体来说,主要内容包括:设置账户、填制和审核记账凭证、登记账簿、对账和结账、编制会计报表。

(一)设置账户

账户是对会计对象的具体内容进行分类、记录的一种工具。按照《企业会计准则》,会计对象分为资产、负债、所有者权益、收入、费用和利润六大类。这六大类也称会计要素,每大类根据经济内容可再细分为不同的账户。每个账户都严格地反映一定的经济业务,根据复式记账原理,所有账户相互联系、相互制约,从而组成一个科学、完整的账户体系。有了账

户,就可以对每项经济业务分门别类地登记与核算。

每个账户都有一个名称,即会计科目,用以说明该账户反映的经济内容。账户的格式分为左、右两方,按借贷记账法就是借方和贷方。每一方根据实际需要还可以细分为若干栏目项,用以登记经济业务及其所引起的各项会计要素的增加、减少及增减变动后的结果。账户所记录的金额内容有期初余额、本期增加发生额、本期减少发生额和期末余额,它们之间的逻辑关系为:

期末余额=期初余额+本期增加发生额-本期减少发生额。

账户按其所提供资料的详细程度可分为总分类账、明细分类账和二级账户。总分类账户(总账)也称一级账户,反映会计要素各具体项目的总括资料,只用货币作为计量单位;明细分类账户是根据总账核算的内容,按照管理要求详细具体的项目设置的,有的还要用实物计量单位来记录实物收入、发出与结存的数额;二级账户介于总账与明细账之间,常常是为了满足管理需要而设置,一般不单独进行核算。所以,总账是对明细账的统御,二级账是对其下属明细账的汇总,它们的关系必须明确。

复式记账是账务处理的一种专门方法,它是以会计等式为基础,对六类账户通过两个或两个以上相互联系的账户双重等量地记录经济业务的一种记账方式,使六类账户构成一个平衡、完整的记账体系。对每一个账户来说,本期增加发生额要么记在该账户的借方,要么记在贷方,而减少发生额则记在账户的另一方,即记账方向是不变的,对整个账户体系来说又是平衡的。因此,采用复式记账法,可以通过试算平衡关系来验证记账是否正确。

(二)填制和审核记账凭证

复式记账从填制和审核会计凭证开始,会计凭证是证明经济活动已经发生或完成的书面证明,是明确经济责任和登记账簿的依据,需经有关人员审核后才能记账及处理。

会计凭证按其填制的程序和作用可分为原始凭证和记账凭证。原始凭证是经济活动执行或完成时取得的最初书面证明,按其来源可分为外来原始凭证和自制原始凭证,经专人审核有效后才能编制记账凭证。记账凭证按其反映的业务内容分为收款凭证、付款凭证和转账凭证,或根据单位业务规模与管理要求再进行分类,如收款凭证又可以分为现金收款凭证和银行收款凭证两种。每张记账凭证都要填明经济业务的内容、应借、应贷会计科目及其金额,有的还需填写所涉及单价、数量、汇率、外币结算方式、票据号与往来单位等内容,以便进行辅助账核算,满足管理的需要。

(三)登记账簿

登记账簿简称记账,就是在账簿上连续、完整、科学地记录与反映经济活动。登记账簿以记账凭证为依据,按业务发生的时间顺序,既要记总账,又要记明细账,有的还要记辅助账。总账和明细账通常由不同的会计人员登记,这是确保记账和核算正确的一种内部控制手段。

根据复式记账原理,借贷记账法的记账规则是:有借必有贷,借贷必相等,即对任何一项经济业务都要在两个或两个以上相互关联的账户中记账，分别记入借方和贷方，并且记入借方和记入贷方的金额必须相等。

(四)对账和结账

为了保证账簿记录和会计报表数字真实可靠，要定期地进行对账与财产清查，经常将各种账簿的记录及有关实物核对清楚，使账证相符、账账相符和账实相符。

为了总结某一时期(如月份、季度或年度)经济活动和财务收支情况，必须定期进行结账。在把这一时期内所发生的经济业务全部登记入账的基础上，将各种账簿记录结算清楚，即计算各账户本月及累计的借方、贷方发生额及余额，编制总账科目和明细科目余额表，以便据此编制会计报表，并确保整个账户体系的平衡与完整。

(五)编制会计报表

编制会计报表是定期总括地反映经济活动和财务收支、考核计划、预算执行结果的一种专门方法。它以账簿记录为依据，通常在会计期终如月末、季末或年末结账后编制，以便反映企业的财务状况和经营成果。账务处理中涉及的主要会计报表有资产负债表、利润表和财务状况变动表等。

四、账务处理的业务流程

(一)手工业务处理流程

账务处理的会计核算形式是账簿组织、记账程序和记账方法综合运用的方式。账簿组织是指账簿的种类、格式和各种账簿之间的相互关系，记账程序和记账方法是指会计凭证的填写、审核、传递、账簿登记、对账、结账和根据账簿编制会计报表的程序和方法。由于各单位的行业不同，业务性质、规模及管理要求亦不同，因而形成了不同的会计核算形式。常用的账务处理会计核算形式有五种：记账凭证核算形式、汇总记账凭证核算形式、科目汇总表核算形式、多栏式日记账核算形式和日记总账核算形式。图 5－2 是科目汇总表账务处理核算形式的业务流程图，即现行手工系统的模型。

科目汇总表账务处理核算形式的核算过程与特点是：

(1)根据原始凭证或原始凭证汇总表以及有关计算表编制记账凭证，记账凭证根据管理与核算要求可以再分类。

(2)根据收款凭证和付款凭证登记现金日记账和银行存款日记账，根据转账凭证登记有关明细账以及有关辅助账。

(3)根据记账凭证编制科目汇总表，由科目汇总表登记总账。科目汇总表是对一定时期(如每天或每几天)或一定数量(如一册 50 张)的记账凭证，按照相同的科目(一级科目)归类，并汇总各科目的借方发生额与贷方发生额，汇总结果填入科目汇总表。科目汇总表的格式见表 5－1。根据科目汇总表登记总账。总账每次登记完毕，应该结算出各科目的借方或贷方余额。总账的格式见表 5－2。

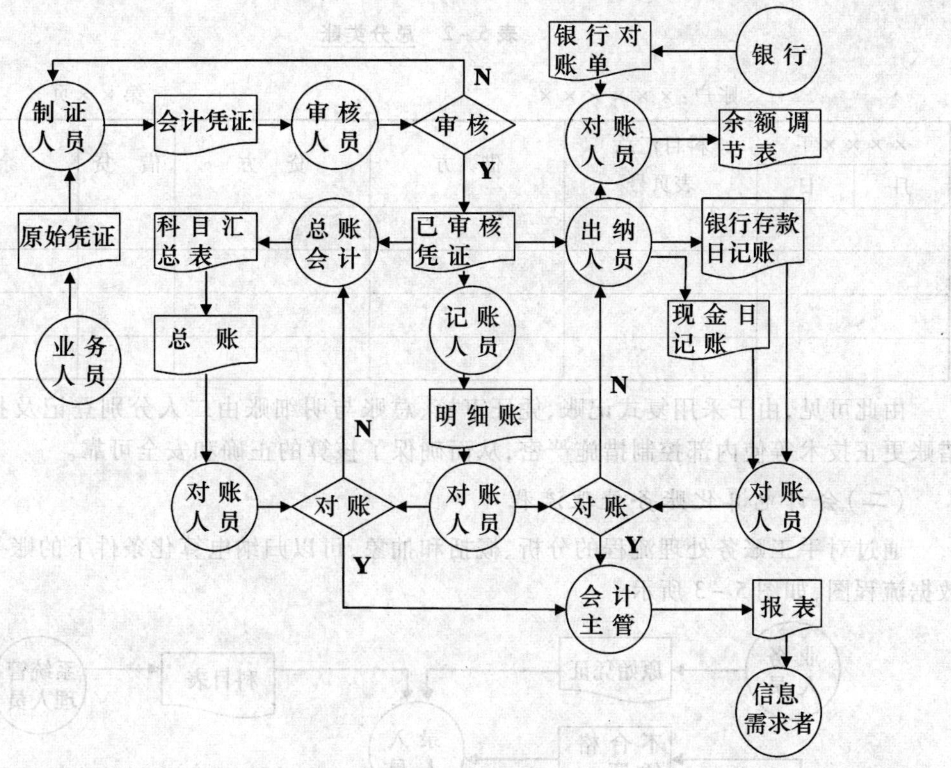

图 5-2 账务处理业务流程图

(4)定期或随时进行扎账，即核对总账对明细账的统御，发现差错及时更正。月末在本月所有凭证记账完毕后进行结账，结算所有科目本月借方发生额、贷方发生额与余额，以及本年借方、贷方累计发生额，并编制总账科目余额表和明细科目余额表。

表 5-1 科目汇总表

××××年××月××日至××日

会计科目	账页	本期发生额		记账凭证起止号数
		借 方	贷 方	

(5)结账后根据总账与明细账本月及本年(累计)借方发生额、贷方发生额与余额，以及有关补充资料，如上年日期数、计划数或职工人数等数据，编制会计报表。

表 5－2 总分类账

账户：××××××　　　　第××页

××××年		科目汇总表页号	借方	贷方	借贷	余额
月	日					

由此可见，由于采用复式记账、凭证审核、总账与明细账由二人分别登记及扎账、结账、错账更正技术等使内部控制措施严密，从而确保了核算的正确和安全可靠。

（二）会计电算化账务处理流程

通过对手工账务处理流程的分析、概括和抽象，可以归纳电算化条件下的账务处理系统数据流程图，如图 5－3 所示。

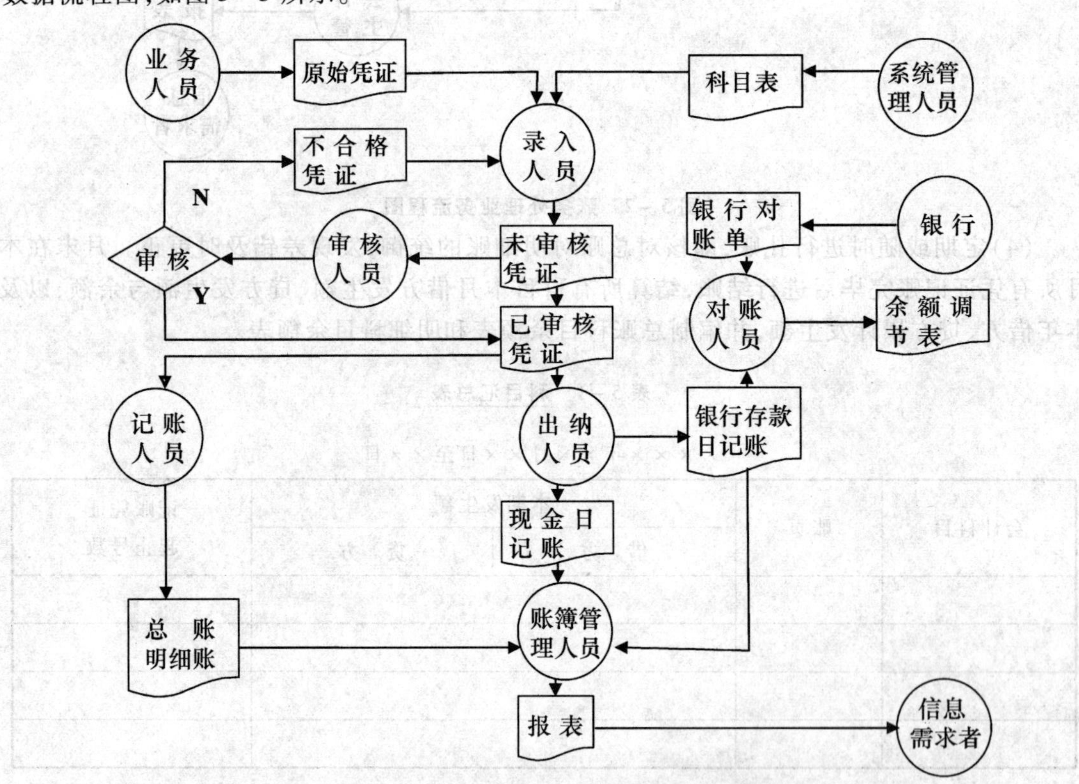

图 5－3 电算化账务处理系统业务流程图

(三)账务处理系统手工处理与计算机处理的比较

比较图5－2和图5－3,我们发现电算化账务处理流程和手工账务处理流程有如下区别。

1. 数据处理的起点发生了变化

电算化条件下,账务处理软件的原始数据来源于记账凭证(包括收款、付款、转账凭证),而手工条件下,最初的原始数据是原始凭证。因此,根据原始凭证编制记账凭证这一步骤在电算化条件下仍需由手工完成。计算机不用原始凭证输入数据的因素有下列两个方面:

(1)原始凭证不规范,不便于计算机输入,各单位的发货票、出差报销的车票、飞机票、借条等都是原始凭证,这些原始凭证尺寸不一致,反映经济业务的方式也不一致。输入账务软件的凭证主要用于记账,因此,要求凭证上有经济业务发生的日期、描述经济业务的摘要、借贷方科目等,原始凭证上或者没有上述信息,或者信息不全,因此,用原始凭证作为输入数据必然有很多困难。此外,原始凭证数量很多,不经整理就输入,势必加大输入工作量。目前,国内外的商品化账务处理软件基本上都用记账凭证输入数据,只有少量专用账务处理软件和拥有 MIS 的单位用原始凭证作输入数据。

(2)原始凭证往往具有很强的法律效力,比如有当事人的签字或当事单位的公章,有责任条款。有些原始凭证要求比较严格,不允许在其上添加其他内容,比如支票、付款委托书等。而要作为输入用的数据,就需要加上诸如凭证号、借贷方科目之类的信息,因此原始凭证作为输入数据有违反制度之疑。所以,要求先整理成记账凭证,再输入计算机。

电算化条件下,既然以记账凭证作为输入数据,那么,能否用计算机打印的记账凭证代替手工填制的收付转凭证呢?这要看打印出的记账凭证上有关责任人的签章是否齐全,如果齐全,就可以用打印出的记账凭证作为正式的会计档案保存。通常转账凭证容易用打印的凭证作正式档案,而收付款凭证牵涉到的责任人较多,不太容易做到打印后签章齐全。

2. 无账证、账账核对的必要

手工条件下,总账、明细账、日记账由许多会计人员分别登记,尽管其数据都是来自记账凭证,但由于人们在计算、汇总、抄写等过程中有可能发生错误,导致账证不符或账账不符,所以必须月底进行账账核对,直到所有的总账和明细账、日记账相符为止。计算机环境下,既然数据出自一处,计算机又不会发生计算、汇总和抄写等错误,结果必然账账相符、账证相符,所以没有必要进行核对。

3. 记账含义不尽相同

手工条件下,记账指登记明细账、日记账和总账,是由不同人员按照不同的科目,分别在不同的账册上加以记录。在计算机环境下,记账仅仅是一个数据处理过程,通过记账这一步骤,使已审核的凭证数据输入凭证库,成为正式的会计档案,记账后的凭证不允许直接修改。

4. 账表存在形式发生了变化

账表存在形式发生变化包含两方面的含义:

(1)账表的储存介质有手工处理方式下的纸张介质变成了计算机处理方式下的磁介质,因此,会计档案的保管要求、审计方法都发生了重大的变化。

(2)类似手工的账表格式和内容在计算机中往往不是永久存在的,而是在需要查询打印时临时生成的,这样做既不影响使用者获得资料的速度,又能保证数据的准确性和时效性,同时还可以节约计算机存储空间。

需要说明的是,基于磁性介质保管要求及其他原因,财政部要求定期将有关账表打印输出。

5.资料的积累和查询更加方便

计算机条件下查询历史会计数据,不需要一本本翻阅账簿,只需要输入查询条件就可以快速准确地查找有关资料,而且还可以按多种途径实现账簿、凭证联查和复合条件查询,为财务分析打下良好的基础。

第二节　系统初始化

系统初始化是会计信息系统初次使用时,根据单位的实际情况进行参数设置的过程。系统初始化是一项非常重要的工作,它是整个会计信息系统运行的基础,这项工作的好坏直接影响到会计信息系统的质量及其运作,因此,必须认真做好系统初始化工作。

一、会计资料的准备

(一)账套的基础信息

账套是存放会计数据的文件,一个账套只能存放一个会计主体的业务资料。首先要确定账套的名称,在报表、账簿和其他资料打印输出时使用。建账前要了解企业采用的是哪一种会计分期,以及从哪一个会计期间开始启用账务处理软件处理会计业务。

许多软件都提供了多种外币核算功能,以此应该指定一种货币作为记账本位币,其他币别必须以记账本位币为基础进行折算。

(二)会计科目及其体系结构

根据本单位的会计核算要求和账务处理软件的规定重新整理会计科目,制定会计科目编码方案。具体包括:科目编码、科目名称、科目类型、科目余额等。会计科目是账务处理软件进行账务数据处理加工的主要依据之一。为此,会计科目设置应力求简便、全面而又科学。会计科目余额则需要根据会计科目编码方案重新进行调整。

设置好科目代码对会计实现电算化非常重要,为此还要弄清两个问题。

1.为什么要对科目编码

手工账务处理时,会计科目均以文字形式表示,除一级科目由财政部或其他部门统一规

定代码外,二级以下的明细科目均无代码。这种文字形式的科目对于计算机处理来说至少有三个缺点:

(1)文字形式的科目名称较长,计算机账务处理软件中,几乎每个文件都用到会计科目,使用文字形式的科目,必然占用大量的存储空间,浪费计算机外存。

(2)科目在账务处理软件中用于对经济业务进行分类,是某类经济业务的分类标志,要求具有准确性、确定性和唯一性,保持前后一致。对于计算机来说,文字型的科目有二义性,文字中多一个空格或少一个空格,计算机就会认为是两个不同的科目,因此,文字型的科目不便于计算机分类处理。

(3)凭证中的会计科目需要人工输入,文字型的科目不便于提高输入速度。

对会计科目编码后,能从根本上克服上述三个缺点,便于账务处理的电算化。

2. 会计科目的编码方式和编码要求

会计科目通常采用群码的方式,这是一种段组合编码,每一段有固定的位数,第一段表示一级科目代码,第二段表示二级明细科目代码,第三段表示三级明细科目代码,以此类推。

科目代码的结构指科目代码结构分几段,每段有几位。比如:4—2—2 结构,表示科目代码共分三段,每段的位数分别为 4 位、2 位、2 位。例如:可以用“55020107”表示“管理费用—公司经费—办公费”。科目代码的结构限制了账务处理软件核算的深度和某级总账科目下的明细科目个数。比如:4—2—2 结构的科目代码,如果采用全数字编码,那么,最多只能核算到三级明细账,同一级总账科目最多只能下设 99 个二级明细科目,同一个二级明细科目只能下设 99 个三级明细科目。因此,科目代码结构对整个账务处理软件的核算能力有至关重要的影响。

大多数会计软件都提供科目代码结构的定义功能,由使用者确定本单位科目分几级,每级采用几位代码。

(三)会计科目余额

为了实现手工管理的账簿数据与计算机管理的账簿数据的衔接,保证其联系完整性,初次使用账务系统时,应将手工环境下各科目期末余额整理好,编制科目余额表,以便输入到计算机环境下账务处理系统中作为期初余额。主要是要整理出各明细科目期初余额,若使用账务处理软件提供的辅助核算处理功能,还需整理出辅助账的期初数据。如:待清理的往来款项,数量辅助核算账的数量和单价,外币辅助核算账的外币余额和比价等。有银行对账要求的,还要按银行对账模块的功能要求整理出各个银行往来账户的企业未达账项、银行未达账项及余额等。

(四)确定账务处理人员分工

实现电算化后,人员分工要求更加严密,因此需对每个人的职权重新进行确定,以明确职责,保证账务处理软件的正确安全。

(五)其他基础数据

针对企业会计核算和管理的要求,结合所使用的软件,确定其他基础数据。

(1)记账凭证类型。通用账务处理软件通常提供有凭证分类功能,有些单位将记账凭证分为收款凭证、付款凭证和转账凭证,有些单位将记账凭证分为"现收"、"现付"、"银收"、"银付"和"转账"等五种凭证类型,也有的不分类型,统称"记账凭证",电算化后,凭证类型可根据计算机的特点以及人员分工重新进行分类,也可直接使用手工方式下的分类方法。使用者要本着科学、规范、方便的原则确定记账凭证类型。

(2)结算方式。建账前需要把企业使用的结算方式整理出来并进行编码。

二、软件安装

账务处理软件大都保存在计算机软盘或光盘上,在使用前,一般需将账务处理软件安装到计算机硬盘上,软件安装大多采用软件的安装程序,使用者可按软件操作使用说明书中的安装过程进行安装。

需要注意的是:系统安装一般有次序的,使用者一定要按规定的先后次序进行安装,同时,安装时还要注意环境适配等等。

三、系统初始化要完成的基础设置

在手工方式下,开始进行会计数据处理前,应设置会计科目、确定所用凭证类别、确定记账程序、结转期初余额等。在电算化方式下,系统初始化是账务处理软件的基本功能,用以完成计算机正确处理会计数据的前期准备工作。

由于系统初始化工作中的一些初始项目的设置只能在第一次使用时确定好,以后不容修改,所以使用者要特别认真对待。

(一)设置参数

首次使用账务处理软件时,应确定软件启用时间、使用单位、科目编码规则、账簿格式、凭证分类等内容,因为这些内容决定软件在进行会计数据处理时的处理方式以及数据输入输出形式等,所以设置参数工作至关重要。

1. 设置系统使用时间

系统使用时间是手工方式与计算机核算方式转换的起点,对于保证会计数据的延续性有重要意义。

2. 确定系统使用单位(也称设置账套),对操作人员进行权限划分

确定使用单位的目的是定义会计核算主体,便于在显示及打印时应用(账套是指相互关联的账务数据构成一套账。一般单位只有一套账,也有的有几套账,如预算内账,预算外账等)。

设置完账套后,要对操作软件的会计人员进行设置与权限划分,以符合会计制度的要

求，主要包括设置操作员姓名、权限及口令。

3. 设置科目级长

根据需要设定科目分为几级，每级长度为几位（编码规则及科目编码设置的含义在前面已经介绍）。

4. 设置打印方式

有些系统提供了多种打印方式，如套打、非套打，使用者可进行选择。

（二）设置账簿

设置账簿功能应用的结果，相当于手工方式下到商店购买各种空白账簿。第一次使用账务处理软件或是在旧的会计年度结束新的会计年度开始时，都需要调用“设置账簿”功能，设置新年度的账簿。

在执行此功能时，软件要求输入建账的会计年度，然后软件自动检测该会计年度是否已建立账务文件，如果没有该年度的账务文件，就会建立所有的文件；如果该会计年度已有账务文件，软件将在确认后，重新建立该年度的所有文件，重新建账将覆盖掉所有该年度的账务文件，因此对本功能进行操作时一定要小心。

（三）设置凭证类别

许多单位为了便于管理或登账方便，一般对会计凭证进行分类编制，但各单位的分类方法（标准）不尽相同，所以一般系统中将提供“凭证类别定义”功能，使用者完全可以按照本单位的需要对凭证进行分类。

（四）设置结算方式

任何单位的会计业务均有银行往来业务，且这类业务需要经常对账，一般情况下，银行往来的各种结算方式相对稳定，且结算方式种类有限，为便于管理和提高银行自动对账的效率，软件要求使用者对银行往来的结算方式加以设置。这里的设置应保持和银行对账单上的结算方式一致。

（五）设置结账日

结账日期即每月月底结账的日期。比如有些单位因工作性质的原因，在每月 25 日结账，26 日至月底发生的业务则记入下一个月的账簿中。

结账日期只能在年初设定，年中不允许改变，否则将造成数据归集错误。

四、账簿初始化的步骤

账簿初始化是账务处理软件用来建立账务处理所需数据文件的功能。主要包括：设置科目（账户）、登录期初余额、其他初始处理等。

第一次使用账务处理软件时账簿初始化步骤为：

设置账簿→调整会计科目→录入科目余额→往来目录管理→录入往来期初数→录入银行未达账→设置转账凭证→日常账务。

设置账簿→调整会计科目→年初转账→调整科目余额→调整往来目录→调整往来期初数→调整银行未达账→调整设置转账凭证→日常账务。

(一)设置会计科目

"设置会计科目"功能实现对会计科目的管理,使用者可以根据需要设置适合自身业务特点的会计科目,每个使用者设置的会计科目的数量基本不受限制。使用者在这里可以方便地增加、插入、修改、删除、查询、打印会计科目。

(二)基础数据初始录入

这一项实际包括"年初结转"或"录入科目余额"。

1.年初结转

在旧的会计年度结束,新的会计年度开始时,为保持会计数据处理的连续性,上一年度的会计账簿期末余额应结转为新会计年度的账簿期初余额,如果系统中没有上一年度的数据文件将不能进行转账,如果有上一年的数据文件,使用者在做完会计科目的重新调整后可执行此功能结转上年余额。

选择此功能后,系统将自动结转各账户余额,包括外币数量余额,往来未达账、各部门各账户余额、项目账余额、银行往来未达账、科目余额等,第一次使用账务处理软件,或没有上年数据,不能使用此功能。

2.录入科目余额

如果是第一次使用账务处理软件,必须使用此功能输入科目余额。如果系统中已有上年的数据,在使用"年初转账"功能后,上年的账户余额将自动结转下年,使用者只需将科目的余额填入对应栏目内即可。

一般格式如下:

科目编码	科目名称	方　向	年初余额
1001	现金	借	300.00

(三)其他初始化工作

(1)如果同时使用账务处理软件中的银行对账功能,还应当将开始使用账务处理软件前的银行未达日记账和对账单未达业务分别录入;

(2)若有外币核算,应设置好外币币种及记账汇率;

(3)如果应用往来账辅助核算功能,应事先确定往来客户编码,录入往来业务日期和余额。

第三节　日常账务处理

系统初始化工作完成以后,就可以使用会计软件处理日常会计业务。账务处理系统的日常处理主要是根据会计业务资料,利用账务处理软件完成凭证的编制、审核、记账和结账工作。

一、填制凭证与修改凭证

在手工账务处理方式下,日常工作量主要集中在填制记账凭证。在实现计算机记账后,填制记账凭证显得更为重要,使用者应确保这一工作的质量。在实际工作中,使用者可直接在计算机上根据审核无误准予报销的原始凭证填制记账凭证(前台处理),也可以先由人工制单而后集中输入(后台处理)。使用者采用哪种方式可根据本单位实际情况,一般来说业务量不多或基础较好或使用网络版的使用者可采用前台处理方式。而在第一年使用或人机并行阶段,采用后台处理方式较为合适。

电算化后,不用考虑所有凭证类型和凭证格式,目前的账务处理软件通常采用的方法是:允许使用者根据需要设置凭证类型,但所有凭证类型均采用统一的凭证格式。

格式中已经包括了凭证输入所必需的所有项目,与手工填制凭证的项目是一样的。这里应特别注意的是,在填写科目时,只需填写明细科目,而且可以有软件提供的参照功能输入,另外科目的输入既可以用代码也可以用汉字。

如果发现已存入计算机的凭证有误,则应在该凭证审核记账前,直接修改,但审核记账后的凭证只能红字调账,不能直接修改。

二、凭证的查询与审核

所有已输入计算机的凭证不管是否记账都可以随时查询,凭证查询功能可以帮助使用者灵活、方便、快速、有效地对所需的未记账凭证和已记账凭证进行查询。

复核凭证就是复核人员按照财会制度,对制单人员填制的会计凭证进行检查核对。主要审核记账凭证是否与原始凭证所记录的信息相符,会计分录是否正确等。发现错误或有异议的凭证,应交与填制人员修改后,再复核,只有有复核权的人才能使用本功能。

复核功能应用中的控制:

(1)无论是复核签字还是取消复核,复核人和制单人不能是同一个人。

(2)凭证一经复核,就不能修改、删除,只有取消复核后才可以。

(3)取消复核只能由复核人自己进行。

(4)采用手工制单时,在凭单上复核完后还须对录入机器中的凭证进行复核。

三、记账

记账凭证经复核签字后,就可以据此登记有关账簿,包括各种总分类账和明细分类账、日记账、往来账、银行账等。记账处理的步骤:

1. 选择记账的凭证范围

选择记账功能时,系统首先要求使用者选择记账的凭证范围。经选择后即可继续操作。

2. 记账凭证的检验

该功能主要检验记账凭证是否有不平衡情况。虽然在填制凭证和复核凭证时对凭证的合法性和平衡问题都做过检查,但为防止病毒感染和非法操作发生,系统记账前再统一做此项工作,以保证系统正常运转。如果系统发现不平衡凭证就将不平衡凭证的凭证类别及凭证号显示给使用者,同时显示出不平衡的金额。当所有选择范围内的凭证检验通过后,就可以进行下一步工作。

3. 记账

系统将首先做硬盘备份,这里只备份与记账有关的数据库的数据,这样做的目的是为了防止记账过程被中断,一旦断电或其他原因造成记账过程中断后,可以调用"恢复记账前状态"恢复这部分数据,然后重新记账。一切准备工作完毕后,系统开始登录有关的总账和明细账,包括正式总账,明细账,数量总账与明细账,外币总账与明细账,个人往来总账与明细账,单位往来总账与明细账以及银行往来账等有关账簿。

记账中应注意的几个问题:

(1)上月未结账时,本月不能记账。

(2)有不平衡凭证时,不能记账。

(3)在记账过程中,不得中断退出。

(4)如果记账中断是发生在做记账前备份时,使用者可直接重新记账,而不能调用"恢复记账前状态"功能,然后再重新记账;如果记账中断是发生在正在登记××账时,使用者须先调用"恢复记账前状态"功能,然后再记账。

(5)记账操作可以一天一执行,也可以多天一执行。

四、对账与结账

(一)对账

对账是对账簿数据进行核对,以检验记账是否正确,以及账簿是否平衡。该功能主要完成账证核对,账账核对。一般来说,实行计算机记账后,只要记账凭证录入正确,计算机自动记账后各种账都应该是正确的、平衡的,但由于非法操作或计算机病毒或其他原因,有时可能会造成某数据被破坏,由此引起账账不符。为了保证账证相符、账账相符,使用者应经常使用对账功能进行对账,一般可在月底结账前进行。

(二)结账

在手工会计处理中,都有结账过程,用于终结某月的账务处理。在计算机会计处理中也应有这一过程,以符合会计制度的要求,因此,系统提供"结账"功能。结账只能每月进行一次。

结账功能一般进行如下控制:

(1)上月未结账,则本月不能结账。

(2)上月未结账,则本月不能记账,但可以"填制凭证"、"复核凭证"。

(3)本月还有未记账凭证时,则本月不能结账。

五、账簿输出

账务处理软件的最终目标是产生各种账簿数据及账页,所以账簿输出就是系统根据企业管理及会计制度要求对账簿文件进行排序、检索和汇总处理,最后得出所需账表的过程。主要包括:账册的屏幕显示输出、账册的打印输出和账册的磁盘输出。前两种输出比较常见,在软件中又称为账簿查询及账簿打印。

(一)账簿查询

账簿查询就是按照给定的条件查找满足条件的账簿,并在屏幕上显示出来的过程。账务处理软件的查询一般包括:总账查询、日报表查询、日记账查询、明细账查询等。

查询方法主要有指定条件查询和组合条件查询。指定条件查询在输入查询条件的指定具体的条件进行查询,如查询某一总账科目的当年的全部记录。而组合条件查询则是同时指定两个以上条件进行筛选查询(也可称为模糊查询),如查询某日期发生额在一定范围的记录。

(二)账簿打印

账簿查询是以屏幕显示的形式,为会计资料的需求者输出数据信息。而账簿打印则是利用打印机将计算机中的会计信息输出到纸上形成账簿档案,便于企业长期保存。一般情况下账务处理软件都为使用者提供了账簿打印输出功能,应用时按系统的提示操作,就可完成打印。

(三)其他查询输出

除了必须输出日记账、明细账和总账外,几乎所有的账务处理软件都能提供更多的输出经济业务的方式,以实现快速检索。这些输出方式有的软件叫组合条件查询,有的软件叫综合查询,还有的软件叫模糊查询。这些查询功能一般均能实现按摘要查询、按日期范围查询、按金额大小查询、按支票号查询、按经手人查询等等,或同时实现按多项条件查询经济业务。

第四节　出纳管理

账务处理系统的出纳管理主要是完成现金日记账、银行存款日记账的登记与管理，另外一个重要工作还有进行银行对账。

企事业单位的大量经济业务要通过银行结算，银行要为每个单位记载这些经济业务，银行对账是指将银行记载的银行存款收付记录和单位自己登记的银行日记账相互核对，银行与企业间由于记账时间不同或其他原因会形成一方已记录入账另一方未记录，这种一方已入账而另一方尚未入账的项称之为未达账项。可能有四种类型的未达账项：

1. 银收我未收未达账项

指银行已收到款项并做了记载而单位银行日记账未做记载的经济业务。

2. 银付我未付未达账项

指银行已支付款项并做了记载，而单位银行日记账未做记载的经济业务。

3. 我收银未收未达账项

指单位已收到款项并在银行日记账中做了记载，而银行未做记载的经济业务。

4. 我付银未付未达账项

指单位已付款项，并在银行日记账做了记载，而银行未做记载的经济业务。

前两种业务称银有我无业务，后两种业务称我有银无业务。

产生未达账项的根源是多方面的，主要有二类：

(1)时间上的延误，比如银行收到款项后未及时通知单位，形成银收我未收未达账项；再如单位取到支票后未及时送到银行形成我收银未收未达账项。

(2)记录上的错误，比如单位错把银行收款业务记到了现金日记账上形成银收我未收未达账项。记录上的错误有可能是无意的分类抄写错误，也可能是有意的资金挪用或贪污。

银行对账的目的就是要核对出未达账项，找出未达账项的根源，防止有意无意的错误。对于长期未对上账的未达账项，更应引起警惕。

把所有的银行未达账项整理出来，就可以产生银行存款余额调节表(见表5－3)。

银行对账工作由企事业单位的出纳人员完成。银行定期给企业发送(或由企业领取)反映银行收付业务的银行对账单，出纳人员把银行对账单与单位的银行日记账进行核对，找出未达账项，编制银行存款余额调节表，并送交银行。为了用计算机辅助完成银行对账工作，软件一般设如下几项功能：初始化余额调节表，输入对账单，自动银行对账，手工核销未达账项，余额调节表输出。

表 5-3 银行存款余额调节表

企业数					银行数				
日记账面余额					银行对账单余额				
日期	摘要	结算凭证号	+银收我未收	-银付我未付	日期	摘要	结算凭证号	+我收银未收	-我付银未付
合计					合计				
调整后的单位账面余额:					调整后的银行余额:				

一、初始化余额调节表

如果准备用计算机从某一个月开始银行对账,则必须将该月前的最后一张余额调节表上的未达账项全部录入计算机(初始化工作),在此基础上再录入对账单,并和日记账对账,才能保证产生的余额调节表是平衡的。

二、输入对账单

通过此功能,把银行给企事业单位的对账单输入计算机,存入“对账单文件”。

由于我国大部分地区还没有实现银行与企事业之间的联网,大部分银行只能以书面的形式将对账单交企事业单位,然后把对账单输入计算机,存入“对账单文件”,以实现自动对账。如果银行用软盘或通过计算机网络将对账单传送给企事业单位,就可极大地减少人工输入的工作。

三、自动银行对账

由计算机自动在“对账单文件”和“银行日记账项文件”中寻找完全相同的经济业务予以核销。所谓完全相同的经济业务是指经济业务发生的时间、内容、摘要、结算票据号、金额都相同的经济业务。由于同一笔业务在银行和单位日记账上分别由不同的人记载,经济业务发生的时间、摘要等不可能一模一样,所以比较经济业务是否相同的标准(也称匹配标准)只有票据号(如支票号)和金额。对于没有票据号的经济业务,只能看金额是否相同。通常情况下,可由计算机先比较票据号和金额,核销掉相同的经济业务下的经济业务,再用金额作匹配标准进行匹配。

无论同时用票据号和金额作匹配标准，还是只用金额作匹配标准，都可能有下列几种情况：

(1)“对账单文件”中一条业务记录只和“银行日记账未达账项文件”中一条业务记录相同。

(2)“对账单文件”中一条业务记录和“银行日记账未达账项文件”中多条业务记录相同。

(3)“对账单文件”中多条业务记录和“银行日记账未达账项文件”中一条业务记录相同。

(4)“对账单文件”中多条业务记录和“银行日记账未达账项文件”中多条业务记录相同。

以上四种情况中，只有第一种情况计算机能自动核销已对账的记录，后三种情况均需人工帮助挑选相应的业务。所以，计算机自动银行对账实际上是半自动的。

四、手工核销未达账项

有些经济业务是不可能通过“自动银行对账”模块核销的。比如卖给某单位一台计算机和一台复印机，形成一笔收款业务，在银行日记账上，出纳人员记了两笔业务(两个记录)，而银行只记了一笔业务(对账单上只有一个记录)，由于金额不同，计算机永远发现不了它们是相同的经济业务，只能用强制的方式由人工核销这两笔业务，这就是“手工核销未达账项”的作用。

五、余额调节表输出

把“对账单文件”和“银行日记账未达账项文件”中没有核销的经济业务整理出来，即可产生银行存款余额调节表，该表中最后一行调整后的日记账账面余额和银行余额必须相等，否则说明银行对账有错或数据输入有错。

现在，大部分单位同时有几个银行账号对账，即允许输入不同账号的对账单，分别进行不同账号的对账，最后产生不同账号的银行存款余额调节表。

第五节　期末处理

期末处理即期末会计业务处理，是指会计人员在每个会计期末完成的一些特定的会计处理工作。期末处理一般包括自动转账、期末调汇、结转期间损益、对账和结账。期末处理每个会计期间只能做一次，并且每个会计期末必须做一次。期末会计业务种类复杂，工作量大，但是每个会计期间有许多会计业务都是相对固定的，具有较强的规律性，容易形成有规律的处理。因此实现会计电算化后，可以将这些相对固定的业务预先定义好框架，让计算机根据预先定义的账户结转关系进行处理。这样不仅减轻了会计人员的工作量,而且可以加强会计核算的规范性。应该注意的是,在期末处理工作之前,应将本会计期间的未记账凭证全部审核记账。

一、自动转账

在会计业务中,存在一类凭证(多为转账凭证),它们每月有规律地重复出现。

例1.每月提取折旧费

借:管理费用——折旧费 A1

制造费用——折旧费 A2

销售费用——折旧费 A3

贷:累计折旧 A1 + A2 + A3。

例2.每月预提修理费用

借:管理费用——修理费 B1

制造费用——修理费 B2

贷:预提费用——修理费 B3。

例3.每月交纳营业税金

借:主营业务税金及附加——营业税 C1

贷:应交税费——应交营业税 C2。

例4.月底结转管理费用

借:本年利润 D1 + D2 + D3 + D4

贷:管理费用——折旧费 D1

管理费用——修理费 D2

管理费用——办公费 D3

管理费用——广告费 D4。

上述类型的凭证很多,它们的摘要、借贷方科目固定不变,金额的计算方法也基本不变,因此,我们可以把此类凭证的摘要、借贷方科目、金额的计算方法预先存入计算机中,我们将其称为“自动转账分录”,简称“自动记录”,每个自动转账分录用一个分录号标志。每月产生此类凭证时,通过分录号调出自动转账分录,并根据预先定义的金额计算方法由计算机自动填制金额,产生凭证。这样,就不必每月重复输入此类凭证,从而节省输入工作量。

将凭证的摘要、借贷方科目、金额计算方法存入计算机的过程称为定义自动转账分录。根据自动转账分录产生转账凭证的过程称为自动转账。由自动转账产生的凭证称为机制转账凭证,简称机制凭证。

自动转账是使用电子计算机后出现的新概念,国外已广泛使用,我国新研制的账务软件也开始考虑这一功能。

(一)自动转账分录的定义

可以在账务处理软件中设立专门文件存放自动转账分录。该文件存储的内容见表5－4。

表5－4 自动转账分录文件

序号	项 目	说 明
1	分录号	
2	摘要	
3	借贷标志	
4	科目代码	
5	金额计算公式	描述金额的产生方法
6	最后一次使用日期	最后一次用于编制机制凭证的日期

自动转账分录的定义指在表5－4所示的文件中增加分录、删除分录、修改分录或对自动转账凭证临时分录进行查询、打印等。

自动转账分录中的摘要、借贷标志、科目代码在产生机制凭证时直接作为凭证的内容存入凭证临时文件或流水账文件。

金额计算公式描述金额的计算方法，在产生机制凭证时，计算机据此公式计算出金额，存入机制凭证的金额栏。如何设计金额计算公式是自动转账的关键，公式设计得好，自动转账应用的范围就大，甚至可用于简单的成本计算，否则，只有少量业务可用自动转账。

(二)自动编制凭证

根据表5－4中的自动分录就可以编制记账凭证(常称为机制凭证)。

自动转账机制凭证可以单独编号，例如可按"机制1"、"机制2"等序列编号，也可和已有类型的凭证一起连续编号。

机制凭证是否应像普通凭证一样，经过审核才能入账呢？如果机制凭证先审核再入账当然合理合法，但不审核能否直接入账呢？我们认为关键在于自动分录定义的正确与否，应该把正确性和合法性控制放在自动分录定义部分，在定义的模块中过审核关，只要保证自动分录定义的正确可靠，机制凭证就可以不经审核直接入账，这种把控制措施提前实施的方法无论对数据处理的可靠性还是方便性都是十分有益的。

(三)自动转账的妙用

根据前面的介绍我们知道，凡是每月重复出现的，借贷方科目、摘要和金额计算方法固定的凭证都可先定义成自动分录。会计实务中，大部分转账凭证都具有上述特征，所以自动转账设计得好，可使每月转账凭证的输入量降低到最少。

(1)结账工作的一项重要内容是编制结账凭证,结账凭证通常可以定义成自动分录,因此,可用自动转账取代每月月底手工编制结账凭证的做法,提高结账效率。

(2)成本计算的实质是费用的归集和分配,如果我们能够把科目设到成本项目,成本计算就变成了把费用归集到有关科目中的处理。这一过程的本质是编制一系列费用分配凭证,这些凭证如果都能变成自动分录,就可用自动转账进行成本计算了。这样,那些成本计算方法比较简单,产品比较单一稳定的企业,就可采用自动转账计算成本。

(3)账务处理软件外的其他软件每月都以凭证的方式向账务处理软件传递数据,这些凭证都可设计成自动分录,因此,可采用自动转账方法统一实现各软件向账务处理软件传递凭证的工作,而不必每个软件专设凭证传递接口。

自动转账的运用可以极大地提高账务处理软件的作用效率。在账务处理软件运行初期,可以不使用或少使用自动转账功能,随着软件应用的深入,逐步增加自动分录,直至大部分转账凭证都能用自动转账实现为止。

二、期末调汇

期末调汇是指有外币核算业务的单位,对外币编制记账凭证后,在期末进行汇率调整和结汇处理。利用账务处理系统提供的期末调汇功能可以对外币核算的账户在期末自动计算期末汇兑损益,生成汇兑损益转账凭证及期末汇率调整表。只有在会计科目中事先设定为期末调汇的科目才可以进行期末调汇处理。

三、期末对账

实现会计电算化以后,所有的日记账、明细账、总账的数据都来自同一数据源,记账工作也是由计算机对已经审核的记账凭证进行自动处理而完成的。一般说来,只要记账凭证录入正确,计算机自动记账后的各种账簿应该是正确的、平衡的。但是由于非法操作、计算机病毒或其他原因,有时可能会造成某些数据被破坏,从而引起账账不符、账证不符的情况,所以许多软件都提供对账功能,用户应该经常使用本功能进行对账,至少在每月结账前使用一次,主要进行各类账簿与凭证记录的核对,总账与明细账、日记账、辅助账之间的核对。

四、月末结账

在本会计期间所有会计业务全部处理完毕后,就可以进行期末结账处理了。使用账务处理系统的结账功能,可以对指定会计期间进行结账。在结账之前要求对结账会计期间所有会计凭证都已经录入、审核并记账完毕,而且结账工作必须逐月进行,结账后期末余额转入下期。本会计期间结账后不允许再输入本会计期记账凭证和进行本期其他业务处理工作。

在结账之前,系统要对是否有本期未记账凭证进行检查,另外还要检查期末调汇、计提折旧等事项是否已经完成。如果系统发现本期还有未完成的工作,会发出警告然后中断结账。

在计算机环境下,结账处理主要包括以下几个方面:

(1)保护结账前数据。将结账前所有数据到硬盘备份目录,防止由于结账过程被中断造成数据丢失。

(2)检查结账条件。结账条件包括本期所有凭证都已经登记入账、上月已经结账、对账正确,否则系统拒绝结账处理。

(3)余额结转。检查正确后,系统自动结算出每个账户的本期发生额合计,并将期末余额结转下个会计期间的期初。如果是年末,则产生下一年度空白账簿文件并结转余额。

(4)做结账标志。某会计期间结账后做结账标志,表示该会计期间业务处理完毕。

结账完毕后,系统进入下一个会计期间。

第六节　数据管理与系统服务

账务处理软件中处理的凭证、账簿和报表都是以数据文件的形式存在计算机磁盘上的,它是计算机条件下新的会计档案,我们通常将其称之为电子会计档案,对这些数据应采用适合于计算机的方法进行管理,保证其安全、可靠和完整。为此,账务处理软件必须设置专门的数据管理和系统服务功能。

一、数据备份

数据备份是指将存储在计算机硬磁盘上的数据复制到软盘上(或磁带、光盘上),在远离计算机的地方另行保管,以保证在硬盘上的数据发生故障时,能及时从软磁盘上恢复正确的数据。

有些软件提供的数据备份是按月进行的,即每次都备份指定月份的数据,有些软件提供的数据备份功能是按年进行的,即每次均备份一年所有月份的数据。按月备份的情况下,每个月的备份软盘不能重复使用,一年至少要有 12 套备份软盘。按年备份情况下,备份软盘可滚动使用,即上个月用的备份软盘,本月可接着使用,因为本月做备份时,同时也将以前各月的数据再次备份到软盘上。

数据备份应定期做,至少一月做一次。用 AB 备份法,更能保证备份的可靠性。

AB 备份法的基本原理是准备两套软盘,如果 A 套先做备份,那么 B 套可用做下一次的备份,再下一次备份又使用 A 套软盘。如发生故障时,总能找出一套比较新的备份。

做备份的软盘建议放在远离计算机的另一房间,防水、防电、防磁、防火保管,万一计算机房发生灾难,仍可保证备份盘中会计档案安全完整。

二、数据恢复

数据恢复指将备份到软磁盘上的数据恢复到计算机的硬盘上,它与数据备份是一个相反的过程。

在下列情况下可采用数据恢复功能:

(1)如果发现硬盘上数据被破坏(例如被无意删除),则可从软盘恢复。

(2)如果想看以往年份的历史数据,而这些数据已从硬盘消除,此时可用历史备份软件恢复数据。

(3)如果希望从一台计算机转移到另一台计算机运行软件,则可先在另一台计算机上安装会计软件,再将原来机器上的数据恢复到新的计算机上。

三、数据删除

应用计算机后,可同时在计算机内保存若干年的凭证、账表,但由于计算机存储容量有限,当磁盘剩余容量较少时,应删除一些历史年份的数据,比如删除5年以前的数据,删除时应注意如下事项:

(1)被删年份的数据一定已用软盘做了备份,在需要查询历史会计档案时,可用此备份恢复。

(2)被删年份的账表一定已被打印出来。

(3)切不可删除当年的会计数据。

(4)建议不要删除上一年的会计数据,因为经常要查询上年数据或与上一年数据做比较分析。

四、数据检测

每一个账务处理软件所使用的执行程序和会计数据文件在一定时期总是固定不变的,数据检测功能可用来检查这些文件是否仍在计算机中存在,高级的数据检测功能还能检查这些文件中数据的正确性和一致性,如可检查总账和明细账是否相符、借贷是否平衡等。

五、重建文件索引

文件索引是指文件按某个字段(栏目)从小到大(或从大到小)排序的结果,当对这个文件更新时,会计软件会自动重新对文件排序,当使用这个文件时,会根据已排序的结果分类汇总,产生有关账簿报表。因此,如果排序的结果不正确,会计软件输出的账表就可能不正确。

如果会计软件正常运行,文件索引的正确性一般会自动得到保证,但如果文件受到病毒感染或会计软件运行过程中由于断电等原因非正常退出,则可能会破坏文件索引,出现这种情况时,一般要对文件重新建立索引顺序,这就是为什么会计软件中必须要有“重建文件索引”功能的原因。

“重建文件索引”使得文件索引的正确性得到恢复，如果文件索引本来就是正确的，则“重建文件索引”仍保持原来的正确性，所以，本功能的使用不受次数的和时间的限制，当怀疑文件索引不正确时就可以运行一次。

当发现下列问题时，可怀疑是索引文件不正确：

(1)原来存在的数据在没有删除的情况下，突然找不到。

(2)数据排列次序不正确。

(3)操作过程经常无故中断，并指示文件或记录被破坏。

六、查看上机记录

上机记录指什么时间、什么人在会计软件中做了什么操作，上机记录也叫操作日志文件。

作为一种审计线索，大部分会计软件在计算机中自动登记上机操作记录，并提供查看上机操作记录的功能。

应当注意，由于上机记录日积月累会占用很多磁盘空间，所以应定期从计算机中打印出操作日志，然后，删除已打印的操作日志。

七、修改自己的口令(密码)

会计软件均通过口令验证操作人员的身份，决定其是否能使用会计软件的有关功能。是否分配给操作员口令和该操作人员可使用哪些功能，通常由计算机系统管理员(或会计电算化主管)决定，我们将其称为“操作员管理”，一旦某人获得了使用软件的资格，就必须有自己的密码(口令)，这个口令一开始是由系统管理人员给的，但为了保证安全，操作人员自己应将口令改成连系统管理人员也不知道的内容，而且每隔一段时间应改换一次口令，以防泄密。但使用人员应该注意，切勿将自己的口令遗忘。遗忘了别人很难帮忙找回来。

八、其他

除上述数据管理和系统服务功能外，不同的会计软件还能提供一些其他类似的功能，例如在计算机上阅读说明书的功能(帮助功能)，计算器功能，挑选屏幕颜色的功能(调色板)，配置通信接口的功能。

复习思考题

1. 系统初始化的主要内容有哪些？
2. 电算化条件下如何修改凭证？
3. 手工会计和电算化会计流程有何异同？
4. 电算化下的会计日常业务处理包括哪些内容？

第六章　通用报表处理系统

第一节　报表处理系统概述

会计报表是综合反映企业内部一定时期财务状况和经营成果的书面文件,是企业经济活动的缩影。企业通过日常的账务处理工作,可使得企业的财务状况和在一定时期内的经营成果能够通过记录得到反映,但是,这些记录都只是分散的、部分的会计信息,只有通过编制会计报表,对这些数据进行集中、归类、整理,才能集中体现企业的经济活动情况,为债权人、投资者以及会计报表其他使用者提供总括性的信息资料。可见会计报表的编制过程,就是对有关会计信息进行集中、整理、再加工的过程。

随着计算机应用的不断普及,人们开始用计算机及计算机软件对经济数据进行加工处理。由于报表综合性强、使用面广,且可以随着时间的推移和地点的变化不断地变换格式、内容、编制方法的特点,于是就产生了专门用于报表数据处理的软件,即报表软件。本节主要以会计报表的编制为例介绍报表软件的工作原理。

一、会计报表及报表软件的分类

(一)会计报表的分类

企业的会计报表按不同的标准可以进行不同的分类。

(1)按照编报时间划分,会计报表可以划分为按月上报的月报表、按季度上报的季度报表、按年上报的年度报表;

(2)按照会计报表反映的内容,可以分为动态会计报表和静态会计报表;

(3)按照编制单位分类,还可以分为单位报表和汇总报表;

(4)按照会计报表服务的对象分,可以分为内部报表和外部报表。

对内会计报表是专门为企业内部的经营管理者制订正确的经济决策而提供参考信息的,因而不同单位的内部会计报表的差别很大。对外会计报表不仅供内部管理使用,更主要的是提供给企业外部的主管部门、财政税收部门、银行、投资者、合作者等。按照企业会计准则和会计制度的规定,我国企事业单位对外报送的会计报表主要包括:资产负债表、利润表(收入支出表)、现金流量表、所有者权益变动表及附注等。

会计报表是由一些不同含义的内容组成的,而各个组成部分又是相互联系的,他们从不同的角度说明企业的财务状况和经营成果。现以企业报表为例,加以简要描述。

(1)资产负债表。是反映企业一定时期财务状况的会计报表。它是根据“资产=负债+所有者权益”的会计平衡公式,按照一定的分类标准和一定的顺序,把企业在一定日期的资产、负债、所有者权益项目予以适当排列编制而成的。它表明企业在某一特定日期所拥有或控制的经济资源、所承担的现有义务和所有者在企业中所拥有的权益。并通过对资产负债表分析,了解企业的偿债能力、企业未来的经济前景。

(2)利润表。是反映企业在一定期间内利润(或亏损)的实现情况的报表。它反映企业一定时期实现的营业收入以及收入相配比的成本费用等情况,并表现出企业的利润或亏损总额。由此可以考核企业利润计划的完成情况,分析企业利润增减变动的原因,评价企业的盈利能力。

(3)现金流量表。现金流量表是反映企业一定会计期间现金和现金等价物流入和流出情况的报表。它是广义的财务状况变动表的一种。现金流量表可以提供企业在一定期间的现金流量信息,以便于会计报表使用者了解和评价企业获取现金和现金等价物的能力,并据以预测企业未来的现金流量。

(4)所有者权益变动表。反映构成所有者权益的各组成部分当期增减变动情况的报表。不仅反映所有者权益总量的增减变动,还包括所有者权益增减变动的重要结构性信息。为了便于会计报表的使用者理解会计的内容,企业在编制资产负债表、利润表和现金流量表等会计报表的同时,必须对会计报表中的有关内容和重要项目做出说明。

(二)报表软件的分类

针对上述报表的分类,可以看出:一个企业根据本单位的实际情况,需要编制各种不同的报表,以便于分析统计财务等方面的经济信息,为经济决策提供有力的依据。为此就如何实现报表编制产生了不同的报表软件,主要包括:专用会计报表软件、通用会计报表软件和财经电子表软件等三类。

1. 专用会计报表软件

专用会计报表软件把报表的种类(张数)、格式和编制方法固定在程序中,报表有变化,程序就随之需要更新。这种软件操作简单,但是操作者对程序设计者的依赖性太强,当报表格式、内容、编制方法等发生变化时,只有程序编写人员改变程序后才能继续使用,而离开专设的系统程序员,系统很难保证运行,不利于报表软件的推广应用。

2. 通用会计报表软件

通用会计报表软件能够用一种通俗易懂的方法,由使用者根据自己的情况定义报表种类(张数)、格式和编制方法,再由计算机根据使用者的设计,自动产生会计报表的全部内容。这种软件主要是根据现有的其他会计软件提供的数据库资源,向用户提供利用这些数据库定义表的各种功能,使得用户在不需进行程序设计的情况下,就能生成自己所需的报表。

3. 财经电子表软件

电子表是一种“纯粹”的报表软件,只要你的工作中需要进行表处理,都可以使用电子表软件。它的发展时间较早，最初并不完全是为会计工作设计的，比如早期的 Lotus123 表，广泛应用于办公自动化。目前世界流行电子表软件有 excel、Lotus123 等，我国自行开发的 UFO 财经电子表软件，也已经拥有广泛的用户基础。财经电子表软件的主要功能是通过一张很大的棋盘表来编辑、处理、传送并输出各种报表。其特点是：报表的格式与表内数据视为一体，避免了表定义过程中表头、表体等分别定义的操作，同时可以实现表内、不同表间数据的灵活移动。另外，财经电子表软件提供的多种图形功能，能按照使用者的意图，以图形方式将表内数据直观地表述出来。

以上报表软件，根据不同的使用需求，提供不同的实施方法，在具体应用过程中，应视情况选择。下面我们从报表的结构分析开始介绍报表软件的基本应用原理。

二、报表结构分析

就报表结构的复杂性而言，报表可以分为简单表和复合表两类，其格式如下（见图 6－1 和图 6－2）：

资　产　负　债　表

会工　01 表

编制单位：××公司　　　　2008 年 1 月　　　　单位：元

资　产	行次	期末数	年初数	负债及所有者权益	行次	期末数	年初数
流动资产：				流动负债：			
货币资金	1			短期借款	46		
短期投资	2			应付票据	47		
应收票据	3			应付账款	48		
应收账款	4			其他应付款	49		
减：坏账准备	5			应付职工薪酬	50		
……							
长期待摊费用				……			
递延所得税资产	37			所有者权益合计	85		
	40						
资产总计	45			负债及所有者权益	90		

图 6－1　简单报表格式

成本分析表

产品名称	
本月产量	
定额工时	
定额用水量	

2008 年 1 月

成本项目	去年同月	本月实际	增减幅度
工资			
动力			
…			
合计			

各月成本分布

月份	单位成本	单位工资成本(%)	单位材料(%)	单位用电(%)
1				
2				
…				

图 6-2　复合报表格式

通过比较就可以发现,复合表的结构比简单表要复杂得多,不仅可能由多个简单表拼凑而成,还可能出现表中套表的现象,因此在处理上就不如简单表那样方便,需要经过仔细分析后,再通过多层设计才能完成复合表格式的制作过程。对于此类复合表,通用会计报表软件的功能就不能满足其格式设计的需要,而只能利用财经电子表软件才能达到使用者的需求。

但不管是简单表还是复合表,就其结构而言基本上由两大部分组成:一是基本固定的表格式;另一部分是根据具体对象的不同而填在表中的数据。下面分别讨论这两部分内容:

1. 报表的格式

报表的格式不外乎由以下几个部分组成,即:标题、表头、表体、表尾等内容。

在手工报表处理方式下,标题、表头、表体、表尾是构成报表的四大基本要素,不同报表之间的区别,必须体现在这四个基本要素上。也就是说不同单位、不同企业、不同地区、不同时间的种种报表其差别就是上述四个基本要素的不同。

(1)标题。用来表示报表的名称。在手工报表处理方式下,报表的标题可能不止一行,有时会有副标题、修饰线等内容。

(2)表头。主要是用来描述报表的编制单位名称、编制日期、编制计量单位、报表栏目名称等内容。特别是报表的栏目名称,是表头的最重要内容。有的报表表头栏目比较简单,只有一层;而有的报表的表头栏目却比较复杂,分若干层次。也就是说,大的表栏下分若干小栏目,小栏目下又分更小的栏目。在财经电子表软件中,最小的栏目称为基本表元(表单元),包含有小栏目的上层栏目称为组合表元。

(3)表体。表头下面的内容即为表体,表体是一张报表的核心与主体,是报表数据的主要填制与存放区域。表体在纵向上由若干行组成,这些行称为表行。在横向上,每个表行又由若干个表栏所构成(就是平常所说的栏目,在电子表中也称为"列",由表行和表列交叉组成的最小区域,称之为基本表单元)。

(4)表尾。表体以下进行辅助说明的部分以及编制人、审核人等内容都是表尾所包含的内容。通过下面的图示可以加深对表格式各组成部分的理解(见图 6-3):

资　产　负　债　表

会工　01表

编制单位:××公司　　2005 年 1 月　　单位:元

资　产	行次	年初数	期末数	负债及所有者权益	行次	年初数	期末数
流动资产:				流动负债:			
货币资金	1	100		短期借款	46		
短期投资	2			应付票据	47		
应收票据	3			应付账款	48		
应收账款	4			其他应付款	49		
减:坏账准备	5			应付职工薪酬	50		
……				……			
长期待摊费用	37			所有者权益合计	85		
递延所得税资产	40						

图 6-3　报表结构分析图

2. 表内数据

表内数据是指在报表各栏目中填写的实际内容。比如图 6-3 中表体部分第二行第一列交叉所构成的表单元内的数据就是“货币资金”，而表体第二行第三列交叉所构成的单元中的数据就是“100.00”。表内数据是一个广泛的概念，它既可以填写某一数值，也可以采集某数据库中经过加工的结果数据，还可以是文字、字符或定义的运算公式。

通用会计报表软件和财经电子表软件都是按人们在手工方式下进行报表处理的思想来处理报表数据，即先编制报表的格式，然后进行数据的填录，最后生成报表。但在具体实施方法上存在明显区别：

通用会计报表软件的基本原理就是提供定义报表标题、表头、表体和表尾的功能，由设计者设定满足自己要求的报表。而在财经电子表软件中，则将整个报表视为一张很大的棋盘，棋盘由很多的基本表单元组成[这些单元用标识其所在列(栏)的字母加上标识其所在行的数字表示，如 A 列和第五行交叉的单元就用“A5”表示]，在进行报表处理时，淡化格式与数据的区别，标题、表头、表体、表尾都可以通过在表单元中填写，再加上一定的标记来生成。表中的第一个单元既可以填写数值，又可以填写字符或文字内容。这种方法从概念上简化了表结构，使得报表处理更加灵活方便。

三、财经电子表软件特殊表结构概念

就财经电子表软件而言，虽然它也是按人们在手工方式下进行报表处理的思想来处理报表数据，即先编制报表的格式，然后进行数据的填录，最后生成报表。但是，和手工方式相比，它是以电子的形式对表进行管理的，其管理的报表的结构，是在手工制表的表结构的基础上引入了的表结构要领。这些概念主要包括：

1. 维

在一张有方格的纸上填写一个数，这个数的位置可通过行和列来描述，如果将一张有方格的纸称为表，那么这个表是二维表，通过行(横轴)和列(纵轴)可以找到这个二维表中的任何位置的数据。在财经电子表软件中，将确定某一数据位置的要素称为“维”。

2. 单元

任何一张报表均有行和列。如果行号用阿拉伯数字(1,2,3,…,…)表示，列号用英文字母(A,B,C,…,…)表示的话，由行和列确定的方格即为单元。而单元的名称则由表示其列的字母和表示其行的数字组成，如第五行第五列的单元用“E5”表示。

3. 组合单元

有时，在处理复杂表格时，需要将数个单元合并起来，当成一个大单元来使用，于是财经电子表软件引入了组合单元的概念。组合单元由在同一行上相邻的两个以上单元组成，财经电子表软件在进行报表处理时将其作为一个单元对待。如将 C3 至 E3 构成一个组合单元。该单元名为 C3，宽度是 C3、D3、E3 的宽度之和。

4. 区域(或叫块)

由一组单元组成，自起点单元至结束单元是一个完整的长方形矩形阵。在财经电子表软件中，区域是二维的，最大的区域是一个二维表(一个表页)的所有单元，最小的区域是一

个单元。

5. 固定表

报表的格式固定，不随经济业务或统计数量的变动而改变其固有格式，这种报表为固定表。如资产负债表等。

6. 可变表

报表的格式不固定，需要根据业务统计与管理的需要随时改变报表大小或格式的报表，这种表称之为可变表。如产品销售情况统计表。

7. 报表格式

一个报表只有具备一定的格式才有意义，财经电子表软件中，起着管理报表数据作用的所有内容称为报表格式，这些内容包括：

(1)表样。组成一个没有数据的空表的格线和所有辅助说明字符。

(2)单元类型。规定报表数据项值为字符还是数值型。

(3)单元格式。规定报表数据项值的显示格式，即左对齐、右对齐、居中。

(4)数字格式。规定数值型报表数据项的格式，即是否有百分号(%)、分隔符及小数位数。

(5)公式。有计算公式、审核公式及舍位平衡公式三类。

在财经电子表软件中，报表的格式和数据是分开管理的。报表数据反映其相应的经济含义，而报表格式则起着管理这些数据的作用。它们的输入由不同的功能项来完成，在建立报表格式的工作状态时，不能对报表数据进行操作，在对报表的数据进行处理时，也不能修改报表格式。

8. 关键字(报表标识符)

所谓“关键字”，就是在对三维电子表进行操作时，在多个表页间起到对表页进行定位、辨识作用的一类特殊的标志。在一个表文件中，可能会有成百上千张表结构相同，而编制单位、编制时间不同的表页，只有依靠“关键字”，才能在这成百上千张表格中准确地找到想要找的表页及表单元，进而对其进行相应的操作。财经电子表软件中设立的关键字主要有：单位编号、单位名称、年份、季度、月份等。

四、报表处理基本流程

(一)手工制表流程

手工编制会计报表时，一般是先在一张白纸上，用笔尺画出相应的表格栏线，标注上各种说明文字；再翻查有关账簿，找到相应的数据，按一定的要求，填入表格相应的表栏中；最后，根据一定的平衡关系来检查填好的数据是否正确。通过检查后，一张表格才算处理完毕。

不难发现，手工方式下，编制一张报表可分为两大步骤，即：绘制报表格式和处理报表数据。尽管现在大部分表是由上级部门统一设计、印制成册的固定格式报表，但从总体来看仍然是分为两大步骤。

我们可以用下图来表示手工方式下报表的编制流程(见图6-4):

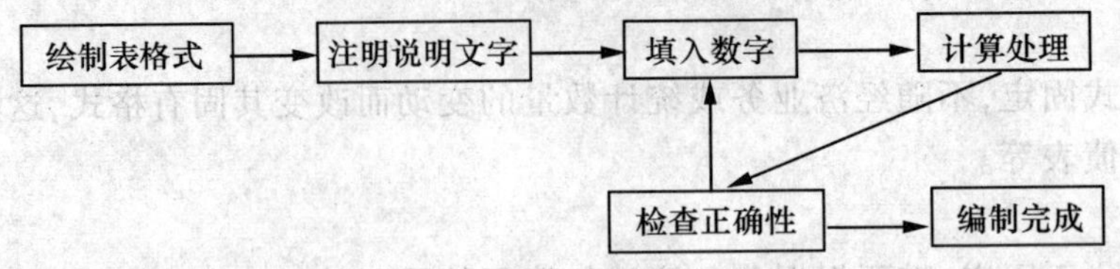

图6-4 手工制表流程图

(二)报表软件制表流程

报表软件的报表编制流程基本同于手工方式,但并不完全相同。可将其分为三个大的步骤:报表的格式设计、报表的数据处理、报表的打印输出。其基本处理流程如下(见图6-5)。在通用会计报表软件和财经电子表软件中,报表格式设置操作都比较繁琐。但要说明的是:在报表软件中,对报表的格式设置是一次性的,定义好了报表的格式,以后的数据处理就变得简单、轻松了,用"一劳永逸"来形容报表软件的格式设计操作可以说是最恰当的了。所以认真学习报表格式设计的应用是整个报表软件学习的基础。

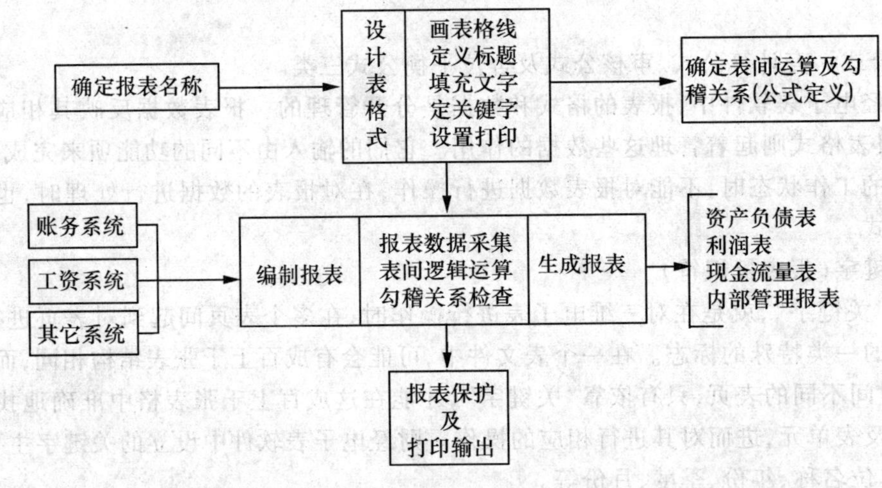

图6-5 报表软件制表流程图

五、报表软件的主要功能

(一)报表系统的任务

报表系统的主要任务是:

1. 报表文件管理。即建立报表文件,以及提供对报表文件的打开、保存、关闭等基本操作。

2. 报表的定义。即提供一种机制由用户来定义报表的结构、格式以及每一个表格元素的数据来源计算方法。

3. 报表的生成。即根据报表数据定义，或者从账簿和其他报表中取数，或者提示从键盘输入数据，或者根据公式计算产生新的数据，并根据格式定义生成一张完整的报表。

汇总和合并报表。前者指简单汇总结构完全相同的报表，后者也需要对报表进行汇总，但要对数据作适当调整，如根据分公司的资产负债表合并并产生母公司的资产负债表。

报表的输出。报表的输出主要有两种形式，即查询显示和打印。不管输出什么形式的报表，处理过程和方法应该是相同的，所以在报表系统中只需设计一个报表显示和一个报表答应模块就行，这是通用报表系统的一个优点。

4. 报表的传送和复制。通过磁盘复制，或通过计算机网络将生成的会计报表传送给上级和其他有关部门。

（二）报表系统的逻辑模型

不管字符方式还是图形方式的报表系统，其数据流都需要经过报表定义、报表生成、报表输出三大处理过程，当然每一步的处理都有许多具体的工具。下图是通用报表系统的主要数据流图（见图 6－6）。

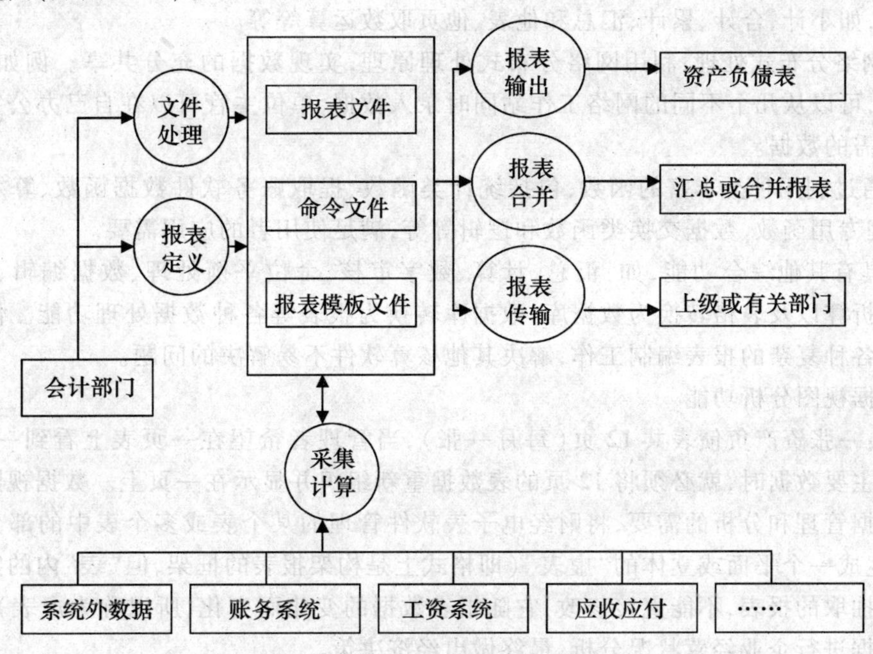

图 6－6　通用报表数据流程图

（三）报表软件的功能

财经电子软件具备工具软件的特点，所以对开发者来说要求更高，而对使用者来说，则可以根据具体需要方便地选择财经电子表软件的功能，为企业的信息处理服务。财经电子表软件的主要功能可以概括地分为：格式管理功能、数据处理功能、视图分析功能、图形分析功能、字处理功能，打印输出功能和其他功能。

1. 格式管理功能

例如一张体检表,在使用之前应印制好所有固定的内容,如:表头标题、检查项目、表格线,并留出填写内容的位置等。财经电子表软件的格式设计就如同制作一张未填写的空体检表。需要说明的是这张空体检表不是一次性应用的表,而是一块模块,可以利用这块模板无限复制相同式样的表格,因为在财经电子表软件中,格式部分包括表样(格式设计填制的所有内容)、单元属性(使用报表时填写内容的性质)、数据处理公式等内容。所以利用财经电子表软件可以制作使用者需要的任何一种表格,并为后续的复制及数据处理做好准备。

2. 数据处理功能

财经电子表软件能以一种报表格式管理上万张格式相同的报表数据(即每张报表格式完全相同,数据不同,格式与数据组成一个报表文件),使这些相同格式的报表资料,统一在一个报表文件中管理,并以数据库的处理方式对其进行各种复杂的报表数据处理。

(1)立体表数据处理:例如一张负债表一个月一张,一年共 12 张,电子表软件将这 12 张资产负债表在屏幕上以一叠表的形式显现,不但直观、易查找,而且可以方便地进行各种数据处理,如小计、合计、累计、汇总和他表、他页取数运算等等。

(2)网络分布式处理:利用网络分布式处理原理,实现数据的充分共享。例如:一叠某种统计表,可以从几个不同的网络工作站同时录入数据,单位主管可以在自己办公室的终端上查看所需的数据。

(3)通过利用种类丰富的函数,包括统计类函数、提取账务软件数据函数、算术运算函数、表处理专用函数、数据交换类函数和逻辑等等,满足使用者的应用需要。

(4)具有其他综合功能,如:汇总、计算、数字审核、舍位平衡处理、数据编辑、浏览、查询、合并、折算以及表格转换为数据库、数据库转换为报表等各种数据处理功能。使用者可据此完成各种复杂的报表编制工作,解决其他核算软件不易解决的问题。

3. 数据视图分析功能

例如:一张资产负债表共 12 页(每月一张),当管理者希望在一页表上看到一年 12 个月各月的主要数据时,就必须将 12 页的表数据重新组织并显示在一页上。数据视图就是由使用者根据管理和分析的需要,将财经电子表软件管理的某个表或多个表中的部分数据抽取出来,生成一个平面或立体的“虚表”(即格式上是构架报表的框架,但“表”内的数据完全来源于被抽取的报表,不能直接修改,它随报表数据的变化而变化,所以称为虚表),再利用表中的数据进行企业经营状况分析,最终做出经济决策。

4. 图形分析功能

就是利用财经电子表软件中已经生成的报表中的数据,按照使用者的工作需要,对这些数据重新组织,以各种图形的方式对报表数据进行分析,再通过打印输出为企业领导提供直观的决策依据。

5. 字处理功能

财经电子表软件使用者提供灵活的表处理功能的同时,还提供了灵活实用的字处理

(文字编辑)功能,可以根据具体工作需要进行基本的文字编辑操作,如财务分析、财经报告、各种处理文件的编辑等。

6. 打印输出功能

使用者根据打印表格形式的需要,设置各种灵活的打印输出控制参数,满足不同的输出格式需求。

(1)可打印多种类型表:一般表、格式表(空表)、纯数据表(数据套打)、指定区域打印等多种打印类型;

(2)可进行自动分页、换页、重复、拆打、并打等打印输出,对超长表还可以在不同页重复打印表头和表尾内容;

(3)打印控制丰富:提供多种行距、多种列距、多种基本字型(字型可以按比例进行变化)和多种字体,以及页首、页尾空行、左空列等多种打印控制。

7. 可以作为用户二次开发的支撑平台,提供二次开发接口,使用者可据此实现报表的综合管理及复杂数据关系的处理。

在这些功能中最基本和最常用的主要有:格式管理功能、数据处理功能、图形分析功能以及打印输出功能。下面是表现这些内容的通用电子表软件基本功能模块图(见图6-7):

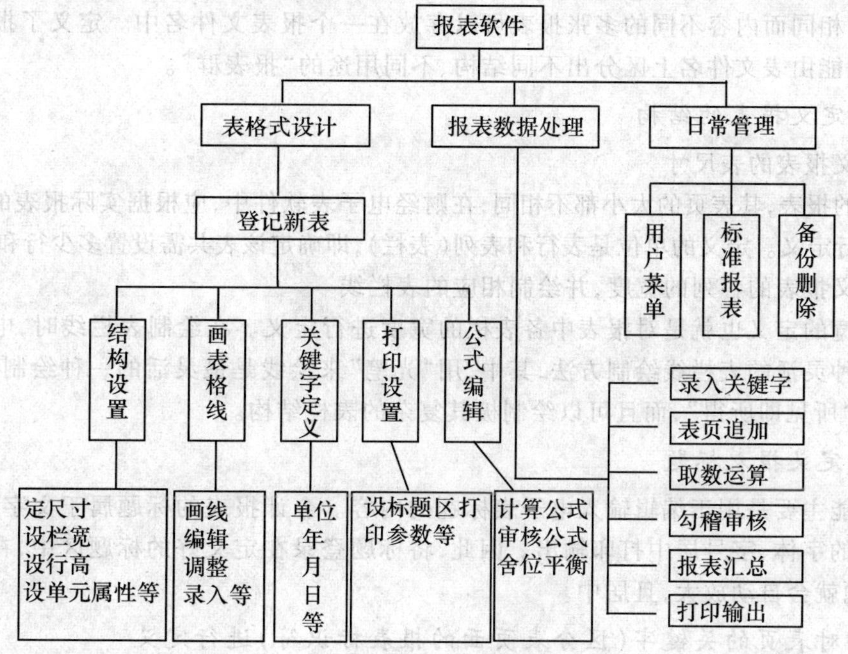

图6-7　报表软件基本功能模块图

通过对报表结构的分析和报表软件功能的学习,可以更好地理解报表软件的基本工作原理,即:尽力模仿手工制表思路,在此基础上提供一系列的功能模块,由会计人员通过调用这些功能模块完成报表格式内容的设计,再通过数据采集生成会计报表,然后利用已经设定的报表勾稽关系对报表数据进行审核,完成报表的编制工作。

第二节 报表编制的格式与方法

一、报表格式设计

报表格式是数据录入、计算处理的基础。没有报表格式,报表数据毫无意义,只有将这些数据放入相应的报表中,才能用文字说明其意义所在。所以,报表格式设计工作是整个报表系统的重要组成部分,是报表数据录入和处理的基础,也是使用者操作使用报表软件的基础。报表格式设计的主要内容有:确定报表文件名称、进行表样格式编辑、单元属性设置、打印设置等。

(一)定义报表文件名称

定义报表文件名指的是在计算机中注册将由报表软件生成的会计报表的名称和有关属性。财经电子表软件的报表格式管理功能,可以生成并管理若干种会计报表或其他用途的表格,格式相同而内容不同的多张报表可以存放在一个报表文件名中。定义了报表的表文件名后,就能由表文件名上区分出不同结构、不同用途的"报表群"。

(二)定义报表的结构

1. 定义报表的表尺寸

不同的报表,其表页的大小都不相同,在财经电子表软件中,应根据实际报表的大小来对表尺寸进行定义。定义的单位是表行和表列(表栏),即确定该表共需设置多少行和多少列。

2. 定义报表的各列的宽度,并绘制相应的表栏线

对列宽的定义也就是对报表中各表栏的宽度进行定义。在绘制表栏线时,电子表软件提供了多种灵活的表栏线绘制方法,其中,用"光笔"来绘线是最灵活的一种绘制方法,不但能够做到"所见即所得",而且可以绘制极其复杂的表栏结构。

(三)定义报表标题

此功能主要是用于编辑输入电子表标题的内容。会计报表的标题属于文字数据,通常要以不同的字体、字号居中打印输出。因此,将标题登录在定义好的标题区中,在打印输出时,该标题就会自动放大,且居中。

(四)对表页的关键字(区分表页面的报表标识符)进行定义

为了方便地在一叠表中找到需要的表,就需用到一些特殊的报表标识符,而这些标识符在报表管理(尤其是会计报表的管理)中,起着非常关键的作用,为此称之为关键字。主要包括:单位编号、单位名称、年份、季、月等。对关键字进行定义主要是指:确定选用哪几种关键字,确定每种关键字在报表中的填录位置。

(五)对基本表单元及组合表单元的属性进行定义

报表的基本构成单位就是单元,由于报表根据不同用途有很多类型,再加上有很多报表的结构较为复杂,也就是前面所说的复合表,所以在进行格式设计时,需要根据具体表型要求对构成报表的各单元属性加以确定。单元属性分为三类:数值型、字符型、表样型。

另外,将横向几个相邻单元组合成一个单元即组合表单元(简称组合单元),可以完成复合表的格式设计,并解决在一个单元中不能登录较长文字及数据内容的问题。

(六)录入表样说明文字

所谓表样文字,即报表结构的说明性文字。这些说明文字一旦在格式设计中定义好后,便作为报表格式的一部分,在数据处理时不能再对其进行任何操作(含义同通用会计报表软件中的固定表单元)。比如报表的标题、表头说明、表尾文字材料、表体中的栏目提示等。表样文字所在单元的属性为表样型。

(七)设定报表的打印参数

所谓打印参数设置是指利用一些控制参数对打印机的输出方式进行预先的设定,以满足使用者不同的输出形式需求。包括设置报表页长、页宽、行距、页首空行、页尾空行、左空字节数等。打印参数对整个报表起作用。一个报表具有唯一的一套打印参数,如果没有对其参数进行设置,则软件在执行打印时取打印参数的默认设置值。打印机参数重新设置时,以新设置取代旧设置。

(八)其他应用

财经电子表软件中还包含其他一些表格式设置功能,主要包括格式参照、单元复制、表格式调整等。

二、编表方法的定义

编表主要是指为数值型字符型的单元填录数值并加以计算,编表方法就是为取值单元填录数值的方法。由于各个取数单元的值在每个编表期(如会计期间)都会发生变化,因此要求各单元值的计算方法应相对稳定,即一旦完成了各单元值的计算方法的定义,在以后各月中不应再进行大的变动,只需根据已定义的方法求出各单元的值即可。

在各种报表软件中,表的取值单元的取值计算是比较复杂的,它涉及两方面的问题:一是该单元的值从哪里来,是从账务软件中形成账表一体,还是从其他核算软件中来;二是当同一单元需从不同的来源取值并需进行运算才能赋值时,还要确定其计算方法。为此报表软件的编表方法一般有:

(一)交互输入法

交互输入法又分为简单交互和全程交互法两种。

1. 简单交互法(也称直接输入法):就是当报表格式设计完毕后,由使用者直接将各种数据登录到报表相应的单元,并由人为方式进行数据检查调整。这种方法简单、易操作,但编表繁琐,出错率高,体现不出报表软件应用的优越性。

2. 全程交互法(也称引导输入法):就是按照计算机的提示,一步一步地确定单元的取值地址,并为该单元取出数值。这种方法对于软件的初学者来说,会感到非常的易学、易用,但编表速度很慢,仍然不能充分体现报表软件应用的优越性。

(二)公式法

通用会计报表软件和财经电子表软件都提供了利用公式进行报表编制的方法,但公式的形式稍有区别,主要表现在所用函数的类型以及公式结构上。

在财经电子表软件中数值单元的取数公式主要有:单元求和公式、本表他页取数公式、他表取数公式、账中取数公式等。通过编制这些公式可以确定任何报表中各单元的取数来源,再通过运算这些公式完成报表的编制工作。为此将这些不同类型的公式通过编辑并组合在一起形成公式组。这是目前财经电子表软件用户普遍采用的一种方法。这种方法的优点是操作步骤少、方便快捷、通用性强、一经确定修改量小,为此深受使用者喜爱。其缺点在于初学者很难把握公式处理技巧,难免有畏难心理。因此报表软件设计者将公式法和全程交互法都提供给使用者。

比如用报表软件编制主要会计报表时,一般由使用者根据需要利用取数函数编辑各数值单元的计算公式,从账务核算软件或其他核算软件中采集数据,生成会计报表。这些常用函数包括:

1. 取期初额函数

金额:期初金额(“科目编码”,会计期,“方向”,账套号)

数量:期初数量(“科目编码”,会计期,“方向”,账套号)

外币:期初外币(“科目编码”,会计期,“方向”,账套号)

2. 取期末余额函数

金额:期末金额(“科目编码”,会计期,“方向”,账套号)

数量:期末数量(“科目编码”,会计期,“方向”,账套号)

外币:期末外币(“科目编码”,会计期,“方向”,账套号)

3. 取发生额函数

金额:发生金额(“科目编码”,会计期,“方向”,账套号)

数量:发生数量(“科目编码”,会计期,“方向”,账套号)

外币:发生外币(“科目编码”,会计期,“方向”,账套号)

4. 取发生净额函数

金额:净发生金额(“科目编码”,会计期,“方向”,账套号)

数量:净发生数量(“科目编码”,会计期,“方向”,账套号)

外币:净发生外币(“科目编码”,会计期,“方向”,账套号)

参数说明:

科目编码:也可以是科目名称,如果是科目名称,则不能是重名的,且必须用双引号将科目括起来。

会计期:可以是"年"、"季"、"月"变量,也可以是具体数字表示的年、季、月。

方向:为科目的记账方向"借"或"贷"。

账套号:数字,缺省即不输时系统默认数据来源为第一套01。

下面我们用一组公式说明这些函数在编辑数值单元计算公式时的应用:

编辑计算公式
C8 = QC("1001",月,01) + QC("1002",月,01) + QC("1009",月,01) C9 = QC("1101",月,01) C10 = QC("1111",月,01) C21 = C8 + C9 + C10 + PTOTAL(C14:C20) D8 = QM("1001",月,01) + QM("1002",月,01) + QM("1009",月,01)

在上图中 C9 = QC("1101",月,01)公式的含义是:C9 单元的数值来源于账务软件第一套账中编码为"1101"的科目的当月的期初值。

C21 = C8 + C9 + PTOTAL(C14:C20)公式的含义为:C21 单元的数值是 C8 值加上 C9 的值,加上 C10 的值,再加上 C14 到 C20 单元合计数的值。

由此可以看出,用运算及函数把一些特定的内容联结起来就形成了报表取值运算公式。另外由于使用通用性的标识(如"月"代表全年各个具体的月),使得报表后续的数据采集变得异常方便。为此,在报表软件中通过预先定义一组针对各表单元的计算公式,让以后的所有对单元的操作,如赋值、运算、取数、审核、汇总等都能自动进行,且不会出错。这种编表方法使得会计报表编制真正实现了电算化。

事实上,一个报表软件能干什么、不能干什么、或能编什么表、不能编什么表,主要是看其提供的数据处理公式是否丰富。例如,如果某种报表软件能提供从账务系统中取得有关生产成本的有关原始数据的话,那么,通过一定的计算,就可编制出主要产品单位成本表,否则,就无法编制单位成本核算表。所以在选择报表软件时,应充分考虑数据处理公式编辑的简易性及数据处理能力等因素。

第三节　报表的编制与输出

一、报表的编制

(一)报表的生成

会计报表的生成是指根据报表格式与数据的定义,具体计算单元数据并形成完整报表的过程。在通用报表系统中定义的报表,在查询显示或打印输出之前都必须通过采集和计算生成报表数据。

1.数据采集

数据采集一般按数据定义次序自动进行,即系统顺次检查每一个单元,若为计算公式则通过公式求解确定其当前值。在公式求解过程中,对每一个函数,可能涉及如下处理:

(1)若公式中含有账簿取数函数,则打开相应的账簿文件,按公式给定的会计科目、核算项目、会计年度与期间、币种以及取数类型等条件,通过查询与计算确定结果。

(2)若公式中含有表内或表间取数函数,则从确定的单元中取出数据或执行指定的运算后获得结果。由于表内运算单元是根据表中已有数据计算出来的,当然要求这些数据已经存在,而且如果从表间取数,则必须打开有关的报表文件。

(3)若为键盘输入函数,则提示用户从键盘输入数据。

2.报表生成的操作

虽然报表生成的内部处理过程比较复杂,但操作却十分简单,一般过程是:

(1)打开报表文件。

(2)选择数据状态和确定会计期间。

(3)执行重算或刷新功能开始采集或计算数据。

如果设置有键盘输入数据,则依照系统提示逐个输入;否则上述过程很快就可以结束,新数据将显示在屏幕上。

3.报表数据的修改

对生成的会计报表,即使发现数据错误也不能直接修改,而只能用以下方法进行更正:

(1)属于编制方法的错误。一般方法是根据错误单元数据,检查对应单元的计算公式,修改公式的定义。

(2)属于数据源的错误。对于错误单元数据,如果计算公式没有错误,则必然是数据源有错,这时必须检查账簿数据,找出原因,并通过记账凭证进行调整。

舍位处理与平衡。舍位处理是指对于数据较大的报表,通过提高计量单位以缩小数据的过程。例如,可以将资产负债表的计量单位从“元”转换为“千元”或“万元”,以缩小数值。当然舍位处理必须保持数据平衡关系不变。因此,对一张具体的报表,必须先确定其数据平衡关系,在舍位之后,再通过调整数据使报表保持平衡关系。

报表系统提供的舍位平衡功能,一般只要求用户明确给出舍去几位以及定义舍位平衡公式,系统将自动执行舍位处理,并根据公式对数据进行计算和调整,以保持数据之间的平衡关系。

(二)生成报表的应用

生成报表是在报表格式设计、编表方法确定、勾稽关系定义结束后,利用交互法或运算公式组法产生本期的会计报表的过程。

例如,一张“利润表”,只要一次性定义报表的格式及计算公式后,以后每到月终,就可通过自动计算生成一张本期的“利润表”，下个月，增加一张新表页，输入正确的关键字如年、月等等，再通过自动计算，又可生成一张“利润表”。也就是说，在财经电子表软件中，报表编制是一个计算机自动处理的过程，它可以重复运行，可以多次用来编制不同时期的报表。生成的报表形成一个表页，存放在相应的表文件中，一张“利润表”一年要编制12张，因此会生成12张表页，这12张表页同在一个表文件中，管理起来比较容易。不像某些早期的报表软件，要对第一张表页形成一个数据文件，如果一个表一年要编制多次的话，就会在磁盘上形成多个数据文件，管理上比较混乱。

报表生成的方式很多，可以用简单交互法进行手工输入数据，也可以通过从其他核算系统中采集数据（如账中取数），还可以通过运算公式组从本表他页或他表他页中取得数据（如所有者权益变动表中的某些数据来源于资产负债表等）。通过编制操作生成的报表如下（见图6-8）：

利　润　表

会工　02表

编制单位：××公司　　20××年×月　　单位：元

项　目	行　次	本月数（略）	本年累计数
一、营业收入	1		1250000.00
减：营业成本	2		750000.00
营业税金及附加	3		109000.00
销售费用	4		20000.00
管理费用	5		158000.00
财务费用	6		41000.00
资产减值损失	7		
加：公允价值变动损益	8		
投资收益	9		31000.00
二、营业利润	10		203000.00
加：营业外收入	11		50000.00
减：营业外支出	12		19000.00
三、利润总额	13		265000.00
减：所得税	14		66250.00
四、税后利润	15		198750.00

制表：　　审核：　　会计主管：

图6-8　生成的会计报表格式

(三)勾稽关系的检查

所有的报表编制完成后,就可以利用事先已经设定的勾稽关系检验公式,检查报表中有关单元之间的勾稽关系是否正确。

在经常使用的各类财经报表中的每个数据都有明确的经济含义,并且每个数据之间一般地都有一定的关系。比如在一个报表中,小计等于各分项之和;而合计又等于各个小计之和,等等。在实际工作中,为了确保报表数据的准确性,应该经常用这种报表之间或报表之内的勾稽关系对报表进行勾稽关系检查。

根据勾稽关系的逻辑表达式,可由计算机自动核对勾稽关系。当发现不符合预先定义的勾稽关系时,屏幕上会自动显示纠错信息,或将纠错信息打印出来,根据这些纠错信息,使用者可以检查计算公式编制的正确性或有关账簿数据的正确性。

二、报表的输出

输出是一个通用程序,显然无论输出什么报表,处理过程和方法是相同的,所以在报表系统中只需设计一个报表显示和一个报表打印程序就行。通用报表系统的输出程序与报表格式、数据之间具有较大的独立性,它不因格式的改变而改变,这是通用报表系统的优点,也正是设计通用报表系统的目的。

(一)报表输出的内容

报表输出包括:

(1)输出报表结构(表样);

(2)输出编制完成的报表;

(3)输出能被其他处理系统接受的数据。

输出报表结构(表样)是指输出该表的结构参数,如表尺寸、表单元类型、各类公式以及空白表样等等。

输出能被其他系统所接受的数据,是指将报表数据以一定的形式,如 dbf 数据库的形式,或以 txt 文本文件的形式输出,供别的系统来进一步地有关处理,提高自身的数据兼容性与通用性。

(二)报表输出方式

报表的输出操作十分简单,在打开一个报表文件查找到所需报表之后,即可将其报表结构或一张完整的报表输出。报表的输出形式有以下几种:

(1)屏幕显示。这是最常见的输出形式,主要用于查询报表或检查报表的正确性。当一张报表较大时,可以通过滑动杆上下左右移动报表,以看到报表的全貌。

(2)打印输出。按照需要打印输出报表,以便上报和保存。打印之前一般要通过屏幕显示以检查数据的正确性,而且要通过打印预览检查输出报表的格式是否满意,必要时可以调整输出格式。

(3)磁盘输出。磁盘输出一般用于报表汇总,指将报表文件复制到软盘或者其他移动存储设备上,以磁介质形式上报上级主管部门、总公司或者其他报表使用者作进一步处理。

(4)网络传输。通过局域网或远程网络将报表传输给报表使用者,供对方浏览、打印、汇总或合并。随着 Internet 的广泛应用,通过网络将报表传送给报表使用者,已经成了报表系统的一个必不可少的功能。

(5)文件格式转换。有些报表系统可以将报表以不同文件格式输出,以便其他软件系统引入使用。例如,可以将资产负债表转换成 dbf、db、xls、htm 等文件格式,从而可方便地利用大众化软件工具对报表数据作进一步的加工处理。

由于打印输出的对外会计报表要上报给财政、税务等政府部门和投资者,所以,报表软件一般均提供美化打印格式的功能,比如允许调整字体、字型,允许设定行距、字距,允许指定使用的打印纸尺寸,等等。

复习思考题

1. 会计报表系统报表编制的基本原理是什么?
2. 报表公式有哪几类?定义公式的目的是什么?
3. 何谓关键字?如何定义?
4. 报表系统一般包括哪些内容?

第七章 其他核算管理系统概述

由于篇幅有限,不能对其他核算管理系统都进行详细介绍,本章简要介绍采购管理与应付账款管理、销售与应收账款管理、库存管理与存货核算、工资管理系统、固定资产管理系统、成本核算系统。对其中的每一个系统主要介绍其功能和特点、业务处理流程、软件功能结构。在深入学习了账务处理系统和报表处理系统的基础上,通过本章的学习,可以对会计信息系统有比较全面的了解。若要深入到系统的实际操作使用,还必须借助系统提供的"帮助"功能和软件公司提供的该版本软件的操作使用说明书。

第一节 采购管理与应付账款管理系统

一、采购管理与应付款管理系统的主要功能

采购管理系统与应付款管理系统是企业物资供应部门根据物料需求部门的采购申请,取得企业生产经营活动所需的各种物资,同时进行往来核算的过程。当企业购货活动与货款的支付在时间上不一致,即购进物资而未付货款时,即形成应付账款,由应付账款管理系统进行管理。采购管理与应付款管理系统共同构成了企业的支出循环。

采购管理是通过采购申请、采购订货、检验入库、采购退货、采购发票管理、采购结算、供应商管理、价格及供货信息管理、订单管理、质量检验管理等功能,从而实现从采购订货、采购到货和入库到采购结算的全过程跟踪和控制。

采购管理系统是企业供应链系统的一个子系统,应付账款管理属于财务系统的一个子系统,二者可以自己独立运行,完成各自功能。但是由于这两个系统关系紧密,采购与应付款系统作为一个整体结合运用,能够实现各种单据的快速传递,可以提供更加完整全面的企业物流业务管理和财务管理信息,实现业务与财务的一体化,财务与业务的整合以及数据共享,实现对企业供应链中物流、资金流、信息流的全面、全程管理与核算,提高工作效率、规范企业管理。

采购管理与应付款管理系统的主要功能概括如下:

1. 及时、准确地完成采购订货管理,反映和监督采购订单的制订、审核和执行情况。

2. 完成采购的日常业务处理,包括采购入库、采购退货、发票处理、采购结算等。

3. 完成应付账款的核算与管理。具体包括:进行应付账款业务的日常核算,全面反映企

业赊购形成的债务状况,从而及时还款,降低信用成本;及时反映和监督采购业务中资金的支出和应付情况,确定合理的中长期还款计划;及时记录和反映供应商的情况,在保证准时、足量得到供货的同时降低采购成本。

4. 实现其他有关业务的管理。系统还要提供供应商管理、价格及供货信息管理、物料对应管理、质量检验管理等管理功能。

5. 能够完成采购分析、采购统计等工作。打印输出各种需要的台账、报表,并将各种信息按照需求传递到其他子系统。

6. 建立数据接口,实现与其他子系统之间的数据传输与共享。

二、采购管理系统与应付款管理系统的业务流程

采购管理与应付款管理系统的业务处理可以分成初始设置和日常业务处理两部分。当企业第一次使用时应该首先进行初始设置,它是日常业务处理的前提,将直接影响整个系统的运行质量及效率。系统初始化设置主要包括建立业务系统参数、系统基础档案、按企业业务规范设计业务流程、设置单据格式、输入期初数据等。

(一)采购管理系统的日常处理流程

1. 采购部采购员填制采购申请单,分管领导审批同意后,采购人员据此填制采购订单,经授权人员审核无误后发出。

2. 采购货物到货时,采购员制作收货通知单,并输入到系统中,经主管审核后传递到库存管理子系统;采购货物由库管员验收入库并填制采购入库单,仓库主管对采购入库单进行审核,确保无误。

3. 收到采购发票时,采购人员将收到的发票录入,系统自动传递到应付账款子系统。财务部门通过存货核算子系统经采购管理子系统处理价格、金额等信息并审核确认入库单,与采购发票勾对,进行采购结算,即进行采购入库核算、确认采购成本、分配采购费用、制作采购入库会计凭证、记入存货明细账,同时传递到总账子系统,据以登记总分类账。

4. 如果本月存货已经入库,但是采购发票尚未收到,存货核算子系统对该部分存货作暂估入库处理,并生成相应凭证,传递到总账子系统,下月初回冲,收到采购发票时再作相应处理。

5. 发生采购退货时,采购人员填制采购退货通知单,输入红字采购发票,库存管理子系统对该退货单审核后输入红字入库单,然后由存货核算子系统调入经库存管理子系统审核确认的红字入库单,制作退货会计凭证,记入存货明细账,同时传递到总账子系统,据以登记总分类账。应付账款系统对红字采购入库单与红字采购发票勾对,进行采购结算。

6. 应付账款系统根据从采购管理传入的采购发票,根据现付、赊购、退款、账户冲抵等不同情况进行相应的付款、核销处理,并制定付款计划。发生退货时,还要在此填一张收款单,进行收款结算。对上述业务处理制作有关会计凭证,同时传递给总账系统,据以登记相关总分类账。

7. 输出有关采购的各种账表、凭证、入库单、发票、结算单等,并且可以根据需要进行统

计分析,输出分析结果。

(二)应付账款管理系统的日常处理流程

1. 应付账款管理系统的日常处理的起点是增加应付款,即从采购管理系统取得或在本系统直接输入采购发票、应付单、预付单、应付票据等原始单据,然后进行审核。或者从采购子系统的数据库取得采购发票后进行付款计划调整。

2. 将已经支付的款项作付款单录入到应付账款系统进行付款结算,由系统对前面已经存在的采购发票或应付单进行核销,或者将付款金额形成预付款。

3. 对日常业务中涉及的预付款冲抵应付款、应付款冲抵应收款、应付款转销等业务进行转账处理。

4. 利用票据管理功能对企业的银行承兑汇票和商业承兑汇票等应付票据进行管理,记录票据详细信息以及票据处理情况。对采购合同进行管理,随时掌握合同执行情况及合同的付款情况。

5. 对应付发生、应付结算、核销的转账处理等需要登记有关总账和明细账的业务进行制单处理,编制相关凭证并传递到总账系统,据以登记有关账簿。

6. 输出相关单据、业务账表、科目账表、凭证等,并且可以根据需要对供应商往来账款、到期账款的统计分析,输出分析结果。

7. 当期录入、审核、生成凭证及核销的所有业务处理完成后,进行月末处理、年末处理,结束本月或者本会计年度业务,开始下一期间工作。

三、采购系统与应付款系统的功能结构

从采购系统与应付款系统目标出发,根据系统的处理流程,可以得出系统的功能结构,如图 7－1 所示:

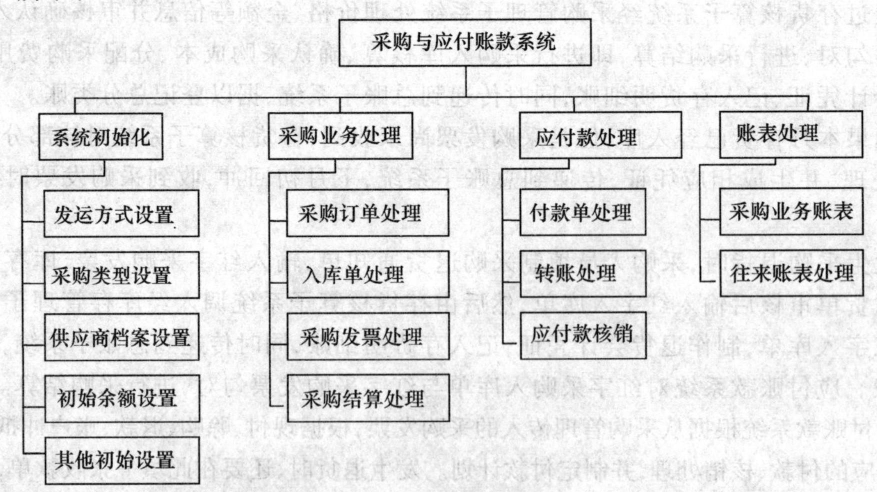

图 7－1 采购与应付账款系统

第二节　销售管理与应收账款管理系统

一、销售管理与应收款管理系统的主要功能

销售是企业生产经营成果的实现过程,是物料在企业内流动的终点,也是企业经营活动的中心。当企业销货活动与货款的取得在时间上不一致,即销售产品、提供劳务而未取得货款时,即形成应收账款,由应收账款管理系统进行管理。销售管理与应收款管理系统共同构成了企业的收入循环。

销售管理是企业供应链的一个环节,是把从客户或者相关机构获得的订货需求信息传递给计划、销售、仓库等系统,从销售、仓库等系统获得货物、传递给购货单位,完成物流的管理。应收账款核算主要用于核算和管理企业与客户之间的应收及预收的往来款项,处理应收款的收回、坏账、转账等业务,同时提供票据、合同等的管理。

销售管理系统是企业供应链系统的一个子系统,应收账款管理属于财务系统的一个子系统,二者可以自己独立运行,完成各自功能。但是由于这两个系统关系紧密,销售与应收款系统作为一个整体结合运用,能够实现各种单据的快速传递,可以提供更加完整全面的企业物流业务管理和财务管理信息,实现业务与财务的一体化,财务与业务的整合以及数据共享,实现对企业销售活动中物流、资金流、信息流的全面、全程管理与核算,提高工作效率、规范企业管理。

销售管理系统与应收款管理系统的主要功能概括如下:

1. 进行市场预测,及时、准确地编制销售计划,反映和监督销售合同的制订和执行情况。

2. 完成销售的日常业务处理,包括销售的报价与订货、销售出库、销售发货、销售退货、发票处理、销售结算等。

3. 完成应收账款的核算与管理。具体包括:进行应收账款业务的日常核算,全面反映企业各项债权的实点情况,便于及时催款;及时反映和监督各项赊销业务货款的收回情况,以尽量减少坏账损失,并对可能发生的坏账数额进行估计;按照企业既定的坏账提取方法进行计提坏账处理,及时处理确实无法收回的款项,以及已经确认为坏账的款项又收回的业务;及时记录客户资料,对客户的欠款情况、资信程度等进行动态跟踪管理;及时评价各客户的偿债能力及信用,确定信用政策,准备完成账龄分析。

4. 实现其他有关业务的管理。系统还要提供客户管理、价格管理、订单管理、信用管理、折扣管理和物料对应管理功能。

5. 能够完成销售分析、销售统计工作。打印输出各种需要的台账、报表,并将各种信息按照需求传递到其他子系统。

6. 建立数据接口,实现与其他子系统之间的数据传输与共享。

二、销售管理与应收款管理系统的业务流程

和其他子系统一样，销售管理与应收款管理系统的业务处理也可以分成初始设置和日常业务处理两部分。当企业第一次使用时应该首先进行初始设置，主要包括建立业务系统参数、系统基础档案、按企业业务规范设计业务流程、设置单据格式、输入期初数据等。

（一）销售管理系统的日常处理流程

1. 销售部销售员填制报价单，分管领导审批同意后，销售业务员据此编制销售订单，经授权人员审核后执行。

2. 销售发货时，销售员制作发货通知单，并输入到系统中，经主管审核后传递到库存管理子系统；由库管员执行发货并填制销售出库单，仓库主管对销售出库单进行审核，确保无误。

3. 在销售系统录入销售发票，并自动传入应收账款管理系统。

4. 财务部门通过存货核算系统调入销售管理系统进行单价处理并审核确认的销售出库单，与销售发票勾对，进行销售结算，即确认销售成本、分配销售费用、制作销售出库会计凭证（如果采用全月平均法计算出库成本，则这些工作在月末统一进行）、记入存货明细账，同时传递到总账子系统，据以登记总分类账。

5. 应收账款系统根据从销售管理传入的销售发票，根据现收、赊销、账户冲抵等不同情况进行相应的收款、核销、形成应收账款的处理，并处理增值税。发生退货时，还要在此填一张退款单，进行退款结算。对上述业务处理制作有关会计凭证，同时传递给总账系统，据以登记相关总分类账。

6. 如果是先开票后发货，则要根据销售订单填制销售发票，审核后依据销售发票生成相应的发货单、销售出库单及应收款，并传递到库存管理和应收款管理系统。如果是开票同时发货，则根据销售订单填制销售发票和销售发货单、销售出库单，然后由库存系统和应收款管理系统分别进行核对与核算。

7. 发生销售退货时，销售人员填制销售退货通知单，输入红字销售发票，库存管理子系统对该退货单审核后输入红字出库单，然后由存货核算子系统调入经库存管理处理并审核确认的该红字出库单，进行退货结算，制作退货会计凭证，记入存货明细账，同时传递到总账子系统，据以登记总分类账。应收账款系统对红字销售入库单与红字销售发票勾对，进行销售结算。

8. 输出有关销售的各种账表、凭证、出库单、发票、结算单等，并且可以根据需要进行统计分析，输出分析结果。

（二）应收账款管理系统的日常处理流程

1. 应收账款管理系统的日常处理的起点是增加应收款，即从销售管理系统取得或在本系统直接输入销售发票、应收单、预收单、应收票据等原始单据，然后进行审核。或者从销售子系统的数据库取得销售发票后进行付款计划调整。

2. 将已经收到的款项作收款单录入到应收账款系统进行收款结算，由系统对前面已经存在的销售发票或应收单进行核销，或者将收款金额形成预收款。

3. 对日常业务中涉及的预收款冲抵应收款、应收款冲抵应付款等业务进行转账处理。

4. 利用票据管理功能对企业的银行承兑汇票和商业承兑汇票等应收票据进行管理，记录票据详细信息以及票据处理情况。对销售合同进行管理，随时掌握合同执行情况及合同的收款情况。

5. 企业在对应收账款进行全面检查的基础上合理计提坏账准备；对于确实无法收回的应收账款，按照企业管理权限，经股东大会或董事会、经理会议批准作为坏账损失，作坏账发生处理；已经确认并冲销处理的坏账损失，如果以后又收回，按照实际收回金额作坏账收回处理。

6. 对应收发生、应收结算、转账处理、坏账处理等需要登记有关总账和明细账的业务进行制单处理，编制相关凭证并传递到总账系统，据以登记有关账簿。

6. 输出相关单据、业务账表、科目账表、凭证等，并且可以根据需要进行应收账龄、收款账龄、欠款的统计分析并输出统计分析结果。

7. 当期录入、审核、生成凭证及核销的所有业务处理完成后，进行月末处理、年末处理，结束本月或者本会计年度业务，开始下一期间工作。

三、销售系统与应收款系统的功能结构

销售系统与应收款系统作为企业供应链管理的最后一环，其主要目标是进行销售活动及其有关经营业务的核算和管理。从销售系统与应收款系统目标出发，根据系统的处理流程，可以将系统功能概括如图 7－2 所示：

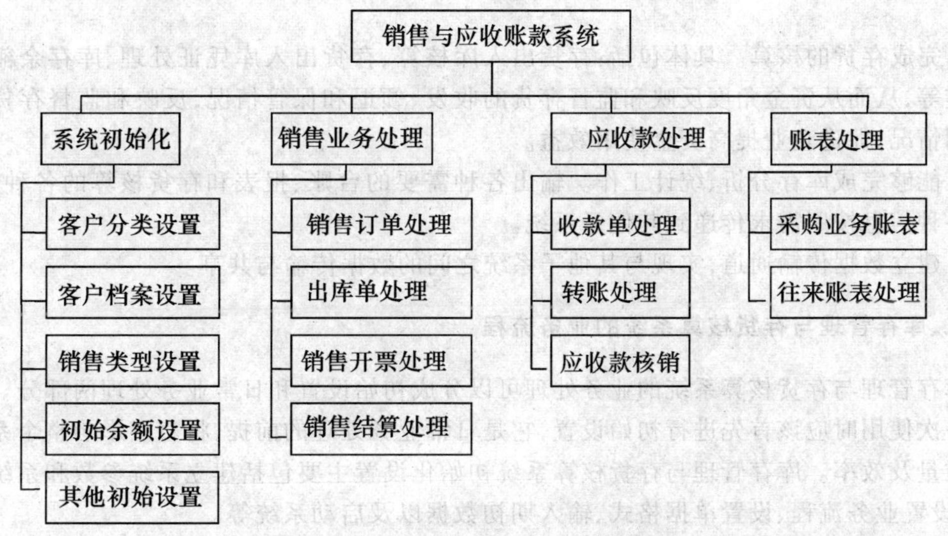

图 7－2　销售与应收账款系统

第三节　库存管理与存货核算系统

一、库存管理与应付款管理系统的主要功能

存货是指企业在生产经营过程中为销售或者耗用而储存的各种资产,包括商品、产成品、半成品、在产品以及各种材料、燃料、包装物、低值易耗品等。存货是保证企业生产经营过程顺利进行的必要条件,企业要不断地购入、耗用或者销售存货。库存管理就是对企业存货的流动、循环进行的动态控制和管理,它是企业物流管理的核心。同时,由于存货是企业的一项重要的流动资产,其价值在企业流动资产中占有很大的比例,因此,存货核算是企业会计核算的一项重要内容。

库存管理与存货核算是管理一体化解决方案中两个不同的子系统,两者联系紧密,一般集成使用。库存管理与存货核算的结合运用,可以提供更加完整全面的企业物流业务管理和财务管理信息,实现对企业供应链中物流、资金流、信息流的全面、全程动态管理。

库存管理与存货核算系统的主要功能概括如下:

1. 完成库存的日常业务处理,包括入库业务、出库业务、库存调拨、库存调整等日常处理工作,及时、准确、全面地从数量角度反映库存的出、入、现存情况。

2. 实现其他有关业务的管理。系统还要提供批次、存货、库存盘点、质量检验、赠品等管理,从而真正实现企业仓储信息的全面管理,达到对库存业务物流和成本的有效控制和跟踪。

3. 完成存货的核算。具体包括:存货出入库核算、存货出入库凭证处理、库存余额对账和调整等,从而从资金角度反映和监督存货的收发、领退和保管情况,反映和监督存货资金的占用情况,促进企业提高资金使用效益。

4. 能够完成库存分析、统计工作。输出各种需要的台账、报表和存货核算的各种账表,并将各种信息按照需求传递到其他子系统。

5. 建立数据传输通道,实现与其他子系统之间的数据传输与共享。

二、库存管理与存货核算系统的业务流程

库存管理与存货核算系统的业务处理可以分成初始设置和日常业务处理两部分。当企业第一次使用时应该首先进行初始设置,它是日常业务处理的前提,将直接影响整个系统的运行质量及效率。库存管理与存货核算系统初始化设置主要包括建立系统参数和系统基础档案、设置业务流程、设置单据格式、输入期初数据以及启动系统等。

(一)库存管理系统的日常处理流程

1. 根据采购部门的收料(退料)通知单填制外购入库单(红字外购入库单),根据生产部

门的产品、自制半成品、委托加工凭证,以及接受存货投资、捐赠等其他入库凭证录入有关入库单中除了单价、金额外的存货基础数据,进行存货入库处理。经审核无误后传递到采购、生产、存货核算子系统。

2. 根据销售部门的发货(退货)通知单填制销售出库单(红字销售出库单),根据生产部门的产品、自制半成品、委托加工凭证,以及投资转出、捐赠转出等其他出库凭证录入有关出库单中除了单价、金额外的存货基础数据,进行存货出库处理。经审核无误后传递到销售、生产、存货核算子系统。

3. 企业完成仓库盘点后,首先备份账存数据、打印盘点表、录入盘点数据、编制盘点报告,然后由系统自动生成盘盈盘亏单并调整存货账面数据。

4. 发生仓库调拨业务时,作不同仓库的出仓与入仓处理,只作数量在仓库间的变动,不进行计价处理。

5. 月末,库存子系统作系统内部对账以及与存货核算对账工作。

6. 输出各种有关账表、凭证、入库单、出库单等,并且可以根据需要进行统计分析,输出分析结果。

(二)存货核算系统的日常处理流程

1. 存货核算系统取得库存系统输入的出库单、入库单,与采购发票核对后进行入库核算,确认采购成本,分配采购费用,与销售发票核对后进行出库核算,确认销售收入、成本与费用。

2. 存货核算完成,根据不同的出入库业务制作相关会计凭证,记入存货明细账,同时传递到总账系统登记总分类账。

3. 当期录入、审核、生成凭证及核算的所有业务处理完成后,进行月末处理、年末处理,结束本月或者本会计年度业务,开始下一期间工作。

4. 输出相关单据、业务账表、科目账表等,并根据需要进行统计分析,输出分析结果。

三、库存管理与存货核算系统的功能结构

库存管理系统的主要功能是对采购管理、销售管理以及生产部门的出入库业务进行相应的单据处理,并对存货出入库的数量实施管理,系统实施管理的对象是反映存货流转轨迹的单据,因此是按库存业务流程中的库存单据划分业务处理阶段和系统功能的。从库存管理与存货核算系统目标出发,根据系统的处理流程,可以得出系统的功能结构,如图 7－3 所示:

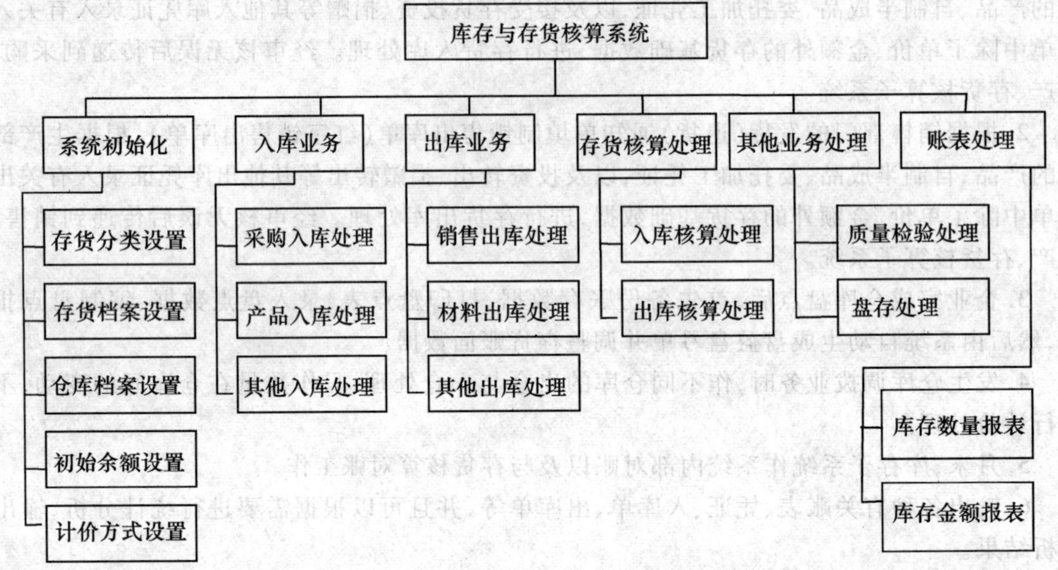

图7-3 库存与存货核算系统

第四节 工资管理系统

一、工资管理系统的功能与特点

工资管理系统的主要任务是正确计算职工工资，对职工工资总额实行计划管理，按工资的用途、部门进行汇总，并按一定的分配原则进行费用的计提和分配，同时登录有关的总账和明细账。工资管理系统是企业薪酬循环的重要内容，与成本会计、付款等密切相关，是会计信息系统的重要组成部分。

1. 工资管理系统主要包括的内容

(1)根据企业劳动人事部门提供的劳动者的劳动数量、质量等原始资料，职工的应付工资、应扣款项、实发工资以及个人所得税等工资项目。

(2)根据不同部门、不同性质的职工工资，汇总分配工资费用，为计算产品成本、核算当月利润提供成本资料。

(3)提供职工福利费、劳动保险费等计提数据，以便正确计入有关的成本费用。

(4)采用适当的方法支付职工工资，例如直接用货币资金支付工资或由银行代发工资。

2. 特点

工资核算是每一个单位的财会部门最基本的业务之一，同时它又是一项经常性的工作，它关系到每个职工的切身利益。工资核算的时限性很强，若企业的职工很多，它将是一项非常繁重的工作。因此，工资管理系统软件应具备以下特点：

(1)政策性要求严格。工资核算所需数据必须如实填报，并严格按照国家规定的劳动管理制度进行计算，既要保护职工的利益，防止出现各种矛盾，又要保证国家、集体利益不受损失。

(2)及时性、准确性要求高。工资的发放有较强的时间限制，必须严格按照企业规定的时间完成计算和发放工作，而且要保证工资计算和发放准确无误。

(3)工资计算重复性强、数据量大。

3.工资核算电算化的意义

工资核算的方法比较简单、固定，每个月进行工资计算的程序基本不变，工资核算的这种重复性和规律性为工资核算的电算化提供了可能性。在手工方式下，会计人员为了搞好工资核算，需要投入大量的精力和时间，但仍然很难避免错误的出现。采用工资核算的电算化后，无论从精度上、速度上，还是灵活性上，都是手工方式所不可比拟的，它大大减轻了财务人员的工作强度，提高了工作效率。因此工资核算电算化具有非常重要的意义。

二、工资核算的业务处理流程

若要实现工资核算系统的电算化，就要了解工资核算的任务和业务处理过程，工资数据的组成和流向，进而抽象出工资核算的流程图，如图 7－4 所示。工资核算主要包括以下环节：

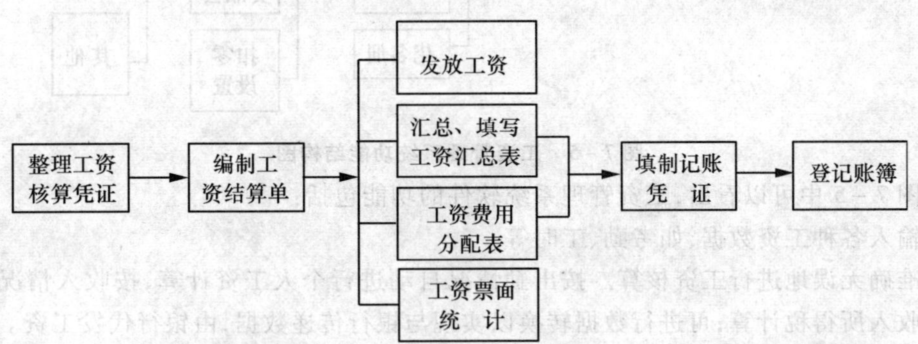

图 7－4　工资处理业务流程图

1.编制工资结算单。即根据劳动人事部门的工资核算资料，对来自各部门的工资信息进行整理加工，编写、填制工资结算单。

2.按部门(或指定条件)汇总工资。即对工资结算单的内容按工资核算的部门进行汇总，并计算、填写工资汇总表、工资分配汇总表等。

3.编制记账凭证进行账务处理。即根据各部门分类汇总工资的结果，编制工资核算的账务处理凭证。这个环节的工作，有的软件放在工资核算软件中管理，有的则直接放在账务处理软件中,通过转账功能提取工资系统中的数据,生成工资核算凭证。本节中将介绍的工资管理系统软件属于第二种情况。

三、工资管理系统软件的功能结构

工资管理系统软件应具有灵活设置工资项目和工资表格的功能、快速准确的核算功能、方便实用的查询功能以及必要的打印功能。图 7-5 为工资核算软件的系统功能结构图。

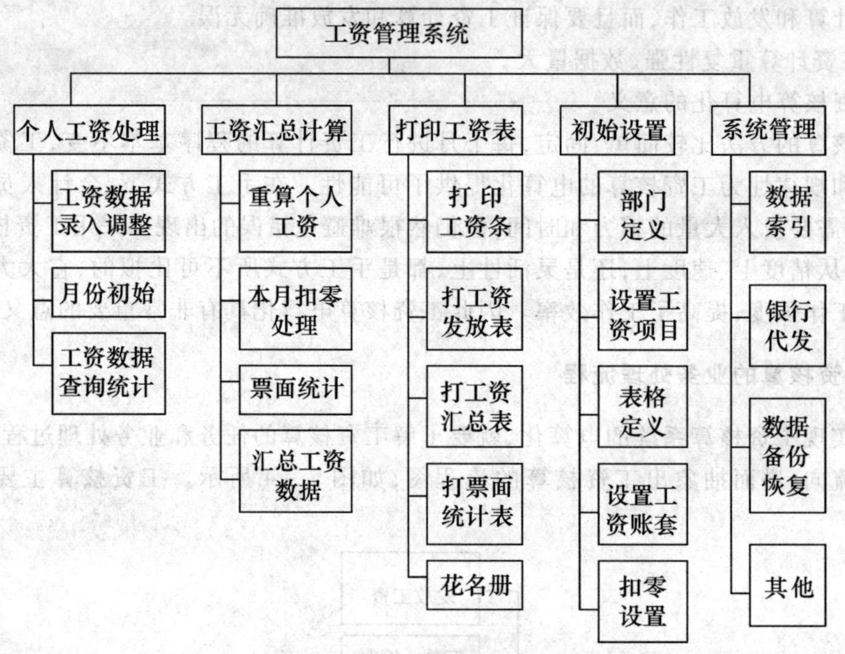

图 7-5 工资管理系统功能结构图

从图 7-5 中可以看出,工资管理系统软件的功能包括:

1. 输入各种工资数据,如考勤、工时等。

2. 准确无误地进行工资核算。按出勤情况自动进行个人工资计算,按收入情况自动进行个人收入所得税计算;可进行数据转换以实现与银行传递数据,由银行代发工资。

3. 查询个人工资、部门工资、单位工资以及各种工资数据。

4. 打印工资发放表、工资条、汇总表和职工花名册等。

四、工资管理系统软件的使用

1. 系统初始化

通用工资管理系统软件一般不固定工资核算的内容和方法,而是由具体单位根据实际情况,通过系统初始化,自行设定工资核算功能模块工作模式。

(1)设置多套工资核算。工资管理系统软件可进行多套工资设置。如在职人员、退休人员和临时人员的工资,可设成三套工资,各套工资相对独立,分别处理,相互间没有汇总关系。

(2)部门定义。为了反映企业各部门的工资支出总额,统计和分析工资核算的各项指标,需进行工资的总分类核算。工资核算软件必须对企业各部门进行编码,设定部门编号。部门编号可分三级,每级两位,下一级自动向上一级汇总数据。

(3)工资项目设置。工资项目应包括手工核算时工资计算单上所列的各个项目,还应包括与计算这些项目有关的原始项目和中间过渡项目。这些工资项目有的是必备的,各单位都有;有些项目则不尽相同;有些项目的数据长期不变,属于固定项目;有的每月都有变动,属于变动项目。为此,在软件中应预先设置一些必备的工资项目,如编号、单位、姓名、应发合计、扣款合计、实发工资等,其他项目可根据需要自行增加和修改,以适应各单位的需要。例如,某企业的工资项目可如下设置:

序号	项目	类型	宽度	小数
01	编号	C		
02	单位	C		
03	姓名	C		
04	日工资	N		
11	基本工资	N	6	2
12	副补	N	6	2
13	工龄工资	N	6	2
14	交通费	N	6	2
15	洗理费	N	6	2
16	应发合计	N	8	2
17	缺勤天数	N	6	
20	扣养老金	N	6	2
31	扣款合计	N	6	2
38	实发工资	N	8	2

(4)公式设定。即设定工资项目中各种非原始项目的计算公式的相互关系。例如:

序号	项目名称	计算公式
01	应发工资	基本工资 + 副补 + 工龄工资
02	应发合计	应发工资 + 交通费 + 洗理费
03	缺勤扣款	缺勤天数 × 日工资
04	扣款合计	缺勤扣款 + 扣养老金
05	实发工资	应发合计 - 扣款合计

(5)打印表格定义。由于工资数据的零散性,在进行工资发放时,必须将工资内容输出,以便于各部门人员集中领取,并签上姓名,保证职工工资的安全。可打印的表格包括:工

资汇总表、工资发放表、工资发放条、职工花名册等。这些表格管理的信息是工资核算的结果,由于各单位的工资表格不尽相同,因此,每种表格的形式应由操作者自行确定。表格定义是通过在屏幕显示的表格中输入各栏目设置信息来进行的。

2. 工资数据处理

初次使用系统时,应先进行个人工资基本数据输入,完成各月初始处理。

3. 汇总计算

汇总计算应首先按设置的计算公式对每个人员的工资数据进行计算,然后按单位级次分级汇总工资,并提供票面统计表。其次应按单位进行汇总,程序运行后生成当月工资汇总数据,然后可根据需要选择计算单位分发工资的票面张数,可选百元、五十元或十元券作为最高面额。

4. 数据输出

工资数据可按屏幕和打印机两种途径输出,也可通过银行代发工资。

(1)查询输出。这种功能可实现从屏幕输出。可按个人、单位或其他指定条件查询工资数据并显示。

(2)打印输出。此功能是把个人工资数据和各部门、车间、科室的汇总数据以工资表等形式打印出来。

(3)利用软件提供的工资数据,通过银行代发工资。这种方式是通过磁盘或以联网方式与银行进行数据传送。要按照要求的数据项目在软件中进行设置,其中"账号"等内容必须由开户行规定。

5. 工资数据的管理

所有的工资数据都应进行软盘备份,这样既可以作为档案保存,又为数据的安全性提供了保证。

第五节 固定资产管理系统

一、固定资产系统的功能与特点

1. 功能

固定资产是指使用年限超过一年的建筑物、机器设备、交通工具等。固定是相对于流动而言,流动资产的价值在一个生产周期内得到全部转移,而固定资产的价值能够连续在若干生产周期中发挥作用,并保持其原有实物形态,但其价值随着损耗逐渐地、部分地转移到生产的产品中去,构成产品成本的一部分。固定资产管理及核算是企业财务核算的重要组成部分,为此,固定资产管理系统软件应具备以下主要功能:

(1)管理固定资产卡片。对固定资产卡片进行管理,按月汇总出"分部门、分类别"的固定资产汇总数，打印卡片汇总表等。

(2)管理固定资产的增减变动情况。对固定资产的增减变动进行管理，更新固定资产合片，按月汇总出分部门、分类别、分增减变动种类的汇总数据，并可打印输出增减变动汇总表和增减变动明细表。

(3)计提折旧、计算净值。计算固定资产折旧、固定资产净值，并可打印输出计算折旧分配表等。

2. 特点

固定资产核算是多年数据的累计核算，日常增减业务较少，并且其折旧方法相对固定，因此，固定资产核算软件具有三个明显特点：

(1)由于每项固定资产都需在计算机中建立卡片，所以数据核算及存储量大。

(2)日常数据输入量少。

(3)输出内容多。

3. 固定资产核算电算化的意义

固定资产管理是一项非常重要的工作。若疏于对固定资产的管理，将会造成固定资产账实不符，账目混乱，严重的还将导致固定资产的流失；若对固定资产实施严格、细致的管理，又将大大增加财务人员的工作量。因此，采用固定资产核算电算化就具有非常重要的意义。无论企业规模多大，固定资产数量有多少，在使用固定资产管理软件后都能完成对固定资产准确高效的管理。

二、固定资产核算的业务处理流程

固定资产核算主要包括两方面的内容。

1. 固定资产卡片管理及增减变动的核算

在手工会计中，固定资产的明细分类核算是通过设置"固定资产卡片"和"固定资产登记薄"进行的。固定资产增加与减少的方式很多，发生固定资产的增减变动时，要填制相应的凭证，然后将凭证的内容登记到预先为每项固定资产设置的卡片中。另外根据固定资产类别设立固定资产登记簿，根据固定资产的增减变动凭证，登记各项固定资产的增减金额、月末结出余额，与固定资产卡片的原价总值以及总分类账中"固定资产"科目的余额进行核对。

2. 固定资产折旧核算

根据会计制度规定，对于房屋、建筑物等在用固定资产，都应按月提取折旧。而对于未使用或不需用的固定资产等不计提折旧。固定资产折旧费是指固定资产由于磨损而转移到产品成本和费用中去的价值。它以折旧费的形式计入产品成本或期间费用，通过销售从货款中收回。其计算方法有直线法、加速折旧法，等等。固定资产核算的具体流程如图 7 - 6 所示。

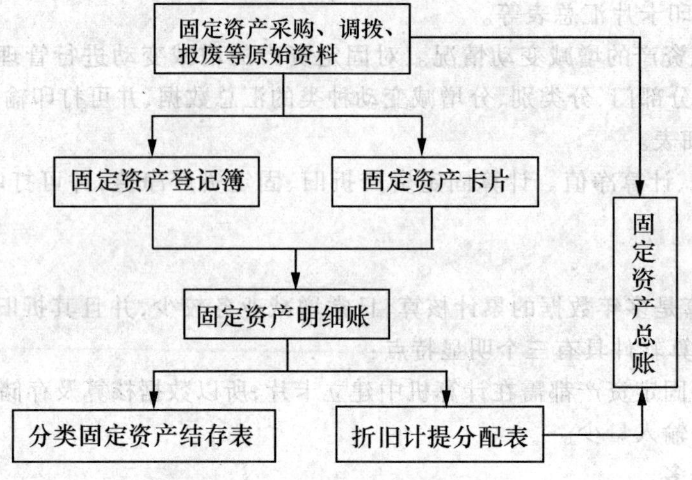

图 7－6　固定资产核算流程图

其业务流程为：

(1)根据调拨单、验收单、领用单、报废单等基本数据，登记固定资产卡片、固定资产登记簿和固定资产总账。

(2)根据固定资产卡片、登记簿或领用、验收等单据，登记使用情况及增减明细账。

(3)根据固定资产的明细账，分析计算固定资产折旧，编制计提折旧分配表，并据此形成固定资产核算转账分录，向账务核算软件传递。

三、固定资产核算软件的功能结构

根据固定资产核算业务处理的要求，固定资产核算软件的功能设置如图 7－7 所示。

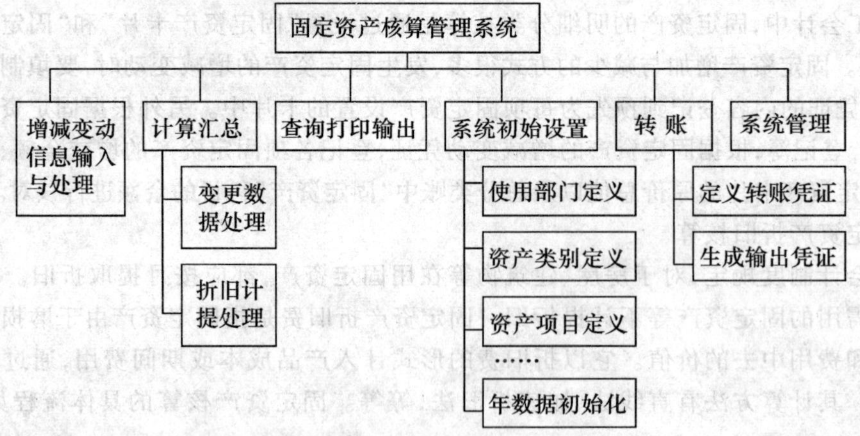

图 7－7　固定资产核算管理系统功能结构图

四、固定资产核算软件的使用

（一）应用准备

从手工管理固定资产到由计算机管理固定资产有很大区别，但其目的一致，从业务目标来理解软件提供的功能是一个很好的捷径。使用固定资产核算软件前，应做如下准备工作：

（1）收集手工业务所使用的卡片、账表等，预先进行分类。

（2）分析手工业务处理的目的。了解手工处理中每一过程的目的及其从基础数据到加工数据再到目标数据的处理流程。

（二）系统初始化

初始化工作用于完成把手工核算方式下的有关规则及数据向计算机系统进行交接。系统初始化的一般步骤如图 7－8 所示。

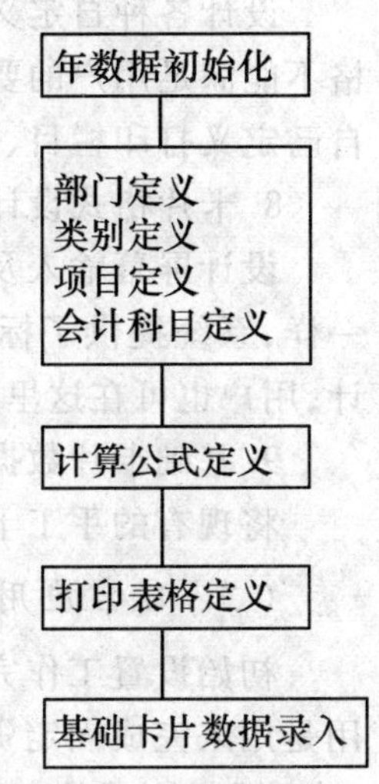

图 7－8　系统初始化步骤

1. 年数据初始化

做新年度数据文件的初始工作，即在计算机内建立本年账簿。在每年年初开始时，或第一次使用系统时，要进行年度初始化工作，建立好当年度的有关数据文件。

2. 部门定义

定义固定资产的使用部门的编码和名称。在实际工作中，固定资产的使用是由各部门分别管理的，系统在进行固定资产的原值、折旧等数据处理时，按照各部门所分管的设备种类，做明细及汇总统计工作。因此第一次使用系统时要将本单位的所属部门输入到系统中，使于汇总和管理。

3. 类别定义

定义固定资产的分类编码和分类名称。为了正确核定资产的分类折旧进行固定资产的结构分析，可以将单位固定资产按照形态、经济用途和实际使用情况进行合理划分，以便为固定资产计算和汇总提供类别依据。用户只定义“资产类别编号的级次”，级次的设定规范由用户自己确定。

4. 项目定义

定义固定资产卡片的登录项目。不同企业或不同单位的固定资产卡片登录项目不同，用户可以根据单位的情况自己定义。系统已经设置好了一些基本必备的项目，用户可以根据自己的管理目标在此基础上修改。

5. 会计科目定义

定义与固定资产核算有关的会计科目。与固定资产没有关系的科目没有必要在此出现。其目的是便于系统能够自动将发生的有关固定资产的各项业务生成相应的记账凭证，并将其传递到账务系统中去。这里的会计科目应保持同账务系统一致，否则生成的凭证，账务系统不能识别。

6. 辅助计算公式定义

定义固定资产卡片中项目间的计算关系。不同行业或不同单位的固定资产折旧的方法是不同的。系统根据新会计制度的规定,对固定资产折旧计算方法的计算公式做了统一处理。系统提供的计算公式有:平均年限法、工作量法、年限总和法、双倍余额递减法、不计提折旧法,用户可以自己选择。如果对固定资产折旧管理有特殊的要求,可以在辅助公式定义功能中定义。在填卡片时,将定义的辅助分类编号填入计算分类栏即可。

7. 打印表格定义

设计各种自定义表格。一般地,系统为用户设置好了一些基本的打印表格,如果这些表格不能满足用户的要求,可以在这里自行定义打印表格。系统提供了三张打印表格,由用户自己定义打印栏目、数据宽度、小数值及打印内容。

8. 卡片格式设计

设计屏幕输入及打印输出的固定资产卡片格式。不同的单位固定资产卡片格式可能不一样,系统提供了标准卡片格式,为了在输入格式上尽可能保持与原来形式相同的卡片设计,用户也可在这里重新设计卡片格式。

9. 基础卡片数据录入

将现有的手工卡片数据录入计算机。

(三)日常应用

初始设置工作完成以后,平时一般很少改动,大部分工作是在日常应用中进行。日常应用是用来完成固定资产日常增加、减少、原值的变动调整,以及固定资产的"内部转移、停(启)用、封存"等变动信息的录入。

1. 固定资产增加核算

固定资产增加的基本途径可分为固定资产的"购建、外单位转入、捐赠、盘盈"等,核算时根据实际业务要求,在固定资产卡片中选择输入固定资产增加的信息内容。

2. 固定资产减少核算

固定资产减少的基本途径,可分为固定资产的"出售、报废、损毁、盘亏"等。

3. 固定资产盘盈盘亏

固定资产的盘盈是根据固定资产盘盈报告单,将在固定资产清查中实际清查数大于账面数的固定资产按照固定资产卡片的格式录入盘盈资产的各个项目,加注"盘盈"标记,最后再建立固定资产盘盈档案;固定资产的盘亏是根据固定资产盘亏报告单,把在固定资产清查中实际清查数少于账面数的固定资产由卡片中调出,经确认后,填入盘亏原因、使用部门意见、审查小组意见和审批部门意见,并在此固定资产卡片的变更标志栏注上"盘亏"标记,建立盘亏卡片库。

4. 卡片修改

固定资产卡片修改包括固定资产价值变动、内部转移修改等。当进行卡片修改时,务必要输入固定资产的各相关项目卡片对应的相关项目进行加减运算。

5. 输入本月工作量

采用“工作量”法计提折旧的固定资产，需要每月录入本月工作量，以便为折旧核算提供计算依据。

(四)计算汇总

固定资产的“计算”、“汇总”包含两种意义，一是本月变更数据和卡片的汇总，二是计算折旧费。前者为主管部门提供全面正确反映固定资产的结构、原值、折旧、余额、动态和占用等情况，后者为成本核算提供转移价值的依据。

(五)数据查询

数据查询为用户提供了包括查固定资产卡片、按单位和类别查询不同时期的卡片汇总数据、变更数据资料、折旧计提表等功能。

第六节　成本核算系统

一、成本核算的功能与特点

1. 功能

成本费用是企业在生产经营中的各种耗费。对于工业企业，产品成本一般是以产品为成本核算对象，核算企业在生产一定种类、一定数量的产品过程中所发生的直接材料费用、直接人工费用和间接制造费用的总和。

成本核算的功能在于将由账务处理所归集的费用在各种产品之间和在完工产品之间进行分配，并进行主营业务成本结转、产品销售税金提取等。

2. 特点

(1)数据处理流程复杂，数据处理量较大。企业为生产产品而发生的费用较多，生产产品品种繁杂，而且有些企业不仅要计算每种产品的成本，还要计算每个加工步骤中未成品的单位成本和总成本。

(2)计算方法多样化。计算产品成本要结合各单位的生产工艺、生产组织的特点和管理上的不同要求，选择适用的成本计算方法。在一个企业中，由于生产组织与生产工艺类型复杂，也可能同时采用几种不同的成本计算方法，分别计算不同种类产品的成本。

(3)与其他系统数据交换频率高。计算产品成本需要工资、材料、固定资产折旧、货币支出等生产费用的发生额，这些要由账务处理、工资、材料、固定资产等核算系统来提供，成本算出以后，又要向账务处理、产成品销售等系统输送成本数据。

3. 成本核算电算化的意义

各个企业生产组织、生产工艺与生产管理要求不尽相同,采用的成本核算方法也不一样,但是无论什么方法,其核算过程都很复杂,特别是一些大中型企业,成本核算的手工处理的工作量是非常惊人的。用计算机进行成本核算,在保证输入数据正确的前提下,能显著地提高成本计算的及时性和准确性。这样,就使得成本会计有更多的时间和精力进一步加强事后分析,能根据及时准确的成本核算结果,为企业内部各级人员提供有效经营和最优化决策的信息。因此,成本核算电算化的意义是深远的。

二、成本核算的业务流程

成本核算步骤是按数据产生的先后次序安排的。一般都要经过以下步骤,如图 7 - 9 所示。

(1)各项要素费用的归集与分配。主要包括:原材料费用的归集与分配、工资费用的归集与分配、折旧费用的归集与分配等。

(2)辅助生产费用的归集与分配。

(3)制造费用的归集与分配。

(4)生产费用在完工产品与在产品之间的分配。

经过上述费用分配,便可计算出产品的单位成本和总成本。

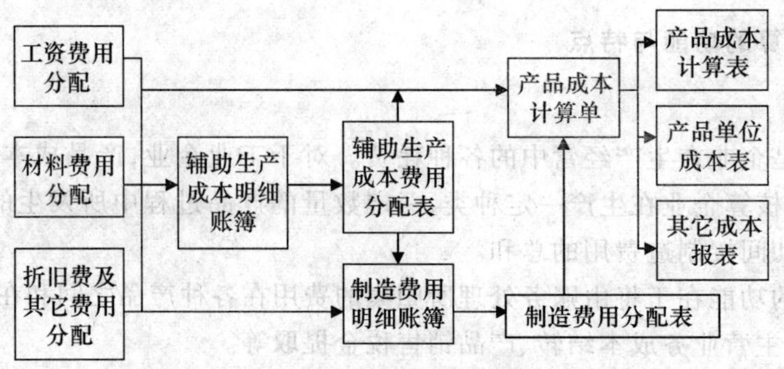

图 7 - 9 成本核算系统业务流程图

三、成本核算软件的功能结构

成本核算软件的功能如图 7 - 10 所示。

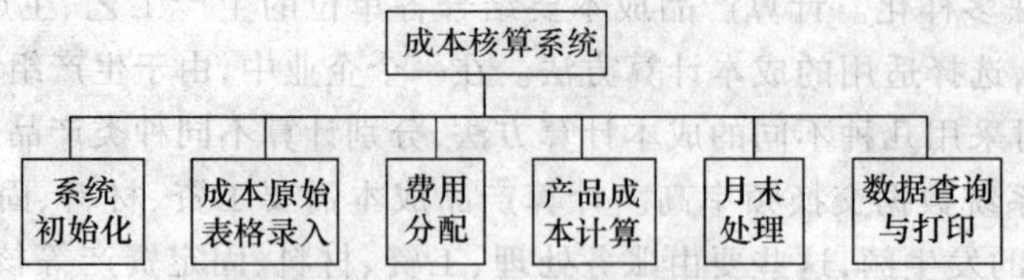

图 7 - 10 成本核算系统功能结构图

四、成本核算软件的使用

1. 系统初始化

这项工作只在初次使用本系统及某些定额数据发生变化时进行。它包括设置成本项目、核算账户、间接费用分配结转方式、成本对象等内容，还包括产品目录管理等。

2. 成本原始表格的录入

主要包括有关生产统计方面的数据。具体的有：根据审核后的领退料凭证，定期对本期发生的材料费用进行汇总并编制"发料凭证汇总表"；按企业人员类别和各车间、部门及工资的内容编制"工资结算汇总表"；正确确定计提折旧固定资产的原值、折旧率和折旧方法，并按车间、部门进行归集，编制折旧费计算汇总表；把待摊费用按受益期、分期归集计入成本等等。

3. 费用分配

该模块自动进行材料费用、工资及福利费用、辅助生产费用、制造费用的分配，得出各个成本核算对象的当期成本。

4. 成本计算

自动完成产品成本在完工产品与在产品之间的分配，并产生成本计算单。

5. 月末处理

按照初始化中设置的结算自动转账，传递到相应的核算系统之中。

6. 数据查询与打印

成本核算后产生的表有"产品成本计算表"、"制造费用明细表"、"主要产品单位成本表"等。可按产品或费用项目查询费用的消耗情况，并打印输出。

复习思考题

1. 各个子系统的功能分别是什么？

2. 各子系统与总账系统的关系是什么？

第八章　企业资源计划 ERP

第一节　企业资源计划概述

会计信息系统是企业管理信息中重要而基础的一个信息系统。如果在企业管理过程中只在财务部门实行计算机管理,则会计信息系统属于部门级的信息系统,如果企业实现了全面信息化管理,会计信息系统作为企业管理信息系统的一个子系统,则会计信息系统属于企业级的信息系统。在企业全面信息化环境下,会计信息系统与企业管理的其他子系统协同工作,更好地完成企业管理工作。

ERP 系统集信息技术与先进的管理思想于一身,整合了企业管理理念、业务流程、基础数据、人力物力、计算机硬件和软件,反映了时代对企业合理调配资源,最大化地创造社会财富的要求,成为企业在信息时代生存、发展的基石。为此,在不到 10 年的短暂时间内,它很快就被人们认同和接受,全球 500 强企业中,80% 以上的企业实施了 ERP 管理,它为许许多多的企业带来了丰厚的收益。

一、ERP 的概念与发展历程

(一)ERP 的概念

ERP(Enterprise Resource Planning,企业资源计划系统),是建立在信息技术基础上,以系统化的管理思想,为企业决策层及员工提供决策运行手段的管理平台。对它可以从以下几个方面来理解:

1. 它是由美国著名的计算机技术咨询和评估集团 Gartner Group Inc. 提出的一整套企业管理系统体系标准,其实质是在 MRPII(Manufacturing Resources Planning,制造资源计划)基础上进一步发展而成的面向供应链(Supply Chain)的管理思想;

2. 是综合应用了客户机/服务器体系、关系数据库结构、面向对象技术、图形用户界面、第四代语言(4GL)、网络通信等信息产业成果,以 ERP 管理思想为灵魂的软件产品;

3. 是整合了企业管理理念、业务流程、基础数据、人力物力、计算机硬件和软件于一体的企业资源管理系统。

全球最大的管理软件制造公司 SAP 公司,根据 20 多年的企业管理软件开发与服务的实践,对 ERP 提出了“管理 + IT”的定义:

1. ERP不只是一个软件系统,而是一个集组织模型、企业规范和信息技术、实施方法为一体的综合管理信息系统。

2. ERP管理的核心从“在正确的时间制造和销售正确的产品”,转移到了“在最佳的时间和地点,获得企业的最大利润”。这种管理思想、方法和手段也从制造企业扩展到了其他行业。

3. ERP从满足动态监控,发展到引入商务智能,使得以往简单的事物处理系统,变成了真正具有智能化的管理控制系统。

4. 就软件结构而言,ERP必须能够适应互联网,可以支持跨平台、多组织的应用,并和电子商务的应用具有广泛的数据、业务逻辑接口。

综上所述,我们给出一个较为简洁的,同时又能够反映出ERP管理思想核心本质的定义:ERP是利用现代信息技术,以系统化的计划管理为核心的一系列先进管理思想运用于企业管理之中,面向整个供需链,以合理配置企业所有内外资源为目标的一种综合管理应用系统。

具体来讲,ERP与企业资源的关系、ERP的作用以及与信息技术的发展的关系等可以表述如下:

1. 企业资源与ERP

厂房、生产线、加工设备、检测设备、运输工具等都是企业的硬件资源,人力、管理、信誉、融资能力、组织结构、员工的劳动热情等就是企业的软件资源。企业运行发展中,这些资源相互作用,形成企业进行生产活动、完成客户订单、创造社会财富、实现企业价值的基础,反映企业在竞争发展中的地位。ERP系统的管理对象便是上述各种资源及生产要素,通过ERP的使用,使企业的生产过程能及时、高质地完成客户的订单,最大限度地发挥这些资源的作用,并根据客户订单及生产状况做出调整资源的决策。

2. 调整运用企业资源

企业发展的重要标志便是合理调整和运用上述的资源,在没有ERP这样的现代化管理工具时,企业资源状况及调整方向不清楚,要做调整安排是相当困难的,调整过程会相当漫长,企业的组织结构只能是金字塔形的,部门间的协作交流相对较弱,资源的运行难以比较把握,并做出调整。信息技术的发展,特别是针对企业资源进行管理而设计的ERP系统正是针对这些问题设计的,成功推行的结果必使企业能更好地运用资源。

3. 信息技术对资源管理作用的阶段发展过程

计算机技术特别是数据库技术的发展为企业建立管理信息系统,甚至对改变管理思想起着不可估量的作用,管理思想的发展与信息技术的发展是互成因果的环路。而实践证明信息技术已在企业的管理层面扮演越来越重要的角色。

(二)ERP的发展

信息技术最初在管理上的运用,也是十分简单的,主要是记录一些数据,方便查询和汇总,而现在发展到建立在全球Internet基础上的跨国家、跨企业的运行体系,粗略可分为如下阶段：

1. MIS 系统阶段（Management Information System）

企业的信息管理系统主要是记录大量原始数据、支持查询、汇总等方面的工作。

2. MRP 阶段（Material Require Planning）

企业的信息管理系统对产品构成进行管理，借助计算机的运算能力及系统对客户订单、在库物料、产品构成的管理能力，实现依据客户订单，按照产品结构清单展开并计算物料需求计划。实现减少库存、优化库存的管理目标。

3. MRPⅡ阶段（Manufacture Resource Planning）

在 MRP 管理系统的基础上，系统增加了对企业生产中心、加工工时、生产能力等方面的管理，以实现计算机进行生产排程的功能，同时也将财务的功能囊括进来，在企业中形成以计算机为核心的闭环管理系统，这种管理系统已能动态监察到产、供、销的全部生产过程。

4. ERP 阶段（Enterprise Resource Planning）

进入 ERP 阶段后，以计算机为核心的企业级的管理系统更为成熟，系统增加了包括财务预测、生产能力、调整资源调度等方面的功能。配合企业实现 JIT 管理，全面、质量管理和生产资源调度管理及辅助决策的功能。成为企业进行生产管理及决策的平台工具。

5. 电子商务时代的 ERP

Internet 技术的成熟为企业信息管理系统增加了与客户或供应商实现信息共享和直接的数据交换的能力，从而强化了企业间的联系，形成共同发展的生存链，体现企业为达到生存竞争的供应链管理理想。ERP 系统相应实现这方面的功能，使决策者及业务部门实现跨企业的联合作战。

由此可见，ERP 的应用的确可以有效地促进企业管理的现代化、科学化，适应竞争日益激烈的市场要求，它的导入已经成为大势所趋。

（三）20 世纪 90 年代的 ERP 系统

进入 20 世纪 90 年代，随着市场竞争的进一步加剧，企业竞争空间与范围的进一步扩大，20 世纪 80 年代 MRPⅡ主要面向企业内部资源全面计划管理的思想逐步发展为 20 世纪 90 年代怎样有效利用和管理整体资源的管理思想，ERP（Enterprise Resource Planning）——企业资源计划也就随之产生。ERP 是在 MRPⅡ的基础上扩展了管理范围，给出了新的结构。

1. ERP 同 MRPⅡ的主要区别

（1）在资源管理范围方面的差别

MRPII 主要侧重对企业内部人、财、物等资源的管理，ERP 系统在 MRPII 的基础上扩展了管理范围，它把客户需求和企业内部的制造活动，以及供应商的制造资源整合在一起，形成企业一个完整的供应链并对供应链上所有环节如订单、采购、库存、计划、生产制造、质量控制、运输、分销、服务与维护、财务管理、人事管理、实验室管理、项目管理、配方管理等进行有效管理。

(2)在生产方式管理方面的差别

MRPII 系统把企业归类为几种典型的生产方式进行管理，如重复制造、批量生产、按订单生产、按订单装配、按库存生产等，对每一种类型都有一套管理标准。而在 80 年代末、90 年代初期，为了紧跟市场的变化，多品种、小批量生产以及看样式生产等则是企业主要采用的生产方式，由单一的生产方式向混合型生产发展，ERP 则能很好地支持和管理混合型制造环境，满足了企业的这种多角化经营需求。

(3)在管理功能方面的差别

ERP 除了 MRPII 系统的制造、分销、财务管理功能外，还增加了支持整个供应链上物料流通体系中供、产、需各个环节之间的运输管理和仓库管理；支持生产保障体系的质量管理、实验室管理、设备维修和备品备件管理；支持对工作流(业务处理流程)的管理。

(4)在事务处理控制方面的差别

MRPII 是通过计划的及时滚动来控制整个生产过程，它的实时性较差，一般只能实现事中控制。而 ERP 系统支持在线分析处理 OLAP(Online Analytical Processing)、售后服务即质量反馈，强调企业的事前控制能力，它可以将设计、制造、销售、运输等通过集成来并行地进行各种相关的作业，为企业提供了对质量、适应变化、客户满意、绩效等关键问题的实时分析能力。

此外，在 MRPII 中，财务系统只是一个信息的归结者，它的功能是将供、产、销中的数量信息转变为价值信息，是物流的价值反映。而 ERP 系统则将财务计划和价值控制功能集成到了整个供应链上。

(5)在跨国(或地区)经营事务处理方面的差别

现在企业的发展，使得企业内部各个组织单元之间、企业与外部的业务单元之间的协调变得越来越多和越来越重要，ERP 系统应用完整的组织架构，从而可以支持跨国经营的多国家地区、多工厂、多语种、多币制应用需求。

(6)在计算机信息处理技术方面的差别

随着 IT 技术的飞速发展，网络通信技术的应用，使得 ERP 系统得以实现对整个供应链信息进行集成管理。ERP 系统采用客户/服务器(C/S)体系结构和分布式数据处理技术，支持 Internet/Intranet/Extranet、电子商务(E－business/E－commerce)、电子数据交换(EDI)。此外，还能实现在不同平台上的互操作。

2. ERP 系统的管理思想

ERP 的核心管理思想就是实现对整个供应链的有效管理，主要体现在以下三个方面：

(1)体现对整个供应链资源进行管理的思想

ERP 对企业的管理包括了采购计划、物料需求计划、生产计划、质量管理、销售执行计划直到利润计划和财务预算、人力资源计划等在内的计划和控制，从而使计划和控制的范围从制造延伸到整个企业。把客户需求和企业内部的制造活动以及供应商资源、客户资源整合在一起，体现了完全按用户需求制造的思想。

(2)体现精益生产、同步工程和敏捷制造的思想

ERP 系统支持混合型生产方式的管理,其管理思想表现在两个方面:其一是“精益生产 LP(Lean Production)”的思想,即企业把客户、销售代理商、供应商、协作单位纳入生产体系,同他们建立起利益共享的合作伙伴关系,进而组成一个企业的供应链。其二是“敏捷制造(Agile Manufacturing)”的思想。当市场上出现新的机会,而企业的基本合作伙伴不能满足新产品开发生产的要求时,企业组织一个由特定的供应商和销售渠道组成的短期或一次性供应链,形成“虚拟工厂”,把供应和协作单位看成是企业的一个组成部分,运用“同步工程(SE)”组织生产,用最短的时间将新产品打入市场,时刻保持产品的高质量、多样化和灵活性,这即是“敏捷制造”的核心思想。

(3)体现事先计划与事中控制的思想

ERP 系统中的计划体系主要包括:主生产计划、物流需求计划、能力计划、采购计划、销售执行计划、利润计划、财务预算和人力资源计划等,而且这些计划功能与价值控制功能已完全集成到整个供应链系统中。另一方面,ERP 系统通过定义事务处理(Transaction)相关的会计核算科目与核算方式,在事务处理发生的同时自动生成会计核算分录,保证了资金流与物流的同步记录和数据的一致性。从而实现了根据财务资金现状,可以追溯资金的来龙去脉,并进一步追溯所发生的相关业务活动,便于实现事中控制和实时做出决策。

3. ERP 与电子商务的关系

ERP 是企业实施电子商务最基础、最核心的支撑系统。电子商务是通过电子方式进行的商务活动。它通过电子方式处理和传递数据,涉及许多方面的活动,包括货物电子贸易和服务、在线数据传递、电子资金划拨、电子证券交易、电子货运单证、商业拍卖、合作设计和工程、在线资料、公共产品获得。它包括产品和服务、传统活动和新型活动。其实质就是充分利用电子技术、信息技术和网络技术来替代传统的手段和工具,完成市场分析、物料采购、产品销售、物流配送、资金的结算与支付和客户服务等各种商务活动的全过程。针对企业经营而言,电子商务最关键的要素在客户关系管理、供应链管理、产品研发管理三个环节上,而这三个环节都属于 ERP 的子系统。虽然电子商务运作还包含有配送系统、银行付款方式等要素,但最核心的还是要求企业本身具有资源的协调和控制能力,这对企业电子商务的制约作用更大。也就是说,要开展电子商务首先要在内部的管理平台和信息平台上,准确控制和掌握物流、资金流和信息流,这要求流程的规范统一和优化,涉及流程和管理理念的电子化,这正是 ERP 的目标所在。从这个意义上说,ERP 是企业抢占电子商务战略制高点的重要途径和必要条件,谁先做好 ERP,谁就先拥有优势,谁才有可能发展电子商务。

二、ERP 系统与现代会计管理的关系

ERP 系统的实施,从根本上改变了人们获取会计信息的方式,并扩展了其获取信息的广度和深度,这就为会计更好地对经营活动的全过程进行管理,包括事前、事中和事后管理创造了条件。

新的经济环境带来会计管理理论和实践的创新。ERP系统的研究和应用在很大程度上保证了现代会计管理方法的应用,而现代会计管理方法的应用又反过来丰富了ERP系统。因而,ERP系统的发展和现代会计管理的发展是相辅相成的。主要表现为以下几个方面。

1. ERP系统保证了现代会计管理的实施

ERP系统从某种意义上说是一个现代化的信息系统。它涉及到企业各个部门的信息,而这些信息完整丰富、类型多样,在很大程度上满足了现代会计管理的要求。同时,ERP系统把会计管理循环过程纳入到整个管理信息系统中,使会计管理的整个循环过程良好地进行,同时又使得整个循环过程中的各个子环节能够单独和外界发生联系,进行信息交换。因而,各种会计管理方法可以渗透到业务管理部门中,对企业进行良好的管理和控制。

2. ERP系统为现代会计管理提供了比较广泛的发展空间

ERP采用集成的管理技术,远远超出了过去的会计信息系统和管理信息系统的范围,它是针对整个价值链的管理,在企业中运用、实施ERP将给现代会计管理理论和实践的发展提供广阔的空间。主要表现在:

(1)ERP系统为现代会计管理全方位地反映、监督提供了保证。ERP系统不仅通过国际互联网同外部环境进行信息交流,同时又在企业建立了内部局域网,ERP的网络功能使企业的会计管理人员能够及时、准确、全面地获取企业内外部信息,如金融信息、市场信息、国家乃至世界经济动态等,会计管理人员也可以自动收集企业内部生产、销售、采购等子系统传来的信息,使企业内外信息传递由原来的垂直方式转变为网状方式,从而使现代会计管理可以更好地利用这些信息对企业进行全方位的反映和监督。

(2)ERP系统为运用现代会计管理方法提供了支持。ERP系统是一个集成的信息系统,它能为现代会计管理方法的研究和运用提供有力支持。比如,ERP系统的实施使各种定量分析方法和分析模型的运用变为了现实,包括利用回归分析法、因果分析法建立销售预测模型;利用非线性规划、概率统计等分析方法,建立投资决策模型;利用量本利等分析方法建立利润分析模型等。这就为企业的筹资、投资、预测和决策等管理工作提供了技术支持。

(3)ERP系统使会计报告模式发生了变化,具有较大弹性。ERP系统中储存了企业的整个供应链信息,这从根本上改变了传统的会计报告模式。一是会计报告的编制方法发生了改变。在ERP系统中,反映经济活动的数据是以规则的结构和方式存放在数据库中,使用者只要确定好报表格式、取数方法、计算公式,ERP系统便能自动从库中采集报告所需数据。同时,ERP系统的网络功能使其数据的采集突破了时间、空间的限制,会计管理人员可以及时、准确、高效地编制出各种外部会计报表和内部管理报表。二是会计报告披露的时间、内容、方式发生了重大变化。可以根据需要实时产生各种会计报告,披露的内容可以是使用者所关心的任何内容,而且披露方式灵活多样,不受固定模式的约束。

三、我国 MRPII/ERP 的现状

(一)MRPII/ERP 的应用现状

MRPII/ERP 软件比较成熟,已被广泛应用于许多领域。目前世界上已有几十万个企业正在使用 MRPII/ERP,我国也有数以千计的企业正在使用 MRPII/ERP。不少企业尝试过失败,但仍然热心于推广应用,因为他们有一个共同的目的,那就是向 MRPII/ERP 要效益。

MRPII/ERP 软件从 20 世纪 80 年代进入我国,其应用有如下特点:

(1)离散式企业发展到流程式企业的应用。

(2)从少到多、从外资企业向国内企业发展,推广应用的势头比较强劲。

(3)从采用国外的 ERP 向采用国产 ERP 发展。西方管理软件发展历史较长,功能卓越,所以早期大部分企业应用的是国外的 ERP 软件。但随着国产管理软件的崛起,国产 ERP 的市场占有率逐年上升,并成为企业的首选。

(4)ERP 的硬件平台从小型机环境向微机网络环境发展。

(二)MRPII/ERP 的研发现状

我国不少的软件公司长期致力于 MRPII/ERP 软件的开发,早期较有影响的有启明、利玛、国强、开思等公司。它们的 MRPII/ERP 产品一般以国外软件为基础,结合国内企业的具体情况进行开发、改造、汉化之后推向市场。但这些公司及其产品长期缺乏影响力,直到 1998 年,用友、金碟、安易、浪潮、新中大、金算盘、恒远、达易等国内财务软件公司联合宣布进军 ERP 领域,力图将原有产品扩展为企业管理软件,或者说把财务软件融入 ERP 之后,我国企业管理软件才显现勃勃生机,而用友、金碟等公司也陆续结束了孤立发展会计软件的历史,迅速推出了自己的 ERP 产品,取得了令人信服的成功。例如,几家大型软件公司推出的 ERP 产品,已几乎覆盖了 ERP 的所有功能,除了得心应手的财务功能之外,还不同程度地囊括有生产制造、进销存、人力资源、网络分销、电子商务、客户关系管理、商业智能、客户化工具等等功能子系统。

西方管理软件发展历史较长、功能卓越,为企业信息化发挥了巨大作用,其产品原则上不应受国界的限制,事实上 SAP、Oracle 等公司的 ERP 系统在我国还有很大的市场。但软件是一种文化,标志着一种管理模式,我国用户可能会因文化上的差异而缺乏亲切感,或者由于管理方式上的不同而难以适应,何况其价钱也使一般企业不敢问津。相比之下,国产 ERP 更具有竞争力。

第二节　ERP 的主要功能模块

ERP 是将企业所有资源进行整合集成管理,简单地说是将企业的三大流:物流、资金

流、信息流进行全面一体化管理的管理信息系统。它的功能模块已不同于以往的 MRP 或 MRPII 的模块,它不仅可用于生产企业的管理,而且在许多其他类型的企业如一些非生产型企业、公益事业的企业也可导入 ERP 系统进行资源计划和管理。这里以典型的生产企业为例子来介绍 ERP 的功能模块。

在企业中,一般的管理主要包括三方面的内容:生产控制(计划、制造)、物流管理(分销、采购、库存管理)和财务管理(会计核算、财务管理)。这三大系统本身就是集成体,它们互相之间有相应的接口,能够很好地整合在一起来对企业进行管理。另外,要特别一提的是,随着企业对人力资源管理的重视,已经有越来越多的 ERP 厂商将人力资源管理纳入了 ERP 系统的一个重要组成部分,对这一功能,进行以下简要的介绍。

一、财务管理功能模块

企业中,清晰分明的财务管理是极其重要的。所以,在 ERP 整个方案中它是不可或缺的一部分。ERP 中的财务模块与一般的财务软件不同,作为 ERP 系统中的一部分,它和系统的其他模块有相应的接口,能够相互集成,比如:它可将由生产活动、采购活动输入的信息自动计入财务模块生成总账、会计报表,取消了输入凭证繁琐的过程,几乎可以完全替代以往传统的手工操作。一般的 ERP 软件的财务部分分为会计核算与财务管理两大块。

1.会计核算

会计核算主要是记录、核算、反映和分析资金在企业经济活动中的变动过程及其结果。它由总账、应收账、应付账、现金、固定资产、多币制等部分构成。

(1)总账模块

它的功能是处理记账凭证输入、登记,输出日记账、一般明细账及总分类账,编制主要会计报表。它是整个会计核算的核心,应收账、应付账、固定资产核算、现金管理、工资核算、多币制等各模块都以其为中心来互相信息传递。

(2)应收账模块

是指企业应收的由于商品赊欠而产生的正常客户欠款账。它包括发票管理、客户管理、付款管理、账龄分析等功能。

它和客户订单、发票处理业务相联系,同时将各项事件自动生成记账凭证,导入总账。

(3)应付账模块

会计里的应付账是企业应付购货款等账,它包括了发票管理、供应商管理、支票管理、账龄分析等。它能够和采购模块、库存模块完全集成以替代过去繁琐的手工操作。

(4)现金管理模块

它主要是对现金流入流出的控制以及零用现金及银行存款的核算。它包括了对硬币、纸币、支票、汇票和银行存款的管理。在 ERP 中提供了票据维护、票据打印、付款维护、银行清单打印、付款查询、银行查询和支票查询等和现金有关的功能。

此外,它还和应收账、应付账、总账等模块集成,自动产生凭证,过入总账。

(5)固定资产核算模块

即完成对固定资产的增减变动以及折旧有关基金计提和分配的核算工作。它能够帮助管理者对目前固定资产的现状有所了解,并能通过该模块提供的各种方法来管理资产,以及进行相应的会计处理。

它的具体功能有:登录固定资产卡片和明细账,计算折旧,编制报表,以及自动编制转账凭证,并转入总账。它和应付账、成本、总账模块集成。

(6)多币制模块这是为了适应当今企业的国际化经营,对外币结算业务的要求增多而产生的。多币制将企业整个财务系统的各项功能以各种币制来表示和结算,且客户订单、库存管理及采购管理等也能使用多币制进行交易管理。

多币制和应收账、应付账、总账、客户订单、采购等各模块都有接口,可自动生成所需数据。

(7)工资核算模块

自动进行企业员工的工资结算、分配、核算以及各项相关经费的计提。它能够登录工资、打印工资清单及各类汇总报表,计算计提各项与工资有关的费用,自动做出凭证,导入总账。这一模块是和总账、成本模块集成的。

(8)成本模块

它将依据产品结构、工作中心、工序、采购等信息进行产品的各种成本的计算,以便进行成本分析和规划。还能用标准成本或平均成本法按地点维护成本。

2. 财务管理

财务管理的功能主要是基于会计核算的数据,再加以分析,从而进行相应的预测、管理和控制活动。它侧重于财务计划、控制、分析和预测。

财务计划:根据前期财务分析做出下期的财务计划、预算等。

财务分析:提供查询功能和通过用户定义的差异数据的图形显示进行财务绩效评估,账户分析等。

财务决策:财务管理的核心部分,中心内容是做出有关资金的决策,包括资金筹集、投放及资金管理。

无论在传统的MRPⅡ或是在ERP中,财务管理始终是核心的模块和职能。会计和财务管理的对象是企业资金流,是企业运营效果和效率的衡量和表现,因而财务信息系统一直是各种行业的企业实施ERP时关注的重点。随着企业外部经营环境和内部管理模式的不断变化,对财务管理功能提出了更高的要求,出现了新的应用,而国际主要的ERP供应商,如SAP,Oracle,PeopleSoft等,都提供了功能强大、集成性好的财务应用系统,并在许多国际著名企业和国内一些企业的ERP应用中发挥了比较显著的作用。

二、生产控制管理模块

这一部分是ERP系统的核心所在,它将企业的整个生产过程有机地结合在一起,使得企业能够有效地降低库存,提高效率。同时各个原本分散的生产流程的自动连接,也使得生产流程能够前后连贯地进行,而不会出现生产脱节,耽误生产交货时间。

生产控制管理是一个以计划为导向的先进的生产、管理方法。首先,企业确定它的一个总生产计划,再经过系统层层细分后,下达到各部门去执行。即生产部门以此生产,采购部门按此采购,等等。

1. 主生产计划

它是根据生产计划、预测和客户订单的输入来安排将来的各周期中提供的产品种类和数量,它将生产计划转为产品计划,在平衡了物料和能力的需要后,精确到时间、数量的详细的进度计划。是企业在一段时期内的总活动的安排,是一个稳定的计划,是以生产计划、实际订单和对历史销售分析得来的预测产生的。

2. 物料需求计划

在主生产计划决定生产多少最终产品后,再根据物料清单,把整个企业要生产的产品的数量转变为所需生产的零部件的数量,并对照现有的库存量,可得到还需加工多少、采购多少的最终数量。这才是整个部门真正依照的计划。

3. 能力需求计划

它是在得出初步的物料需求计划之后,将所有工作中心的总工作负荷,在与工作中心的能力平衡后产生的详细工作计划,用以确定生成的物料需求计划是否是企业生产能力上可行的需求计划。能力需求计划是一种短期的、当前实际应用的计划。

4. 车间控制

这是随时间变化的动态作业计划,是将作业分配到具体各个车间,再进行作业排序、作业管理、作业监控。

5. 制造标准

在编制计划中需要许多生产基本信息,这些基本信息就是制造标准,包括零件、产品结构、工序和工作中心,都用唯一的代码在计算机中识别。

(1)零件代码,对物料资源的管理,对每种物料给予唯一的代码识别。

(2)物料清单,定义产品结构的技术文件,用来编制各种计划。

(3)工序,描述加工步骤及制造和装配产品的操作顺序。它包含加工工序顺序,指明各道工序的加工设备及所需要的额定工时和工资等级等。

(4)工作中心,使用相同或相似工序的设备和劳动力组成的,从事生产进度安排、核算能力、计算成本的基本单位。

三、物流管理

1. 分销管理

销售的管理是从产品的销售计划开始,对其销售产品、销售地区、销售客户各种信息的管理和统计,并可对销售数量、金额、利润、绩效、客户服务做出全面的分析,这样在分销管理模块中大致有三方面的功能。

(1)对于客户信息的管理和服务

它能建立一个客户信息档案,对其进行分类管理,进而对其进行针对性的客户服务,以达到最高效率的保留老客户、争取新客户。在这里,要特别提到的就是最近新出现的CRM软件,即客户关系管理,ERP与它的结合必将大大增加企业的效益。

(2)对于销售订单的管理

销售订单是ERP的入口,所有的生产计划都是根据它下达并进行排产的。而销售订单的管理是贯穿了产品生产的整个流程。它包括:

①客户信用审核及查询(客户信用分级,来审核订单交易)。

②产品库存查询(决定是否要延期交货、分批发货或用代用品发货等)。

③产品报价(为客户作不同产品的报价)。

④订单输入、变更及跟踪(订单输入后,变更的修正,及订单的跟踪分析)。

⑤交货期的确认及交货处理(决定交货期和发货事物安排)。

(3)对于销售的统计与分析

这时系统根据销售订单的完成情况,依据各种指标做出统计,比如客户分类统计,销售代理分类统计等等,再就这些统计结果来对企业实际销售效果进行评价:

①销售统计(根据销售形式、产品、代理商、地区、销售人员、金额、数量来分别进行统计)。

②销售分析(包括对比目标、同期比较和订货发货分析,来从数量、金额、利润及绩效等方面作相应的分析)。

③客户服务(客户投诉记录,原因分析)。

2. 库存控制

用来控制存储物料的数量,以保证稳定的物流支持正常的生产,但又最小限度地占用资本。它是一种相关的、动态的、真实的库存控制系统。它能够结合、满足相关部门的需求,随时间变化动态地调整库存,精确地反映库存现状。这一系统的功能又涉及:

(1)为所有的物料建立库存,决定何时订货采购,同时作为交与采购部门采购、生产部门作生产计划的依据。

(2)收到订购物料,经过质量检验入库,生产的产品也同样要经过检验入库。

(3)收发料的日常业务处理工作。

3. 采购管理

确定合理的定货量、优秀的供应商和保持最佳的安全储备。能够随时提供定购、验收的信息,跟踪和催促对外购或委托加工的物料,保证货物及时到达。建立供应商的档案,用最新的成本信息来调整库存的成本。具体有:

(1)供应商信息查询(查询供应商的能力、信誉等)。

(2)催货(对外购或委托加工的物料进行跟催)。

(3)采购与委外加工统计(统计、建立档案,计算成本)。

(4)价格分析(对原料价格分析,调整库存成本)。

四、人力资源管理模块

以往的ERP系统基本上都是以生产制造及销售过程(供应链)为中心的。因此,长期以来一直把与制造资源有关的资源作为企业的核心资源来进行管理。但近年来,企业内部的人力资源,开始越来越受到企业的关注,被视为企业的资源之本。在这种情况下,人力资源管理,作为一个独立的模块,被加入到了ERP的系统中来,和ERP中的财务、生产系统组成了一个高效的、具有高度集成性的企业资源系统。它与传统方式下的人事管理有着根本的不同。

1.人力资源规划的辅助决策

对于企业人员、组织结构编制的多种方案,进行模拟比较和运行分析,并辅之以图形的直观评估,辅助管理者做出最终决策。

制定职务模型,包括职位要求、升迁路径和培训计划,根据担任该职位员工的资格和条件,系统会提出针对本员工的一系列培训建议,一旦机构改组或职位变动,系统会提出一系列的职位变动或升迁建议。

进行人员成本分析,可以对过去、现在、将来的人员成本做出分析及预测,并通过ERP集成环境,为企业成本分析提供依据。

2.招聘管理

人才是企业最重要的资源。优秀的人才才能保证企业持久的竞争力。招聘系统一般从以下几个方面提供支持:

(1)进行招聘过程的管理,优化招聘过程,减少业务工作量;

(2)对招聘的成本进行科学管理,从而降低招聘成本;

(3)为选择聘用人员的岗位提供辅助信息,并有效地帮助企业进行人才资源的挖掘。

3.工资核算

(1)能根据公司跨地区、跨部门、跨工种的不同薪资结构及处理流程制定与之相适应的薪资核算方法。

(2)与时间管理直接集成,能够及时更新,对员工的薪资核算动态化。

(3)回算功能。通过和其他模块的集成,自动根据要求调整薪资结构及数据。

4.工时管理

(1)根据本国或当地的日历,安排企业的运作时间以及劳动力的作息时间表。

(2)运用远端考勤系统,可以将员工的实际出勤状况记录到主系统中,并把与员工薪资、奖金有关的时间数据导入薪资系统和成本核算中。

5.差旅核算

系统能够自动控制从差旅申请,差旅批准到差旅报销整个流程。并且通过集成环境将核算数据导进财务成本核算模块中去。

复习思考题

1. 如何理解 ERP 系统？它和会计之间有什么关系？
2. MRP、MRPII 和 ERP 之间有什么区别和联系？
3. 结合实际情况，谈谈 ERP 在我国的发展状况。
4. ERP 系统主要包括哪些功能模块？

第九章　计算机会计信息系统的内部控制

计算机会计信息系统内部控制的特点是手工内部控制和计算机内部控制相结合。在计算机控制系统中，内部控制的基本目标和传统手工会计环境下的内部控制大致一样，但是控制的内容、重点、形式、范围和技术都发生了显著的变化。在传统手工环境下，会计信息系统内部控制着重于责任分工和书面凭证的相互验证；在计算机会计信息系统中，内部控制除了必须遵循的规章制度外，绝大部分控制手段都是以计算机程序的形式存储在计算机系统中自动实现。由于计算机会计系统运行的高效性、处理的重复性和连续性，所以，内部控制是否恰当有效，直接影响到系统输出信息的真实性、正确性。如果程序控制不当，将会产生比手工环境下更为严重的后果。因此，建立一整套适合计算机会计信息系统的内部控制制度，就显得尤为重要。

第一节　计算机会计信息系统内部控制概述

了解计算机会计信息系统的内部控制，应当从电算化进程对会计信息系统的影响入手，首先考察计算机会计信息系统内部控制的必要性、特点、目标和分类，明确内部控制的实际意义，才能针对系统可能的风险因素，建立有效的框架性控制体系。

一、计算机会计信息系统对传统内部控制制度的影响

会计信息系统实现电算化后，会计内部控制的总体目标和原则虽然不变，但手工会计在长期实践中总结出来的一整套内部控制制度和方法，随着会计信息系统电算化进程的推进已经逐渐落伍。会计电算化带来的数据处理方式、信息的存储模式，和会计工作组织的改变使得企业会计工作的面貌发生了重大变革，急需重新建立一套新的适应电算化会计环境的内部控制制度。会计电算化对内部控制制度的影响是全方位的，从控制的形式、内容、重点到范围乃至具体的控制技术，无不呈现出和传统内控完全不同的特点。

（一）内部控制内容的变化

计算机会计信息系统比手工会计系统更加复杂，技术性更高。在手工会计系统中会计人员分掌职权，之间的相互牵制和监督通过分工来实现，不仅局外人很难插手，而且相互之间也不能越权处理。但是在计算机会计系统中，操作人员都是通过计算机来完成数据的输入、处理和输出，这就存在一个如何识别合法操作员以及他所具有的操作权限的问题，而且

识别和控制都是由计算机负责，不能仅靠分工来实现。由于机内数据极易被不留痕迹地删除、破坏和篡改，这使计算机内文件的安全保护、备份、禁止非法操作变得极为重要。同时，防止计算机舞弊和防止病毒破坏就成为会计内部控制的一个重要内容。

(二)内部控制重点的变化

在计算机会计系统中会计核算工作由计算机集中完成凭证数据录入后，会计软件能迅速、无差错地分别记入各种账簿，并据此编制会计报表。只要输入的会计数据是正确的，其输出的会计信息也必然是正确的。这使手工会计方式下各种账簿之间和账簿与报表之间的相互核对变得毫无意义。企业内部控制的重点转移到凭证的填制、录入和审核环节，只有严把会计数据输入的质量关，才能保证输出的会计信息的正确性和可靠性。

(三)内部控制形式的变化

计算机会计系统内部控制的形式主要是人机控制，改变了手工会计条件下单纯的人工控制。人机控制是由人和计算机共同完成的，其效果比单纯的人工控制更严密、更准确，可以避免一些人为的舞弊和差错。计算机的应用使会计内部控制的许多具体方法和措施可以编制成计算机程序进行控制，如凭证序号的控制、凭证类型的控制、口令及操作权限控制、时间控制等，计算机控制克服了人工控制的随意性，保证了控制的严格可靠。

(四)内部控制技术的变化

计算机在会计中的应用不仅大大提高了会计核算的质量和效率，而且还为内部控制提供了先进的控制技术，使会计内部控制的许多控制的具体方法和措施也可以编制成计算机程序进行控制，如软件保密控制、数据的正确性校验、操作权限控制等。但是任何事物有其利必有其弊，计算机亦如此，它既可以提供先进的控制技术强化内部控制，又会给舞弊者留下可乘之机。

(五)内部控制范围的变化

手工会计的内部控制主要是对人员及其工作信息处理方法和程序进行控制，而在计算机会计系统环境下，由于系统建立和运行的复杂程度大大提高，因此内部控制的范围也相应地扩大，增加了手工会计系统中所没有的控制。如对计算机硬件、软件以及相关设备的控制、网络系统安全的控制、修改的程序控制等。

二、内部控制的概念及分类

(一)内部控制的概念和目的

内部控制在企业管理、会计和审计活动中占据着重要位置。一般认为，内部控制制度是指一个企业或单位为了保护其资产的安全性、会计资料的准确性和可靠性，提高经营效率以及贯彻执行其规定的管理方针而在组织内部采取的一系列制度、方法和手续。从中不难看出，内部控制的目的有四个，即资产安全、资料准确可靠、经营效率和管理方针的贯彻。

在会计和审计领域，对内部控制的定义基本一致，认为内部控制是指被审计单位为了保证业务活动的有效进行，保护资产的安全和完整，防止、发现、纠正错误与舞弊，保证会计资料的真实、合法、完整而制定和实施的政策与程序。具体到与会计系统有关的内部控制，其设计和运行是为了达到以下目标：

(1)保证业务活动按照适当的授权进行。

(2)保证所有交易和事项以正确的金额，在恰当的会计期间及时记录于适当的账户，使会计报表的编制符合会计准则的相关要求。

(3)保证对资产和记录的接触、处理均经过适当的授权。

(4)保证账面资产与实存资产定期核对相符。

(二)内部控制的分类

内部控制的种类多种多样，可以依据不同的标准进行分类。

1. 根据控制范围不同，内部控制可分为内部会计控制和内部管理控制

内部会计控制是指那些与保护财产安全及财务会计记录可靠性有关的组织、计划、程序、方法等。设计内部会计控制制度，主要是为了及时完整地提供可靠的会计信息，建立、健全财务会计信息系统。例如，现金内部控制制度、银行存款内部控制制度、费用内部控制制度等；内部管理控制是以提高经营效率、工作效率、促进经营合理化为目标所采取的行政和业务方面的方针、政策、程序、方法等。内部管理控制制度虽不直接涉及财务会计活动，但也有间接的相关反映，它是内部会计控制制度的前提和基础，是内部会计控制制度的出发点。所以若要建立有效的内部会计控制制度，必须先建立有效的内部管理控制制度。例如，材料采购内部控制制度、产品生产内部控制制度、人事内部控制制度等。

2. 按照控制方式不同，可将内部控制划分为预防性控制、检查性控制和纠正性控制

预防性控制是指那些在组织的正常交易活动中，为防止差错和舞弊行为而设置的内部控制制度。例如，出纳与会计由不同的人员负责，报销开支要先经审批等；检查性控制是用来检查、发现已发生的不利事件而设置的控制。例如，定期的对账制度等；纠正性控制，也称为恢复性控制，是为了消除或减轻不利事件造成的损失和影响而设置的控制。也可以将积极性看成是上述三种控制的分类标准。预防性控制是一种积极的控制，它试图在不利事件发生的同时就能够发现；而纠正性控制则是消极的，它是假定不利事件已经发生，设置一些可以减少不利影响的手段。

3. 按照控制手段不同，可将内部控制分为手工控制、程序化控制

手工控制是指以手工方式进行控制。在手工会计信息系统中所存在的控制方法基本上都是手工控制；程序化控制是指以计算机为工具进行的控制。在电算化会计信息系统中存在着手工控制和程序化控制两种形式，而且大量依赖程序化控制。

4. 电算化信息系统的内部控制可分为一般控制和应用控制

一般控制指对电算化的信息系统构成要素(人、机器、文件)及环境的控制。之所以称为“一般控制”，一方面是因为这些方面的控制措施是普遍适用于某一单位的会计和其他管

理信息系统的;另一方面,它们为第一个应用系统提供了环境,它们影响到每项计算机应用的成败,应用控制的强弱只有在一般控制强有力的情况下,应用系统才能有效地运行,应用控制才能起到应有的作用。一般控制主要包括以下几方面的内部控制:组织控制、操作控制、硬件及系统软件控制和系统安全控制。

应用控制是对电算化信息系统中具体的数据处理活动所进行的控制。应用控制具有特殊性,不同的应用系统有着不同的处理方式、处理环节,因而有着不同的控制问题和不同的控制要求,但是一般地可把它划分为:输入控制、处理控制和输出控制。

一般控制是应用控制的基础,它为数据处理提供了良好的环境;应用控制是一般控制的深化,可以在一般控制的基础上,直接深入具体的业务数据处理过程,为数据处理的准确性、完整性和可靠性提供最后的保证。这两类控制是电算化会计与审计中常用的分类方法,本书体例上即采用这种分类方法。

上述各种分类方法为深刻理解内部控制的本质提供一定的帮助,但分类不是绝对的,一项具体的控制措施,在不同的时间和背景下,可能属于不同的控制;各种分类方法下的控制种类也可能有一定的交叉,如一项控制可既是应用控制,又同时属于会计控制、预防性控制、程序化控制。

三、内部控制的基本原理

分工,是内部控制的基本原理。所谓分工,是指在企业中没有一个员工(或者部门)能够从头至尾包办一项业务,每一个员工所做的工作,都要经由一个或一个以上的其他员工的核对。具体来说,可以从以下几个角度进行分工。

(一)业务流程的分工

每一项业务均需要经过授权、批准、执行和记录这四个步骤,每一个步骤分别由不同的员工负责。

以赊销为例。企业管理部门制订赊销方案,规定赊销条件;信用管理部门根据客户的具体情况,对照赊销条件批准对客户的赊销;销售部门根据批准的赊销情况进行销售;会计部门根据销售单据进行销售的会计处理。

(二)业务执行各个不同阶段的分工

在业务进行的各个不同阶段,均需要由不同的员工或者部门负责。

例如,在销售业务中,涉及的阶段有:接受客户订单、审查客户信用、到仓库提取货物、运送货物给客户、开出发票、记录赊销业务、催收应收账款等。这些不同阶段的工作应该交由不同的部门或员工完成。

(三)记录的分工

业务的记录主要是会计部门的工作。在会计部门需要进行适当的分工。例如,明细分类账和总分类账交由不同的员工进行记录,并要定期进行相互的核对。如果明细分类账的汇总信息和总分类账上对应信息不相一致，则说明存在错误。

(四)资产的保管和记录的分工

负责保管资产或者有机会接近资产的员工，不能兼任该项资产的记录工作。否则，可能会造成编造假的资产记录来掩盖挪用或侵吞资产的行为。

(五)员工的轮岗

在可行的范围内，经常将员工的工作岗位进行调整，可以加强内部控制。也可以采用休假的方法，在休假期间由另一个员工代替这个岗位。因为员工知道在不久以后这个岗位会由其他人来接手，则工作时一般会更加认真。

四、电算化信息系统内部控制的重要性

电子计算机引入数据处理系统后，电算化系统呈现出不同于一般手工系统的特征，如数据处理集中化、数据存储(磁、光)介质化、审计线索发生变化、肉眼可见的审计线索减少、缺乏综合判断及推理能力、初始成本大以及其复杂性等。计算机及电算化系统的特点，使得有些风险减少，同时也增加了许多在手工系统中较小的、或不曾有的风险，从而使得加强电算化系统的内部控制成为任何会计电算化单位不容忽视的一项重要工作。电算化系统中增加的风险包括：

1. 差错的反复发生。在手工系统中，发生差错往往是个别现象，而且由于数据处理环节分散于多个部门、多个人员完成，一个部门或人员的差错往往可以在下一个环节中发现和改正。所以一般而言，一定时间内数据发生重大差错的可能性并不大。但计算机系统处理集中化，加之计算机运算的高速性，使得其处理结果一旦发生错误，就往往在短时间内迅速蔓延，使得多种文件、账簿，以至整个系统数据失真。如果发生差错的原因在于应用程序和系统软件，则计算机操作会反复重复同一错误操作。因此为保证数据处理的可靠性，需在数据处理各环节和系统硬、软件等方面设置控制措施。

2. 数据安全性差。在手工系统中数据的处理和存储均分散于各个部门和人员，而电算化系统的突出特点是其处理和存储的集中化。由此对数据安全带来一定的威胁。如未经授权的人员可以利用计算机轻而易举地浏览大部分文件和数据，从而使得机密数据被泄露。另外数据大量集中地存储于磁性介质中，一则一旦发生火灾、水灾、被盗这类的事件，就可能使全部数据丢失和毁损；二则磁性介质对环境的要求较高，不仅要防水、防火，还要防尘、防磁，而且对温度还有一定要求，从而增加了数据的脆弱性。如果电算化后不在数据安全方面增加新的控制，则数据丢失和毁损的可能性较之手工系统大大增加。

3. 对不合理的业务缺乏识别能力。尽管计算机运行速度快，精度高，但在其代替人的手工操作的同时也使系统丧失了人类所具有的对不合逻辑、不合理的以及例外事件的判断和处理能力，因此要求在数据处理过程增加多种检查控制。

4. 输入差错的严重性。信息处理中有句名言，叫做“垃圾进，垃圾出”，意即如果输入数据出错,以后的处理环节再正确,也只输出错误信息。电算化系统处理的高速性和集中化,都使得这一问题更加突出。另外,电算化系统的输入过程较手工系统多了一道程序,即需将人类可读的数据转换为机器可读的代码形式,这一环节无论采用联机系统还是采用批处理系统都可能产出一定的错误,由此使得电算化系统输入方面的补偿控制更加必要。

5. 程序被非法调用篡改。计算机完全依靠程序进行操作。离开了程序,性能再高的计算机也像没有拐杖的盲人一样。对程序的控制这一在手工系统中不曾有的控制手段在电算化系统中却至关重要。如果对接近系统缺乏控制,则未经授权人员便可以上机操作,改动程序,从而使得数据处理失真。对于经批准接近系统的操作人员加以限制也相当重要。在历史上,无论国外还是国内,操作人员利用工作之便篡改程序以达到非法目的事件一直屡见不鲜。

总之,电算化系统中的风险有其特殊性,加强其内部控制制度的建设,比之手工系统更为迫切。

第二节 计算机会计信息系统的一般控制

电算化系统的一般控制是指为了保证信息系统的安全,对整个信息系统以及内外部各种环境要素实施的、对系统所有的应用或功能模块具有普遍影响的控制措施,从会计处理角度看它是对整个数据处理活动的总体控制。一般控制主要包括有关会计数据计算机处理过程所制定的规章、政策和制度,对计算机会计信息系统具有普遍的意义。

一、组织控制

组织控制指采取职能分离、合理分工等手段保证电算化信息系统运营正常。

对于计算机会计信息系统而言,要保证系统安全有效运行,建立有效的内部控制体系,首先要有与组织相适应的组织结构和组织功能。组织控制的最基本的原则就是从制度上保证任何一项经济业务的处理,不能从头到尾只由一个部门或者一个人完成,而必须经过两个或者两个以上的部门或人员来处理,以达到相互牵制、相互制约的目的,防止或者减少错弊的发生。在信息系统中,组织控制具体包括以下具体内容。

(一)电算化部门和用户部门职能的分离

当企业的电算化规模比较大时,如不仅仅局限于电算化会计信息系统,还包括电算化人事管理系统、电算化销售管理系统等,这时就需要成立一个专门的电算化部门。那么,那些利用电算化信息系统进行工作的部门,就叫用户部门,如会计部门、销售部门、人事部门等。怎样协调和安排电算化部门和用户部门之间的关系呢?

电算化部门和用户部门之间的职能分离表现在以下几个方面:

1. 用户部门的职能

用户部门依然负责业务的授权、产生、执行、记录、资产的保管等。用户部门内部的职能分离基本上同手工系统。

2. 电算化部门的职能

电算化部门负责电算化信息系统的建立、使用和管理。当然,在建立一个新的电算化系统或者对现有电算化系统进行修改时,需要用户部门的积极参与。

3. 用户部门和电算化部门之间的关系

这里要注意这样几个问题:

(1)电算化部门根据用户部门的需要进行数据的处理。用户部门将业务过程中发生的原始数据经过整理和校验后,交给电算化部门。电算化部门接收到用户部门的数据后,先要进行登记并记录下控制总数(有关控制总数的概念在下一章有详细介绍),然后再根据用户部门的需要进行输入、处理和输出。输出的结果进行控制总数的核对后并进行登记,然后交给用户部门。

(2)当然,用户部门也可以将已经产生的原始数据进行整理并转化为计算机可读的形式,然后传递给电算化部门。这样,电算化部门就不再需要负责数据的输入,但要对数据进行校验,校验以后,就可以进行处理了。

(3)电算化部门只能根据用户部门的要求进行数据的输入、处理和输出,而不能自行增加、修改或减少相应的数据。

(4)电算化部门和用户部门保持独立,用户部门不可以根据自己的需要自行修改处理结果或者处理程序。

4. 对错误的处理方法

在数据处理过程中发生的错误,除了由于电算化部门人员的误操作而产生的错误可以由电算化部门自行改正外,其他错误均不能由电算化部门人员改正,而必须交由用户部门的人员进行判断和修改。也就是说,错误是由哪个部门造成的,就责成哪个部门修改。

(二)电算化部门内部的职能分离

电算化部门能够接触到大量敏感、关键的资源,而且越来越多的内部控制集中到电算化部门。因此,加强电算化部门内部的职能分工变得非常重要。

电算化部门一般可以分为两类工作。一类是电算化信息系统的开发、维护工作;一类是电算化信息系统的使用工作。

1. 电算化信息系统开发小组

电算化信息系统开发小组负责电算化信息系统的建立和维护工作。小组成员包括系统分析员、系统设计员、程序员、数据库管理员等。他们对于整个信息系统的构造非常了解。如果他们有机会操作信息系统,则可能更有能力利用这种便利进行舞弊行为。

开发小组中的系统分析员和设计员主要负责分析和评估原有系统,和用户沟通,根据用户要求设计新的系统,形成系统分析和设计的文档资料。

程序员根据分析员和设计员的设计方案进行程序的编写。程序员需要绘制程序的流程、编写程序语句、测试和调试程序等。

数据库管理员需要从企业全局的角度规划信息，界定信息需求，确定信息流转过程，同时也需要对具体的信息系统中的数据库进行设计和管理。

2. 电算化信息系统使用小组

电算化信息系统使用小组负责电算化信息系统的日常操作和处理工作。小组成员包括数据输入人员、数据处理人员、数据控制人员、数据资料保管人员等。对于使用小组的人员，应该限制、不允许他们接触系统的开发文档，以免他们对系统的内在工作原理过于了解，这样有可能会出现舞弊。

使用小组中的输入人员负责将用户部门传递过来的业务数据转化为计算机可读的形式。

数据处理人员负责将经过审核的输入数据进行计算机化的处理，得到输出结果。

数据控制人员负责联系电算化部门和用户部门。他们首先要对输入计算机的用户业务数据进行严格的审核，确保正确无误；在数据的处理过程中，需要进行监控；数据输出以后，要和输入数据进行对照，审核输出资料的正确性。

数据资料保管人员负责保管电算化信息系统的操作手册、用户指南以及系统运行中产生的各种数据档案。

(三)加强对员工的管理

1. 强化安全意识

(1)要在企业文化中提倡、培育安全观念。

(2)在企业制度条款中要包括对一些敏感问题的详细规定。例如有关内幕交易问题、客户资金的使用问题、敏感数据的访问问题等。

(3)在员工的聘用合同里要包括有安全、保密方面的条款。尤其对于那些有一定职权的员工，在聘用合同中要列明责任。

(4)要加强领导的管理和内部审计部门的监督。

2. 识别敏感岗位

企业每一个岗位的敏感程度是不同的。这里所谓的敏感程度，指的是该岗位可能的舞弊程度。根据下面的原则可以判断不同岗位的敏感程度：

(1)该岗位接触到关键资源的机会

这个岗位是否经常可以接触到如信息、现金等关键资源。

(2)是否能够有实施舞弊行为的时间

这个岗位的员工是否经常一个人接触关键资源，如常常一个人值夜班等。

(3)作为个人是否具有舞弊的能力

针对电算化信息系统而发生的舞弊行为需要有一定的计算机专业知识和技能。

(4)作为个人是否具有舞弊的动机

比如，个人是否认为社会或企业对其不公等。

3. 加强对敏感岗位的控制

数据库管理员、系统分析员等这些都是敏感岗位。对于敏感程度较高的岗位，需要特别关注。可以考虑以下控制方法：

(1)聘用员工时要仔细考核，不仅考核其业务水平，还要考核其品质。

(2)岗位轮换。定期或不定期地实行岗位轮换。

(3)强制休假。

(4)计算机使用记录。对于计算机的使用情况自动留下相应的日志记录。

(5)进一步加强内部审计和监控。

如果发现员工出现下列情形，并不一定意味着员工有舞弊行为，但可能需要格外关注和注意观察：

(1)富裕程度明显超出工资和等级水平。

(2)消费习惯从节俭突然变得大手大脚。

(3)和竞争对手企业联系紧密。

(4)对企业和领导不在乎，经常迟到、早退，不尊重领导等。

(5)即使没有必要也经常找借口留下来加班。

(四)财政部关于电算化会计工作中组织控制方面的规定

财政部在《会计电算化工作规范》中规定："由于财务会计部门处理的数据量大、数据结构复杂、处理方法要求严格和安全性要求高，各单位用于会计电算化工作的电子计算机设备，应由财务部门管理。硬件设备比较多的单位，财务会计部门可单独设立计算机室。"

根据《会计电算化工作规范》的规定，实施会计电算化的单位应建立会计电算化岗位责任制，要明确每个工作岗位的职责范围，切实做到事事有人管、人人有专责、办事有要求、工作有检查。会计电算化后的工作岗位可分为基本会计岗位和电算化会计岗位。基本会计岗位可包括：会计主管、出纳、会计核算各岗、稽核、会计档案管理等工作岗位。电算化会计岗位包括直接管理、操作、维护计算机及会计软件系统的工作岗位。

实施会计电算化过程中，各单位可根据内部牵制制度的要求和本单位的工作需要，参照上述对电算化会计岗位的划分进行调整和设立必要的工作岗位。基本会计岗位和电算化会计岗位可在保证会计数据安全的前提下交叉设置。各岗位人员要保持相对稳定。由本单位人员进行会计软件开发的，还可设立软件开发岗位。小型企事业单位设立电算化会计岗位，应根据实际需要对上述给出的岗位进行适当合并。

二、操作控制

(一)操作控制的基本内容

操作控制的目的是通过标准的计算机操作来保证信息的高质量、减少发生差错和未经批准而使用文件、程序和报表的机会。操作控制是通过制定和执行标准操作规程来实现的。

标准的操作规程主要涉及如下方面：

1. 操作计划。计算机操作应遵循操作计划。计划应是切实可行的，留有重新运行、组合运行以及进行预防性维护的时间。

2. 机器制作规程。应为计算机输入输出设备的运行设立标准操作规程。

3. 机器功效标准。应确定机器设备的使用时间、维修时间、故障停机时间以及其他时间，以便对机器设备的实际功效进行评估。还应规定定期地审查设备维修和故障记录，并定期地对设备的实际功效和标准功效进行比较。

4. 作业运行规程。计算机操作员应遵循每一作业操作指南中的规定进行作业操作。这些规程一般包括程序运行顺序、设备和文件的使用要求以及对其他特殊操作（如终端操作和设备重新启动）的要求。

5. 控制台记录规程。操作系统应编写控制台记录，即记录操作系统的所有活动、设备的使用情况和操作员的行动。这种系统活动记录为控制未经允许而使用系统和行为提供了依据。

6. 用机时间记录规程。应对每个上机操作者所用时间进行记录，这样就能考核计算机所完成的任务以及每项任务所花机时。

7. 机房守则。这涉及设备的使用、程序的存放、文件的处置等方面，目的是为了使机房保持良好的秩序，以减少程序和数据损失和破坏的风险，保证保密的输出信息不落入未经允许使用的人之手。

8. 数据文件控制标准。文件的处置规则是用来防止数据文件被误用、损毁等情况的，包括文件名、保留日期、文件重建、存放地点等方面的规则。所有的文件均应由保管员在档案室加以保管，并严格限制别人接触文件。

9. 严密的监察。标准操作规程还应要求对操作活动进行严密的监察和检查。包括定期地对控制台记录、作业记录和用机时间记录加以审查和比较。

10. 应急措施和物理安全规则。应制订适宜的计划和规程来防止程序、文件和设备遭受火灾、盗窃、水灾、断电、通信中断等突然事故和紧急情况。典型的应急措施和物理安全规则应包括文件备份、程序备份、备件与原件分开存放等方面的要求。

（二）财政部关于电算化会计工作中操作控制方面的规定

财政部在《会计电算化工作规范》中对实行会计电算化的企业在操作控制问题上进行了规定。

1. 建立会计电算化操作管理制度

（1）明确规定上机操作对会计软件的操作内容和权限，对操作密码要严格管理，指定专人定期更换密码，杜绝未经授权人员操作会计软件。

（2）预防已输入计算机的原始凭证和记账凭证等会计数据未经审核而登记机内账簿。

（3）操作人员离开机房前，应执行相应命令退出会计软件。

（4）根据本单位实际情况，由专人保存必要的上机操作记录，记录操作人、操作时间、操作内容、故障情况等内容。

2. 建立计算机硬件、软件和数据管理制度

(1)保证机房设备安全和计算机正常运行是进行会计电算化的前提条件,要经常对有关设备进行保养,保持机房和设备的整洁,防止意外事故的发生。

(2)确保会计数据和会计软件的安全保密,防止对数据和软件的非法修改和删除,对磁性介质存放的数据要保存双备份。

(3)对正在使用的会计核算软件进行修改,对通用会计核算软件进行版本升级和计算机硬件设备进行更换等工作,要有一定的审批手续;在软件修改、版本升级和硬件更换过程中,要保证实际会计数据的连续和安全,并由有关人员进行监督。

(4)健全计算机硬件和软件出现故障时进行排除的管理措施,保证会计数据的完整性。

(5)健全必要的防治计算机病毒的措施。

三、硬件及系统软件控制

(一)硬件控制

电子计算机硬件控制,主要指其内部所具备的某些控制功能或技术手段。常用的计算机硬件控制技术有:

1. 冗余校验。它是在数据编码中设置冗余位,依据冗余位编码与数据编码中位数的逻辑关系来检测是否存在数据传送或处理错误的一种检测技术。

2. 重复处理校验。它是通过重复进行同样的操作处理,将结果进行比较以发现错误的一种控制。

3. 回波校检。这是一种主要用来检查数据传送(特别是远途传送)过程中是否发生错误的控制措施。电子计算机主机向外围设备或终端发出命令后,根据回波确定它们所收到的信息是否正确。如果正确,说明指令被正确执行,继续下一操作;否则的话,主机将中止它的操作。该方法一般用于对输入/输出设备作用的检验。

4. 设备校验。它把控制手段构造在计算机集成电路板中,检查并更正错误的一种方法。具体控制功能,一是错误自动诊断,二是自动重新输入。

5. 有效性校验。它是利用计算机实际操作与有效操作进行对比而检测错误的一种控制。具体内容包括三方面:第一,操作有效性,它主要是对计算机操作指令编码进行比较;第二,字符或字段有效性,它比较数据类型、字段长度等内容;第三,地址有效性,它检查操作指令中使用的地址是否违反地址规定限制。

6. 作业控制。它是指由人来完成的各种计算机控制,其中包括存储媒体控制、环境控制、动力控制、设备维修与更新、偶然事件控制。作业控制中一个重要的内容,就是建立起相应的制度,编制必要的记录与报告,实施定期的检查。没有上述保证,这些控制作用不会自动地发挥。

(二)系统软件控制

系统软件的主要功能包括管理系统操作、辅助和控制应用程序的运行等内容。较为理想的系统软件所包括的控制功能可以分为五个方面。

1. 错误处理。该功能主要处理读写错误。如果计算机在工作中读写发生困难,或者读写的字符过长(溢出),操作系统会指出发生的错误并做出相应处理:或重新读写,或作为特例记入某一文件,或停止计算机的操作进行人工查找原因。如果选择停机处理,系统软件可以自动将其他数据存储起来,待恢复运行后再行使用。

2. 程序保护。程序保护的主要作用在于防止运行中受到其他程序干扰、防止模块调用的错误和防止未经授权主动应用程序。

3. 文件保护。对存储的文件的控制以防止未经授权的使用和修改。采取的主要手段是内部文件标签的设置与核对。

4. 安全防护。对系统操作的控制,防止未经授权使用系统基本的手段之一是自动地建立使用系统的人员和活动的记录,以备今后检查。也可以考虑采用进入口令之类的防止动用的控制手段。

5. 自我保护。系统软件的功能很强,为避免作用系统软件进行非法活动,需要建立自我保护功能。具体措施包括加强系统开发阶段的监督与控制,在组织安排上,尽量将系统软件修改工作独立出来,与应用程序编写和操作员工作区分开,使用专门的指令动用和修改系统软件。

四、系统安全控制

电算化信息系统的安全问题,指组成电算化信息系统的各方面资源的安全问题。包括:硬件、软件、数据、人员。

(一)硬件的安全

1. 硬件运行环境的控制

计算机系统是由大量电子设备、机械设备和机电设备组成的,这些设备易受环境的影响,对周围环境的要求比较严格。为计算机硬件运行提供安全环境,可以充分发挥计算机的性能,确保安全可靠运行,能够延长计算机系统的使用寿命。

(1)机房环境

一般计算机房应选择在不易遭受自然灾害的地区。建筑物坚固,并远离有害化学气体、易燃、易爆物品存放处,远离强电磁场干扰源。机房内保持清洁,保持温度、湿度在允许的范围以内,并注意防止火灾、防静电、防电击、防水害等。

(2)火灾

火灾的危害是很大的,不仅能使主机、外设、存储介质遭到破坏,还可能会对其中的工作人员造成伤害。可以采取消防演习、购置消防设备、控制易燃物的使用、烟雾探测器、备份、定期线路和机器维修、投保等方法减少危害。

(3)水灾

计算机系统必须避免潮湿,否则会对电路造成破坏。要定期对机房进行维修,防止墙壁渗水;机房不要选择在地下室或者低的楼层,要防止洪水的泛滥。

(4)灰尘

要保持环境的整洁,注意机房卫生,进入机房的工作人员必须注意控制灰尘。

(5)恶劣天气

恶劣天气指飓风、闪电、冰雹等,其中对电算化信息系统影响最大的是闪电。闪电可能会造成电源的电压不稳,出现电涌或尖峰信号。可以采用稳压电源保持电压稳定。

(6)电磁波

电磁波干扰具有双重性。一是要考虑计算机系统易受工作环境中的电磁场干扰,可通过系统接地、强化屏蔽、选择防磁材料、机房远离雷达站、微波中继线路和无线电发射台等措施来实现。二是必须考虑计算机硬件设备,如 CPU、存储器、打印机、显示器等辐射出的各种电的和机械的噪声易造成失密,从而使系统或设备频率、编码方法以及输入、输出与存储的内容被窃取。例如,有人通过窃取显示器辐射出的电磁波来再现屏幕内容。可以考虑采用液晶显示屏,因为液晶具有良好的抗磁干扰的物理性能和良好的光学性质,并且可以有效地防止电磁辐射,避免泄密。

(7)静电

计算机系统中各个设备的关键电路,诸如 CPU、ROM、RAM 和接口电路,大部分采用 MOS 工艺的大规模集成电路,MOS 器件对静电特别敏感,容易损坏。静电对计算机设备的影响主要表现在三个方面:

①瞬时流经机柜的电流引起信号线和电源线的感应噪声。

②静电放电时产生的瞬时干扰脉冲以及接触部分产生的电磁波会传给信号线辐射噪声,引起计算机故障。

③静电易吸附灰尘,当灰尘吸附在磁盘、磁带的读/写头上时,轻则发生数据错误,重则损坏磁头,引起划盘。

2. 硬件防护

(1)计算机系统对供电电源的要求

为计算机提供的电源质量的好坏,直接影响计算机系统的可靠运行,通常采用以下几种供电方式:

①直接供电,把变电站送来的交流电直接送给计算机系统,这种方式只适用于电网电压较稳定,且附近没有较大负载启动、电磁干扰又较小的场合,为了减少电网负载变化引起的干扰,一般采用专用供电线路。

②经过隔离变压器供电,电网电源经过隔离变压器后向计算机系统供电。

③交流稳压器供电,电网电源经过交流稳压器后向计算机系统供电。

④不间断电源(UPS)供电。

(2)对 CPU、存储器、外部设备采取的安全措施

①对存储器的保护,主要包括:界限寄存器保护方式、页表保护、键保护、环保护、访问方式保护等。

②中央处理机控制保护,多数计算机把指令划分成特权指令和非特权指令两类。以此为基础确定两种控制状态,即操作系统进行干预的系统状态,或称管理状态;用户程序作处理的目标状态。在管理状态下,系统可执行全部机器指令,包括全部特权指令和非特权指令。在目标状态下,不允许执行特权指令。这种设置,可以防止各个用户之间的相互干扰,并保证数据的安全。

(3)双重系统

用两台计算机系统组成双重系统,可提高机器的可靠性。如果正常运转系统出现故障,可以由备用系统继续工作。

3. 硬件接触控制

要采取各种措施防止未经授权的人接触硬件。例如:

(1)机房地址不要选择在人流热闹的地方。

(2)对机房加锁。还可以规定必须两个人或两个人以上同时到场,才可能将机房打开。也可以在开锁的同时,要求输入口令。

(3)对进出机房的人采用身份识别技术。例如,检查证件、通过指纹识别、通过虹膜识别等。

(4)采用闭路电视进行多角度的监控。

(5)计算机设备上可以加上标签,这样当有人试图将其带出时,会发出警报。

(二)软件的安全

这里介绍的是软件的使用安全问题。

1. 软件的接触控制

(1)采用口令控制方式

为了防止未经授权的人员擅自使用软件,可以要求每一个使用者必须进行注册,并输入相应的口令。

(2)采用权限控制方式

对于合法的注册用户,还必须根据他们的工作岗位和性质限定他们对于各个功能的使用。一般来说,对于管理人员,他们主要使用的是查询和分析模块;对于具体的业务人员,使用的多是输入、处理模块。

在初始化设置时,需要设定各个用户的权限。只有通过了权限的考核,才允许打开该软件进行运行。

2. 防止计算机病毒的侵害

计算机病毒是指编制或者在计算机程序中插入的破坏计算机功能或者毁坏数据,影响

计算机使用,并能自我复制的一组计算机指令或者程序代码。

防范措施主要有:

(1)加强机房管理,避免使用来路不明的U盘和非法拷贝的软件,也不要接收异常的电子邮件,在下载时也要小心;

(2)购置反病毒软件,经常对硬盘和U盘进行病毒检测;

(3)对重要资料进行经常的备份;

(4)确定自己的危险程度,制定一旦病毒入侵需要采取的方案,制定相应的恢复保证制度。

任何单位和个人在从计算机信息网络上下载程序、数据或者购置、维护、接入计算机设备时,应当进行计算机病毒检测。对因计算机病毒引起的计算机信息系统瘫痪、程序和数据严重破坏等重大事故应该及时向公安机关报告,并保护现场。

(三)数据的安全

1.数据的接触控制

(1)口令控制方式

对于敏感机密数据可以采用口令控制的方式,只有经过授权的用户才可以访问。

(2)加强对存储介质的管理

应该加强对磁性介质的管理。例如,U盘不要随意摆放;使用完以后要加锁保护起来等。

当要删除存储在磁性介质上的数据时要注意:数据虽然被删除了,但是在没有新的信息覆盖在磁性介质上时,那些被删除的数据依然可以被恢复。

计算机打印出来的数据如果废弃不用的话,应该用碎纸机进行粉碎,这样可以防止有人窃取数据。

(3)磁介质上数据的加密保护

2.数据的加密

数据加密即是对明文(未经加密的数据)按照选用的加密算法进行处理,而成为难以识读的密文(经加密后的数据)。

数据加密是用加密算法和加密密钥,将明文变换成密文;数据解密是加密的逆过程,用解密算法和解密密钥,将密文转换成明文。加密密钥和解密密钥可以相同,称为对称密钥体制,这时,密钥需要保密;加密密钥和解密密钥也可以不同,称为非对称密钥体制,这时,一个密钥是公开的,另一个密钥是保密的。

3.数据的备份制度

要经常进行数据的备份。根据数据变化的快慢、数据的重要程度和重新输入数据时所要花的工作量等因素,可以选择相应的数据备份方法。

为了防止因火、水、风以及其他事故而对备份盘造成毁坏,一般应该在远离计算机房的地方保存一套备份盘,例如,放在保险箱中。

4. 防止计算机病毒的侵害

要注意防止病毒,定期将杀毒软件进行升级。

(四)人员的安全

工作在电算化信息系统环境下的人员可能会遇到一些安全问题。例如,被电击、被线路绊倒、被桌子的尖角划伤、或在火灾中遇险等。另外,还有一个典型问题就是人可能会受到重复性紧张损伤。重复性紧张损伤也称累积性精神紊乱,其特征主要是由重复动作引起的头疼、颈疼、眼睛疲劳、手腕疼、神经衰弱和压力。这被认为是“信息时代的职业病”。这些伤害会严重影响员工的正常生活和工作。

(五)财政部的相关规定

1.《会计电算化工作规范》中的相关规定

在财政部制订的《会计电算化工作规范》中,规定了有关会计档案管理制度:

(1)电算化会计档案,包括存储在计算机硬盘中的会计数据以及其他磁性介质或光盘存储的会计数据和计算机打印出来的书面等形式的会计数据。会计数据是指记账凭证、会计账簿、会计报表(包括报表格式和计算公式)等数据。

(2)电算化会计档案管理是重要的会计基础工作,要严格按照财政部有关规定的要求对会计档案进行管理,由专人负责。

(3)对电算化会计档案管理要做好防磁、防火、防潮和防尘工作,重要会计档案应准备双份,存放在两个不同的地方。

(4)采用磁性介质保存会计档案,要定期进行检查,定期进行复制,防止由于磁性介质损坏,而使会计档案丢失。

(5)通用会计软件,定点开发会计软件、通用与定点开发相结合会计软件的全套文档资料以及会计软件程序,视同会计档案保管,保管期截止到该软件停止使用或有重大更改之后的五年。

2.《会计核算软件基本功能规范》中的相关规定

财政部在《会计核算软件基本功能规范》中对数据安全控制作了具体规定:

(1)会计核算软件具有按照初始化功能中的设定,防止非指定人员擅自使用的功能,和对指定操作人员实行权限控制的功能。

(2)会计核算软件遇有以下情况时,应予提示,并保持正常运行。(略)

①会计核算软件在执行备份功能时,存储介质无存储空间、数据磁带或者软磁盘未插入、软磁盘贴有写保护标签。

②会计核算软件执行打印时,打印机未连接或未打开电源开关。

③会计核算软件操作过程中,输入了与软件当前要求输入项目不相关的数字或字符。

(3)对存储在磁性介质或者其他介质上的程序文件和相应的数据文件,会计核算软件应当有必要的加密或者其他保护措施,以防止被非法篡改。一旦发现程序文件和相应的数据文件被非法篡改,应当能够利用标准程序和备份数据,恢复会计核算软件的运行。

(4)会计核算软件应当具有在计算机发生故障或者由于强行关机及其他原因引起内存和外存会计数据被破坏的情况下,利用现有数据恢复到最近状态的功能。

第三节 计算机会计信息系统的应用控制

应用控制是针对某个具体应用系统(如固定资产系统、销售系统等)的敏感环节和控制要求,为加强具体应用系统的输入、处理、输出的正确可靠性而建立的控制。

一、应用控制概述

内部控制的一般控制要控制的是一个计算机环境下的通常问题。而在计算机环境下,运行的是一个个具体的应用程序。每一个具体的应用程序所要解决的问题是不同的,所涉及的数据和处理方法等均各具特点。针对这些具体的应用程序所进行的有针对性地控制,就是应用控制。

应用控制的目的在于:

1. 保证所有经过审核批准的交易均经处理完毕,并且每一项交易只处理一次。
2. 保证交易资料的完整和正确。
3. 保证交易的处理正确无误,符合要求。
4. 保证处理的结果用于预定的用途,并能产生预期的效益。
5. 保证应用程序能正常运作,并持续维护其功能。

应用控制和一般控制是相互支持的。一般控制着重于对整体环境的控制,而应用控制着重于对其中具体环节的控制。应用控制包括输入控制、处理控制和输出控制三部分。

二、输入控制

输入环节是会计信息系统工作的起点。信息系统首先要接收到一些数据和指令,然后才可以进行进一步的处理,从而得到用户要求的输出结果。如果没有输入数据,或者输入了错误的数据,会给后续的处理和输出带来重大的后果。此外,在输入阶段错误数据的修改较为容易,如果错误直到处理或输出阶段才被发现,那么改正便成了一件很费力的事。所以,应用控制最为强调的控制环节就是输入环节的控制。

(一)数据采集控制

数据采集是指原始业务文档的手工准备过程。数据采集控制的目的,在于确保输入资料在合理授权的基础上正确地编制、完整地收集、安全地传送。具体的控制目标包括:①编制的凭证信息完整、数字正确、业务分类合理;②所有业务经过合理授权;③呈送所编制凭证的时间恰当,没有遗漏、重复或丢失;④及时发现、更正错误。为此需要采取下列的控制手段和措施：

1. 建立明确的凭证编制程序。规定需要使用的凭证、编制凭证的时间、凭证的编制检查和授权输入的负责人员。我国现行有关制度规定，所有业务均必须编制记账凭证，收付款凭证一般要求手工编制；具有一定计算或编制规律的转账凭证，可由机器编制并打印输出，但仍须同收付款凭证一样，由操作员、复核、主管共同签章后，才能登记有关账簿。

2. 原始凭证设计。原始凭证中应包括所有重要的信息。除了日期、编号、摘要、经手人、制单、核准之类的内容外，用于电子计算处理的凭证中还应包括编码、控制总数、保留期等项内容。

3. 合理的凭证管理制度包括凭证的收发保管和职责分工等内容。

4. 制定工作手册。详细说明凭证编制时间，各种编码的使用，凭证传送的手续和时间，凭证审核的内容和负责人等。

5. 合理的资料保管制度。在实现了会计电算化之后，原始资料的保存仍然是必要的，它便于查找追踪和资料重组的进行。在电算化系统中，原始资料应由各业务职能部门保管，对保管期要经研究做出明确规定，对原始资料的使用和销毁应制订相应的控制措施。

6. 合理设置使用控制总数。所谓设置控制总数，指对成批处理的经济业务凭证，以某种特征为基础（如凭证张数，金额）计算总数并事后核对每批的总数的一个控制手段。使用该种技术，便于发现如下问题：①丢失的凭证；②插入的未经授权的凭证；③未经授权改动经济业务凭证中有关数据。

（二）数据准备控制

数据准备指将数据输入计算机（内存）前，对数据进行汇总、转换的工作过程。数据汇总即将一定时期内的业务数据汇集成批以供集中输入和处理；数据转换则是指将业务数据转换成机器可读的形式。在数据准备过程中，经常出现汇总分类错误、遗漏、重复、改动及编码错误，为了减少这类问题的发生并及时发现各种错误，应采用多种控制手段。

1. 编制有关输入准备工作内容、方法及程序要求的书面文件。这部分内容可写在有关的操作说明中，也可以在电算化单位的有关岗位责任制中加以规定。规定的内容应包括数据汇总、转换过程中的岗位分工、责任制度、数据传递路径、错误改正程序等。

2. 事先设计规定数据格式。实现格式化操作，有利于减少数据转换过程的错误。在设计输入格式时，要尽量减少填写项目，减少输入凭证的种类，输入画面的设计尽可能与实际凭证相似。

3. 尽量使用周转文件。周转文件是指同时作为输入、输出的文件；某些相对固定的信息其输入与输出完全相同，可设计能够周转使用的文件，其中相对稳定的数据项目（如信用卡中的顾客账号）以机器可读的形式打印出来，每次再输入时无需人工准备。

4. 设置资料存取日志，计算控制总数。这样做的作用在于发现数据在传送、准备过程中的任何错误。存取日志一般应包括批号、批种类、发出与接收时间、控制总数及有关责任人员的签章等项目。

5. 数据准备核对。指对操作员通过键盘录入磁盘、磁带或其他外围存储器的数据正确性的人工复核。

6. 计算机编辑检验。指计算机按照程序指令通过计算机逻辑比较，检查数据是否准确、完整、合理。

(三)数据输入控制

输入过程的最后一项工作，是将存储在磁盘中的数据输入主存储器。这一过程中的控制，一是防止输入时遗漏或重复；二是检查数据中是否仍然存在错误。采用的控制手段有些需要人工完成，有些可以由计算机程序实施。

控制总数是主要由人工完成的重要的控制手段，对于输入的数据，可以由计算机或手工计算出有关的控制总数，系统职能部门的输入组负责人应将其与接收数据时得到的控制总数相互核对，以发现输入全过程中是否存在问题。

在数据输入中发现的错误如何处理和控制是一个复杂的问题。与数据准备阶段的情况不同，最后的数据输入受到一定条件限制，某一批数据输入过程中断了，很可能会影响到以后的数据输入与处理，甚至整个系统的核算。另外，成批处理时，数据输入很集中，发现的错误种类较多，原因可以涉及各个业务职能部门，这给错误的更正和重新输入的组织工作增加了新的困难。因此，需要专门研究这方面的问题。

首先，应该研究确定错误更正及再输入的工作程序和控制手段。设计的程序和控制应能保证：

(1)错误发现后立即打印或显示出来；

(2)提供的错误信息完整，指明错误种类、有关的业务职能部门、错误的金额及影响等；

(3)错误发现后立即转移到应用程序能够辨认的待处理文件中；

(4)错误发现后，有关的控制总数及时得到调整或说明；

(5)错误的更正、再输入设有专人跟踪检查；

(6)提供发现的错误更正状况定期报告；

(7)业务职能部门对错误信息的处理以及管理上的分析和利用。

为了在对错误进行处理的过程实施有效控制，应该为事后的检查提供必要的线索。因此，应该将每批有效经济业务清单及有关控制总数、被拒绝的经济业务清单总数、待处理错误文件以及再处理业务清单打印出来，所完成的核对、检查工作应留有相应的标记。对于那些已发现属于错误或无效经济业务数据，但由于种种原因需要继续加工处理的情况，应该建立跟踪记录。

在实际工作中，数据准备与输入可能是一次性完成，上述的控制措施也应该综合考虑。

(四)会计账务处理系统输入控制

会计账务处理系统可以以原始凭证为直接输入的依据，也可以以记账凭证为直接输入的依据，或者以两者作为直接依据。以记账凭证为直接输入依据，可能发生的错误或问题主要是:(1)会计科目输错;(2)金额输错;(3)记账方向错误;(4)对应关系错误;(5)输入速度慢。

为克服这些问题,可采用下列控制方法:

1. 建立科目参照文件;当输入会计科目编号时,系统首先在参照文件中查找,找不到的科目在屏幕上显示后表明不是要输入的科目,则需要采取纠正措施。如果输入的科目确系非法科目,则废除已输入科目,重新输入正确的科目代码,若是新增科目,则该科目应追记参照文件。

2. 设科目代码校验位。给二级或重要的一级科目代码加一个校验码,校验码可以是字母,也可以是数字。

3. 设立对应关系参照文件。每张记账凭证包含两个或两个以上的科目,每个科目输入的正确性并不能保证这笔分录是正确的,因为还可能发生账户对应关系错误。对此,可根据业务间的相互关系事先确定每个科目的对应科目,建立参照文件。当输入完一张记账凭证后,访问参照文件,检查和判断输入的科目之间是否存在对应关系。程序设计中可根据这种逻辑关系设置逻辑判断,检查科目对应关系是否正确。

4. 试算平衡法。对每笔分录,都可进行试算平衡检验。做法是:将试算平衡方法程序化,当一笔分录输入完后自动对其进行检查。在借贷记账法下,试算平衡公式是:借方科目金额合计等于贷方科目金额合计。

5. 控制总数法。控制总数据可以是凭证张数,也可以是金额合计数。

6. 屏幕审核法。对输入的记账凭证在屏幕上再次显示出来,加以检查,

7. 二次输入法。将数据先后两次进行输入或同时由两个人分别输入,将两次或两人输入的结果进行比较,可发现输入是否错误。

8. 屏幕表格化。在屏幕上出现一个输入画面,这幅画面最好与操作员手中的输入单一样,使操作员在输入过程中,就好比他平时在制凭证一样,达到减少输入时间的效果。

(五)会计信息系统输入控制中要注意的问题

在上面我们介绍了会计信息系统中适用的一些控制方法。要注意的是,这些控制方法并不能够保证会计信息系统的输入环节完全正确。比如,即使一张凭证经检查借贷平衡,并不能够排除这张凭证上借贷方同时多记了或同时少记了某一金额的可能。这些方法的综合运用要比单独只采用某一种方法要好,更为全面。

另外,对于在输入控制中检查出来的错误信息的处理,必须非常慎重。对于这些错误的情况,必须要留有记录。通过这些错误记录的分析,有助于判断错误的种类、原因、防范措施等,有助于识别出系统的薄弱环节。对错误数据的更正必须要由错误的产生部门来负责。比如,有待输入的纸质记账凭证的错误,责任在于用户部门(如会计部门)的错误,必须要退回到会计部门进行检查更正后,再传递给电算部门进行重新输入。如果这张纸质记账凭证本身并没有错误,是电算部门的操作人员在输入时输错了,则这个输入错误需要由电算部门负责更正。

要对错误的信息进行跟踪管理，要检查这些错误的信息是否退回到相关的负责部门进行检查、更正，是否重新输入，是否没有遗漏，是否没有重复，更正后是否正确等。

如果采用的是控制总数的控制方法，则在控制总数中需要扣除这些错误的、留待下个批次处理的数据。

在用户部门和电算部门都会设置控制岗位对输入环节进行检查。如果用户部门需要将原始资料传递到电算部门，一般用户部门会留有存根，将复制的资料传送给电算部门。在传送之前，用户部门会计算控制总数等。电算部门接收到用户数据以后，也会有一个控制岗位对这些数据进行记录和整理，计算控制总数。这些控制总数等控制记录可以帮助他们判断数据输入的正确与否。

（六）财政部对于输入控制的具体规定

财政部在1994年开始实行的《会计核算软件基本功能规范》中对于输入控制作了专门的规定。具体的规定如下：

1.初始化功能运行结束后，会计核算软件必须提供必要的方法对初始数据进行正确性校验。

2.会计核算软件中采用的总分类会计科目名称、编号方法，必须符合国家统一会计制度的规定。

3.输入的记账凭证的格式和种类应当符合国家统一会计制度的规定。

4.会计核算软件应当对记账凭证编号的连续性进行控制。

5.在输入记账凭证过程中，会计核算软件必须提供以下提示功能：

（1）正在输入的记账凭证编号是否与已输入的机内记账凭证编号重复；

（2）以编号形式输入会计科目的，应当提示该编号所对应的会计科目名称；

（3）正在输入的记账凭证中的会计科目借贷双方金额不平衡，或没有输入金额，应予提示并拒绝执行；

（4）正在输入的记账凭证有借方会计科目而无贷方会计科目或者有贷方会计科目而无借方会计科目的，应予提示并拒绝执行；

（5）正在输入的收款凭证借方科目不是“现金”或“银行存款”科目、付款凭证贷方科目不是“现金”或“银行存款”科目的，应提示并拒绝执行。

6.会计核算软件应提供对已经输入但未登记会计账簿的机内记账凭证（不包括会计核算软件自动产生的机内记账凭证）进行修改的功能，在修改过程中，应同样给出上述各项提示。

7.会计核算软件应当提供对已经输入但未登记记账凭证的审核功能，审核通过后即不能再提供对机内凭证的修改。会计核算软件应当分别提供对审核功能与输入、修改功能的使用权限控制。

8.发现已经输入并审核通过或者登账的记账凭证有错误的，可以采用红字凭证冲销法或者补充凭证法进行更正；记账凭证输入时，红字可用“-”号或者其他标记表示。

9. 会计核算软件对需要输入的原始凭证,可以按照以下方法进行处理:

(1)输入记账凭证的同时,输入相应原始凭证;输入的有关原始凭证汇总金额与输入的记账凭证相应金额不等,软件应当给予提示并拒绝通过;在对已经输入的记账凭证进行审核的同时,应对输入的所附原始凭证进行审核;输入的记账凭证通过审核或登账后,对输入的相应原始凭证不能直接进行修改;

(2)记账凭证未输入前,直接输入原始凭证,由会计核算软件自动生成记账凭证;会计核算软件应当提供对已经输入但未予审核的原始凭证进行修改和审核的功能,审核通过后,即可生成相应的记账凭证;记账凭证审核通过或者登账后,对输入的相应原始凭证不能直接进行修改;

(3)在已经输入的原始凭证审核通过或者相应记账凭证审核通过或者登账后,原始凭证确需修改,会计核算软件在留有痕迹的前提下,可以提供修改和对修改后的机内原始凭证与相应记账凭证是否相符进行校验的功能。

二、处理控制

数据输入计算机后,即按照一定的程序进行加工处理,这一过程中只需人工输入若干操作指令,大部分工作是由电子计算机自动完成。由这一特点决定,对数据处理过程的准确性、可靠性的控制中,一般控制发挥着相当重要的作用。作为动态的加工处理控制,主要包括计算机处理内容输出检查、程序化数据有效性检验、程序化数据处理有效性检验等几个方面。

(一)计算机处理内容输出的检查

为了保证计算机数据处理的正确,从组织控制角度看,需要合理分工、搞好人员聘用和培训,从系统软件控制看,对使用计算机存储区域应采取一定的控制性限制。另外,对计算机处理内容的输出的检查,也是一个有效的控制措施。计算机处理内容输出,提供了计算机在数据处理过程所完成操作内容的间接证明。输出中记录了计算机加工处理的数据,所使用的程序以及处理过程中所产生的业务。具体地讲,输出的内容可以包括:

(1)加工处理中使用的应用程序名称、次数和时间;

(2)处理中使用的参数及数表;

(3)处理的经济业务清单;

(4)操作员单独输入数据的清单;

(5)特殊性经济业务中所作的选择性处理操作清单;

(6)计算机产生业务的详细清单。

对于上述种种输出,应安排专人检查,其中应特别注意是否存在不正常或未经授权使用程序、输入数据、改变操作内容以及产生新业务的情况,检查时应注意相关资料、数字之间的核对。对于发现的问题,应由专人及时处理。

（二）程序化数据有效性检验

为保证计算机处理的可靠性，首先要求所处理的数据来自正确的文件、正确的记录。为检查是否对错误的文件、记录或业务进行加工和处理，可采用程序化校验方法。程序化校验方法有文件标签校验、业务编码校验、顺序校验等。

（三）程序化处理有效性检验

数据处理过程中产生错误，一般是由于计算机硬件、系统软件或应用软件中出现了问题。由于问题的发生具有偶然性、不可预见性，因此，必须建立一定的检测控制措施，以便及时发现错误，予以更正。经常采用的方法有数字计算正确性测试，数据合理性检验，交叉汇总检验、字段的双重输入等。

（四）错误处理过程的控制

对于数据处理过程中发现的错误，需要根据不同情况分别处理，同时，要根据错误处理方式的特点建立起相应的控制。

在某些情况下，发现的错误能够及时更正，并在同一处理期间内再进行输入处理。与此相适应，需要设置待处理错误文件，编制清单分送给有关的业务职能部门，清单中错误更正后送回以供再输入处理，此时的错误更正控制的重点，是对文件和清单的检查。

在另外的情形下，发现的错误退回有关业务职能部门的同时，电子计算机继续对正确数据进行加工处理。错误更正后与其他批次业务数据一起再行输入、处理。为此需要设置专门的控制日志，记录错误单据的传递、更正与再输入的情况，对记录及有关情况的检查，是相应的控制重点。

如果错误是在数据处理结束后发现的，则主文件的正确性已经受到影响，这种情况下，一方面要求对错误的内容、原因及影响金额做出书面记录，另一方面要改正发现的错误。更正的方法，不能采用直接删除原有错误记录的方式，而应输入两笔记录，一笔冲销原有的金额，一笔记入正确的数据。

总之，虽然计算机数据处理是自动完成的，但决不可因此放松人的努力。有机地将上述种种控制手段结合使用可以有效地减少数据处理错误的产生及其危害。

（五）会计信息系统处理控制中要注意的问题

首先需要提请注意的是，虽然计算机信息系统中的处理工作大多集中在计算机内部，这并不意味着我们可以放松对处理过程的控制。由于硬件、软件、操作等方面的问题，依然会造成计算机自动处理的结果有误。处理控制不能放松。

另外，会计信息系统处理控制中采用的一些方法和输入控制方法基本相同。确实，有时很难分清某个控制环节是用于输入过程的，还是用于输入以后的处理过程的。关键是掌握方法本身，而不需要去过于追究方法到底是用于输入控制还是处理控制。

对于处理控制中发现的错误，必须分别情况进行处理。

1. 错误可以立即更正

如果错误可以在处理的过程中被发现并改正,那么立即修改,作为同一个处理进行。与此同时,要记录下错误的发生及修改的情况,以后要对这些错误情况作进一步的分析,以减少同类问题的发生。

2. 错误必须返回用户部门进行更正

如果错误不能由电算部门在处理的同时予以更正,必须终止错误数据的下一步处理,将错误数据从正常数据中剥离出来(正常数据继续处理),返回用户部门进行更正。这时要记录下错误的发生情况,并修改控制总数。同时要追踪错误数据的更改情况,防止被遗漏。更改后的数据可以和下个批次的数据一起再进行处理。

3. 错误已经对主文件造成影响

如果错误是在处理结束以后发现的,则已经对主文件造成了影响。这时,应该对错误的情况做好记录、分析和更正,同时,还要消除主文件的影响。可以编制两笔数字,一笔用来冲销原有的数字,一笔用来计入正确的数字。

(六)财政部对于处理控制的具体规定

财政部在《会计核算软件基本功能规范》中对于处理控制作了专门的规定。具体的规定如下:

(1)会计核算软件应当提供根据审核通过的机内记账凭证及所附原始凭证登记账簿的功能。

(2)通用会计核算软件应当同时提供国家统一会计制度允许使用的多种会计核算方法,以供用户选择。会计核算软件对会计核算方法的更改过程,在计算机内应有相应的记录。

(3)会计核算软件应当提供符合国家统一会计制度规定的自动编制会计报表的功能。

(4)会计核算软件应当提供机内会计数据按照规定的会计期间进行结账的功能。结账前,会计核算软件应当自动检查本期输入的会计凭证是否全部登记入账,全部登记入账后才能结账。机内总分类账结账时,应当与机内明细分类账进行核对,如果不一致,总分类账不能结账。结账后,上一会计期间的会计凭证即不能再输入,下一个会计期间的会计凭证才能输入。

三、输出控制

(一)输出控制的目的

从系统的角度来看,输入和输出是相对的,某一个模块的输出有时就是另一个模块的输入。输出分为两种,一种是中间性的输出,一种是最终的面向用户的输出。这里更多的是指后者。

输出对用户来说是至关重要的。系统运行的目的就是要得到用户需要的结果,输出有关的信息。系统是否完成了预期的功能,直接反映在输出信息的质量上。输出控制的目的是要保证信息系统所处理的资料完整、正确,所处理的结果正确,并且保证只有经过授权的部门和人员才能获得这些输出资料。

（二）会计信息系统的输出控制方法

对会计信息系统输出环节的控制主要分为两个方面:一是对输出内容和格式的控制,二是对输出信息的传送过程的控制。

1. 输出信息的内容和格式控制

输出信息必须符合用户的要求。在内容上,要做到有用、完整、正确、及时。输出的信息应是用户确实想要得到的信息,对用户的决策有用;要是全面完整的,能够有助于用户了解情况;并且是正确的,不会误导用户;输出信息必须及时,在恰当的时候提交给用户。

为了对内容进行控制,要求电算部门在将输出信息传递给用户之前,先要进行控制总数等方面的校验。要将前面的输入环节控制总数、处理环节控制总数和输出环节控制总数进行比较,确保所有的输入信息均已经被正确地处理和输出。用户部门在接收到电算部门的输出资料以后,也需要将输出资料和提交输入的原始资料进行比较,确保原始资料的传送、输入、处理和输出环节的正确性。

输出信息的格式也必须符合用户的要求。要在事先和用户进行广泛地接触,了解用户所希望的输出格式,尽可能使得输出格式清晰、美观、醒目,易于让用户理解和把握重要信息。

2. 输出信息的传送过程的控制

会计信息系统的输出信息在很多时候涉及企业的机密,不能随意扩散;而且,输出的信息必须提交给那些可以对信息有所动作和反应的部门和人员才有价值。所以,必须对输出信息的传送进行控制。

如果采用的是查询的输出方式,则在查询功能启用之前,首先应该判断该用户是否具有相应的权限和口令。在系统初始化的时候,就已经给每一个合法的注册用户赋予了不同的权限和口令,通过权限和口令的控制可以筛选出符合要求的用户。

如果采用的是打印的输出方式,则打印出来的资料必须进行登记,这些资料的传送事先应该制订好程序,并由专人负责发送。在传送给用户之后,必须进行签字确认。

（三）会计信息系统输出控制中要注意的问题

在会计信息的输出过程中必须同时注意两方面的控制,一个是内容和格式,一个是传送途径。只有这样,才能保证经过授权的用户得到了所需要的资料。如果输出控制中发现错误,同样需要对这些错误进行登记,分析错误的产生原因,并作出相应的补救措施。

（四）财政部对于输出控制的具体规定

财政部在《会计核算软件基本功能规范》中对于输出控制作了专门的规定。具体的规定如下:

(1)会计核算软件应当提供对机内会计数据的查询功能。

(2)会计核算软件应当提供机内记账凭证打印输出的功能,打印格式和内容应当符合国家统一会计制度的规定。

(3)会计核算软件可以提供机内原始凭证的打印输出功能,打印输出原始凭证的格式和内容应当符合国家统一会计制度的规定。

(4)会计核算软件必须提供会计账簿、会计报表的打印输出功能,打印输出的会计账簿、会计报表的格式和内容应当符合国家统一会计制度的规定。

(5)对根据机内会计凭证和据以登记的相应账簿生成的各种机内会计报表数据,会计核算软件不能提供直接修改功能。

(6)会计年度终了进行结账时,会计核算软件应当提供在数据磁带、可装卸硬磁盘或者软磁盘等存储介质的强制备份功能。

复习思考题

1. 当会计信息系统由手工方式转为电算化方式后,其风险是变大了,还是变小了?为什么?

2. 计算机会计信息系统的一般控制包括哪些方面?

3. 计算机会计信息系统的应用控制包括哪些方面?

案　例　题

1. 某单位电算化部门内单设一个控制员,该控制员可以单独批准、执行一些业务并对业务数据进行修改。请指出这种情况是否恰当?可能造成什么后果?

2. 某单位财务部门应收账款管理人员保管所有输入数据的控制总数。当电算化部门完成处理后,应付账款管理人员将事先保存的手工计算的控制总数与处理后退回的控制总数相核对。请指出这种做法是否恰当?可能造成什么后果?

第十章　计算机审计

计算机和通信技术的发展使得人类社会进入信息时代。随着计算机的普及,计算机应用已经从科学计算、实时控制方面扩展到非数值处理的各个领域。1954 年,美国首次将工资的计算用电子计算机加以处理,标志着电子计算机进入了会计和管理领域。计算机系统应用于管理和会计系统,使传统的手工数据处理系统转变为电算化数据处理系统,审计的对象也发生了很大变化,对电子数据处理系统的审计及对手工数据处理系统的计算机辅助审计方法的研究,形成一门将会计、审计、计算机技术、现代通信技术和网络技术相互融合的学科——计算机审计。

第一节　计算机审计概述

传统的会计、统计和计划等管理数据的处理是以手工操作为主,因此,传统审计也是以手工的会计资料处理系统为特征。计算机审计是伴随着科学技术的不断进步、审计对象的电算化以及审计事业的不断发展而成长起来的,它是审计科学、计算机技术与数据处理电算化发展的结果。

一、计算机审计的概念

计算机审计的概念,一般可以从两个角度来理解这个问题。一个角度认为,计算机审计就是指用计算机手段所进行的审计工作,即独立人员采用计算机辅助的方式对特定经济实体的可计量的信息证据进行客观地收集和评价,以确定这些信息与既定标准的符合程度,并向利害关系人报告的一个系统过程。另外一个角度认为,计算机审计是指审计的对象是电算化信息系统,即独立人员对特定经济实体的计算机化的可计量的信息证据进行客观地收集和评价,以确定这些信息与既定标准的符合程度,并向利害关系人报告的一个系统过程。在这种情况下,审计的手段可以是计算机化的,也可以是手工的。

第一种理解是指计算机辅助审计,第二种理解则包含了计算机辅助审计的含义,所以更为全面一些。本书所指的计算机审计是指对电算化信息系统所做的审计工作,包括手工审计方法和计算机辅助审计方法的应用。

当然,上面的概念中,并未强调审计的对象仅是特定经济实体的会计信息。事实上,不同的审计种类有着不同的对象和内容:合法、合规审计,是指对一个单位的某些财务或经营活动收集并评价证据,以确定其是否按照特定的标准来执行,如对内部控制程序的执行情况、对国家有关劳工的法律规定和环境保护法的遵守情况等;而绩效审计是指检查一个企业或组织经营的程序和方法以确定其经营效率、效果和经济性;财务报表审计是指审查企业编制的一套完整的财务报表(资产负债表、损益表、现金流量表和附注),以确定这些可计量的信息是否符合既定的标准的过程。可见,审计的对象并不囿于一个单位的会计工作,还包括和经营管理相关的一系列问题。而且,由于现在企业管理信息系统的发展,使得电算化会计信息系统和企业其他管理信息系统的关系日益密切和整合,在审计时往往很难将会计信息系统完全独立出来,审计时已经超出了仅对会计信息系统的调查,所以,在计算机审计中,审计的对象往往已经从电算化会计信息系统扩展为电算化的管理信息系统,甚至电算化的信息系统。

由此可见,计算机审计的概念中的重要部分有:(1)计算机审计是一个系统过程,是遵循逻辑顺序、结构严密的活动。(2)计算机审计是具有独立性的监督活动,要客观地获得和评价信息。(3)计算机审计的对象是电算化信息处理系统。(4)计算机审计要确定计算机化的信息证据与既定标准的符合程度。(5)审计的结果要有用,必须把它传达给有利害关系的方面。(6)计算机审计的手段可以是手工的、电算化的或是其他方式。

二、信息技术的发展对审计方法的影响

信息技术对审计方法的影响主要表现在以下三个层面:

(一)绕过计算机的审计阶段

在这个阶段,由被审单位打印出计算机内的一系列会计资料,审计人员根据这些打印出的会计资料进行审计。这是由于审计人员对于计算机技术的陌生,所以只能绕过计算机进行审计。审计人员不能亲自深入到电算化会计信息系统内部去获取数据,因此只能被动地相信被审单位打印出的会计资料就是真实的在用的数据。审计工作受制于被审单位的电算化会计系统的打印功能。在这种情况下,审计人员有时无法进行审计。

(二)进入计算机的审计阶段

随着信息系统的日益复杂,如联机数据输入的增多、打印资料的减少、输入数据和输出数据之间缺少明确的一一对应关系等,都促使审计人员提高对信息技术的掌握程度,进入计算机系统内部进行审计。例如:直接打开被审单位的数据库,从中根据审计的不同要求选择相应的审计证据;可以向电算化会计系统输入数据,来对其中计算机化的内部控制进行测试等。由于能够直接操作和使用、测试被审单位的电算化系统,审计人员可以获得对被审系统更深入、更直观的了解。

(三)利用计算机的审计阶段

在这个阶段,审计人员能够较为熟练地深入被审单位的计算机系统,而且能够利用计算机辅助的手段帮助自己更快更好地进行审计工作。计算机辅助手段包括利用计算机技术进行审计工作的日常管理,包括利用审计软件进行审计的某些步骤的工作,包括利用测试数据

进行测试等。审计人员不仅可以利用自己在会计、审计上的专业知识和经验,还可以借助于计算机来进行更进一步的处理和分析。在此基础上的审计质量必将更能得到保障。

由此可见,在新的信息技术情况下,审计人员不仅需要掌握会计和审计的相关知识,还必须掌握一定的计算机知识和技能。这一点在有关的审计准则中也有明确的规定。

三、计算机审计的相关准则

(一)国际审计准则

国际审计准则15——电子数据处理环境下的审计,是为在电子数据处理的环境下遵循审计的基本原则进行审计时,提供附加的指导。该准则规定:为了国际审计准则的目的,当一个单位对与审计有重要意义的财务资料的处理,包含有任何类型或大小的计算机时,就存在着电子数据处理的环境,不论这个计算机是由本单位操作还是由第三者进行操作的。

国际审计准则16——计算机辅助审计技术,是为利用计算机辅助审计技术提供指导,适用于利用计算机辅助审计技术的所有方面,包括任何类型和大小的计算机。该准则主要介绍的是用于审计目的的审计软件和测试数据。

(二)中国的审计准则

我国审计署1993年9月1日签发了《关于计算机审计的暂行规定》,1996年12月19日发布了《审计机关计算机辅助审计方法》。

自1999年7月1日起施行的中国独立审计具体准则第20号标题为"计算机信息系统环境下的审计",是根据独立审计基本准则制定的,是对注册会计师执行计算机信息系统环境下的各项独立审计业务、出具审计报告的具体规范。

四、电算化会计信息系统对审计的影响

(一)对审计线索的影响

在手工会计中,审计线索包括会计凭证、账簿、报表等会计资料。这些资料都反映在书面上,审计人员利用这些资料就能够从原始凭证开始,通过记账凭证、账簿追踪到会计报表,或者对报表之间、报表与账簿之间的会计数据的勾稽关系进行审查,通过这些可见的审计线索检查证、账、表数据所反映的经济业务的合法性,通过每个会计人员的书写笔迹的不同,确定每一责任人完成业务的正确性。总之,在手工会计中,会计人员对经济业务的详细记录都跃然纸上,审计人员所需要的审计线索,都可以通过这些书面记录加以审计。但是,在电算化会计中,计算机的使用改变了会计记录的存储与处理,表现在如下几个方面:

1. 会计凭证的存储与处理

原始凭证或记账凭证一经输入机内,便以文件的形式存入机内的数据文件。随着电算化发展,输入原始凭证再由系统自行填制记账凭证已为期不远,对于各核算子系统中自动生成的转账凭证,其数据的采集来自于机内分配结转后的记录。

2. 账簿的存储与处理

总分类账为文件所代替,明细分类账采用满页打印方式,因而导致两类数据之间的日常核对只能在机内进行。账簿登录时,通过计算机登账程序自动执行,使用的是哪一种记账程序难以判断。

3. 报表的编制

报表的编制采用按事先定义的公式到账簿文件、其他报表文件中获取数字计算,数据来源、公式定义、编制结果、打印格式等均采用机内文件的形式。由于磁性介质修改不留痕迹的特点,使审计人员很难相信打印输出的会计报表,正是根据企业单位提供的公式定义文件加以编制的。换句话说,如果有人在歪曲公式定义文件之后编制失真的财务报表,然后再将公式定义文件复原,在这种情况下,审计人员不能根据机内的公式定义文件贸然判断报表编制的正确性。

以上的种种情况表明,由于计算机采用磁性材料作为存储介质,处理过程都在机内文件之间进行,因而使得审计人员难以像在手工操作环境下那样对经济业务进行追踪审查。在现阶段,尽管财政部在有关会计电算化制度中,规定所有凭证、账簿、报表仍然应当打印输出,使审计人员在审计工作中增加了审计的线索,但应当看到的是,这些书面的记录是否与会计软件的正确处理结果如出一辙,尚有待于做进一步的验证。

(二)对审计内容的影响

电算化会计信息系统的特点及其固有的风险决定了审计的内容包括对计算机处理和控制功能的审查。因此,电算化会计信息系统的审计内容,就应当包括系统的开发与设计、会计软件的程序、数据文件以及内部控制的审计等。

(三)对审计技术的影响

对电算化会计信息系统的审计,如果仍然采用常规的手工系统的那一套审计技术,就不能达到审计目的。由于审计的内容扩大到电算化系统程序、系统的设计与开发、数据文件与内部控制等方面,迫使审计人员在采用传统的各种审计技术的同时,采用计算机辅助审计技术,用日益先进的计算机审计软件去对付单机、网络、多用户等各种工作平台下的会计软件。

(四)对审计标准和准则的影响

由于审计对象、审计线索、审计内容以及审计技术手段等发生一系列的变化,手工审计中所制定的审计标准与审计准则也就很难适应。在计算机特定的工作环境中所出现的新情况和可能产生的新问题,又必须有一套与之相适应的新的审计标准与准则。美国执业会计师协会 1984 年发布的《计算机处理对检查财务报表的影响》,国际审计准则 15 号、16 号,中国独立审计具体准则 20 号等,都是对电算化会计系统下的审计所发布的一系列文件。

(五)对审计人员的影响

不管计算机审计发展到哪一个阶段,也不管计算机辅助审计技术如何先进,电算化会计系统的审计总是人机审计。在这一审计工作中,起决定作用的仍然是审计人员。从审计计划的制订到审计程序的确定,从审计技术的选择到审计方法的采用,都必须由审计人员操作和指挥。审计人员不仅要具有丰富的会计、财务、审计知识和技能,不仅应当熟悉财经法规以及其他的审计依据,而且还应当掌握计算机知识及其应用技术,掌握数据处理和管理技术;不仅要懂得审计软件的操作方法,而且还应当根据审计过程所出现的种种问题,及时编写出各种测试、审查程序模块。从长远的观点看,审计人员还应当掌握编写适合各种场合需要的审计软件,建立起自己的计算机审计系统。

第二节 计算机审计的目标和程序

一、计算机审计的目标

计算机审计依然属于审计的范畴,其工作目标依然是从属于审计的目标的。中国独立审计具体准则第 20 号规定:注册会计师在计算机信息系统环境下执行会计报表审计业务,应当考虑其对审计的影响,但不应改变审计目的和范围。

(一)总目标

计算机审计的总目标是评价电算化信息系统,包括:

1. 系统的效率性

要充分利用各种系统资源,保证系统的输出信息及时、正确、经济。系统效率包括多个方面:如系统的人力资源、硬件资源、软件资源和数据资源的利用程度;数据的处理速度;输出信息的质量;查询的响应时间等。该系统是否能完成规定的任务,是否能正确地履行规定的职能?能否以简便的格式按时向用户提供所需的信息?

2. 系统的经济性和效益性

和系统相关的成本是什么?系统带来的显见的和潜在的效益是什么?系统资源的利用是否符合最优原则?

3. 系统的可靠性

系统处理过程应该准确无误且具有较高的稳定性,要保证处理过程正确、输出信息准确无误,还要保证系统运行稳定、不易发生故障、且易于根据新的要求进行修改。要检查系统对输入数据是否进行必要的检测;系统设计是否科学、模块的划分是否合理;程序对处理过程的描述是否准确无误;系统设计和程序设计是否采用易于修改和扩充的结构化设计方法;各种说明资料是否齐全等。还有,系统数据是否准确?内部控制在捕获、传播、创建、保存和通信时是否能完全防止错误?

4. 系统的安全性

要保证计算机系统资源不受自然的或人为的破坏。一个计算机信息系统是由若干要素构成的,包括:(1)人力资源;(2)硬件资源;(3)软件资源;(4)数据资源。对这些资源的威胁是:(1)自然灾害,如火灾、水灾等;(2)非故意性错误,如硬件错误、软件错误或使用错误等;(3)计算机犯罪,如盗窃、盗用、非法篡改、破坏等。内部控制制度是否能够严格防止未经批准的人员蓄意变更或存取数据;系统资源是否得到妥善保管,并能防止偷窃、浪费、舞弊和自然灾害。

5. 系统的合法、合规性

所使用的会计核算软件及其生成的会计凭证、会计账簿、会计报表和其他会计资料,是否符合我国法律、法规、规章的规定? 系统活动(购置、开发、使用、维护)是否符合现行的法律、法规、政策、规定?

(二)具体目标

1. 系统购置阶段的审计目标

系统的购置指购买相应的计算机软硬件系统。购置阶段审计的目的是:在资金实际支出之前评价这一过程,保证以最佳的成本效益方式,实现购置任务的基本目标。具体包括:(1)对计划过程进行评价;(2)确定用户需求;(3)比较和确定可供选择的方案;(4)确定财务方法。

2. 系统开发阶段的审计目标

系统开发阶段要建立计算机系统。可以采用生命周期法来开发软件。在生命周期的每一个阶段,要定期提供进度报告,反映有待解决的预算、时间安排、技术要求和管理方案方面的问题。系统开发审计的目标具体包括:(1)通过对项目全过程进行评价来确定系统开发的效率性;(2)评价系统的分析和设计是否充分体现了系统说明书的要求,是否建立了适当的内部控制;(3)系统刚刚投入使用后对系统进行评价,评价系统是否符合设计要求。

3. 系统操作和维护阶段的审计目标

系统操作和维护阶段的审计是要评价系统资源(硬件、软件、人员和资金)利用的经济性、效率性和安全性。审计重点集中在评价计划和有关活动的程序方面。

二、计算机审计程序

计算机审计程序是计算机审计实务的操作步骤。中国独立审计具体准则第 20 号中提到:计算机的使用改变了财务资料的处理和存储,并可能影响这个单位为达到适当的内部控制而采用的组织和程序。因此,审计人员在对会计制度和有关的内部控制的研究和评价中所遵循的程序,以及其他审计程序的性质、时间和范围就可能受到电子数据处理环境的影响。

一般来说,计算机审计程序包括三个阶段:

1. 审计计划阶段

计算机审计的计划阶段要了解被审计单位经营及所属行业的基本状况,计算机信息系统的使用情况;确定计算机审计目标;根据审计目标初步制定审计计划;对审计风险与重要性水平进行评估,其中包括内部控制评审;在此基础上调整确定审计计划,形成审计方案。

具体的任务包括:

(1)了解被审企业计算机系统的一般情况。

审计人员要了解计算机硬件设备的种类及其结构方式；所用的系统软件的情况；计算机主要用于什么方面；和会计信息有关的应用程序的情况；计划开发的应用程序有哪些；对现有应用程序的修改情况；正在开发的应用程序的情况；电算化部门在整个企业中的组织结构状况、人员的数量及工作情况；企业对电算化信息系统的管理能力等。

(2)了解电算化会计信息系统。

审计人员要了解被审企业的会计工作有哪些是手工完成的，哪些是通过电算化系统完成的，电算化会计信息系统中包含哪些模块，计算机介入的性质和程度。对于重要的电算化会计模块，审计人员应掌握如下信息：该模块的目的；该模块输入的来源、信息量大小及输入形式；该模块处理的方式及频率；该模块输出的形式及输出信息的发送。

(3)了解控制活动。

如果被审企业在重要的会计事项处理中使用了计算机，则审计人员必须对这一过程中的一般控制进行了解。可以通过询问或观察的方法，还可以检查企业以前年度的工作底稿、工作手册等文件。审计人员要确定电算化部门内部及电算化部门和使用部门之间的职责是否充分分离；开发的、购入的或者修改过的应用程序在正式使用之前是否经过批准和测试；对数据文件和程序的接触是否只限于经过批准的使用者等。审计人员必须对审计环境中存在的缺陷的严重性进行评估。

(4)初步拟定对经济业务及账户余额详细测试的计划。

如果被审企业在重要的会计领域使用了计算机，而且有关经济业务的具体控制目标的实现要依赖于计算机处理的结果，则必须考虑电算化控制的作用。审计人员可在几种测试方法中进行选择，可以采用手工测试的方法和计算机辅助测试的方法。

2. 审计实施阶段

审计人员应审查被审单位的各类审计业务，包括收入循环、支出循环、存货和固定资产循环、筹资与投资循环、货币资金业务，并运用审计抽样方法进行审核，以获取适当的审计证据，形成工作底稿。

具体任务包括：

(1)检查电算化系统的输入环节，数据是否真实、完整、正确、可靠，有无必要的校验措施。

(2)检查电算化系统的处理环节，数据的来源是否正确，处理的逻辑是否正确、有效，处理的结果是否符合要求。

(3)检查电算化系统的输出环节，输出的内容是否正确，形式是否满足要求，输出信息的传送是否有必要的控制措施。

(4)检查电算化系统的整体安全性、可靠性。

(5)利用计算机辅助的方式参与对数据和程序文件的审计。

(6)利用计算机辅助的方式进行统计抽样等方法的使用。

3. 审计报告阶段

审计人员应当在实施必要的审计程序后,以经过核实的审计证据为依据,分析、评价审计结论,形成审计意见,出具审计报告。计算机审计报告一般包括如下内容:

(1)计算机审计负责人;

(2)审计报告编写日期;

(3)审计的对象;

(4)审计的目的;

(5)审计的范围及过程;

(6)审计的实施时间;

(7)审计分工及人员;

(8)审计结果;

(9)其他报告事项。

第三节 计算机审计的内容

计算机审计一般包括以下一些内容:

一、对电算化信息系统内部控制的测试和评价

(一)电算化会计信息系统一般控制的审计

1.电算化信息系统一般控制的审计重点

对电算化信息系统一般控制的审计,目的在于评价一般控制是否为该电算化信息系统提供了一个安全的环境。主要要审查以下几个方面:

(1)物理安全方面,这是为了保护硬件免遭偶然的或蓄意的破坏,防止非工作人员进入机房而采取的安全措施。

(2)逻辑安全方面,这是为了确保计算机里存储的信息和软件免遭偶然或蓄意的修改或泄露而采取的一些安全措施。

(3)备份,这是指把信息拷贝到诸如磁带、软盘等媒体上去,并安全储存起来的程序。

(4)灾难恢复,这是指在操作遭到严重破坏的情况下,为确保信息技术服务在最短的时间内,以最少的经济损失为代价的得到有序恢复的程序。

2.对电算化信息系统一般控制的调查

审计人员先要了解电算化信息系统的一般控制措施设置情况。如果存在缺陷,审计人员必须对缺陷的严重性进行评估。

在了解了一般控制之后,审计人员应对一般控制是否有效进行判断。和手工系统中的测试类似,审计人员可以利用询问和观察测试电算化部门内部及电算化部门和使用部门之间的职责分离情况;利用询问和观察测试与机房、终端和数据档案的实际接触等。

内部控制调查表,既是调查内部控制制度,获取必要信息资料的重要工具,又是评价内部控制制度的重要方法。设计内部控制调查表,实质上就是把理想的内部控制制度系统化、条理化、提纲化,以反映内部控制制度的主要问题。当然,审计人员需要根据被审企业的特点,结合自身的审计经验,来设计调查表。表10-1就是一个电算化信息系统一般控制制度的调查表。

表10-1 电算化信息系统一般控制制度调查表

委托人______ 制表人员______ 完成日期______
结账日期______ 复核人员______ 完成日期______

调查目的和调查项目	调查结果				
	是	否		不适合	备注
		轻微	严重		
调查目的一:调查电算化部门和用户部门之间的职责分离情况					
1.电算化部门的员工在人事安排上独立于用户部门					
2.电算化部门的员工不参与记录业务					
3.电算化部门的员工不参与授权和批准业务					
4.电算化部门的员工不参与保管资产					
5.用户部门积极参与新的电算化系统的开发和对现有系统的维护工作中					
调查目的二:电算化部门内部的人员分工					
1.系统的设计和编程工作与计算机的操作工作分离					
2.存在一个独立的数据控制小组					
调查目的三:管理部门对电算化部门进行了有效的控制					
1.电算化部门的工作向高层管理人员汇报,高层管理人员能够保证对电算化部门进行有效的管理					
2.存在一个电算化系统的指导委员会,并经常会晤					
调查目的四:其他方面					
1.存在备份数据,并且备份数据存放在机房以外					
2.存在一个后备系统,万一电算化系统瘫痪可以应急使用					
3.为信息系统进行了投保					
4.至少有一个在电算化方面具有丰富经验的专家					
5.如果有员工离职,还会有其他员工可以继续使用信息系统					

(二)电算化会计信息系统应用控制的审计

1. 电算化会计信息系统应用控制的审计重点

对电算化会计信息系统应用控制的审计,目的在于评价应用控制是否对该电算化信息系统的具体应用环节进行了保护和控制。主要要审查以下方面:

(1)输入控制方面。实践证明,输入环节是最容易出现错误的环节。为了保证电算化会计信息系统在起点的正确性,必须加强输入控制。

(2)处理控制方面。计算机在将输入数据转化为输出结果的过程中,会受到各种因素的干扰,必须采取必要措施确保处理过程是正确无误的。

(3)输出控制方面。对输出的控制分为两个方面,一是对输出的内容和格式的控制,二是对输出结果的管理控制。必须从这两个方面进行考察。

(4)数据库控制方面。电算化会计信息系统中广泛采用数据库作为数据管理的方式。数据库是企业的关键资源,必须采取有力措施保证数据的安全、完整。

2. 对电算化会计信息系统应用控制的调查和测试

(1)对应用控制制度的了解和描述

应用控制方法大多设计在相应的应用程序中。描述应用控制的方法既可以用程序流程图或调用图,也可以用问题式调查表,或者将两者结合起来使用。

(2)对应用控制制度的初步评价

评价应用控制制度的标准是:内部控制是否健全,所有的控制目标是否已经达到,各项控制制度是否符合内部控制基本原则的要求。

(3)内部控制的测试。包括符合性测试和实质性测试。

二、对电算化信息系统开发过程的审计

系统开发过程审计指当企业开始开发一个新的电算化会计信息系统时,或者当企业对一个原有的电算化信息系统进行较大修改时,审计人员需要对这个过程进行审计。这里强调的是一种事前或事中的审计。

系统开发过程的审计可以由内部审计人员或外部审计人员来做。因为系统开发过程周期比较长,内部审计人员更可能全程参与,及时开展各种审计工作。外部审计人员的参与往往是在几个重要的时点,如系统开发由一个阶段转向另一个阶段、系统要交付实际运行等。

(一)系统分析阶段的审计工作

1. 审查用户的要求

用户提出要开发新的系统或者对原有系统作较大的修改。在用户的要求中用户是否清晰地描述了需要进行的工作?对项目的目的和情况是否清楚?审计人员可以和有关用户部门的员工进行交流,确保他们清楚系统开发的任务和要求。

2. 审查系统的成本和效益分析资料

在具体投入精力开发系统之前,需要进行成本和效益的比较。那么,成本中除了开发费用外,是否包括了长期使用过程中的使用费用和维护费用?是否包括了诸如员工士气的可能低落以及学习曲线带来的隐性费用?在效益分析中,对于那些很难量化的部分是怎样处理的?是否有过于夸大之处?

3.审查系统的可行性分析过程

是否进行了技术方面的可行性分析?是采用什么方法来进行成本和效益的比较的?投资回收期法?内含报酬率法?还是其他方法?这些方法是否合理?是否和用户部门进行了充分的沟通和交流?是否有其他的备选方案?这些备选方案是否进行了充分的分析和讨论?

4.审查备选方案是否考虑了相应的控制问题

针对原有系统所提出的新的备选方案是否考虑了控制问题?要仔细阅读这些备选方案,评价控制是否充分。还要和有关的技术人员进行交流,审查相应的风险是否都已经考虑到,这些控制手段是否有效。

5.可行性研究报告等是否经过高层管理人员的批准

审计人员需要考察有关的可行性研究报告等是否及时提交给指导委员会进行了讨论,所提供的资料是否真实、充分。

6.指导委员会是否根据企业发展的计划评价软件开发项目,并可能对计划或项目做出调整

企业本身的发展有一个长期和短期的计划,软件的开发项目必须和这些计划相一致,而不能危害企业的发展。事实上,由于信息技术应用的广泛和深入,在企业制订发展计划的时候,就应该考虑到信息技术的加入,还必须有一个信息系统开发的规划。审计人员需要考察软件开发项目和企业发展计划之间是否协调,具体的软件开发项目和企业信息系统开发的整体规划之间是否协调;如果有调整,则这些调整的过程是否有相应的记录,从而保证软件开发和企业发展计划是一致的。

7.审查用户部门及相关部门的参与情况

系统的开发必须要考虑到用户部门的具体要求和情况,只有这样才能保证系统是按照用户的想法开发的,也才能够保证以后的顺利使用。要审查是否在具体的工作小组中考虑了用户部门的参与以及其他相关部门的参与。工作小组的工作计划是否恰当,每一个工作小组成员的工作责任和时间性要求是否明确等。

8.在需求分析中是否采用了各种有效的手段来了解用户的需求

正如前面所提到的,生命周期法是从不确定的、模糊的“用户需求”开始的,如果用户需求不能得到很好的定义,则后面所有的阶段都要受到影响。在需求分析中,需要充分地与用户沟通,可以采用访谈、观察、参与、问卷、调阅资料等方式来确定用户的想法和要求。审计人员要审查访谈记录或问卷资料,评价这些资料是否足够充分。如果在进一步的需求分析中发现用户的想法和要求不同于最初期的想法时,是否对备选方案以及可行性分析等作了

及时的调整？是否将这些变化情况报告给了指导委员会？

9. 是否采用了一些原型的软件来帮助用户界定需求

一个市面上已经存在的软件可以帮助用户更直观地表达他们对于输入、输出画面的要求以及对于功能的描述。审计人员要审查工作小组是否寻找过这些原型，并利用这些原型更好地与用户沟通。

10. 是否让用户及时地了解了可能会用到的新技术或新方法

在需求界定的过程中，可能会涉及一些新的技术或方法的使用。这些新技术是否可靠？这些新的技术和方法是否让用户及时了解并接受了？尽早地让用户知道新的系统对他们的影响，并帮助他们学习和适应，这将有助于用户接受新的系统。

11. 需求界定中是否包括了有关控制的细节和有关审计线索的问题

审计人员要审查在需求分析中是否充分考虑了有关控制的细节，这些控制和原有的控制手段有什么不同，用户是否理解和接受这些不同，系统工作小组的成员是否对这些控制手段有足够的认识。

12. 系统的逻辑模型是否恰当

在需求分析后将得到系统的逻辑模型。审计人员要审查这些逻辑模型是否比较仔细地描述了系统的输入、输出、处理以及和其他系统的界面，是否包含了需要的控制手段和审计线索，是否考虑了安全方面的问题，这些结果是否得到了高层领导人员、用户部门、技术部门以及其他相关部门的认可。

13. 文档资料是否齐全

文档资料是系统开发过程中产生的非常重要的档案，通过文档资料，可以沟通各个阶段的分析、设计人员，可以沟通系统开发人员和使用人员，可以帮助维护人员进行维护工作，可以帮助评审、验收人员对系统进行评价，可以帮助用户更好地使用系统。文档资料分为两类，一类是开发性文档，是对系统开发各个阶段工作的整理和总结，要求在系统开发的各个阶段生成；一类是使用性文档，是指导用户操作软件的指南。在各个系统开发阶段都需要审查相应的文档资料是否齐全和正确。

14. 审计工作应该怎样进一步开展

审计人员在参与第一阶段的审计工作中，已经了解了所面对的这个审计任务的特点，必须要对审计工作做进一步详细的规划和安排，确定需要采用的审计步骤和方法。

（二）系统设计阶段的审计工作

1. 审查系统的设计工作和系统的分析工作是否相一致

系统设计工作是在系统分析阶段得到的逻辑模型的基础上进行的。系统设计工作是否和分析阶段的结果相一致？如果随着开发人员对问题的进一步了解，对系统分析结果有了不同的看法，那么，设计工作和分析工作之间存在着什么样的差异？这些差异是否经过了认真的讨论并被主要的开发人员和用户所接受？根据这些差异，审计人员还必须修正原先拟定的审计工作计划和安排。

2. 审查系统配置是否合理

审计人员需要关心在新的系统中需要配备的硬件设备通过什么方式和途径取得，这些新的硬件设备是否和企业原有的设备兼容，这些硬件设备的配置能否满足新系统的要求，所用的操作系统和开发语言是否效率最高，是否是大家所熟悉的，能否兼容和交流等。

3. 审查系统设计工作是否遵循了"结构化设计"的思想

结构化设计思想有助于开发人员形成整体的、全面的开发思路，软件系统的质量及一些整体特性基本上是在这一步决定的。在设计阶段是否遵循了这种思想？是否产生了相应的文档资料？

4. 审查代码设计是否合理

代码设计的好坏直接影响到用户的接受程度。审计人员要考察新系统代码设计是否遵循了代码设计的基本原则，设计的是否科学、合理，有关代码的检测措施是否得力等。

5. 审查在输入环节设计中是否考虑了控制因素

输入环节是相当重要的。输入的画面设计是否美观、易于使用？能否保证所有的数据都完整地被输入？能否检测出输入中错误或重复的问题，并易于修改这些问题？用户是否明确在输入环节的任务和责任？

6. 审查在处理环节设计中是否考虑了控制因素

审计人员要审查系统中是否有充分的控制环节来保证所有的业务都进行了正确的处理，是否保留有足够的审计线索，是否有日志控制等手段，是否有备份功能等。对于一些关键的处理环节，审计人员还可以仔细验证一下其处理过程的设计是否合理。还要询问用户是否认可这些处理环节。

7. 审查在输出环节设计中是否考虑了控制因素

在输出设计环节是否有控制手段以检测出输出画面中的错误和输出内容中的问题？如何保证输出内容的完整性？

8. 审查项目管理工作

项目管理工作对于保证开发工作按时、按质、在一定的预算范围内和一定的资源条件下顺利完成起了至关重要的作用。审计人员必须审查这些项目计划的详细程度，是否充分考虑和合理规划；实际的系统开发工作的进展情况和项目计划中的规划情况是否吻合；如何保证实际的项目如期完成。

(三)系统实施阶段的审计工作

1. 新的系统是否和原先的设计方案一致、和用户的需求一致

审计人员要检查系统的输入、输出文档以及处理过程，判断新系统是否与原先的设计方案一致，和用户的需求一致。如果有不一致情况的产生，则这种不一致是否比较大？是否需要进行进一步的讨论？

2. 审查程序编写是否符合结构化编程风格

实践证明，结构化程序设计技术可以显著提高软件开发工程的成功率和生产率，程序容

易阅读和理解,容易诊断和修改。在结构化程序设计中,基本的控制结构是"顺序"、"选择"和"循环"。审计人员可以对关键程序进行抽查,以判断其是否符合结构化编程风格。

3. 审查测试计划

在具体测试进行之前,需要拟定测试计划。审计人员要考察测试计划是否充分、详细,对测试的目的、方法、责任、分析等方面是否都做了规定,测试工作人员是否对于自己的职责都很清楚和明了。

4. 审查测试数据是否全面

测试数据中既要包括正常的、正确的数据,也要包括异常的、错误的、极端的数据,这样才能全面地检测出控制制度的完善与否。审计人员要仔细审查测试数据,以保证其全面性。要审查那些异常数据是否被另外地处理,那些错误是否被修正,测试过程是否进行了记录和分析。

5. 审查测试数据的数据量大小

审计人员需要关注测试数据量的大小是否足以模拟实际的情况。因为数据量大小不同对于系统会造成很多的影响,系统能否应对大数据量的业务处理,这也是在测试时需要关注的。

6. 用户是否接受了培训

审计人员要检查培训计划是否及时和全面,培训课程是否易于理解,并要和用户进行访谈,了解用户对于培训的看法。

7. 审查使用性文档资料是否齐全

这里强调的是使用性文档,也就是用户帮助手册、指导等。这类使用性文档可以采用纸质、电子形式或者其他形式,如热线电话、用户论坛、联机帮助等。审计人员要检查文档资料是否齐全,是否真实、有效,是否易于理解和接受,对于那些异常或错误的情况是否都作了相应的说明。

8. 审查并行测试情况

审计人员要审查并行测试计划是否有效、严密,对并行测试结果进行检查,对新、旧系统产生的结果进行分析和评价。

9. 审查文件转入过程

原有的数据文件有可能是存放在纸质介质上,则首先要检查数据本身的正确性和完整性,然后将检查认为正确、完整的数据输入。如果原有的数据文件存放在磁性介质上,则检查完数据的正确和完整之后,可以自动转入。审计人员要注意审查原有数据本身的正确与否、完整与否,并对转入过程进行审查,保证输入前后的一致。

10. 审查新旧系统转换的过程

新系统要想完全替代原有系统,必须经过评审和验收。审计人员要检查这些手续的合法性和完整性,并要检查所有相关文档是否齐备等。

（四）系统运行和维护阶段的审计工作

1. 考察新系统是否符合原先的设计想法和要求

要从效率和效果两个方面评价新系统。要考察系统在成本、效益方面是否符合原先的设想。审计人员要对系统运行中实际产生的成本和效益信息进行分析，并与可行性分析阶段的设想情况进行比较。对于较大的误差之处，要查找原因。

2. 审查控制措施是否运行正常、有效

要检查在管理工作中一般控制手段的有效与否；在输入、处理和输出环节的应用控制手段是否充分；软件能否防止非指定人员擅自使用；是否具有备份功能。要检查用户是否对这些措施了解并遵照执行。还要检查系统产生的错误记录和例外情况报告，审查这些异常情况是否得到了预期的处理。要和系统维护人员进行交流，以确定系统的运行是否平稳。

3. 考察系统的可审计性问题

审计人员要考察在实际运行阶段系统是否具有可审计性，是否留有审计痕迹，是否预留有审计接口，并运行良好。

4. 审查工作程序问题

有些软件提供的功能较多，相互间的联系又不是很紧密，怎样安排各功能的执行顺序，协调好之间的联系，不造成矛盾和冲突，这是正式运行阶段要注意的问题。审计人员要检查是否建立了一定的工作程序，并作为制度明确下来，各项工作是否有条不紊。

5. 审查维护工作是否及时、合规

由于系统的维护工作就是一次小型的系统的再开发工作，如果对维护工作没有很好的控制，会造成很多的严重后果，所以，审计人员必须高度重视维护工作的审查。要检查是否存在持续的监控措施？对系统的各项运行指标是否进行分析？由谁提出维护请求？程序是怎样的？是否经过了领导层的授权和批准？维护工作的进行是否有合理的计划安排，是否经过了全面的分析、设计，并有充分的测试和调试？在正式提交使用之前，是否经过了试运行和授权？在修改源程序代码的同时，是否也修改了相应的文档资料，以保证文档资料和程序代码的一致性？审计人员要对维护工作的有效控制和管理问题进行评价。

三、对电算化信息系统程序文件的测试

（一）不运行程序文件的测试方法

1. 查阅开发性文档

在电算化会计信息系统的开发过程中，产生了一系列的文档资料，这些文档资料分别描述了不同开发阶段的成果，对于最终软件的形成起到了逐步推进的作用。其中，和程序文件密切相关的文档资料包括：模块结构图、程序结构图、IPO 图（input-process-output）、源程序代码、程序测试和调试记录，等等。

2. 查阅使用性文档

包括操作说明书以及操作日志等。

3. 查阅维护性文档

通过查阅维护性文档，可以判断维护的原因和种类，检查维护过程是否经过了合理的调查、授权、分析、设计、实施、测试、调试等阶段，在维护的同时是否保留有完善的文档。这个文档所记载的应该是最新的、正在运行的程序文件的实际情况。

4. 方法的优缺点

不运行程序文件的测试方法的优点包括：

(1)因为不需要获得或者构造测试数据，也不需要占用机器时间进行测试，所以成本比较低；

(2)通过文档查阅的方法，可以较快地从全局角度把握整个系统的情况，可以从整体上把握各个程序文件的逻辑和流程；

(3)基本上不打扰被审计企业的系统运作过程。

不运行程序文件的测试方法的缺点包括：

(1)这种方法要求系统的文档必须齐全并可以获得，但在很多情况下，系统的文档可能不全，或者不是真实情况的反映，或者不能获得(如审计人员往往很难得到商品化软件的开发性文档)；

(2)这种方法还要求审计人员具有较多的系统开发和使用经验，能够看得懂相关文档；

(3)这种方法是静态的，得到的结论和实际情况不一定一致，不一定可靠。

(二)运行实际数据的测试方法

1. 实际数据的测试方法

要想对程序文件的工作情况有更深入的了解，需要动态地观测程序文件的实际工作。采用运行实际数据的测试方法是指在测试程序文件的时候采用的测试数据是被测试企业实际发生的数据。比如，可以是上一个会计期间的数据，也可以是这个会计期间的数据。这些实际的数据真实地描绘了企业实际的数据量大小、所包含的业务类型、可能的错误等。通过将实际的数据在实际的程序文件上运行，就形成了一个完全真实的状况。

在操作之前，审计人员对操作的过程和结果应该先有一个预期。在进行实际数据的测试时，可以是由审计人员直接操作，也可以是由被审计企业操作人员进行操作，审计人员进行观察和记录。要将预期的结果和实际的记录结果进行比较，从而判断被测试的程序文件的正确性。

2. 方法的优缺点

这种方法的最大优点是真实。由于采用的是实际数据，运行在实际的程序文件上，所以就形成了一个几乎完全真实的环境，在此环境中所表现出来的情况基本上反映了实际的情况。还有，由于测试用的数据是实际数据，所以较易获得。

这种方法也存在着一些问题：

(1)实际的数据虽然是上个会计期间或者这个会计期间的真实数据，但这两个会计期间的数据并不一定完全反映出所有会计期间的数据的特征，比如，这些实际数据中是否包含有错误的记录、极端的情况？如果没有包含，并不意味着企业所有的实际数据中都没有这些情况，也并不能测试出程序文件对这些情况的反应能力。

(2)审计人员的观察或者实际操作必然会影响或干扰被审计企业的工作，由此得到的观察或者操作结果是否足以代表被审计企业的一贯情况呢？

(3)审计人员并不能够确认被审计企业提交给审计人员的程序文件就是真实的在用的程序文件；

(4)审计人员必须对程序处理过程非常熟悉，才能够全面地实施和监控测试过程；

(5)这种测试方法所需要记录的工作底稿的内容很多，较琐碎。

3. 具体的测试技术

(1)受控处理法。受控处理法是指审计人员在实际的会计数据处理的过程中进行控制。审计人员首先对输入数据进行校验，并建立审计控制；然后自己处理或者监督被审计企业对数据进行处理；最后对处理结果加以检查和分析，确定控制措施是否按设计要求在起作用。审计人员可以通过检查输入错误的更正和更正后的再次输入并校验的过程来确定输入控制环节的可靠性；可以通过检查处理过程的错误清单和处理的打印结果来确定处理控制环节的可靠性；可以将输出和输入进行比较来确定输出控制环节的可靠性。受控处理法比较直观明了，易于理解。

(2)受控再处理法。受控再处理法和上述受控处理法基本相同，主要区别在于受控处理法中是对数据的第一次输入、处理和输出的过程进行监控，而受控再处理法则是对已经经过输入、处理和输出的数据进行再一次的输入、处理和输出，对第二次过程进行监控。同样，这种方法也是要确认输入、处理和输出的控制的有效性。

(3)平行模拟法。平行模拟法是指审计人员事先获得一个和被审计程序文件同样功能的模拟程序，然后将有待处理的会计数据在这个模拟程序上和被审计的程序文件上同时进行处理，比较这两个处理的过程和结果，以此判断被审计程序的控制的有效性。

平行模拟法的优点是审计人员可以减少对大量的会计数据的手工分析和判断，而且审计人员也不必过于依赖被审计企业的程序、操作人员等。但这个方法应用的关键是模拟程序的取得。如果定制模拟程序，则意味着高成本；而且，这个模拟程序中最好包含有所有可能的控制，这样才能够对照检查出被审计程序文件控制的不足。在实际使用时，可以选用某一种成熟的商品化会计软件作为模拟程序。

(三)运行模拟数据的测试

1. 模拟数据的测试方法

在实际数据的测试中，审计人员通过运行大量的实际的数据以确认程序文件中是否存在各种控制措施。而在模拟数据中，审计人员通过编制一些模拟数据来测试某项控制措施是否存在。这些模拟数据可以包括可能出现的所有情况，可以对所有控制措施进行测试。在事前先要得到预期的处理结果。在由程序文件对这些模拟数据进行处理后可以得到处理的实际结果,和预期应该得到的结果相对照,看是否相同,并对其中可能存在的差异进行分析。

2. 方法的优缺点

(1)这种方法的优点是:

①由于采用的是模拟数据,可以包含所有想要测试的方面,可以对所有控制措施进行测试,能全面地反映程序文件在各种状况下的情况;

②采用模拟数据的测试方法还可以减少审计人员处理的数据量。审计人员可以编写一项模拟数据来对多项控制措施进行测试。

(2)这种方法的缺点是:

①模拟数据的编写很困难。要测试的程序文件越是复杂,模拟数据的编写越是困难;

②必须要事先对被审计的程序文件有较全面的了解,才能确定到底要测试哪些控制措施,针对要测试的控制措施编写模拟数据才有效。如果对程序文件了解甚少,则模拟数据的编写也必定不会全面;

③模拟数据只能对已知的、需要测试的控制措施进行测试,而不能包含对未知的控制措施的测试;

④审计人员并不能够确认被审计企业提交给审计人员的程序文件就是真实的、在用的程序文件。

3. 具体的测试技术

(1)测试数据法。审计人员模拟出一批测试数据,并用手工方法得到测试数据的预期处理结果。然后审计人员将这些测试数据交由被审计企业的程序文件进行处理。程序文件处理后得到的结果和事先预期的结果进行比较,并对可能存在的差异进行分析。通过测试数据法,审计人员可以对被审计程序文件在输入、处理或者输出环节中感兴趣的、需要进行测试的控制环节进行评价。

(2)虚拟单位法。在虚拟单位法中,审计人员虚拟出一批测试数据,这些测试数据和真实的数据相比较,有一个明显的区别,以后可以将它们分离出来。这些测试数据和真实数据混同在一起进行实际的运行。这种方法和测试数据法基本相同,区别在于这里测试数据是和真实的数据混同在一起的。

使用虚拟单位法的一个好处是审计人员可以较有把握地认为正在运行和检测的程序就是要审计的程序。但是,如果将模拟数据直接在实际运行的程序文件上运行,必须妥善地消除模拟数据的影响,否则将引起严重的后果。

四、对电算化信息系统数据文件的测试

(一)电算化会计信息系统中的数据文件

会计信息系统的主要任务就是处理大量的会计数据以获得管理决策所需要的会计信息。这必然要存储和利用大量的、各种类型的数据,必须将它们合理地组织起来。一般采用

的是数据库管理形式。

会计信息系统中的数据文件分为三大类:第一类是账务数据库文件,是为满足账表处理要求的文件,如凭证库、日记账库等;第二类是辅助性数据库文件,是为会计数据处理服务的文件,如科目代码库;第三类是临时工作文件,是在数据处理中进行分类、汇总等工作时建立的一些临时工作库,用来存放中间结果,这类数据库一般用完就删除了。这些数据库文件的组织形式主要有顺序组织方式和索引组织方式。

(二)电算化会计信息系统中数据文件的测试

1. 不运行数据文件的测试方法

不运行数据文件的测试方法,指不将数据文件通过电算化会计信息系统进行处理,而直接对数据文件进行测试。其实就是指直接对打印出来的数据文件进行分析。

采用不运行数据文件的测试方法,成本比较低,耗时较少,易于理解。但是使用这种方法时要注意判断的是:所得到的打印出来的数据文件是否就是被审计企业电算化会计信息系统中实际的数据文件。

在进行测试时,要注意是否所有的数据都被记录到账上,是否有数据被遗漏,计算是否正确,如对存货增减业务的处理是否正确;是否有分类上的错误,如固定资产和存货的分类是否有,误等等。很显然,这种测试方法,和手工会计信息系统中的审计方法基本类似。

2. 运行实际数据文件的测试方法

(1)运行实际数据文件

运行实际数据文件的测试方法指审计人员将实际数据文件通过电算化系统进行处理,来测试数据本身的正确性和进行分析性复核。通过实际的运行过程来判断数据的正确性。

(2)方法的优缺点

之所以采用这种方法,是因为通过这种方法可以有效地获知实际的数据文件在实际的运作环境下的正确性;另外,由于被审计企业的被测试数据文件已经是电子化形式,所以审计人员可以方便地对这些数据进行处理。

但是这种方法在使用时也存在一些问题:

①需要审计的数据文件可能并不包含所有审计人员想要测试的情况;

②审计人员对数据文件实际运行情况需要进行控制,这些活动会对被审计企业的工作造成干扰;

③审计人员无法确认被测试的数据文件就是被审计企业实际的数据文件;

④审计人员必须对数据处理过程非常熟悉,才能较好地完成对实际数据文件的运行和监控;

⑤审计人员的工作还有可能会破坏数据文件。

(3)具体的测试方法

①利用操作系统和实用程序。

操作系统是每个计算机系统必须配备的软件,实用程序也几乎可以在每个计算机系统中找到，而且，相对于其它软件而言，这些软件的运行速度更快。审计人员可以利用它们对数据文件进行复制、打印、排序、传送等。但是，因为操作系统和实用程序主要是为编程人员和计算机操作员所使用的，所以对审计人员来说，要想熟练掌握可能有一定难度。

②利用定制的审计程序。

对于某些特殊的处理过程，审计人员要想进行测试必须定制软件。定制的软件针对性更强，更实用，但是成本会比较高。而且要求程序编写人员必须对业务过程非常熟悉。

③利用通用审计软件。

通用审计软件用于解决审计中常见的问题，如抽取样本、应收账款账龄分析等。通用审计软件的研制需要审计人员确定审计的目的，对审计方法进行设计。

由于通用审计软件可以应用于较多的被审计企业和审计工作中，效率就大大地提高了。

3. 运行虚拟数据文件的测试方法

(1)运行虚拟数据文件

审计人员可以通过运行虚拟数据文件来测试系统处理的正确性。和对程序文件的测试不同的是，在这里，审计人员关心的是系统处理的逻辑是否正确，能否得到正确的结果。

(2)方法的优缺点

采用运行虚拟数据文件的方法，可以使得审计人员的实质性测试工作量减少；而且审计人员可以针对所有自己感兴趣的地方进行测试。但是这种方法在使用时还需要注意的是：构造虚拟数据比较困难；这种方法只能够对已知的情况进行测试。

(3)具体的测试方法

①测试数据法。这种测试方法要求构造和处理一批测试数据。例如，构造一批业务数据和主文件，将业务数据提交处理以后，检查一下是否所有的数据项目均被处理了，是否有遗漏。可以构造一批销售业务，检查销售业务以及应收账款业务中计价是否正确；可以构造一些费用支出，检查各项费用支出的归类是否合理，等等。

②虚拟单位法。虚拟单位法中需要构造一批测试数据，这些测试数据和被审计企业的真实的数据文件一起进行处理。同样，这种测试方法可以测试是否有遗漏的项目、计价是否正确、分类是否正确、总明细数关系是否正确等。

第四节　计算机舞弊审计

所谓计算机舞弊，是指利用计算机系统所进行的舞弊行为，或者是针对计算机系统所进行的舞弊行为。

很多单位开始采用电算化的会计信息系统后，使得在会计领域的舞弊行为越来越多地和计算机相关，统统划归为计算机舞弊的范畴。

一、计算机舞弊产生的原因

计算机系统中有一些方面和手工系统不同，所以，更易于出现舞弊行为。例如：

(1)计算机系统中各个部件都比较小，容易被窃走。

(2)计算机及其存储的信息的价值都很高，例如，电算化会计信息系统中存储的企业会计资料，这是企业的机密数据，很容易成为舞弊的对象。

(3)使用计算机可以大大减少员工的人数，这样就很难实行职务的分离并对业务处理过程进行仔细监控。

(4)因为采用的是计算机可读的方式，由于系统的复杂性和缺乏审计线索，手工的监控措施也很难实施。

(5)输入的篡改较容易。在计算机系统中，输入是通过终端进行的，而且并不一定有纸质的原始资料，后面的环节很难进行检查。而在手工系统中，篡改输入需要对实际的凭证资料进行篡改，这种实际的篡改很容易被会计流程后面的业务人员发现。

(6)自动处理中容易出现问题。在有些电算化会计信息系统中，计算机程序根据条件进行自动处理。例如，如果由各个部门输入系统的购货订单、入库通知和发票上的信息相互吻合和匹配，则可以自动产生付款支票。如果有人利用这个特点编造一些购货订单、入库通知和发票，使得它们之间可以吻合，同时，系统中如果缺乏后续的计算机或者人工的控制，则这种舞弊行为很难发现。

另外，也可能会有人修改程序，比如，使得发票号等于某个指定值时就自动产生付款支票。

(7)对输出结果检查不力。因为电算化会计信息系统在投入使用之前经过严格的测试，所以，有一些人认为计算机打印出来的东西一定是正确的。但是程序在使用过程中的修改控制如果不力的话，则并不能确定现在所用的程序就是测试时正确的程序，那些看来整洁漂亮的输出结果也并不一定没有错误。

(8)磁介质信息易于被复制。在手工会计信息系统中，如果有人窃取了企业的资料，很容易被发现；而且这些资料也不太容易被带出去。但是在电算化会计信息系统中，信息很容易被非法复制，而且复制以后信息并没有物理丢失现象，所以企业也很难发现信息曾经被复制过。另外，电子化的介质由于体积较小，也更容易被带出企业。

(9)对程序的控制不力。在电算化会计信息系统的设计和编程过程中，如果没有加强控制，则会给企业带来更多的损失。

二、电算化会计信息系统中的舞弊行为

电算化会计信息系统中的舞弊行为主要有：篡改财务数据、资产转移、泄漏或出卖信息。

篡改财务数据的行为主要发生在和会计核算相关的系统中，如工资核算模块、应付账款模块等。例如，有人可能在经过核准的供货商名单中加上或者删除某条记录，或者在客户主

文件中篡改信用等级。或者,将计算机生成的报表进行篡改,使得那些错误的、非法的记录被忽视过去,没有出现在例外情况报告中。

资产转移的舞弊行为也比较多。以存货系统为例。如果企业的存货是按照工程项目的需要从仓库发运到工程项目的建设地点,那么只要在工程项目清单上加上一个虚构的工程项目,则存货也会按照这个项目的要求发送过去,这时,再将工程清单上虚构的工程项目删除。这样,就可以侵吞存货了。

由于竞争的日益激烈,出现了越来越多的非法入侵竞争对手计算机系统的案件。这些案件的作案人员有可能是企业内部员工,也有可能是外部员工通过通信线路非法闯入的。

值得注意的是,从已知的计算机舞弊案件中发现,绝大多数的舞弊行为是由内部员工造成的,这些员工往往位于一个重要的、敏感的岗位,对业务本身非常熟悉,而计算机方面的知识并不一定很专业。

三、计算机舞弊的手法及其审计

1. 篡改数据(Data Diddling)

这是计算机舞弊中最简单、最常见的手法。数据从准备输入到最后产生结果这整个过程中,都有可能会被篡改。篡改数据可以表现为将虚假的数据输入,如虚构供货商,虚构企业员工;也可以表现为删除一些数据,如删除存货记录;还可以表现为将数据修改,如将供货商名称修改等。

审计人员可以采用在各个阶段核对数据、计算批控制总数、合理分工相互牵制等方法,来控制和识别对数据的篡改。

2. 特洛伊木马术(Trojan Horse)

这是在计算机程序中最常用的一种舞弊手法。在合法的程序中暗藏有一些非法的程序段,程序看上去运行正常,能够完成授权的功能,但是在同时又通过非法程序段执行了未经授权的任务。这种说法是借用公元前1200年古希腊特洛伊战争中,把士兵隐藏在木马中进入敌人的城堡,出其不意攻占城堡的故事。

审计人员必须加强对程序的测试,要从多个角度、采用多种方法来检测程序段,将那些不必要的、不严谨的部分识别出来。对于测试过的程序要留有程序副本,经常将正在运行的实际程序和副本程序进行比较,检查它们是否存在差异。对程序的修改也必须加强控制,防止有人利用修改的机会暗藏一些非法程序段。

3. 意大利腊肠术(Salami Techniques)

意大利腊肠术直观地说就是每次只从一盘子意大利腊肠中窃取一小片,这样,很多人不会察觉,从而达到窃取的目的。这是不断从大宗财产中偷窃小额财产的计算机舞弊手法,迫使对方做出一连串的细小让步,最后达到原定目标。

例如,在银行系统中计算利息时,会产生一些小于"分"的金额。这些利息数字需要进行四舍五入,保留到"分"为止。这样,就会使该账户的完全真实的数字和四舍五入后的数字之间有微小的差别。这个四舍五入后的余数需要和以后账户的余数累加起来,当累加到绝对值超过1分(可能是正的,也可能是负的)时,就将这时处理的账户上增加或者减少1分。各个账户总的数字是平衡的。

有些人利用这个特点进行了舞弊。他们对账户信息进行篡改,每次窃取较少的数额,这样储户一般不会在意。

对于这种舞弊的检查,通过控制总数的方法是无效的。因为将储户账户上金额转存入另一个特定账户上去,总的账户数字依然是平衡的。所以,审计人员要加强对具体数字的检查,要对每一个账户进行细致的分析,还要对关键的程序段(如计算利息程序段)进行检查,发现是否有一些非法操作。

4. 超级用户法(Super zapping)

这种方法是来自于超级程序(Super zap)。在系统运行过程中,可能会出现一些故障或者意外情况,通过正常的程序和手段无法解决,所以,在系统中会有超级程序,它可以越过所有控制手段,查看和修改计算机系统中的内容。由于这种程序能够越过控制手段,对数据的修改也不留有痕迹,所以,有人会利用超级程序进行舞弊。

审计人员需要了解系统中除了一般的应用程序可以修改数据外,是否还有超级程序存在。对超级程序的使用控制应该非常严格,只能限定在极少数的人员中。要加强对数据文件的检查,要对照原始数据和处理结果。如果发现数据出现问题,但是从一般的控制手段上进行检查又没有结果,这时,就要查看计算机内部的记录,识别出可能的超级用户法的舞弊手法。

5. 活动天窗(Trap Doors)

在大型的系统开发过程中,程序员有时会在程序中设置断点,在这些地方加入一些其他的语句,这些语句的目的是直接进入系统,查看系统运行过程,从而方便调试程序。这些语句一般只有开发人员掌握它的秘密。这些加入的语句在程序测试完成以后就要删除,但有时可能会忘记删除,或者有意识地加以保留。这些语句就叫活动天窗。

有些程序员利用活动天窗来方便以后的维护,因为不构成对系统的威胁,所以不属于舞弊行为。但也有一些程序员利用活动天窗进行一些未经授权的、非法的操作,这就是舞弊了。

要想检测出活动天窗是比较困难的,主要是对计算机专业知识的要求很高。审计人员可以邀请具有丰富系统开发经验的计算机专家共同参与,对可疑的程序进行多方面的测试,可能会查出隐蔽功能。

6. 逻辑炸弹(Logic Bombs)

逻辑炸弹是有意设置并插入系统中的一组程序编码。这些编码只有在特定的时期或条件下才执行,日后以系统时钟或以某种特定事物的处理作为触发条件而发生“爆炸”,对系统造成恶性破坏。如有人因为不满被单位解聘,设置了逻辑炸弹,使得两年后系统关键数据被删除等。

在系统中安置逻辑炸弹，一般采用“特洛伊木马”的形式。所以，其审计方法同于“特洛伊木马”的审计方法。

7. 清扫术(Scavenging)

清扫术是从计算机系统或计算机周围的废弃物中获取信息和数据的一种方法。例如，在前面我们提到过，磁带上的信息在删除以后，如果没有新的信息覆盖在上面，则还有可能被恢复；打印出来的报告如果用完后没有用碎纸机粉碎，则有可能被窃取。还有人在计算机执行完一项任务后，搜寻留在计算机内的数据，如缓冲区内的数据。

审计人员可以测试一下计算机系统，来判断一下一项任务完成以后系统内可能遗留有什么数据；要加强对介质的管理；如果发现有敏感信息被泄漏，就要追查下去，查找出“清扫者”。

8. 数据泄漏(Data Leakage)

这是一种有意转移或窃取数据的手段，是通过非法修改、销毁输出报表，将输出报表送给公司竞争对手或利用终端窃取输出的机密信息等手段达到舞弊的目的。

直接从计算机系统中窃取数据往往需要冒很大的风险，所以，舞弊者往往把一些关键数据混杂在一般性的报表中输出，或者将关键数据通过打印输出的格式来表示，如通过打印行的不同长度、每行字和数的多少、标点符号的位置等，来表示有用的数据。还有人通过控制并观察输出设备部件的运行情况或者通过在设备上安装特殊装置达到数据泄漏的目的。

审计人员要对已经发现敏感数据的数据处理人员进行询问，也可以检查计算机操作系统运行日志记录，确定是否发生存取数据的活动及有关时间。如果发现泄漏数据的可疑迹象，应调查是否采用了清扫术、逻辑炸弹等方法。

9. 顺手牵羊(Piggybacking)和冒名顶替(Impersonation)

顺手牵羊和冒名顶替的舞弊可以是有形的。例如，舞弊者可能是钻了管理的空子，混入了机房。这些舞弊还可以是无形的。例如，在联机系统中，各用户使用终端时，其身份由计算机系统自动验证。终端启动之后，计算机一般根据键码、口令或其他要求的信息(规约)的通过，准许进入系统。如果有隐蔽的终端通过电话转接设备与同一线路连接，并在合法用户没有使用终端之前先行运行，即可达到目的。如果某用户因停机不当，致使其终端仍处于运行状态，或使计算机假定用户仍在运行，这时，有可能发生顺手牵羊。

冒名顶替是指有人以别人的身份出现。计算机一般采用三种方法来验证用户的身份是否合法：一是用户知道的某件事，如口令；二是用户掌握的某样东西，如磁卡、钥匙；三是用户所具有的某些特征，如指纹等。如果有人掌握了这些信息，就有可能冒他人之名。

审计人员要经常检查计算机运行的日志记录，从中了解运行活动及其时间。要检查是否有未经授权使用计算机的人员，要对系统的身份识别系统进行测试。

10. 通信窃取(Wire Tapping)

在网络系统中面临的一种危险就是通信线路被窃听。就是这里所说的通信窃取。如果有一台工作站未经授权而秘密地连接到网络的传输线路上，包括电缆、光缆、微波和卫星，就称为传输线路被窃听。

审计人员应该建议采用更为安全的方法进行信息的传递，如对数据进行加密。审计人员同样要加强对系统运行日志的记录，还要检查通信线路是否安全，最好装有监控设施。

11. 仿造与模拟（Simulation and Modeling）

有一些舞弊者事先仿造其他计算机工作程序，或者对作案计划方法进行模拟试验，以确定成功的可能性。

用计算机进行仿造与模拟，一般需要长时间地占用计算机进行大量的测试。审计人员应该检查是否有可疑人员大量使用过计算机。

四、防范计算机舞弊的对策

1. 加强对计算机舞弊的控制

有关计算机系统的控制问题我们已经讲了很多。这里，将这些控制方法再次总结提出。

(1) 加密。保证计算机安全的最有效的工具是加密。将数据进行变换，使外界看起来都是无规律的，这样截取的数据就没什么用，篡改或伪造的可能性都比较小。

加密用于数据保密。加密的数据一般不能读出，也不能更改，因而能保证数据的完整。

加密是计算机安全的重要工具，但有时也不能对它估计过高。用户应该知道加密并不能解决计算机所有的安全问题，甚至于如果加密使用不当，不但对安全没有作用，还会降低整个系统的性能。所以，用户必须了解在什么情况下加密是有用和有效的。

(2) 软件控制。软件必须足够安全以抵御外界攻击。软件的开发和维护必须能保证软件的可依赖性。软件控制包括以下几种类型：

①开发控制，它是软件设计、编程、测试和维护的标准。

②操作系统控制，它是由操作系统限制的、以防止其他用户对某一用户的干扰。

③内部程序控制，它提出安全限制，如对数据库管理程序的访问限制。

软件控制要使用如硬件部件、加密等工具。一般来讲，软件控制要直接影响用户，因而是计算机安全中首先要考虑的。

(3) 硬件控制。人们已经研制成了辅助计算机安全的大量硬件设备，这些设备包括加密算法的硬件实现、防盗窃的限制访问加锁、验证用户身份的设备。

(4) 管理控制。

①可以进行职权的分离，这样，必须员工相互勾结才能进行舞弊。

②限制访问，只有那些经过授权的员工才能访问电算化信息系统。

③加强对员工背景情况的了解，不仅要对那些新进的员工，而且要对那些老员工，因为，很多舞弊行为是由那些对企业不满但是又赢得了信任的员工进行的。

④岗位轮换，对于重要岗位采用轮换制度，而且在事先不要有通知。

⑤强化安全意识，要制定有关安全的规章制度。目前，最常用的安全控制方法是口令，但是很多企业只是告诉员工需要使用口令，但并没有告诉员工口令使用的重要性和相应的

注意事项及其责任。

⑥数据备份制度。要建立并严格执行数据备份制度。

⑦加强对问题的分析和管理。对出现的问题要进行细致的分析,判断这些错误是否会导致数据被丢失或者舞弊的发生。

(5)在电算化会计信息系统中加入程序段。

①在电算化会计信息系统中加入审计程序段,这些程序段的作用是提供定期的统计分析报告,同时将例外信息立即报告。不同企业的审计程序段的设计是不同的,但是基本包括产品价格变动信息、销售和存货不匹配的信息、给某个供货商的多余付款、隐匿账户的情况、需要审计的最低付款值。统计技术可以被用来识别数据中存在的模式和规律,并且指出表明舞弊或错误发生的变量值。

这些审计程序段应该由独立的应用程序员编写,并且要采取特别的安全措施保证这些程序段的正确无误,没有被暗中破坏。

随着时间的推移,会收集到很多例外情况报告。对于这些例外情况,有的需要立即进行处理,有的需要存档。可以使用专家系统来对这些数据作分析。

②加入随机抽样程序,在系统运行过程中,实施持续的随机抽样进行检查。

③要有联机追踪功能,对于例外情况可以追踪下去,收集相关资料。例如,可以设计一个测试,将付款支付到同样的地址,但是供货方的名字不同,看系统是怎样处理的。

(6)多重控制。

几种不同的控制方法可以共同应用到一个环节。例如,计算机应用程序的安全可由对程序访问数据的控制和对计算机和存储媒体的物理访问控制共同组合来提供,甚至于由对处理程序的控制访问文件加锁来提供。

(7)定期检查。

众所周知,任何一种控制方法都不可能是永久有效的。当采用了一种抵御某些攻击的方法时,企图舞弊者又会变本加厉地试图挫败这种安全机制,因此,应该定期检查以保证控制的有效性。

复习思考题

1. 计算机会计信息系统对审计的影响有哪些?
2. 计算机审计的目标是什么?
3. 计算机审计的特点是什么?

第十一章　会计信息系统实验

实验一　系统管理

【实验目的】

掌握用友 ERP－U8 软件中有关财务管理系统中的系统管理的相关内容，理解系统管理在整个财务管理系统中的作用及重要性，充分理解财务分工的意义。

【实验内容】

1. 增加操作员。
2. 建立单位账套。
3. 进行财务分工。
4. 备份账套数据。
5. 账套数据引入。
6. 修改账套数据。

【实验资料】

1. 建立新账套

(1) 账套信息

账套号:001;账套名称:北京光明科技有限公司;采用指定账套路径;启用会计期:2009年1月;会计期间设置:1月1日至12月31日。

(2) 单位信息

单位名称:北京光明科技有限公司;单位简称:光明公司。

(3) 核算类型

该企业的记账本位币为人民币(RMB);企业类型为工业;行业性质为新会计制度;账套主管为汪刚;按行业性质预置科目。

(4) 基础信息

该企业有外币核算,进行经济业务处理时,需要对存货、客户、供应商进行分类。

(5) 分类编码方案

科目编码级次:42222

其他:默认

(6) 数据精度

该企业对存货数量、单价小数位定为2。

2. 财务分工

(1) 001 汪刚(口令:1)——账套主管

负责财务软件运行环境的建立,以及各项初始设置工作;负责财务软件的日常运行管理工作,监督并保证系统的有效、安全、正常运行;负责总账系统的凭证审核、记账、账簿查询、月末结账工作;负责报表管理及其财务分析工作。

(2) 002 陈亮(口令:2)——出纳

负责现金、银行账管理工作。

具有“总账 - 凭证 - 出纳签字”权限,具有“总账 - 凭证 - 查询凭证”权限,具有“总账 - 出纳”的全部操作权限,具有“总账 - 科目账 - 总账、余额表”的权限。

(3) 003 赵红(口令:3)——会计

负责总账系统的凭证管理工作。

具有“总账 - 凭证 - 凭证处理”的全部权限,具有“总账 - 凭证 - 查询凭证、打印凭证、科目汇总、摘要汇总表、常用凭证、凭证复制”权限,具有“总账 - 期末 - 转账设置、转账生成”权限。

【实验要求】

1. 以系统管理员 Admin 的身份注册系统管理。

【操作指导】

1. 启动系统管理

执行“开始”|“程序”|“用友 ERP - U8”|“系统服务”|“系统管理”命令,进入“用友 ERP - U8【系统管理】”窗口。

2. 登录系统管理

(1) 执行“系统”|“注册”命令,打开“登录”对话框。

(2) 输入:登录到(默认);操作员:admin;密码:(空);账套(default)。单击【确定】按钮,以系统管理员身份进入系统管理。

注意

* 为了保证系统的安全性,在“系统管理员登录”对话框中,可以设置或更改系统管理员的密码。首先将“改密码”复选框选中,单击【确定】按钮,打开“设置操作员口令”对话框,在“新口令”和“确认新口令”后面的输入区中均输入新密码,最后单击【确定】按钮,返回系统管理。

* 一定要牢记设置的系统管理员密码,否则无法以系统管理员的身份进入系统管理,也就不能执行账套数据的输出和引入。

* 考虑实际教学环境,建议不要设置系统管理员密码。

* 用友 ERP - U8 系统运行期间禁止修改计算机操作系统日期。

3. 增加操作员

(1) 执行“权限”|“用户”命令,进入“用户管理”窗口。

(2) 单击工具栏中的【增加】按钮,打开“增加用户”对话框,按表中所示资料输入用户。

编号	姓名	口令	确认口令	所属部门	角色	完成操作
001	汪刚	1	1	财务部	账套主管	单击【增加】按钮
002	陈亮	2	2	财务部		单击【增加】按钮
003	赵红	3	3	财务部		单击【增加】按钮

(3) 最后单击【取消】按钮结束。

注意

* 只有系统管理员用户才有权限设置操作员。

* 操作员编号在系统中必须唯一,即使是不同的账套,操作员编号也不能重复。

* 设置操作员口令时,为保密起见,输入的口令字以“*”号在屏幕上显示。

* 所设置的操作员用户一旦被引用,便不能被修改和删除。

* 指定“汪刚”为“账套主管”角色,“账套主管”角色拥有了该账套的全部功能权限。其他两位用户不通过指定角色的方式来分配功能权限,直接在权限分配时指明其相应的权限。

4. 建立账套

(1) 执行“账套”|“建立”命令,打开“账套信息”对话框。

(2) 输入账套信息

现存账套:系统将已存在的账套以下拉列表框的形式显示,用户只能查看,不能输入或修改。“[999]演示账套”是系统内置的。

账套号:必须输入。本例输入账套号 001。

账套名称:必须输入。本例输入“北京光明科技有限公司”。

账套路径:用来确定新建账套将要被放置的位置,系统默认的路径为“C:\U8SOFT\ADMIN”,用户可以人工更改,也可以利用“…”按钮进行参照输入,本例采用指定路径。

启用会计期:必须输入。系统缺省为计算机的系统日期,更改为“2009 年 1 月”。

输入完成后,单击【下一步】按钮,进行单位信息设置。

(3) 输入单位信息

单位名称:用户单位的全称,必须输入。企业全称只在发票打印时使用,其余情况全部使用企业的简称。本例输入“北京光明科技有限公司”。

单位简称:用户单位的简称,最好输入。本例输入“光明公司”。

其它栏目都属于任选项。

输入完成后,单击【下一步】按钮,进行核算类型设置。

(4) 输入核算类型

本币代码:必须输入。本例采用系统默认值“RMB”。

本币名称:必须输入。本例采用系统默认值“人民币”。

企业类型:用户必须从下拉列表框中选择输入。系统提供了工业、商业两种类型。如果选择工业模式,则系统不能处理受托代销业务;如果选择商业模式,委托代销和受托代销都能处理。本例选择“工业”。

行业性质:用户必须从下拉列表框中选择输入,系统按照所选择的行业性质预置科目。本例选择行业性质为“新会计制度科目”。

账套主管:必须从下拉列表框中选择输入。本例选择“【001】汪刚”。

按行业预置科目:如果用户希望预置所属行业的标准一级科目,则选中该复选框。本例选择“按行业性质预置科目”。

输入完成后,单击【下一步】按钮,进行基础信息设置。

(5) 确定基础信息

如果单位的存货、客户、供应商相对较多,可以对他们进行分类核算。如果此时不能确定是否进行分类核算,也可以等到分销软件启动时再设置分类核算。

按照本例要求,选中“存货是否分类”、“客户是否分类”、“供应商是否分类”、“有无外币核算”四个复选框,单击【完成】按钮,弹出系统提示“可以创建账套了么?”,单击【是】按钮,稍候,打开“分类编码方案”对话框。

(6) 确定分类编码方案

为了便于对经济业务数据进行分级核算、统计和管理,系统要求预先设置某些基础档案的编码规则,即规定各种编码的级次及各级的长度。

按实验资料所给内容修改系统默认值,单击【确认】按钮,打开“数据精度定义”对话框。

(7) 数据精度定义

数据精度是指定义数据的小数位数,如果需要进行数量核算,需要认真填写该项。本例采用系统默认值,单击【确认】按钮,弹出系统提示“创建账套成功!”和“现在进行系统启用的设置吗?”。单击“是”,弹出“系统启用”对话框。

(8) 系统启用

选中“GL-总账”复选框,弹出“日历”对话框,选择日期“2009 年 1 月 1 日”,单击“确定”按钮,单击“退出”按钮。

5. 财务分工

(1) 执行“权限”|“权限”命令,进入“操作员权限”窗口。

(2) 选择 001 账套;2009 年度。

（3）从操作员列表中选择汪刚，选中“账套主管”复选框，确定汪刚具有账套主管权限。

注意

* 由于在建立账套时已指定“汪刚”为账套主管，此处无需再设置。
* 一个账套可以设定多个账套主管。
* 账套主管自动拥有该账套的所有权限。
* 如果在角色管理或用户管理中已将“用户”归属于“账套主管”角色，则该操作员即已定义为系统内所有账套的账套主管。本例中，由于在用户管理中指明了“汪刚”具有“账套主管”角色，因此，“汪刚”不仅是001账套的账套主管，同时也是本系统中其他账套的账套主管。

（4）选择陈亮，单击工具栏中的【修改】按钮，打开“增加和调整权限”对话框，根据实验资料选择相应的权限项，单击【确定】按钮。

同理，设置操作员赵红的权限。

（5）单击【确定】按钮返回。

注意

* 在用友ERP－U8系统中，提供了三个层次的权限管理。分别是功能级权限管理、数据级权限管理、金额级权限管理。
* 功能级权限管理提供了对不同的用户分配不同功能模块的操作权限。例如：用户“陈亮”分配了“总账－出纳”的全部权限。
* 数据级权限管理。该权限可通过两个方面进行控制，一个是字段级权限控制，另一个是记录级权限控制。例如：设定用户“赵红”只能录入某一种凭证类别的凭证。
* 金额级权限管理。该权限主要用于完善内部金额控制，实现对具体金额数量划分级别，对不同岗位和职位的操作员金额级别控制，限制他们制单时可以使用的金额数量。例如，设定用户“赵红”只能录入金额在20000元以下的凭证。
* 功能级权限的分配在系统管理中“权限分配”中设置，数据级权限和金额级权限在“企业应用平台”|“基础信息”|“数据权限”中进行设置，且必须是在系统管理的功能权限分配之后才能进行。本实验中只功能权限的分配。

6．备份账套数据

（1）以系统管理员的身份注册进入系统管理。

（2）执行“账套”|“输出”命令，打开“账套输出”对话框，选择需要输出的账套001，单击【确认】按钮。

（3）系统压缩完成所选账套数据后，弹出“选择备份目标”对话框。

（4）单击下拉列表框，选择需要将账套数据输出的驱动器及所在文件夹，单击【确认】按钮。

（5）系统开始进行备份，备份完成后，弹出系统提示“输出成功”信息提示框，单击【确定】按钮返回。

注意

* 只有系统管理员（admin）才能进行账套备份。备份的账套数据名以“uferpact”为前缀。

* 正在使用的账套是不允许删除的。
* 若要删除选中账套数据，则在输出账套时，选中“删除当前输出账套”即可。

7. 账套数据引入

(1) 以系统管理员的身份注册进入系统管理。

(2) 执行“账套”|“引入”命令，打开“引入账套数据”对话框，选择需要引入的指定账套路径，选择账套文件“UFERPACT. LST”，单击【打开】按钮。

(3) 系统提示“重新指定账套路径吗？”，单击“否”按钮。

(4) 系统提示“正在引入账套，请等待……”，最后提示“账套引入成功！”，单击【确定】按钮。

注意

* 只有系统管理员(admin)才能进行账套引入。

8. 修改账套数据

如果账套启用后，需要修改建账参数，需要以账套主管的身份注册进入系统管理。

(1) 在“系统管理”窗口，执行“系统”|“注册”命令，打开“登录”系统管理对话框。

注意

* 如果此前是以系统管理员的身份注册进入系统管理，那么需要首先执行“系统”|“注销”命令，注销当前系统操作员，再以账套主管的身份登录。

(2) 输入：操作员“001”；密码“1”。选择账套“001 北京光明科技有限公司”；会计年度“2009”；日期“2009－01－01”。

(3) 单击【确定】按钮，进入“系统管理”窗口，菜单中显示为黑色字体的部分为账套主管可以操作的内容。

(4) 执行“账套”|“修改”命令，打开“修改账套”对话框，可修改的账套信息以白色显示，不可修改的账套信息以灰色显示。

(5) 修改完成后，单击【完成】按钮，弹出系统提示信息“确认修改账套了么？”，单击【是】按钮，并在“分类编码方案”和“数据精度”窗口中分别单击【取消】和【确定】按钮后确定修改成功。

实验二　基础档案设置

【实验目的】

掌握用友 ERP－U8 软件中有关基础档案设置的相关内容，理解基础档案设置在整个系统中的作用，理解基础档案设置的数据对日常业务处理的影响。

【实验内容】

设置基础档案。包括部门档案、职员档案、客户分类、供应商分类、地区分类、客户档案、供应商档案、开户银行、外币及汇率、结算方式。

【实验资料】

北京光明科技有限公司分类档案资料如下:

(1) 部门档案

部门编码	部门名称	部门属性	部门编码	部门名称	部门属性
1	综合部	管理部门	203	销售三部	专售软件
101	总经理办公室	综合管理	204	销售四部	售配套用品
102	财务部	财务管理	3	供应部	采购供应
2	销售部	市场营销	4	制造部	研发制造
201	销售一部	专售打印纸	401	产品研发	技术开发
202	销售二部	专售硬件	402	制造车间	生产制造

(2)职员档案

职员编号	职员名称	所属部门	职员属性
101	陈伟清	总经理办公室	总经理
102	汪刚	财务部	会计主管
103	陈亮	财务部	出纳
104	赵红	财务部	会计
201	罗颂	销售一部	部门经理
202	宋佳	销售二部	经营人员
203	孙健	销售三部	部门经理
204	王华	销售四部	经营人员
301	孙联湘	供应部	部门经理
401	周月	产品研发	部门经理
402	李彤	制造车间	部门经理

(3)客户分类

分类编码	分类名称
01	事业单位
01001	学校
01002	机关
02	企业单位
02001	工业
02002	商业
02006	金融
03	其他

(4)供应商分类

分类编码	分类名称
01	硬件供应商
02	软件供应商
03	材料供应商
04	其他

(5)地区分类

地区分类	分类名称
01	东北地区
02	华北地区
03	华东地区
04	华南地区
05	西北地区
06	西南地区

(6) 客户档案

客户编号	客户名称	客户简称	所属分类码	所属地区	税号	开户银行	银行账号	地址	邮政编码	发展日期
001	北京希望学校	希望学校	01001	02	11111	工行	73853654	北京市海淀区上地路1号	100077	2009-01-01
002	天津通达公司	通达公司	02002	02	22222	工行	69325581	天津市南开区华苑路1号	300000	2009-01-01
003	上海万邦证券公司	万邦证券	02006	03	33333	工行	36542234	上海市徐汇区天平路8号	200032	2009-01-01
004	哈尔滨飞机制造厂	哈飞	02001	01	44444	中行	43810587	哈尔滨市平房区和平路116号	150008	2009-01-01

(7) 供应商档案

供应商编号	供应商名称	供应商简称	所属分类码	所属地区	税号	开户银行	银行账号	邮编	地址	发展日期
001	北京迅杰有限公司	迅杰	02	02	55555	中行	48723367	100045	北京市朝阳区十里堡8号	2009-01-01
002	北京联想分公司	联想	01	02	66666	中行	76473293	100036	北京市海淀区开拓路108号	2009-01-01
003	南京多媒体教学研究所	多媒体研究所	04	03	77777	工行	55561275	230187	南京市湖北路100号	2009-01-01
004	上海信息记录纸厂	记录纸厂	03	03	88888	工行	85115076	200632	上海市浦东新区东方路1号	2009-01-01

(8) 外币及汇率

币符:USD;币名:美元;固定汇率1:8.275。

(9) 结算方式

结算方式编码	结算方式名称	票据管理
1	现金结算	否
2	支票结算	否
201	现金支票	是
202	转账支票	是
3	其他	否

【实验要求】

以账套主管"汪刚"的身份注册企业应用平台。

【操作指导】

1. 启动企业应用平台

执行"开始"|"程序"|"用友 ERP - U8"|"企业应用平台"命令,打开"登录"对话框。输入:操作员"001";密码"1"。选择账套"001 北京光明科技有限公司";会计年度"2009";日期"2009 - 01 - 01"。单击"确定"按钮,进入"企业应用平台"窗口。

2. 启用总账系统

在"设置"选项卡中,执行"基本信息"|"系统启用"命令,打开"系统启用"对话框。选中"GL 总账"前的复选框,弹出"日历"对话框。选择"日历"对话框中的"2009 年 1 月 1 日"。单击"确定"按钮,系统弹出"确实要启用当前系统吗"信息提示框,单击"是"按钮,完成总账系统的启用。

3. 进行基础设置

在"设置"选项卡中,执行"基础档案"命令,在"基础档案"窗口中,双击要设置档案项目,即进入相应项目的设置界面。

4. 按所给实验资料依次输入基础档案数据。

注意

* 所有档案建立时,应遵循事先设定的编码原则。

* 客户档案、供应商档案应建立在最末级分类上。

实验三 总账系统初始设置

【实验目的】

掌握用友 ERP - U8 软件中总账系统初始设置的相关内容,理解总账系统初始设置的意义,掌握总账系统初始设置的操作方法。

【实验内容】

1. 总账系统控制参数设置。

2. 基础档案设置:会计科目、凭证类别、项目目录。

3. 期初余额录入。

【实验要求】

以“汪刚”的身份进行初始设置。

【实验资料】

1. 总账控制参数。

选项卡	参数设置
凭证	制单序时控制 支票控制 出纳凭证必须经由出纳签字 凭证编号由系统编号
会计日历	会计日历为1月1日—12月31日
其他	数量小数位和单价小数位设为2位 部门、个人、项目按编码方式排序

2. 基础数据

(1) 2009年1月份会计科目及期初余额表

科目名称	辅助核算	方向	币别计量	期初余额
现金(1001)	日记	借		6875.70
银行存款(1002)	银行日记	借		193829.16
工行存款(100201)	银行日记	借		193829.16
中行存款(100202)	银行日记	借	美元	
应收账款(1131)	客户往来	借		157600.00
其他应收款(1133)	个人往来	借		3800.00
坏账准备(1141)		贷		800.00
预付账款(1151)	供应商往来	借		
物资采购(1201)		借		-294180.00
生产用物资采购(120101)		借		-101000.00
其他物资采购 (120102)		借		-193180.00
原材料(1211)		借		2058208.00
生产用原材料(121101)	数量核算	借	吨	150000.00

其他原材料(121102)		借		1908208.00
包装物(1221)		借		
材料成本差异(1232)		借		1000.00
库存商品(1243)		借		544000.00
委托加工物资(1251)		借		
待摊费用(1301)		借		642.00
报刊费(130101)		借		642.00
固定资产(1501)		借		260860.00
累计折旧(1502)		贷		47120.91
在建工程(1603)	项目核算	借		
人工费(160301)	项目核算	借		
材料费(160302)	项目核算	借		
其他(160303)	项目核算	借		
待处理财产损溢(1911)				
待处理流动资产损溢(191101)				
待处理固定资产损溢(191102)				
无形资产(1801)		借		58500.00
短期借款(2101)		贷		200000.00
应付账款(2121)	供应商往来	贷		276850.00
预收账款(2131)	客户往来	贷		
应付工资(2151)		贷		
应付福利费(2153)		贷		8200.00
应交税金(2171)		贷		-16800.00
应交增值税(217101)		贷		-16800.00
进项税额(21710101)		贷		-33800.00
销项税额(21710105)		贷		17000.00
其他应付款(2181)		贷		2100.00
预提费用(2191)		贷		
借款利息(219103)		贷		

实收资本(3101)		贷		2609052.00
本年利润(3131)		贷		0.00
利润分配(3141)		贷		-119022.31
未分配利润(314115)		贷		-119022.31
生产成本(4101)	项目核算	借		17165.74
直接材料(410101)	项目核算	借		10000.00
直接人工(410102)	项目核算	借		4000.74
制造费用(410103)	项目核算	借		2000.00
折旧费（410104）	项目核算	借		1165.00
其他（410105）	项目核算	借		
制造费用(4105)		借		
工资(410501)		借		
折旧费(410502)		借		
主营业务收入(5101)		贷		
其他业务收入(5102)		贷		
主营业务成本(5401)		借		
主营业务税金及附加(5402)		借		
其他业务支出(5405)		借		
营业费用(5501)		借		
管理费用(5502)	部门核算	借		
工资(550201)	部门核算	借		
福利费(550202)	部门核算	借		
办公费(550203)	部门核算	借		
差旅费(550204)	部门核算	借		
招待费(550205)	部门核算	借		
折旧费(550206)	部门核算	借		
其他(550207)	部门核算	借		
财务费用(5503)		借		
利息支出(550301)		借		

(2) 凭证类别

凭证类别	限制类型	限制科目
收款凭证	借方必有	1001,100201,100202
付款凭证	贷方必有	1001,100201,100202
转账凭证	凭证必无	1001,100201,100202

(3) 项目目录

项目设置步骤	设置内容
项目大类	生产成本
核算科目	直接材料(410101) 直接人工(410102) 制造费用(410103) 折旧费(410104) 其他(410105)
项目分类	1. 自行开发项目 2. 委托开发项目
项目名称	101. 普通打印纸 - A4(自行开发项目) 102. 凭证套打纸 - 8X(自行开发项目)

3. 期初余额

(1) 总账期初余额表(见“会计科目及期初余额表”)

(2) 辅助账期初余额表

会计科目:1133　其他应收款　余额:借 3800 元

日期	凭证号	部门	个人	摘要	方向	期初余额
2008 - 12 - 26	付 - 118	总经理办公室	陈伟清	出差借款	借	2000.00
2008 - 12 - 27	付 - 156	销售一部	罗颂	出差借款	借	1800.00

会计科目:1131 应收账款　余额:借 157600 元

日期	凭证号	客户	摘要	方向	金额	业务员	票号	票据日期
2008 - 12 - 25	转 - 118	希望学校	销售商品	借	99600	宋佳	P111	2008 - 12 - 25
2008 - 12 - 10	转 - 15	通达公司	销售商品	借	58000	宋佳	Z111	2008 - 12 - 10

会计科目:2121 应付账款　余额:贷 276850 元

日期	凭证号	供应商	摘要	方向	金额	业务员	票号	票据日期
2008 - 11 - 20	转 - 45	迅杰	购买商品	贷	276850	宋佳	C000	2008 - 11 - 20

会计科目:4101 生产成本　余额:借 17165.74 元

科目名称	普通打印纸 - A4	凭证套打纸 - 8X	合计
直接材料(410101)	4000	6000	10000
直接人工(410102)	1500	2500.74	4000.74
制造费用(410103)	800	1200	2000
折旧费(410104)	500	665	1165
合计	6800	10365.74	17165.74

【操作指导】

1. 启动与注册

(1)单击“开始”按钮,执行“程序”|“用友 ERP - U8”|“企业应用平台”命令,打开“登录”对话框。

(2)输入:操作员“001”;密码“1”。选择:账套“001 北京光明科技有限公司”;会计年度“2009”;日期“2009 - 01 - 01”。单击“确定”按钮。

2. 设置总账控制参数

(1)首次进入总账系统,执行“设置”|“选项”命令,打开“选项”对话框。

(2)分别单击“凭证”、“账簿”、“会计日历”、“其他”选项卡,按照实验资料的要求进行相应的设置。

(3)设置完成后,单击“确定”按钮。

3. 设置基础数据

建立会计科目——增加明细会计科目

(1)在企业应用平台的“设置”选项卡中,执行“基础档案”|“财务”|“会计科目”命令,进入“会计科目”窗口,显示所有“按新会计制度” 预置的科目。

(2)单击“增加”按钮,进入“新增会计科目”窗口,输入实验资料中所给的明细科目。

(3)输入明细科目相关内容。输入编码“100201”、科目名称“工行存款”;选择“日记账”、“银行账”,单击“确定”按钮。

(4)继续单击“增加”按钮,输入实验资料中其他明细科目的相关内容。

注意

* 增加的会计科目编码长度及每段位数要符合编码规则。

* 科目一经使用,就不能再增设下级科目。只能增加同级科目。

建立会计科目——修改会计科目

(1)在“会计科目”窗口中,单击要修改的会计科目“1001”。

(2)单击“修改”按钮或双击该科目,进入“会计科目_修改”窗口。

(3)单击“修改”按钮,选中“日记账”复选框,单击“确定”按钮。

(4)按实验资料内容修改其他科目的辅助核算属性。

注意

* 已有数据的科目不能修改科目性质。

* 被封存的科目在制单时不可以使用。

* 只有处于修改状态才能设置汇总打印和封存。

建立会计科目——删除会计科目

(1)在“会计科目”窗口中,选择要删除的会计科目。

(2)单击“删除”按钮,弹出“记录删除后不能修复!真的删除此记录吗?”提示框。

(3)单击“确定”按钮,即可删除该科目。

注意

* 如果科目已录入期初余额或已制单,则不能删除。

* 非末级会计科目不能删除。

* 被指定为“现金科目”、“银行科目”的会计科目不能删除;如想删除,必须先取消指定。

建立会计科目——指定会计科目

(1)在“会计科目”窗口中,执行“编辑”|“指定科目”命令,进入“指定科目”窗口。

(2)单击“现金总账科目”单选按钮,将“1001 现金”由待选科目选入已选科目。

(3)单击“银行总账科目”单选按钮,将“1002 银行存款”由待选科目选入已选科目。

(4)单击“确认”按钮。

注意

* 指定会计科目是指定出纳的专管科目。只有指定科目后,才能执行出纳签字,从而实现现金、银行管理的保密性,才能查看现金、银行存款日记账。

* 在指定“现金科目”、“银行科目”之前,应在建立“现金”、“银行存款”会计科目时选中“日记账”复选框。

设置凭证类别

(1)在企业应用平台的“设置”选项卡中,执行“基础档案”|“财务”|“凭证类别”命令,打开“凭证类别预置”对话框。

(2)单击“收款凭证、付款凭证、转账凭证”单选按钮。

(3)单击“确定”按钮,进入“凭证类别”窗口。

(4)单击工具栏中的“修改”按钮,再双击收款凭证“限制类型”的下三角按钮,选择“借方必有”;在“限制科目”栏输入“1001,100201,100202”。

(5)设置付款凭证的限制类型"贷方必有"、限制科目"1001,100201,100202";转账凭证的限制类型"凭证必无"、限制科目"1001,100201,100202"。

(6)设置完后,单击"退出"按钮。

设置项目目录——定义项目大类

(1)在企业应用平台"设置"选项卡中,执行|"基础档案"|"财务"|"项目目录"命令,打开"项目档案"对话框。

(2)单击"增加"按钮,打开"项目大类定义_增加"对话框。

(3)输入新项目大类名称"生产成本"。

(4)单击"下一步"按钮,其他设置均采用系统默认值。最后单击"完成"按钮,返回"项目档案"窗口。

注意

* 项目大类的名称是该类项目的总称,而不是会计科目名称。如:在建工程按具体工程项目核算,其项目大类名称应为"工程项目"而不是"在建工程"。

设置项目目录——指定核算科目

(1)在"项目档案"窗口中,选择"核算科目"页签。

(2)选择项目大类"生产成本"。

(3)分别选择要参加核算的科目,"4101 生产成本"、"410101 直接材料"、"410102 直接人工"、"410103 制造费用"、"410104 折旧费"、"410105 其他",单击">"按钮,单击"确定"按钮。

注意

* 一个项目大类可指定多个科目,一个科目只能指定一个项目大类。

设置项目目录——定义项目分类

(1)在"项目档案"窗口中,选择"项目分类定义" 页签。

(2)单击右下角的"增加"按钮,输入分类编码"1";输入分类名称"自行开发项目", 单击"确定"按钮。

(3)同理定义"2 委托开发项目"项目分类。

注意

* 为了便于统计,可对同一项目大类下的项目进行进一步划分,即定义项目分类。
* 若无分类,也必须定义项目分类为"无分类"。

设置项目目录——项目目录维护

(1)在"项目档案"窗口中,选择"项目目录" 页签。

(2)单击"维护"按钮,进入"项目目录维护"窗口。

(3)单击"增加"按钮,输入项目编号"101";输入项目名称"普通打印纸 - A4";选择所属分类码"1"。

(4)同理,继续增加"102 凭证套打纸 - 8X"项目档案。

注意

* 标识结算后的项目将不能再使用。

4. 输入期初余额

(1)执行“设置”|“期初余额”命令,进入“期初余额录入”窗口。

(2)直接输入末级科目(底色为白色)的期初余额,上级科目的期初余额自动填列。

(3)设置了辅助核算的科目底色显示为黄色,期初余额的录入要到相应的辅助账中进行。方法是:双击设置了辅助核算属性的科目的期初余额栏,进入相应的辅助账窗口,按明细输入每笔业务的金额,完成后单击“退出”按钮,辅助账余额自动带到总账。

(4) 输完所有科目余额后,单击“试算”按钮,打开“期初余额试算平衡表”对话框。

(5) 若期初余额不平衡,则修改期初余额;若期初余额试算平衡,单击“退出”按钮。

注意

* 期初余额试算不平衡,将不能记账,但可以填制凭证。
* 已经记过账,则不能再输入、修改期初余额,也不能执行“结转上年余额”功能。

5. 数据权限分配

(1)执行“设置”|“数据权限分配”命令,进入“权限浏览”窗口。

(2)选择用户“陈亮”,单击“授权”按钮,弹出“记录权限设置”对话框。

(3)选中“查账”复选框,分别选中“1001 现金”、“1002 银行存款”、“100201 工行存款”、“100202 中行存款”科目,单击“ >”按钮,再单击“保存”按钮。这样,用户“陈亮”便具有查询现金和银行存款日记账的权限。

实验四　总账系统日常业务处理

【实验目的】

掌握用友 ERP－U8 务软件中总账系统日常业务处理的相关内容,熟悉总账系统日常业务处理的各种操作,掌握凭证管理、出纳管理和账簿管理的具体内容和操作方法。

【实验内容】

1. 凭证管理:填制凭证、审核凭证、凭证记账。
2. 出纳管理。
3. 账簿管理:总账、科目余额表、明细账、辅助账。

【实验要求】

1. 以“赵红”的身份进行填制凭证,凭证查询操作。

2. 以“陈亮”的身份进行出纳签字，现金、银行存款日记账和资金日报表的查询，支票登记操作。

3. 以“汪刚”的身份进行审核、记账、账簿查询操作。

【实验资料】

1. 凭证管理

1 月经济业务如下：

（1）2 日，销售一部罗颂购买了 200 元的办公用品，以现金支付。（附单据一张）

借：营业费用（5501）200

贷：现金（1001）200

（2）3 日，财务部陈亮从工行提取现金 10000 元，作为备用金。（现金支票号 XJ001）

借：现金（1001）10000

贷：银行存款/工行存款（100201）10000

（3）5 日，收到泛美集团投资资金 10000 美元，汇率 1：8.275。（转账支票号 ZZW001）

借：银行存款/中行存款（100202）82750

贷：实收资本（3101）82750

（4）8 日，供应部孙联湘采购原纸 10 吨，每吨 5000 元，材料直接入库，货款以银行存款支付。（转账支票号 ZZR001）

借：原材料/生产用原材料（121101）50000

贷：银行存款/工行存款（100201）50000

（5）12 日，销售二部宋佳收到北京希望学校转来一张转账支票，金额 99600 元，用以偿还前欠货款。（转账支票号 ZZR002）

借：银行存款/工行存款（100201）99600

贷：应收账款（1131）99600

（6）14 日，供应部孙联湘从南京多媒体研究所购入“管理革命”光盘 100 张，单价 80 元，货税款暂欠，商品已验收入库。（适用税率 17%）

借：库存商品（1243）8000

应交税金/应交增值税/进项税额（21710101）1360

贷：应付账款（2121）9360

（7）16 日，总经理办公室支付业务招待费 1200 元。（转账支票号 ZZR003）

借：管理费用/招待费（550205）1200

贷：银行存款/工行存款（100201）1200

（8）18 日，总经理办公室陈伟清出差归来，报销差旅费 2000 元，交回现金 200 元。

借：管理费用/差旅费（550204）1800

现金（1001）200

贷:其他应收款(1133) 2000

(9) 20 日,生产部领用原纸 5 吨,单价 5000 元,用于生产普通打印纸 - A4。

借:生产成本/直接材料(410101) 25000

贷:原材料/生产用原材料(121101) 25000

2. 出纳管理

25 日,销售二部宋佳借转账支票一张,票号 155,预计金额 5000 元。

【操作指导】

以“赵红”的身份注册进入总账系统。

1. 凭证管理

填制凭证

增加凭证——输入一张完整的凭证(业务 1)

(1)执行“凭证”|“填制凭证”命令,进入“填制凭证”窗口。

(2)单击“增加”按钮,增加一张空白凭证。

(3)选择凭证类型“付款凭证”;输入制单日期“2009/01/02”;输入附单据数“1”。

(4)输入摘要“购办公用品”;输入科目名称“5501”,借方金额“200”,回车;摘要自动带到下一行,输入科目名称“1001”,贷方金额“200”。

(5)单击“保存”按钮,弹出“凭证已成功保存!”信息提示框,单击“确定”按钮。

注意

* 采用序时控制时,凭证日期应大于等于启用日期,不能超过业务日期。
* 凭证一旦保存,其凭证类别、凭证编号不能修改。
* 正文中不同行的摘要可以相同也可以不同,但不能为空。每行摘要将随相应的会计科目在明细账、日记账中出现。
* 科目编码必须是末级的科目编码。
* 金额不能为“零”;红字以“-”号表示。
* 可按“=”键取当前凭证借贷方金额的差额到当前光标位置。

增加凭证——输入凭证的辅助核算信息(业务 2 ~ 业务 9)

在凭证填制过程中,若某科目为“银行科目”、“外币科目”、“数量科目”、“辅助核算科目”,输完科目名称后,则须继续输入该科目的辅助核算信息。

银行科目(业务 2)

(1)在填制凭证过程中,输完银行科目“100201”,弹出“辅助项”对话框。

(2)输入结算方式“201”,票号“XJ001”,发生日期“2009/01/03”,单击“确认”按钮。

(3)凭证输完后,单击“保存”按钮,若此张支票未登记,则弹出“此支票尚未登记,是否登记?”对话框。

(4)单击“是”按钮,弹出“票号登记”对话框。

(5)输入领用日期“2009/01/03”,领用部门“财务部”,姓名“陈亮”,限额“10000”,用途“备用金”,单击“确定”按钮。

注意

* 选择支票控制,即该结算方式设为支票管理,银行账辅助信息不能为空,而且该方式的票号应在支票登记簿中有记录。

外币科目(业务 3)

(1)在填制凭证过程中,输完外币科目“100202”,输入外币金额“10 000”,根据自动显示的外币汇率“8.275”,自动算出并显示本币金额“82 750”。

(2)全输完后,单击“保存”按钮,保存凭证。

注意

* 汇率栏中内容是固定的,不能输入或修改。如使用变动汇率,汇率栏中显示最近一次汇率,可以直接在汇率栏中修改。

数量科目(业务 4)

(1)在填制凭证过程中,输完数量科目“121101”,弹出“辅助项”对话框。

(2)输入数量“10”,单价“5 000”, 单击“确认”按钮。

辅助核算科目——客户往来(业务 5)

(1)在填制凭证过程中,输完客户往来科目“1131”,弹出“辅助项”对话框。

(2)选择输入客户“希望学校”,业务员“宋佳”,发生日期“2009/01/12”。

(3)单击“确认”按钮。

注意

* 如果往来单位不属于已定义的往来单位,则要正确输入新往来单位的辅助信息,系统会自动追加到往来单位目录中。

辅助核算科目——供应商往来(业务 6)

(1)在填制凭证过程中,输完供应商往来科目“2121”,弹出“辅助项”对话框。

(2)选择输入供应商“多媒体研究所”,业务员“孙联湘”,发生日期“2009/01/14”。

(3)单击“确认”按钮。

辅助核算科目——部门核算(业务 7)

(1)在填制凭证过程中,输完部门核算科目“550205”,弹出“辅助项”对话框。

(2)选择输入部门“总经理办公室”,单击“确认”按钮。

辅助核算科目——个人往来(业务 8)

(1)在填制凭证过程中,输完个人往来科目“1133”,弹出“辅助项”对话框。

(2)选择输入部门“总经理办公室”,个人“陈伟清”,发生日期“2009/01/18”。

(3)单击“确认”按钮。

注意

* 在输入个人信息时，若不输“部门名称”只输“个人名称”时，系统将根据所输个人名称自动输入其所属的部门。

辅助核算科目——项目核算（业务9）

(1)在填制凭证过程中，输完项目核算科目“410101”，弹出“辅助项”对话框。

(2)选择输入项目名称“普通打印纸－A4”，单击“确认”按钮。

注意

* 系统根据数量×单价自动计算出金额，并将金额先放在借方，如果方向不符，可将光标移动到贷方后，按空格键即可调整金额方向。

查询凭证

(1)执行“凭证”|“查询凭证”命令，打开“凭证查询”对话框。

(2)选择输入查询条件，单击“辅助条件”按扭，可输入更多查询条件。

(3)单击“确认”按钮，进入“查询凭证”窗口。

(4)双击某一凭证行，则屏幕可显示出此张凭证。

修改凭证（可选做）

(1)执行“凭证”|“填制凭证”命令，进入“填制凭证”窗口。

(2)单击“查询”按钮，输入查询条件，找到要修改的凭证。

(3)对于凭证的一般信息，将光标放在要修改的地方，直接修改；如果要修改凭证的辅助项信息，首先选中辅助核算科目行，然后将光标置于备注栏辅助项，待鼠标变形时双击，弹出“辅助项”对话框，在对话框中修改相关信息。

(4)单击“保存”按钮，保存相关信息。

注意

* 未经审核的错误凭证可通过“填制凭证”功能直接修改；已审核的凭证应先取消审核后，再进行修改。
* 若已采用制单序时控制，则在修改制单日期时，不能在上一张凭证的制单日期之前。
* 若选择“不允许修改或作废他人填制的凭证”权限控制，则不能修改或作废他人填制的凭证。
* 如果涉及银行科目的分录已录入支票信息，并对该支票做过报销处理，修改操作将不影响“支票登记簿”中的内容。
* 外部系统传过来的凭证不能在总账系统中进行修改，只能在生成该凭证的系统中进行修改。

冲销凭证（可选做）

(1)在“填制凭证”窗口，执行“制单”|“冲销凭证”命令，打开“冲销凭证”对话框。

(2)输入条件：选择“月份”、“凭证类别”；输入“凭证号”等信息。

(3)单击“确定”按扭，系统自动生成一张红字冲销凭证。

注意

* 通过红字冲销法增加的凭证，应视同正常凭证进行保存和管理。

* 制作红字冲销凭证将错误凭证冲销后,需要再编制正确的蓝字凭证进行补充。

删除凭证(可选做)

作废凭证

(1)先查询到要作废的凭证。

(2)在“填制凭证”窗口中,执行“制单”|“作废/恢复”命令。

(3)凭证的左上角显示“作废”,表示该凭证已作废。

注意

* 作废凭证仍保留凭证内容及编号,只显示“作废”字样。
* 作废凭证不能修改,不能审核。
* 在记账时,已作废的凭证应参与记账,否则月末无法结账,但不对作废凭证作数据处理,相当于一张空凭证。
* 账簿查询时,查不到作废凭证的数据。
* 若当前凭证已作废,可执行“编辑”|“作废/恢复”命令,取消作废标志,并将当前凭证恢复为有效凭证。

整理凭证

(1)在“填制凭证”窗口中,执行“制单”|“凭证删除/整理”命令,打开“选择凭证期间”对话框。

(2)选择要整理的“月份”。

(3)单击“确定”按钮,打开“作废凭证表”对话框。

(4)选择真正要删除的作废凭证。

(5)单击“确定”按钮,系统将这些凭证从数据库中删除并对剩下凭证重新排号。

注意

* 如果作废凭证不想保留时,则可以通过“凭证删除/整理”功能,将其彻底删除,并对未记账凭证重新编号。
* 只能对未记账凭证作凭证整理。
* 已记账凭证作凭证整理,应先恢复本月月初的记账前状态,再作凭证整理。

出纳签字

更换操作员

(1)在“总账系统”的初始窗口,执行“系统”|“重新注册”命令,进入“登录”窗口。

(2)以“陈亮”的身份重新注册总账系统,单击“确定”按钮。

注意

* 凭证填制人和出纳签字人可以为不同的人,也可以为同一个人。
* 按照会计制度规定,凭证的填制与审核不能是同一个人。
* 在进行出纳签字和审核之前,通常需先更换操作员。

出纳签字

(1)执行“凭证”|“出纳签字”命令,打开“出纳签字”查询条件对话框。

(2)输入查询条件,单击“全部”单选按钮,输入月份“2009.01”。

(3)单击“确定”按钮,进入“出纳签字”的凭证列表窗口。

(4)双击某一要签字的凭证或者单击“确定”按钮,进入“出纳签字”的签字窗口。

(5)单击“签字”按钮,凭证底部的“出纳”处自动签上出纳人姓名。

(6)单击“下张”按钮,对其他凭证签字,最后单击“退出”按钮。

注意

* 涉及指定为现金科目和银行科目的凭证才需出纳签字。

* 凭证一经签字,就不能被修改、删除,只有取消签字后才可以修改或删除,取消签字只能由出纳人自己进行。

* 凭证签字并非审核凭证的必要步骤。若在设置总账参数时,不选择“出纳凭证必须经由出纳签字”,则可以不执行“出纳签字”功能。

* 可以执行“签字”|“成批出纳签字”功能对所有凭证进行出纳签字。

审核凭证

以“汪刚”的身份重新注册总账系统。

(1)执行“凭证”|“审核凭证”命令,打开“凭证审核”查询条件对话框。

(2)输入查询条件,单击“确定”按钮,进入“凭证审核”的凭证列表窗口。

(3)双击要审核的凭证或单击“确定”按钮,进入“凭证审核”的审核凭证窗口。

(4)检查要审核的凭证,无误后,单击“审核”按钮,凭证底部的“审核”处自动签上审核人姓名。

(5)单击“下张”按钮,对其他凭证签字,最后单击“退出”按钮。

注意

* 审核人必须具有审核权。当通过“凭证审核权限”设置了明细审核权限时,还需要有对制单人所制凭证的审核权。

* 作废凭证不能被审核,也不能被标错。

* 审核人和制单人不能是同一个人,凭证一经审核,不能被修改、删除,只有取消审核签字后才可修改或删除,已标记作废的凭证不能被审核,需先取消作废标记后才能审核。

凭证记账

以“汪刚”的身份重新注册总账系统。

记账

(1)执行“凭证”|“记账”命令,进入“记账”窗口。

(2)第一步,单击“全选”按钮,选择所有要记账的凭证。单击“下一步”按钮。

(3)第二步显示记账报告,如果需要打印记账报告,可单击“打印”按钮。如果不打印记账报告,单击“下一步”按钮。

(4)第三步记账,单击“记账”按钮,打开“期初试算平衡表”对话框,单击“确定”按钮,系统开始登录有关的总账和明细账、辅助账。登记完后,弹出“记账完毕”信息提示对话框。

(5) 单击“确定”,记账完毕。

注意

* 第一次记账时,若期初余额试算不平衡,不能记账。

* 上月未记账,本月不能记账。

* 未审核凭证不能记账,记账范围应小于等于已审核范围。

* 作废凭证不需审核可直接记账。

* 记账过程一旦断电或其它原因造成中断后,系统将自动调用“恢复记账前状态”恢复数据,然后再重新记账。

取消记账

激活“恢复记账前状态”菜单

(1)在总账初始窗口,执行“期末”|“对账”命令,进入“对账”窗口。

(2)按 Ctrl + H 键,弹出“恢复记账前状态功能已被激活”信息提示框。

(3)单击“确定”按钮,单击“退出”按钮。

注意

* 如果退出系统后又重新进入系统或在“对账”中按“Ctrl + H”键将重新隐藏“恢复记账前状态”功能。

取消记账

(1)执行“凭证”|“恢复记账前状态”命令,打开“恢复记账前状态”对话框。

(2)单击“最近一次记账前状态”单选按钮。

(3)单击“确定”按钮,弹出“恢复记账完毕”信息提示对话框,单击“确定”按钮。

注意

* 已结账月份地数据不能取消记账。

* 取消记账后,一定要重新记账。

2. 出纳管理

以“陈亮”的身份重新注册总账系统。

现金日记账

(1)执行“出纳”|“现金日记账”命令,打开“现金日记账查询条件”对话框。

(2)选择科目“1001 现金”,默认月份“2009.01”,单击“确认”按钮,进入“现金日记账”窗口。

(3)双击某行或将光标定在某行再单击“凭证”按钮,可查看相应的凭证。

(4)单击“总账”按钮,可查看此科目的三栏式总账,单击“退出”按钮。

银行存款日记账

银行存款日记账查询与现金日记账查询操作基本相同,所不同的只是银行存款日记账多一结算号栏,主要是对账时用。

资金日报表

(1)执行“出纳”|“资金日报”命令,打开“资金日报表查询条件”对话框。

(2)输入查询日期“2009.01.03”。选择“有余额无发生也显示”复选框。

(3)单击“确认”按钮,进入“资金日报表”窗口,单击“退出”按钮。

支票登记簿

(1)执行“出纳”|“支票登记簿”命令,打开“银行科目选择”对话框。

(2)选择科目:工行存款“100201”,单击“确定”按钮,进入支票登记窗口。

(3)单击“增加”按钮。

(4)输入领用日期“2009.01.25”,领用部门“销售二部”,领用人“宋佳”,支票号“155”,预计金额“5 000”,单击“保存”按钮,单击“退出”按钮。

注意

* 只有在结算方式设置中选择“票据管理标志”功能才能在此选择登记。
* 领用日期和支票号必须输入,其他内容可输可不输。
* 报销日期不能在领用日期之前。
* 已报销的支票可成批删除。

3. 账簿管理

以“汪刚”的身份重新注册总账系统。辅助账的查询只介绍部门账,其他账簿查询同理。

查询基本会计核算账簿

(1)执行“账表”|“科目账”|“总账”命令,查询总账。

(2)执行“账表”|“科目账”|“余额表”命令,查询发生额及余额表。

(3)执行“账表”|“科目账”|“明细账”命令,查询月份综合明细账。

部门账

部门总账

(1)执行“账表”|“部门辅助账”|“部门总账”|“部门科目总账”命令,进入“部门科目总账条件”窗口。

(2)输入查询条件:科目“550205 招待费”,部门“总经理办公室”。

(3)单击“确定”按钮,显示查询结果。

(4)将光标定在总账的某笔业务上,单击“明细”按钮,可以联查部门明细账。

部门明细账

(1)执行“账表”|“部门辅助账”|“部门明细账”命令,进入“部门科目明细账条件”窗口。

(2)选择科目“5502”,部门“总经理办公室”,月份范围“2009.01—2009.01”,分析方式“金额分析”,单击“确认”按钮,显示查询结果。

(3)将光标定在多栏账的某笔业务上,单击“凭证”按钮,可以联查该笔业务的凭证。

部门收支分析

(1)执行"账表"|"部门辅助账"|"部门收支分析",进入"部门收支分析条件"窗口。

(2)第一步选择分析科目:选择所有的部门核算科目,单击"下一步"按钮。

(3)第二步选择分析部门:选择所有的部门,单击"下一步"按钮。

(4)第三步选择分析月份:起止月份"2009.01—2009.01",单击"完成"按钮,显示查询结果。

实验五 总账系统银行对账

【实验目的】

掌握用友 ERP－U8 软件中银行对账的操作方法。

【实验内容】

银行对账。

【实验要求】

以"陈亮"的身份进行银行对账操作。

【实验资料】

1. 银行对账

(1) 银行对账期初

光明公司银行账的启用日期为 2009/01/01,工行人民币户企业日记账调整前余额为 193829.16 元,银行对账单调整前余额为 233829.16 元,未达账项一笔,系银行已收企业未收款 40000 元。

(2) 银行对账单

1 月份银行对账单

日期	结算方式	票号	借方金额	贷方金额
2008.12.31			40000	
2009.01.03	201	XJ001		10000
2009.01.06				60000
2009.01.10	202	ZZR001		50000
2009.01.14	202	ZZR002	99600	

【操作指导】

1. 以“陈亮”的身份启动和注册总账系统。

2. 输入银行对账期初数据

(1)执行“出纳”|“银行对账”|“银行对账期初录入”命令，打开“银行科目选择”对话框。

(2)选择科目“100201 工行存款”,单击“确定”按钮,进入“银行对账期初”窗口。

(3)确定启用日期“2009.01.01”。

(4)输入单位日记账的调整前余额“193 829.16”;输入银行对账单的调整前余额“233829.16”。

(5)单击“对账单期初未达项”按钮,进入“银行方期初”窗口。

(6)单击“增加”按钮,输入日期“2008.12.31”,结算方式“202”,借方金额“40 000”。

(7)单击“保存”按钮,单击“退出”按钮。

注意

* 第一次使用银行对账功能前,系统要求录入日记账及对账单未达账项,在开始使用银行对账之后不再使用。

* 在录入完单位日记账、银行对账单期初未达账项后,请不要随意调整启用日期,尤其是向前调,这样可能会造成启用日期后的期初数不能再参与对账。

3. 录入银行对账单

(1)执行“出纳”|“银行对账”|“银行对账单”命令,打开“银行科目选择”对话框。

(2)选择科目“100201 工行存款”,单击“确定”按钮,进入“银行对账单”窗口。

(3)单击“增加”按钮，输入银行对账单数据，单击“保存”按钮。

4. 银行对账

自动对账

(1)执行“出纳”|“银行对账”|“银行对账”命令,打开“银行科目选择”对话框。

(2)选择科目“100201 工行存款”,单击“确定”按钮,进入“银行对账”窗口。

(3)单击“对账”按钮,打开“自动对账”条件对话框。

(4)输入截止日期“2009.01.31”,默认系统提供的其他对账条件。

(5)单击“确定”按钮,显示自动对账结果。

注意

* 对账条件中的方向、金额相同是必选条件,对账截止日期可输入可不输。

* 对于已达账项,系统自动在银行存款日记账和银行对账单双方的‘两清“栏打上圆圈标志。

手工对账

(1)在自动对账窗口,对于一些应勾对而未勾对上的账项,可分别双击“两清”栏,直接进行手工调整。

(2)对账完毕,单击“检查”按钮,检查结果平衡,单击“确认”按钮。

注意

* 在自动对账不能完全对上的情况下,可采用手工对账。

5. 输出余额调节表

(1)执行“出纳”|“银行对账”|“余额调节表查询”命令,进入“银行存款余额调节表”窗口。

(2)选中科目“100201 工行存款”。

(3)单击“查看”或双击该行,即显示该银行账户的银行存款余额调节表。

(4)单击“退出”按钮。

实验六　总账系统期末处理

【实验目的】

掌握用友 ERP - U8 软件中总账系统月末处理的相关内容,熟悉总账系统月末处理业务的各种操作,掌握自动转账设置与生成、对账和月末结账的操作方法。

【实验内容】

1. 自动转账。
2. 对账。
3. 结账。

【实验要求】

1. 以“赵红”的身份进行自动转账操作。
2. 以“汪刚”的身份进行对账、结账操作。

【实验资料】

1. 自动转账定义

(1) 自定义结转

借:管理费用/其他(550207) JG()

贷:待摊费用/报刊费(130101) 642/12

(2) 期间损益结转

【操作指导】

1. 自动转账

以“赵红”的身份重新注册总账系统。

转账定义

自定义结转设置

(1)执行“期末”|“转账定义”|“自定义转账”命令,进入“自动转账设置”窗口。

(2)单击“增加”按钮,打开“转账目录”设置对话框。

(3)输入转账序号“0001”,转账说明“摊销报刊费”;选择凭证类别“转账凭证”。

(4)单击“确定”按钮,继续定义转账凭证分录信息。

(5)确定分录的借方信息。选择科目编码“550207”,部门:“总经理办公室”,方向“借”,输入金额公式“JG( )”。

(6) 单击“增行”按钮。

(7) 确定分录的贷方信息。选择科目编码“130101”,方向“贷”,输入金额公式“642/12”。

(8) 单击“保存”按钮。

注意

* 转账科目可以为非末级科目、部门可为空,表示所有部门。
* 如果使用应收、应付系统,则在总账系统中,不能按客户、供应商辅助项进行结转,只能按科目总数进行结转。
* 输入转账计算公式有两种方法:一是直接选择计算公式;二是引导方式录入公式。

期间损益结转设置

(1)执行“期末”|“转账定义”|“期间损益”命令,进入“期间损益结转设置”窗口。

(2) 选择凭证类别“转账凭证”,选择本年利润科目“3131”, 单击“确定”按钮。

转账生成

自定义转账生成

(1)执行“期末”|“转账生成”命令,进入“转账生成”窗口。

(2)单击“自定义转账”单选按钮,单击“全选”按钮。

(3) 单击“确定”按钮,生成转账凭证。

(4) 单击“保存”按钮,系统自动将当前凭证追加到未记账凭证中。

注意

* 转账生成之前,注意转账月份为当前会计月份。
* 进行转账生成之前,先将相关经济业务的记账凭证登记入账。
* 转账凭证每月只生成一次。
* 若使用应收、应付系统,则总账系统中,不能按客户、供应商进行结转。

* 生成的转账凭证,仍需审核才能记账。
* 以“汪刚”身份将生成的自动转账凭证审核、记账。

期间损益结转生成

以“赵红”的身份进行期间损益的结转。

(1)执行“期末”|“转账生成”命令,进入“转账生成”窗口。

(2)单击“期间损益结转”单选按钮,选择损益类型“全部”。

(3)单击“全选”按钮,单击“确定”按钮,生成转账凭证。

(4)单击“保存”按钮,系统自动将当前凭证追加到未记账凭证中。

注意

* 以“汪刚”身份将生成的自动转账凭证审核、记账。

2. 对账

以“汪刚”的身份重新注册总账系统。

(1)执行“期末”|“对账”命令,进入“对账”窗口。

(2)将光标定位在要进行对账的月份“2009.01”,单击“选择”按钮。

(3)单击“对账”按钮,开始自动对账,并显示对账结果。

(4)单击“试算”按钮,可以对各科目类别余额进行试算平衡。

(5)单击“退出”按钮。

3. 结账

结账

(1)执行“期末”|“结账”命令,进入“结账”窗口。

(2)单击要结账月份“2009.01”,单击“下一步”按钮。

(3)单击“对账”按钮,系统对要结账的月份进行账账核对。

(4)单击“下一步”按钮,系统显示“1月工作报告”。

(5)查看工作报告后,单击“下一步”按钮,单击“结账”按钮,若符合结账要求,系统将进行结账,否则不予结账。

注意

* 结账只能由有结账权限的人进行。
* 本月还有未记账凭证时,则本月不能结账。
* 结账必须按月连续进行,上月未结账,则本月不能结账。
* 若总账与明细账对账不符,则不能结账。
* 如果与其他系统联合使用,其他子系统未全部结账,则本月不能结账。
* 结账前,要进行数据备份。

取消结账(取消结账后,必须重新结账)

(1)执行“期末”|“结账”命令,进入“结账”窗口。

(2)选择要取消结账的月份“2009.01”。

(3)按“Ctrl + Shift + F6”键激活“取消结账”功能。

(4)输入口令“1”,单击“确认”按钮,取消结账标记。

注意

* 当在结完账后,由于非法操作或计算机病毒或其他原因可能会造成数据被破坏,这时可以在此使用“取消结账”功能。

实验七 UFO 报表系统(一)

【实验目的】

1. 理解报表编制的原理及流程。
2. 掌握报表格式定义、公式定义的操作方法;掌握报表单元公式的设置方法。

【实验内容】

自定义一张货币资金表。

【实验资料】

货币资金表

编制单位: 年 月 日 单位:元

项目	行次	期初数	期末数
现金	1		
银行存款	2		
合计	3		

制表人:

说明:编制单位和年、月、日应设为关键字。

【操作指导】

1. 启动 UFO 报表管理系统

(1) 在企业应用平台“业务”选项卡中,执行“财务会计”|“UFO 报表”命令,进入 UFO 报表系统。

(2) 执行“文件”|“新建”命令,建立一张空白报表,报表名默认为“report1”。

2. 自定义一张货币资金表

报表状态设置

单击报表底部左下角的“格式/数据”按钮,使当前状态为“格式”状态。

报表格式定义

设置报表尺寸

(1) 执行“格式”|“表尺寸”命令,打开“表尺寸”对话框。

(2) 输入行数“7”,列数“4”, 单击“确认”按钮。

定义组合单元

(1) 选择需合并的区域“A1:D1”。

(2) 执行“格式”|“组合单元”命令,打开“组合单元”对话框。

(3) 选择组合方式“整体组合”或“按行组合”,该单元即合并成一个单元格。

(4) 同理,定义“A2:D2”单元为组合单元。

画表格线

(1) 选中报表需要画线的区域“A3:D6”。

(2) 执行“格式”|“区域画线”命令,打开“区域画线”对话框。

(3) 选择“网线”,单击“确认”按钮,将所选区域画上表格线。

输入报表项目

(1) 选中需要输入内容的单元或组合单元。

(2) 在该单元或组合单元中输入相关文字内容,如在 A1 组合单元输入“货币资金表”。

注意

* 报表项目指报表的文字内容,主要包括表头内容、表体项目、表尾项目等。不包括关键字。

* 编制单位、日期一般不作为文字内容输入,而是需要设置为关键字。

定义报表行高和列宽

(1) 选中需要调整的单元所在行“A1”。

(2) 执行“格式”|“行高”命令,打开“行高”对话框。

(3) 输入行高:“7”,单击“确定”按钮。

(4) 选中需要调整的单元所在列,执行“格式”|“列宽”命令,可设置该列的宽度。

注意

* 行高、列宽的单位为毫米。

设置单元风格

(1) 选中标题所在组合单元“A1”。

(2) 执行“格式”|“单元属性”命令,打开“单元格属性”对话框。

(3) 单击“字体图案”选项卡,设置字体“黑体”,字号“14”。

(4) 单击“对齐”选项卡,设置对齐方式“居中”, 单击“确定”按钮。

定义单元属性

(1) 选定单元格“D7”。

(2) 执行“格式”|“单元属性”命令,打开“单元格属性”对话框。

(3) 单击“单元类型”选项卡,单击“字符”选项,单击“确定”按钮。

注意

* 格式状态下输入内容的单元均默认为表样单元,未输入数据的单元均默认为数值单元,在数据状态下可输入数值。若希望在数据状态下输入字符,应将其定义为字符单元。

* 字符单元和数值单元输入后只对本表页有效,表样单元输入后对所有表页有效。

设置关键字

(1) 选中需要输入关键字的组合单元“A2”。

(2) 执行“数据”|“关键字”|“设置”命令,打开“设置关键字”对话框。

(3) 单击“单位名称”单选按钮,单击“确定”按钮。

(4) 同理,设置“年”、“月”、“日”关键字。

注意

* 每个报表可以同时定义多个关键字。

* 如果要取消关键字,须执行“数据”|“关键字”|“取消”命令。

调整关键字位置

(1) 执行“数据”|“关键字”|“偏移”命令,打开“定义关键字偏移”对话框。

(2) 在需要调整位置的关键字后面输入偏移量。年“-120”,月“-90”,日“-60”。

(3) 单击“确定”按钮。

注意

* 关键字的位置可以用偏移量来表示,负数值表示向左移,正数值表示向右移。在调整时,可以通过输入正或负的数值来调整。

* 关键字偏移量单位为像素。

报表公式定义

定义单元公式——直接输入公式

(1) 选定需要定义公式的单元“C4”,即“现金”的期初数。

(2) 执行“数据”|“编辑公式”|“单元公式”命令,打开“定义公式”对话框。

(3) 在定义公式对话框内直接输入总账期初函数公式:QC(“1001”,月,“借”,“001”,,,,,,,),单击“确认”按钮。

注意

* 单元公式中涉及到的符号均为英文半角字符。

* 单击“fx”按钮或双击某公式单元或按“=”键,都可打开“定义公式”对话框。

定义单元公式——引导输入公式

(1)选定被定义单元“D5”,即“银行存款”期末数。

(2)单击“fx”按钮,打开“定义公式”对话框。

(3)单击“函数向导”按钮,打开“函数向导”对话框。

(4)在函数分类列表框中选择“用友账务函数”,在右边的函数名列表中选中“期末(QM)”,单击“下一步”按钮,打开“用友账务函数”对话框。

(5)单击“参照”按钮,打开“账务函数”对话框。

(6)各项均采用系统默认值,单击“确定”按钮,返回“用友账务函数”对话框。

(7)单击“确定”按钮,返回“定义公式”对话框,单击“确认”按钮。

(8)输入其他单元公式。

定义舍位平衡公式

(1) 执行“数据”|“编辑公式”|“舍位公式”命令,打开“舍位平衡公式”对话框。

(2) 确定如下信息。舍位表名“SW1”,舍位范围“C4:D6”,舍位位数“3”,平衡公式“C6 = C4 + C5, D6 = D4 + D5”。

(3) 单击“完成”按钮。

注意

* 舍位平衡公式是指用来重新调整报表数据进位后的小数位平衡关系的公式。
* 每个公式一行,各公式之间用逗号“,”(半角)隔开,最后一条公式不用写逗号,否则公式无法执行。
* 等号左边只能为一个单元(不带页号和表名)。
* 舍位公式中只能使用“+”、“-”符号,不能使用其他运算符及函数。

保存报表格式

(1) 执行“文件”|“保存”命令。如果是第一次保存,则打开“另存为”对话框。

(2) 选择要保存的文件夹,输入报表文件名“货币资金表”;选择保存类型“*.REP”,单击“保存”按钮。

注意

* 报表格式设置完以后切记要及时将这张报表格式保存下来,以便以后随时调用。
* 如果没有保存就退出,系统会出现提示:“是否保存报表?”以防止误操作。
* “.REP”为用友报表文件专用扩展名。

实验八 UFO 报表系统(二)

【实验目的】

1. 理解报表编制的原理及流程。
2. 掌握报表数据处理、表页管理及图表功能等操作。

【实验内容】

根据实验七自定义的货币资金表,进行报表数据处理、表页管理及图表功能操作。

【实验资料】

实验七自定义的货币资金表。

【操作指导】

1. 打开定义好的货币资金表

(1) 启动 UFO 系统,执行"文件"|"打开"命令。

(2) 选择需要打开的报表文件"货币资金表.REP",单击"打开"按钮。

(3) 单击空白报表底部左下角的"格式/数据"按钮,使当前状态为"数据"状态。

注意

* 报表数据处理必须在"数据"状态下进行。

2. 报表数据处理

增加表页

(1) 执行"编辑"|"追加"|"表页"命令,打开"追加表页"对话框。

(2) 输入需要增加的表页数"2",单击"确认"按钮。

注意

* 追加表页是在最后一张表页后追加 N 张空表页,插入表页是在当前表页后面插入一张空表页。
* 一张报表最多只能管理 99999 张表页,演示版最多为 4 页。

输入关键字值

(1) 执行"数据"|"关键字"|"录入"命令,打开"录入关键字"对话框。

(2) 输入单位名称"光明公司",年"2009",月"01",日"31"。

(3) 单击"确认"按钮,弹出"是否重算第 1 页?"对话框。

(4) 单击"是"按钮,系统会自动根据单元公式计算 01 月份数据;单击"否"按钮,系统不计算 01 月份数据,以后可利用"表页重算"功能生成 01 月数据。

注意

* 每一张表页均对应不同的关键字值,输出时随同单元一起显示。
* 日期关键字可以确认报表数据取数的时间范围,即确定数据生成的具体日期。

生成报表

(1) 执行"数据"|"表页重算"命令,弹出"是否重算第 1 页?"提示框。

(2) 单击"是"按钮,系统会自动在初始的账套和会计年度范围内根据单元公式计算生成数据。

报表舍位操作

(1) 执行“数据”|“舍位平衡”命令。

(2) 系统会自动根据前面定义的舍位公式进行舍位操作,并将舍位后的报表保存在“SW1.REP”文件中。

注意

* 舍位操作以后,可以将 SW1.REP 打开查阅一下。
* 如果舍位公式有误,系统状态栏会提示“无效命令或错误参数!”

表页管理及报表输出

3. 表页管理

表页排序

(1) 执行“数据”|“排序”|“表页”命令,打开“表页排序”对话框。

(2) 确定如下信息。选择第一关键字“年”,排序方向“递增”,第二关键字“月”,排序方向“递增”。

(3) 单击“确认”按钮。系统将自动把表页按年份递增顺序重新排列,如果年份相同则按月份递增顺序排序。

表页查找

(1) 执行“编辑”|“查找”命令,打开“查找”对话框。

(2) 确定查找内容“表页”,确定查找条件“月 =01”。

(3) 单击“查找”按钮,查找到符合条件的表页作为当前表页。

4. 图表功能

追加图表显示区域

(1) 在格式状态下,执行“编辑”|“追加”|“行”命令,打开“追加行”对话框。

(2) 输入追加行数“10”,单击“确定”按钮。

注意

* 追加行或列须在格式状态下进行。

插入图表对象

(1) 在数据状态下,选取数据区域“A3:D6”。

(2) 执行“工具”|“插入图表对象”命令,打开“区域作图”对话框。

(3) 选择确定如下信息:数据组“行”,数据范围“当前表页”。

(4) 输入图表名称“资金分析图”,图表标题“资金对比”,X 轴标题“期间”,Y 轴标题“金额”。

(5) 选择图表格式“成组直方图”,单击“确定”按钮。

注意

* 插入的图表对象实际上也属于报表的数据,因此有关图表对象的操作必须在数据状态下进行。
* 选择图表对象显示区域时,区域不能少于2行*2列,否则会提示出现错误。

编辑图表对象

编辑图表主标题

(1) 双击图表对象的任意位置,选中图表。

(2) 执行"编辑"|"主标题"命令,打开"编辑标题"对话框。

(3) 输入主标题"资金对比分析",单击"确认"按钮。

编辑图表主标题字样

(1) 单击选中"主标题"。

(2) 执行"编辑"|"标题字体"命令,打开"标题字体"对话框。

(3) 选择字体"隶书",字型"粗体",字号"12",效果"加下划线",单击"确认"按钮。

实验九　UFO 报表系统(三)

【实验目的】

1. 深刻领会报表编制的原理及流程。
2. 掌握如何利用报表模板生成一张报表。

【实验内容】

利用报表模板生成一张资产负债表。

【实验资料】

报表模板中的资产负债表模板。

【操作指导】

1. 调用资产负债表模板

(1) 执行"格式"|"报表模板"命令,打开"报表模板"对话框。

(2) 选择您所在的行业"新会计制度科目",再选择"资产负债表"。

(3) 单击"确认"按钮,弹出"模板格式将覆盖本表格式!是否继续?"提示框。

(4) 单击"确认"按钮,即可打开"资产负债表"模板。

2. 调整报表模板

（1）单击“数据/格式”按钮，将“资产负债表”处于格式状态。

（2）根据本单位的实际情况，调整报表格式，修改报表公式。

（3）保存调整后报表模板。

3. 生成资产负债表数据

（1）在数据状态下，执行“数据”|“关键字”|“录入”命令，打开“录入关键字”对话框。

（2）输入关键字：年“2009”，月“01”，日“31”。

（3）单击“确认”按钮，弹出“是否重算第 1 页？”提示框。

（4）单击“是”按钮，系统会自动根据单元公式计算 01 月份数据；单击“否”按钮，系统不计算 01 月份数据，以后可利用“表页重算”功能生成 01 月数据。

（5）执行“文件”|“保存”命令，将文件存为“资产负债表”。